本书为项贤明教授主持的国家社科基金教育学2018年度重点项目“改革开放四十年教育改革发展的回顾与反思”（课题批准号：AOA180006）的最终研究成果。

撰稿人（以姓氏笔画为序）：
王　聪　生兆欣　孙龙存　许　竞　项贤明

改革开放以来教育发展的回顾与反思

项贤明　等　著

教育科学出版社
·北　京·

出 版 人　郑豪杰
责任编辑　翁绮睿　王晶晶
版式设计　京久科创　杨玲玲
责任校对　贾静芳
责任印制　米　扬

图书在版编目（CIP）数据

改革开放以来教育发展的回顾与反思 / 项贤明等著.
北京：教育科学出版社, 2025. 4. -- ISBN 978-7-5191-3763-2

Ⅰ. G521

中国国家版本馆CIP数据核字第2025DA6066号

改革开放以来教育发展的回顾与反思

GAIGE KAIFANG YILAI JIAOYU FAZHAN DE HUIGU YU FANSI

出版发行	教育科学出版社		
社　　址	北京·朝阳区安慧北里安园甲9号	邮　　编	100101
总编室电话	010-64981290	编辑部电话	010-64981167
出版部电话	010-64989487	市场部电话	010-64989572
传　　真	010-64989419	网　　址	http://www.esph.com.cn
经　　销	各地新华书店		
制　　作	北京京久科创文化有限公司		
印　　刷	唐山玺诚印务有限公司		
开　　本	720毫米×1020毫米　1/16	版　　次	2025年4月第1版
印　　张	27.75	印　　次	2025年4月第1次印刷
字　　数	493千	定　　价	105.00元

目录

绪论

改革开放以来教育改革发展掠影

改革开放对当代中国社会发展的巨大推动作用有目共睹，其作为一个重要历史事件对中国社会的全面、深刻、积极的影响不言而喻。回顾和总结改革开放以来我国教育改革和发展的历程与经验，探讨我们取得辉煌成就的原因，以及那些未能取得成功的经验教训，对我们在未来更好、更快实现中国梦，无疑具有重大的意义和价值。

第一节 辉煌成就

我国的现代学校教育始于19世纪中叶，国民教育制度初建于民国时期，但我国学校教育真正获得长足发展并走向现代化，则是改革开放之后的事情。改革开放40多年间，我国学校教育取得了一系列令世界瞩目的辉煌成就。概而言之，这些辉煌成就主要表现在以下六个方面。

第一，全社会恢复了尊师重教的风尚，教育在国家发展和社会进步中的战略地位得到广泛认可和稳固确立。1975年，邓小平从科教领域入手，启动了拨乱反正，其间历经波折，党的十一届三中全会从思想路线、政治路线、组织路线三个方面全面展开拨乱反正。在拨乱反正过程中，邓小平否定了教育领域的“两个估计”[①]，进而在全社会倡导“尊重知识，尊重人才”，努力恢复“尊师重教”的传统风尚。这是我国教育事业发展的一个重要转折点，是改革开放以来教育发展所取得的一切辉煌成就的政治前提。

此后，党和政府一直十分重视教育发展，始终将教育放在十分重要的战略地位。全社会尊师重教逐渐蔚然成风，教育事业的发展获得了良好的社会基础。

第二，14亿人口大国实现了普及九年义务教育，为国家发展和社会进步奠定了重要的国民素质基础。改革开放以来，我国国民义务教育事业获得长足发展。1985年5月，中共中央《关于教育体制改革的决定》提出要有步骤地实行九年制义务教育。1986年4月12日，全国人民代表大会通过《中华人民共和国义务教育法》(以下简称《义务教育法》)，首次以法律形式规定国家实行九年义务教育制度。改革开放以来，我国小学净入学率从1978年的

① 1971年4月15日至7月31日，全国教育工作会议在北京举行，会后发布的会议纪要提出：解放后十七年“毛主席的无产阶级教育路线基本上没有得到贯彻执行”，“资产阶级专了无产阶级的政”；大多数教师和解放后培养的大批学生的“世界观基本上是资产阶级的”。是谓“两个估计”。

94.00% 提高到 2018 年的 99.95%；初中毛入学率从 1978 年的 66.4% 提高到 2018 年的 100.9%[①]。2011 年，我国在全国范围内实现了全面普及九年义务教育。对一个有着 14 亿人口的发展中大国来说，这是一个十分引人注目的辉煌成就。九年义务教育的普及，使得我国国民素质普遍提升，从而为国家发展和社会进步奠定了重要的基础。

第三，教育发展总体水平有了显著提升，已跻身世界中上行列。改革开放以来，在实现普及九年义务教育的同时，我国各级各类教育的总体发展水平也获得了显著的提升，已经跻身世界中上水平。2018 年，全国有各级各类学校 51.88 万所，在校生 2.76 亿人。我国学前教育超过中高收入国家平均水平，学前教育毛入园率达到 81.7%；义务教育发展水平达到世界高收入国家平均水平，九年义务教育巩固率为 94.2%；高中阶段毛入学率达到 88.8%，高中教育也达到了基本普及水平；高等教育毛入学率达到 48.1%，实现大众化，并迈向普及发展阶段。[②] 这一系列教育总体发展水平指标，标志着我国教育事业经过改革开放 40 余年的发展，在整体上达到了一个较高的水平。

第四，教育经费投入增加，学校基础设施和教学条件普遍得到改善，学校教育在硬件方面向现代化发展迈进了重要一步。改革开放之初，在邓小平领导下，党和国家确立了教育在国家发展战略中的重要地位；党的十三大提出坚持把发展教育事业放在突出的战略位置；党的十四大又提出要把教育摆在优先发展的战略地位。改革开放 40 余年间，教育在国家发展中的重要地位日益凸显。1993 年，中共中央、国务院发布《中国教育改革和发展纲要》，明确提出逐步提高国家财政性教育经费支出占国民生产总值的比例，20 世纪末达到 4%。2012 年，国家财政性教育经费支出达 2.2 万亿元，占国内生产总值的比例首次超过 4%[③]。1978 年，我国教育经费投入仅 65.6 亿元[④]；到 2018 年，

① 教育部 . 2018 年全国教育事业发展统计公报［EB/OL］.（2019-07-24）［2021-10-28］. http://www.moe.gov.cn/jyb_sjzl /sjzl_fztjgb/201907/t20190724_392041.html.

② 同①.

③ 教育部对十二届全国人大四次会议第 2958 号建议的答复［EB/OL］.（2016-08-31）［2021-12-18］. http://www.moe. gov.cn/jyb_xxgk/xxgk_jyta/jyta_jiaoshisi/201609/t20160927_282414. html.

④《中国教育年鉴》编辑部 . 中国教育年鉴（1949—1981）［M］. 北京：中国大百科全书出版社，1984：98.

我国教育经费总投入达到46143.0亿元[①]，是1978年的703.4倍。教育经费投入的增加，使我国学校教育在基础设施和教学条件等方面普遍得到明显改善。改革开放40余年，我国各级各类学校不仅基本消除了危房，而且校舍和配套设施普遍得到了极大改善，各种现代化教学设备的装备水平得到很大提高，学校教育在硬件方面的现代化发展取得了显著的成就。

第五，教育对外开放和国际化发展取得显著成效，教育国际交流日益频繁。作为对外开放的重要组成部分，改革开放以来，我国教育国际交流和国际化获得迅速发展。1978年8月4日，教育部发出《关于增选出国留学生的通知》，并选拔了3348名出国留学预备人员，其中出国研究生367人，出国大学本科生525人；1978年9月至1981年底，我国向世界50多个国家派出留学生10356人；1979年，我国接受世界37个国家和地区来华留学人员440人[②]。到2018年，我国当年派出留学生人数已达66.21万人，来华留学生共有来自196个国家和地区的49.22万人。此外，各级各类学校在办学过程中的教育国际交流也有十分显著的增加，不仅高等院校的国际学术交流十分频繁，而且中小学的国际交流也相当活跃。很多中小学都在国际上有姊妹校，部分学校还开设了国际部，中小学师生的国际交流规模空前。这些国际交流与合作，不仅直接促进了我国教育事业的发展，而且在教育理念、办学模式和教学方法等多方面都对我国教育改革和发展有着积极的促进作用。

第六，教育思想和教育理论更加丰富多样，为教育创新活力的提升奠定了理念基础。改革开放初期的思想解放，为我国思想界打破了“左”的桎梏，也为我国教育思想探索和教育科学研究创造了十分重要的历史条件；与此同时，我国教育领域的一系列改革，在激励教育实践探索的同时，也促进了教育科学研究；再加上教育领域的对外开放，为中外多种教育理论和教育思想的交流与碰撞创造了条件，进一步激发了我国教育思想进步和教育科学创新。因此，在马克思主义基本理论和中国特色社会主义理论的指导下，经过改革

---

① 国家统计局．国家数据［DB/OL］．［2021-12-18］．https://data.stats.gov.cn/easyquery.htm?cn=C01.

② 《中国教育年鉴》编辑部．中国教育年鉴（1949—1981）［M］．北京：中国大百科全书出版社，1984：667-668.

开放 40 余年的探索、发展和创新，我国教育思想和教育理论较之改革开放之前，可谓极大丰富。这种百花齐放、充满活力的教育思想状况，也为改革开放以来各级各类学校在办学理念、管理模式和教学思想等诸多方面的教育创新奠定了理念基础。

我国教育在改革开放 40 余年间取得了众多辉煌成就，上述六项是其中最主要、最引人注目的。在这些辉煌成就的背后，是全国教育工作者在党的领导下 40 余年的教育改革探索历程。

第二节　探索历程

所有的社会改革过程，都是探索的过程。改革开放 40 余年，党和国家在教育领域进行了一系列重大的改革探索。这些教育改革探索，既是各项教育成就的前提条件，也是整个国家发展和社会进步的重要基础。

1977 年，邓小平主持工作，在同教育部和科技部领导谈话时指出："我们要实现现代化，关键是科学技术要能上去。发展科学技术，不抓教育不行。"①在 1985 年全国教育工作会议上，他再次要求全党"把教育工作认真地抓起来"，并且说"如果现在不向全党提出这样的任务，就会误大事，就要负历史的责任"②。会后，中共中央发布了《关于教育体制改革的决定》，第一条就提出："教育体制改革的根本目的是提高民族素质，多出人才、出好人才"，并且强调在整个教育改革过程中要牢牢记住这一根本目的。改革开放40余年间，几乎历次党和国家涉及教育的重要会议和所有与教育有关的重要文件，都将"教育质量"作为关键词。可以说，早在改革开放初期，党和国家就确立了"质量"这一贯穿教育改革发展历程的主线。这条主线，是由"提高民族素

① 邓小平 . 邓小平文选：第二卷［M］. 2 版 . 北京：人民出版社，1994：40.

② 邓小平 . 邓小平文选：第三卷［M］. 北京：人民出版社，1993：120-121.

质，多出人才、出好人才”这一教育改革的根本目的所决定的。

与实现现代化要靠科技和教育这一思想在逻辑上一脉相承，1978 年 4 月 22 日，邓小平在全国教育工作会议上又明确指出，教育事业必须和国民经济发展的要求相适应。1985 年 5 月 27 日中共中央发布的《关于教育体制改革的决定》再次强调“教育必须为社会主义建设服务，社会主义建设必须依靠教育”。这些指示突出强调了教育为经济建设服务的重要社会功能，明确了教育在国家发展过程中的重要作用。在这一思想的指导下，改革开放以来，我们的教育事业发展始终坚持与国家经济发展要求相适应，坚持为社会主义建设服务，同时国家也始终将教育放在重要的战略地位。2016 年 12 月 7 日至 8 日，全国高校思想政治工作会议在北京召开，习近平总书记在会上提出培养什么样的人、如何培养人以及为谁培养人这个根本问题，要求坚持把立德树人作为中心环节，把思想政治工作贯穿教育教学全过程。此外，习近平总书记还在多个场合发表了相关论述，在重视教育服务于经济建设这一社会功能的同时，又重新把教育的政治功能摆在了突出的位置。

改革开放 40 余年间，我们在教育体制改革方面也进行了一系列重要的探索。在基础教育管理体制方面，从改革开放初期以乡镇为主的“人民教育人民办，办好教育为人民”，到现在的“地方负责，分级管理，以县为主”的教育管理体制，政府在教育事业发展中承担的责任日益增大。1985 年中共中央《关于教育体制改革的决定》明确提出“把发展基础教育的责任交给地方”，“实行基础教育由地方负责、分级管理的原则”，并认为这是“改革我国教育体制的基础一环”。这一改革，对基础教育发展，尤其是义务教育的普及，起到了积极的推动作用。1994 年，国家财税体制进行了重大改革，中央财政得到加强，教育管理体制也需要进行相应的改革。2001 年 5 月 29 日，国务院发布《关于基础教育改革与发展的决定》，提出实行在国务院领导下，由地方政府负责、分级管理、以县为主的体制。2006 年修订的《义务教育法》明确规定国家建立义务教育经费保障机制。

在高等教育管理体制方面，改革开放初期“条块分割”的高等教育管理体制，束缚了高等教育的发展。1985 年，中共中央《关于教育体制改革的决定》指出：“当前高等教育体制改革的关键，就是改变政府对高等学校统得过多的管理体制，在国家统一的教育方针和计划的指导下，扩大高等学校的办学自主权，加强高等学校同生产、科研和社会其他各方面的联系，使高等学校具有主动适应经济和社会发展需要的积极性和能力。”1998年7月1日，国务院发布《关于调整撤并部门所属学校管理体制的决定》，通过共建、合并、合作、调整等方式，对在政府机构改革过程中撤并部委所属的211所学校的管理体制进行调整，原中央部委直属的367所普通高校，大多数改由省级政府管理、地方与中央共建的管理体制，改革后部委直属高校只剩下了111所。2000年，设立高职院校的审批权由国务院下放到省级政府。如今，已基本建立了一个由中央和地方两级政府管理、以省级管理为主的高等教育管理体制。

基础教育课程改革是贯穿改革开放40余年历史的另一重要教育探索。我国分别于1978年、1981年、1986年、2001年启动了四次基础教育课程改革，不断编写和完善基础教育课程纲要（课程方案）和课程标准，推动基础教育课程改革不断深入。1978年，新编全国统一教材各科第一册在全国通用。1986年9月，全国中小学教材审定委员会成立，在统一要求、统一审定的前提下探索教材多样化的改革正式开始。2001年，新一轮基础教育课程改革启动，人民教育出版社出版的义务教育课程标准实验教材在全国实验区开始使用。2017年9月，由教育部统一组织编写、经国家教材委员会审定通过的义务教育《道德与法治》《语文》《历史》教材由人民教育出版社出版发行，并在全国义务教育起始年级统一使用。从改革开放前的地方编写教材到改革开放初期的全国统编教材，从统编教材到一纲多本，从一纲多本到统编与多本相结合，我国逐步建立了国家课程和地方课程、校本课程有机统一的基础教育课程体系。在这一改革过程中，大量国际课程教学新理论进入中小学课堂，并且在课程教学改革实践中逐步中国化。40余年的基础教育课程改革，逐渐形成了有中国特色的基础教育课程改革模式，即“政府主导、专家引领、教师在教研活动中完成理念变革并在教学活动中实践新理念”。40余年的改革实践证明，这种基础教育课程改革模式是符合中国国情的，在我国学校教育改革实践中是行之有效的。

40余年的教育改革和发展过程，也包含着我们的教育政策不断自我矫正并日臻完善的过程。改革开放初期，为了尽快恢复教育发展，提高教育质量，我们提出了“加强双基，培养能力，发展智力”的教育政策理念，把基本知识和基本技能即所谓“双基”放在突出位置。在这一改革过程中，我国各地不同程度地出现了“片面追求升学率”的现象，于是全国教育界又展开了对该倾向的批评和纠正。1985 年中共中央《关于教育体制改革的决定》明确将“提高民族素质”作为教育改革的根本目的。1993 年 2 月 13 日，中共中央、国务院发布《中国教育改革和发展纲要》，提出“中小学要由‘应试教育’转向全面提高国民素质的轨道”。在次年举行的全国教育工作会议上，国务院副总理兼国家教育委员会主任李岚清在总结讲话中又提出“基础教育必须从‘应试教育’转到素质教育的轨道上来，全面贯彻教育方针，全面提高教育质量”①。1999年6月，中共中央、国务院召开全国教育工作会议，将“素质教育”确定为会议主题，并发布《关于深化教育改革全面推进素质教育的决定》。“素质教育”成为我国基础教育改革的重要指导性理念。2007 年 10 月 15 日，胡锦涛在党的十七大报告中明确要求“减轻中小学生课业负担，提高学生综合素质”②。2018年12月28日，教育部等九部门《关于印发中小学生减负措施的通知》，从学校办学、校外培训机构管理、家庭教育责任和政府监管等方面具体提出了 30 条措施。如何在减轻学业负担的同时提高教育质量，我们仍在探索之中。

高校招生录取制度作为国家一项十分重要的人才选拔制度，在改革开放 40 多年间也一直处于不断的改革和完善过程中。1977 年 12 月，在邓小平的着力推动下，我国恢复了中断 11 年的普通高等学校招生全国统一考试，这是一项十分重要的教育改革和社会改革，可谓是改革开放的先声。1987 年，普通高校招生在国家任务之外又单列了用人单位委托培养和自费生两类计划。1993 年，《中国教育改革和发展纲要》又提出逐步扩大招收委托培养和自费生的比重。1994 年，我国高校招生考试开始实行最低分数线制度，即对同一学校只划定一个最低控制分数线，不再按国家任务和调节性两种计划分别划

① 何东昌 . 中华人民共和国重要教育文献：1991—1997［M］. 海口：海南出版社，1998：3656.

② 胡锦涛在中国共产党第十七次全国代表大会上的报告［EB/OL］.［2019-01-20］.http://cpc.people.com.cn/GB/64162/64168/106155/106156/6430009.html.

定分数线[①]。1999 年 1 月，国务院批转教育部《面向 21 世纪教育振兴行动计划》，提出要扩大高等教育招生规模。到 2012 年，我国高等教育毛入学率达到 30%，迈入高等教育大众化发展阶段。1999 年，教育部发布《关于进一步深化普通高等学校招生考试制度改革的意见》，“3+X” 等综合测评改革逐步在全国高校招生考试中展开。此后，又有多个省市开始进行“统一考试，分省命题”的改革。2018 年，我国高等教育毛入学率达到 48.1%，已经接近高等教育普及化发展水平。面对新的发展形势，我国高考改革也在不断深化推进。

社会力量办学制度的建立和完善，是改革开放 40 余年我国教育改革和发展过程中的另一重要探索。改革开放初期，邓小平就多次提出，希望社会力量来支持和兴办教育事业，社会上也出现了一些辅导班和补习学校等。1982 年宪法明确规定国家鼓励集体经济组织、国家企业事业组织和其他社会力量依照法律规定举办各种教育事业。此后，颇具中国特色的民办教育事业得到迅速发展。1993 年，《中国教育改革和发展纲要》又明确提出，国家对社会团体和公民个人依法办学，采取积极鼓励、大力支持、正确引导、加强管理的方针。1997 年 7 月 31 日，国务院颁布《社会力量办学条例》，明确指出社会力量办学事业是社会主义教育事业的组成部分，并重申“国家对社会力量办学实行积极鼓励、大力支持、正确引导、加强管理的方针”。2002 年 12 月 28 日，《中华人民共和国民办教育促进法》（以下简称《民办教育促进法》）经第九届全国人大常委会第三十一次会议通过，自 2003 年 9 月 1 日开始实施，探索在法治框架下引导促进有中国特色的社会主义民办教育事业的发展改革不断深化。除了引导社会力量直接兴办教育事业外，我们还采取多种手段鼓励和引导社会力量支持教育发展。1989 年 10 月，共青团中央、中国青少年发展基金会发起“希望工程”，通过募集社会捐款来支持贫困地区建设希望小学。改革开放 40 余年间，不断发展的各类基金会、慈善机构等民间力量，在支持教育事业发展方面发挥了日益重要的辅助和促进作用。如何更好地落实《民办教育促进法》，在法治框架下引导社会力量举办中国特色社会主义教育事业，我们仍需继续探索。

---

① 杨学为 . 高考文献：下：1977—1999［M］. 北京：高等教育出版社，2003：524.

第三节 历史经验

在教育改革发展40余年的探索历程中，我们主要取得了以下几条基本经验。在今后的教育改革和发展中，应当时刻牢记这些宝贵的历史经验，继往开来，不断创新。

第一，中国共产党始终是领导我们教育改革的核心力量，是教育改革取得成功的根本保证。

改革开放40余年间，我们的每一场教育改革，都是在中国共产党的领导下进行的。中国共产党是启动教育改革的主导力量，也是推动教育改革不断深化的主导力量。党的坚强领导，在宏观政策层面上保证了教育改革的正确方向，维护了教育资源在全社会分配中公平与效率的平衡，稳定了教育改革和发展的大局，从而也保障了40多年来教育改革发展的顺利进行和不断深化。

第二，科技是第一生产力，教育是第一生产力的基础。

1978年3月18日，邓小平在全国科学大会开幕式上发表讲话，在讲第一个问题时就鲜明地提出了“科学技术是生产力”的论断，并且明确指出：“大大发展我们的生产力，当然就不能不大力发展科学研究事业和科学教育事业”，“科学技术人才的培养，基础在教育”。[①]1988年9月5日，邓小平会见捷克斯洛伐克总统胡萨克，谈话中提出了“科学技术是第一生产力”[②]的论断。在1992年春的南方谈话中，他再次强调：“科学技术是第一生产力”，“经济发展得快一点，必须依靠科技和教育”。[③]改革开放以来，我国社会主义建设事业的发展，已经雄辩地证明了这一马克思主义的科学论断。

改革开放40余年教育改革和发展的实践一再证明，教育发展直接关系到

---

① 邓小平．邓小平文选：第二卷［M］．2版．北京：人民出版社，1994：87，89-90，95.

② 邓小平．邓小平文选：第三卷［M］．北京：人民出版社，1993：274.

③ 同② 377.

科技人才和国家建设所需各行各业人才的培养，关系到国家综合软实力的提升，关系到整个民族素质的提高，关系到社会文明的进步，是民族振兴的奠基工程。面对新时代的新形势和新任务，我们更是不能忘记，科技是第一生产力，教育是第一生产力的基础。

第三，教育有其自身的规律，教育改革必须遵循教育自身的特殊规律。

在40余年的教育改革和发展过程中，我们特别重视教育在经济发展中的重要作用，强调教育要为社会主义经济建设服务，社会主义经济建设要依靠教育。正如前文所述，这种教育改革指导思想，突出强调了教育在国家发展中的重要作用和地位，对推动我国教育改革起到了十分重要的作用。但对这一教育改革指导思想的不断强调，也曾使我们一度模糊了教育事业与经济事业之间的本质区别，提出“教育产业化”的发展口号，试图按照经济规律来办教育，经济管理中的很多思想和原则也在不知不觉中被运用到了教育管理的过程中。随着教育改革的不断深入，尤其是对改革实践中遇到的教育实际问题的分析、研究和理解、解决，我们逐渐认识到，教育有其自身区别于经济发展的特殊发展规律，不能简单地按照经济规律来办教育。

教育发展可以促进经济以及社会其他方面的发展，经济和社会其他方面的发展也可以支持教育改革和发展。但我们绝不能因为这种相互促进的关系而模糊不同社会事业之间的区别界限。教育事业的发展有其自身内在的规律，它既与社会其他事业相互联系，又有相对独立性。教育改革需要其他社会改革的配套支持，但教育改革和社会改革不能相互代替。

改革开放以来教育改革和发展的历史经验还告诉我们，教育是一项科学事业，需要以科学指导其发展，不能脱离实际，但只靠“经验主义”和“本本主义”，也难以指导现代教育的科学发展。40余年来我国教育科学研究的长足发展，无疑为我国教育改革和发展提供了最重要的理论指导和科学支持。

第四，评价教育事业发展的成就，应当从长远着眼，以培养人才和提高民族素质为基本标准。

我国有着约1300年的科举考试历史，科举文化的社会积淀对教育事业的发展有着不可忽视的重要影响。这一文化传统，既有尊师重教的积极一面，也有过度崇拜考试的消极一面。崇拜考试的文化，是制约我国教育改革和发展的重要因素之一。改革开放 40 余年间，我们几乎一直在与片面强调考试成绩的应试教育做斗争。在 20 世纪 80 年代中期，我们就曾专门开展教育大讨论，批判片面追求升学率的“升学教育”；到 20 世纪 90 年代中后期，我们又提出“素质教育”来应对“应试教育”。这一系列教育理论和教育思想领域的斗争，都出于我们对“提高民族素质，多出人才、出好人才”这一教育改革根本目的的认识。教育实践和教育科学理论从不同方面告诉我们，人才培养和民族素质提高，是一个复杂的系统工程。局限于考试成绩的提高，不仅难以实现培养人才和提高民族素质的改革目的，而且往往是和这一目的背道而驰的。如何破除科举文化的消极影响，更好地实现“提高民族素质，多出人才、出好人才”这一教育改革根本目的，我们还需要不断探索。当前的“减轻中小学生学业负担”，也是这一改革探索的延续。虽然这方面的教育改革仍然处于探索之中，但我们已经清醒地认识到，评价教育事业发展的成就，应当从长远着眼，以培养人才和提高民族素质为基本标准，而不能仅以眼前的、局部的考试成绩来评判教育事业的发展。

第五，学校办学自主权是激发教育事业发展活力的关键。

改革开放 40 余年，我们在教育管理体制改革中取得的重要经验之一，便是学校办学自主权是激发教育事业发展活力的关键。1985 年中共中央《关于教育体制改革的决定》明确提出“扩大高等学校办学自主权”。1998 年 6 月，教育部为纪念真理标准讨论 20 周年，在《人民教育》1998 年第 6 期上发表《坚持以实践为标准，推动教育改革和发展——纪念真理标准讨论二十周年》文章，在总结 20 年教育改革时特别指出：“在管理体制方面，学校和地方的办学自主权不断扩大，改变了政府统得过多过死的状况，政府职能开始由对学校进行直接行政管理，逐步向用法律、政策、经济、评估、督导以及必要的行政手段进行宏观管理和调控转变。”1998 年通过、2018 年修订的《中华人民共和国高等教育法》（以下简称《高等教育法》）明确规定：“高等学校应当面向社会，依法自主办学，实行民主管理”，并且在第四章中以七条明确了高等学校办学自主权的具体内容。

第六，社会力量办学，是在中国共产党的领导下，社会主义的社会力量举办社会主义的教育事业，有利于激发办学活力，有利于丰富发展我国社会主义教育事业。

40余年的改革开放，是以经济领域为中心的，其突破口就是建立和完善社会主义市场经济体制。从“计划经济为主，市场经济为辅”“有计划的商品经济”“国家调节市场、市场引导企业”，到“确立和建设社会主义市场经济体制”“完善社会主义市场经济体制”“加快完善社会主义市场经济体制”，经济体制改革极大地调动了人民群众的积极性，促进了我国社会主义建设事业的突飞猛进。

在社会主义市场经济体制改革和发展过程中，教育领域也逐步引入社会办学力量，各种民办学校和校外教育机构不断发展起来。引入民间资本和社会力量来办教育，最初是作为补充教育发展资金不足的举措来实施的。随着社会力量办学规模的日益扩大，一个有中国特色的社会主义民办教育体系逐步建立起来。

正如经济领域的改革开放曾引起过很多争论一样，关于民办教育的发展，教育领域也曾出现各种各样的争论。邓小平1992年在南方谈话中对经济改革提出“不争论，大胆地试，大胆地闯”的要求，并提出了“发展才是硬道理”[①]的论断。这些科学论断，坚定了我们继续改革开放的信心和决心，同时也为我国民办教育事业的发展奠定了思想理论的基础。改革开放40多年来，党和国家一直重视和支持民办教育事业的发展。《民办教育促进法》明确规定：“民办教育事业属于公益性事业，是社会主义教育事业的组成部分。”这就在法律上明确了民办教育的基本地位和性质。

民间资本的进入，尽管也产生了不少新问题，但总体上还是给教育领域注入了积极的新动力。民办教育的发展，不仅不同程度地弥补了我国教育经费的不足，而且以其灵活的管理体制、开放的教育理念，为社会主义教育事业发展开辟了一片新天地。历史的经验已经证明，引导和鼓励民间资本兴办社会主义教育事业，应当成为我们长期坚持的一条基本发展策略。

第七，在教育领域，和很多其他领域一样，改革和开放是同一历史过程的两个方面，这两个方面是相辅相成、相互促进的。

---

① 邓小平．邓小平文选：第三卷［M］．北京：人民出版社，1993：374，377.

40 多年的教育改革，为我国的教育国际交流与合作创造了条件、拓宽了渠道；40 多年的教育国际交流与合作，在引进办学资金、学习国际先进教育理念等诸多方面，直接促进着教育改革和发展。在 40 多年的国际交流与合作中，国际先进教育经验与中国国情相结合，进而在我国教育改革实践中不断创新发展，丰富了我们发展社会主义建设事业的实践经验和理论认识。教育领域的国际交流与合作，也让国际社会更好地认识和了解了我国教育，包括向国际社会介绍我们长期积累的有中国特色的教育经验，为人类教育事业的发展贡献了中国智慧。改革开放 40 多年的经验告诉我们，在教育改革和发展过程中，我们应当始终坚持改革和开放并重，绝不应偏废某一方面同时伤害另一方面。

在波澜壮阔的 40 多年改革开放历程中，我国教育改革和发展取得了一系列令世人瞩目的重要成就，取得了一系列反映教育发展规律、有中国特色的经验，为未来的教育改革和发展奠定了良好的基础。

第一章

政策领域的教育观变革

教育观是关于教育现象和问题的基本观念体系[①]，它反映了不同时代人们对教育的基本认识。教育政策中所反映的教育观，与学术上的教育概念有着重要的区别。实际上，在政策过程中讨论的一切概念都是通过解释和重新组合而产生的政治产物[②]。从学术的视角看，"教育观"或许算不上一个严格意义上的科学概念，但是，在我国教育改革发展的实践过程中，"教育观"的重要作用却不可忽视。它反映了我国政府和社会对教育现象和问题的基本看法，在观念层面上对教育改革和发展有着根本性和主导性的影响。回顾分析 40 多年来我国教育观的发展变化，可以发现改革开放以来我国教育改革和发展的内在逻辑，进而通过分析和反思这种认识上的变革，总结其中的历史经验，以资未来借鉴。

① 顾明远 . 教育大辞典［M］. 增订合编本 . 上海：上海教育出版社，1998：1776.

② 廉载镐 .D. 斯通的政策矛盾与政治情理［M］// 吴锡泓，金荣枰 . 政策学的主要理论 . 金东日，译 . 上海：复旦大学出版社，2005：53.

第一节　伟大转折：开启教育现代化的新时代

中国现代学校教育肇始于1904年的癸卯学制，到民国时期初具基础，在中华人民共和国成立后得到快速发展，但直到改革开放之后才真正进入了教育现代化的起飞阶段。正是1978年的改革开放，开启了我国教育现代化的新阶段。

在“文化大革命”期间，教育被看作阶级斗争的工具。1958年9月19日，中共中央、国务院在《关于教育工作的指示》中提出：“党的教育工作方针，是教育为无产阶级的政治服务，教育与生产劳动结合。”1961年，教育部在《教育部直属高等学校暂行工作条例（草案）》中重申“教育为无产阶级的政治服务，教育与生产劳动相结合”。1966年8月，中共中央《关于无产阶级文化大革命的决定》再次强调：“在这场文化大革命中，必须彻底改变资产阶级知识分子统治我们学校的现象。在各类学校中，必须彻底贯彻执行毛泽东同志提出的教育为无产阶级政治服务、教育与生产劳动相结合的方针，使受教育者在德育、智育、体育几方面都得到发展，成为有社会主义觉悟的有文化的劳动者。”于是，“教育必须为无产阶级政治服务，教育必须同生产劳动相结合”，这两个“必须”就成为那个特殊时期我们办教育的基本方针，也反映了当年我们对教育的基本认识和理解。

1977年8月，华国锋在党的第十一次全国代表大会上的政治报告中提出：“迅速发展生产力，使社会主义制度获得日益增强的物质基础，推动生产关系和上层建筑的发展和变革”，“要在二十世纪最后四分之一时间内把我国建设成为伟大的社会主义的现代化强国，迫切需要培养和造就大批又红又专的建设人材。这就要从教育入手，要真正搞好无产阶级教育革命”。[①]1977年

① 十一大上的政治报告［EB/OL］.［2018-12-26］. http://cpc.people.com.cn/GB/64162/64168/64563/65449/4526439.html.

9月19日，邓小平同志在同教育部主要负责同志的谈话中明确否定了“两个估计”，并强调指出：“不抓科学、教育，四个现代化就没有希望，就成为一句空话。”①1978年3月18日，邓小平在全国科学大会开幕式上发表讲话，指出：“四个现代化，关键是科学技术的现代化”，“科学技术人才的培养，基础在教育”。②1978年4月22日，邓小平在全国教育工作会议上发表讲话，明确提出要“提高教育质量，提高科学文化的教学水平，更好地为社会主义建设服务”，“教育事业必须同国民经济发展的要求相适应”。③1978年12月13日，党的十一届三中全会召开前夕，邓小平在中共中央工作会议闭幕会上发表题为《解放思想，实事求是，团结一致向前看》的讲话，提出把全党工作的重心转到实现四个现代化上来的根本指导方针④。这篇讲话，后来被誉为“改革开放的宣言书”。党的十一届三中全会公报也明确提出要“大力加强实现现代化所必需的科学和教育工作”。在这一年多时间里，党和国家领导人的重要讲话和重要政策文献中关于教育的一系列表述，反映了我们的教育观发生了一次重大的转折，即从把教育简单地当作阶级斗争的工具，转向承认学校教育培养人才的主要功能，承认教育在科技发展和现代化建设中具有重要的作用。

1982年9月，胡耀邦在党的第十二次全国代表大会上的报告，也主要从科技现代化和经济建设需要加速发展教育事业的角度来论述教育的作用，报告指出：“四个现代化的关键是科学技术的现代化。目前我国许多企业生产技术和经营管理落后，大批职工缺乏必要的科学文化知识和操作技能，熟练工人和科学技术人员严重不足。……必须大力普及初等教育，加强中等职业教育和高等教育，发展包括干部教育、职工教育、农民教育、扫除文盲在内的城乡各级各类教育事业，培养各种专业人才，提高全民族的科学文化水平。”⑤这段话全面论述了教育在我国现代化建设中的主要作用就在于培养包括科学

① 邓小平．邓小平文选：第二卷［M］．2版．北京：人民出版社，1994：68.

② 同① 95.

③ 国家教育委员会政策法规司．十一届三中全会以来重要教育文献选编［M］．北京：教育科学出版社，1992：11，13.

④ 同① 140.

⑤ 胡耀邦在中国共产党第十二次全国代表大会上的报告［EB/OL］．［2018-12-26］．http://cpc.people.com.cn/GB/64162/64168/64565/65448/4526430.html.

技术人员在内的各行各业人才。这里提到了要通过发展教育事业来提高全民族的科学文化水平，其目的很明确，还是在于为四个现代化建设培养人才。教育可以通过培养人才为我国现代化建设服务，这是当时我们对教育的意义和价值的基本认识，也是我们教育观的核心思想。

1985 年 5 月 19 日，邓小平同志在全国教育工作会议上发表讲话，肯定了中共中央《关于教育体制改革的决定（草案）》“是个好文件”①。1985 年 5 月 27 日，中共中央政治局开会讨论并同意公布《关于教育体制改革的决定》，这个文件开篇即提出了新的“两个必须”：“教育必须为社会主义建设服务，社会主义建设必须依靠教育。”这一新表述，集中反映了我们的教育观发生了重大的变革。正如有研究者所说的那样，“教育必须为社会主义建设服务”明确了教育的基本功能，“社会主义建设必须依靠教育”阐明了教育的重要地位。②与“教育必须为无产阶级政治服务，教育必须同生产劳动相结合”相比，新的“两个必须”突出了以经济建设为中心的工作重点转移，标志着我们对教育的认识进入了一个新阶段。

简要回顾历史，我们可以看到，在改革开放初期，我们党和国家完成了一次重大的教育观的变革，从“文化大革命”期间简单地把教育当作阶级斗争的工具，转变到肯定教育是科技进步和现代化建设的基础。这一重大的教育观变革，翻开了我国教育现代化发展的新篇章，为后来我国的教育事业获得巨大发展，也为经济发展和社会进步，奠定了重要的基础。

需要特别阐明的是，这一教育观的重要变革，是在教育的政治功能之外，承认并重视教育的经济功能，而不是以教育的经济功能取代了政治功能。党对教育的政治功能的承认和重视，是一以贯之的。邓小平 1978 年在全国教育工作会议上的讲话中明确指出：“学校应该永远把坚定正确的政治方向放在第一位。”③中国社会科学院马克思主义研究院赵智奎等研究人员在研究改革开放初期这段历史时也发现：在解放思想的过程中，党内外都出现了一些错误

① 邓小平．邓小平文选：第三卷［M］．北京：人民出版社，1993：120.

② 改革开放以来的教育发展历史性成就和基本经验研究课题组．改革开放 30 年中国教育重大理论成果［M］．北京：教育科学出版社，2008：61，66.

③ 邓小平．邓小平文选：第二卷［M］.2 版．北京：人民出版社，1994：104.

的思想倾向，邓小平敏锐地看到了这些错误的思想倾向，明确提出了在中国实现四个现代化的根本前提——必须在思想政治上坚持四项基本原则。[①] 党对教育政治功能的重视，贯穿了整个改革开放的伟大历程。在 2018 年 9 月 10 日的全国教育大会上，习近平总书记强调："培养什么人，是教育的首要问题。我国是中国共产党领导的社会主义国家，这就决定了我们的教育必须把培养社会主义建设者和接班人作为根本任务，培养一代又一代拥护中国共产党领导和我国社会主义制度、立志为中国特色社会主义奋斗终身的有用人才。这是教育工作的根本任务，也是教育现代化的方向目标。"[②] 纵观改革开放以来党和国家领导人的重要讲话和其他重要教育政策文献，对教育政治功能的重视实际上从来都没有改变过。

始终如一地重视教育的政治功能，说明我们的教育观在改革开放初期的重要变革，并不是简单地从重视教育的政治功能转向重视教育的经济功能，其实质是我们党、我国政府和社会各界对教育的基本认识的一次拓展和深化。从"文化大革命"期间狭隘地把教育看作阶级斗争的工具，到在重视教育政治功能的同时强调教育在社会经济建设和科技进步中的重要作用，我们的教育观向更加全面地认识教育这种社会现象迈进了重要一步。

第二节　回归本真：从知识和能力到智力和素质

在改革开放初期，我们的教育观集中体现为重视教育在提高人们的科学文化知识水平方面的重要作用。随着改革开放的逐步深入，党和国家领导人的重要讲话以及重要教育政策文献中对教育观的表述也在悄然发生变化，对教育的理解从片面的传授知识、技能等，转向强调全面完整的人的素质，反

① 赵智奎．改革开放 30 年思想史［M］．北京：人民出版社，2008：148.

② 习近平．坚持中国特色社会主义教育发展道路 培养德智体美劳全面发展的社会主义建设者和接班人［EB/OL］．（2018-09-11）［2018-12-27］.http://jhsjk.people.cn/article/30284771.

映了我们的党和政府对教育的宏观认识日益全面和深刻。

早在 1985 年的全国教育工作会议上，邓小平就指出："我们国家，国力的强弱，经济发展后劲的大小，越来越取决于劳动者的素质，取决于知识分子的数量和质量。"[①] 在这里，更加综合的"素质"概念被提出来了，并逐步取代了改革开放初期的"科学文化知识""基本知识和基本技能"等表述。邓小平在讲话中回顾工作时说："在七个月的时间里，办了过去多年想办而未办成的事。这一事实，表明我们党的认识能力有了新的提高，表明我们党已经能够创造性地运用马克思主义的基本原理，来解决当代中国社会主义建设中的许多新问题。"[②] 党的这种认识能力的新提高，也表现在教育观的变革之中。1987 年 10 月 25 日，赵紫阳在党的第十三次全国代表大会上的报告关于教育的论述中，开始提到了"劳动者素质"和"智力开发"，报告指出："从根本上说，科技的发展，经济的振兴，乃至整个社会的进步，都取决于劳动者素质的提高和大量合格人才的培养。百年大计，教育为本。必须坚持把发展教育事业放在突出的战略位置，加强智力开发。"[③] 报告强调要把教育放在"突出的战略位置"，而不再仅仅把教育看作培养科技人才的工具；教育要提高的是劳动者的"素质"，而不仅仅是其基本知识和基本技能；教育的社会意义和价值也不再局限于科技发展和经济振兴，还包括了"整个社会的进步"。1992 年 10 月 12 日，江泽民在党的第十四次全国代表大会上的报告，在论述了"科学技术是第一生产力。振兴经济首先要振兴科技"之后，紧接着就强调"科技进步、经济繁荣和社会发展，从根本上说取决于提高劳动者的素质，培养大批人才。我们必须把教育摆在优先发展的战略地位，努力提高全民族的思想道德和科学文化水平，这是实现我国现代化的根本大计"[④]。报告在强调科技重要性的同时，也要求把教育放在"优先发展"的战略地位上。教育除

---

① 邓小平．邓小平文选：第三卷［M］．北京：人民出版社，1993：120.

② 同① 122.

③ 赵紫阳在中国共产党第十三次全国代表大会上的报告［EB/OL］．［2018-12-26］.http://cpc.people.com.cn/GB/64162/64168/64566/65447/4526368.html.

④ 江泽民在中国共产党第十四次全国代表大会上的报告［EB/OL］．［2018-12-26］.http://cpc.people.com.cn/GB/64162/64168/64567/65446/4526312.html.

了要提高劳动者素质和培养科技人才外，还要提高“全民族”的道德和科学文化水平。

随着我们对教育重要战略意义认识的日渐全面和深入，教育的战略地位也日益突显，逐渐从为科技进步培养人才的工具，上升到与科技并驾齐驱的位置上。1997 年 9 月 12 日，江泽民在党的第十五次全国代表大会上的报告中提出要实施“科教兴国战略”，报告指出：“实施科教兴国战略和可持续发展战略。……深化科技和教育体制改革，促进科技、教育同经济的结合。”① 1995 年，江泽民在全国科学技术大会上讲话，对“科教兴国”做了这样的阐释：“科教兴国，是指全面落实科学技术是第一生产力的思想，坚持教育为本，把科技和教育摆在经济社会发展的重要位置，增强国家的科技实力及向现实生产力转化的能力，提高全民族的科技文化素质，把经济建设转到依靠科技进步和提高劳动者素质的轨道上来，加速实现国家繁荣强盛。”② 这个讲话，在强调科技是第一生产力的同时，提出“教育为本”，突出了教育在科教兴国战略中与科技同等重要的地位。2002 年 11 月 8 日，江泽民在党的第十六次全国代表大会上的报告中指出：“教育是发展科学技术和培养人才的基础，在现代化建设中具有先导性全局性作用，必须摆在优先发展的战略地位。”③ 报告突出强调了教育在我国社会主义现代化建设过程中的先导性和全局性作用，并且提出要将教育放在“优先发展”的战略位置。“科教兴国”战略的提出，把教育与科技并置于国家发展战略前沿，认识到教育在国家发展进程中的根本性、先导性和全局性战略作用，是我们在教育观上的一大进步。

在提出“科教兴国”战略的同时，党和国家还提出了另一个具有十分重要战略意义的教育新观念，即“素质教育”。1993 年 2 月，中共中央、国务院颁布《中国教育改革和发展纲要》，认为“教育改革和发展的根本目的是提高民族素质，多出人才，出好人才”。教育改革和发展的目的，从单纯的培养劳

---

① 江泽民在中国共产党第十五次全国代表大会上的报告［EB/OL］.［2018-12-26］. http://cpc.people.com.cn/GB/64162/64168/64568/65445/4526288.html.

② 江泽民 . 江泽民文选：第一卷［M］. 北京：人民出版社，2006：428.

③ 江泽民在中国共产党第十六次全国代表大会上的报告［EB/OL］.［2018-12-26］. http://www.gov.cn/test/2008-08/01/content_1061490_7.htm.

动力和科技人才，转变为更为综合全面的“提高民族素质”。这里的“人才”，也不再限于科技人才，其涵义也变得更加广泛。《中国教育改革和发展纲要》还强调，“基础教育是提高民族素质的奠基工程，必须大力加强”，“中小学要从‘应试教育’转向全面提高国民素质的轨道，面向全体学生，全面提高学生的思想道德、文化科学、劳动技能和身体心理素质，促进学生生动活泼地发展”。1994 年，中共中央《关于进一步加强和改进学校德育工作的若干意见》首次以中央文件明确提出了“增强适应时代发展、社会进步，以及建立社会主义市场经济体制的新要求和迫切需要的素质教育”这一新的教育表述。这一表述在“素质教育”之前加了一系列的定语，用以说明实施“素质教育”的战略意义集中表现为推动我国教育适应时代发展、社会进步和经济体制变革提出的新的要求和需要。1998 年 3 月，李鹏在九届全国人大一次会议上的《政府工作报告》中提出：“实施全面素质教育，加强思想品德教育和美育，改革教学内容、课程体系和教学方法，以适应社会对各类人才的需要。”[①]1999 年 3 月，朱镕基在九届全国人大二次会议上所做的《政府工作报告》也强调要“大力推进素质教育，注重创新精神和实践能力的培养，使学生在德、智、体、美等方面全面发展”[②]。党和政府在这一时期大力推进素质教育，强调培养学生的创新精神和实践能力，既反映了我国经济发展在劳动力和科学技术人才培养方面对教育提出的新要求，也反映了党和政府对教育的认识变得更加全面、更加深刻了。

中共中央、国务院于 1999 年 6 月在北京召开的全国教育工作会议，标志着“全面推进素质教育进入新阶段”[③]。1999年6月13日，在全国教育工作会议召开前夕，中共中央、国务院发布了《关于深化教育改革全面推进素质教育的决定》，指出：“实施素质教育，就是全面贯彻党的教育方针，以提高国民素质为根本宗旨，以培养学生的创新精神和实践能力为重点，造就‘有

① 李鹏 .1998 年政府工作报告［EB/OL］.（2006-02-16）［2018-12-30］.http://www.gov.cn/premier/2006-02/16/content_201129.htm.

② 朱镕基 .1999 年政府工作报告［EB/OL］.（2006-02-16）［2018-12-30］.http://www.gov.cn/premier/2006-02/16/content_201143.htm.

③ 国家教育发展研究中心 . 2000 年中国教育绿皮书［M］. 北京：教育科学出版社，2000：30.

理想、有道德、有文化、有纪律’的、德智体美等全面发展的社会主义事业建设者和接班人。”该决定还从德、智、体、美等不同方面，以及教育体制改革、教师队伍建设、各级各类学校等不同角度，对如何推进素质教育，逐一进行了阐述。从邓小平关于教育提高劳动者素质和培养科技人才等重要思想开始，到素质教育新理念的提出，这一以人的素质为核心的教育思想在我国教育改革和发展的实践过程中贯穿始终，由一条原则性的总方针，向可操作的具体教育政策迈进。

在教育内容上，从强调“双基”（即基本知识和基本技能）、智力和能力到强调更加综合全面的“素质”；在教育对象上，从人才、劳动者到整个民族；在教育目的上，从科技进步、经济发展到全体国民的素质提高，我们的教育观在变革中日益完整全面，不断接近教育的本质。在我们的教育观中，教育从阶级斗争的工具、培养劳动力和人才的工具，逐步向培养“人”这一本真意义回归。

第三节　重要拓展：从为经济建设服务到民族复兴的基石

自从党的工作重心转移到经济建设上，教育为社会主义经济建设服务，就一直是我们教育观的核心内容之一。随着经济的不断发展和社会的不断进步，我们逐步认识到教育是通过培养人来服务于经济和社会发展的，因此，在教育领域，“人”是一切问题的核心。随着改革开放的不断深入，我们又进一步认识到教育培养人，不只是以经济发展为目的，相反，经济发展也是要为人服务的。于是，我们的教育观又逐渐从经济建设转向“人”本身，并提出了“以人为本”的理念。在此基础上，我们对教育的作用和价值的认识，又发生了一次重要的飞跃。在我们教育观的核心表述中，教育的意义又得到了一次重要的拓展，即教育不再仅仅是为经济建设服务的工具，而是整个中华民族伟大复兴的基石。

2007 年 10 月 15 日，胡锦涛在党的第十七次全国代表大会上的报告中指出："教育是民族振兴的基石，教育公平是社会公平的重要基础。要全面贯彻党的教育方针，坚持育人为本、德育为先，实施素质教育，提高教育现代化水平，培养德智体美全面发展的社会主义建设者和接班人，办好人民满意的教育。"① 2012 年 11 月 8 日，胡锦涛在党的第十八次全国代表大会上的报告中再次强调："教育是民族振兴和社会进步的基石。要坚持教育优先发展，全面贯彻党的教育方针，坚持教育为社会主义现代化建设服务、为人民服务，把立德树人作为教育的根本任务，培养德智体美全面发展的社会主义建设者和接班人。"② 从改革开放之初的提高民族科学文化水平和培养科学技术人才，到把教育作为民族振兴和社会进步的基石，从教育为经济建设培养人才，到育人为本，这一系列关于教育的论述的变化，反映了教育观的深刻变革。"人"在我们的教育观中也逐步回到了中心位置。《共产党宣言》曾这样批评资本主义教育："资产者唯恐失去的那种教育，对绝大多数人来说是把人训练成机器。"③ 在中国共产党领导下的社会主义中国，教育不再是将人培养成某种工具，人本身就是教育的目的。社会主义现代化经济建设是我们民族、我们每个人解放自身的手段和途径之一，而不是相反。这一系列教育观的变革，反映了我们党和政府对教育这一重要社会现象的认识日益深刻和全面。

2017 年 10 月 18 日，习近平在党的第十九次全国代表大会上的报告，做出了"中国特色社会主义进入新时代"的重大判断，认为"中国特色社会主义进入新时代，意味着近代以来久经磨难的中华民族迎来了从站起来、富起来到强起来的伟大飞跃，迎来了实现中华民族伟大复兴的光明前景；意味着科学社会主义在二十一世纪的中国焕发出强大生机活力，在世界上高高举起

① 胡锦涛在中国共产党第十七次全国代表大会上的报告［EB/OL］.［2018-12-26］.http://cpc.people.com.cn/GB/64162/64168/106155/106156/6430009.html.

② 胡锦涛在中国共产党第十八次全国代表大会上的报告［EB/OL］.（2012-11-18）［2018-12-26］.http://cpc.people.com.cn/n/2012/1118/c64094-19612151-7.html.

③ 马克思，恩格斯.共产党宣言［M］.3 版.中共中央马克思恩格斯列宁斯大林著作编译局，编译.北京：人民出版社，1997：44.

了中国特色社会主义伟大旗帜；意味着中国特色社会主义道路、理论、制度、文化不断发展，拓展了发展中国家走向现代化的途径，给世界上那些既希望加快发展又希望保持自身独立性的国家和民族提供了全新选择，为解决人类问题贡献了中国智慧和中国方案”。[①] 新时代、新形势和新任务，对我们的教育改革和发展提出了新的要求，也在促使我们的教育观发生重要的变革。习近平总书记在党的十九大报告中指出：“建设教育强国是中华民族伟大复兴的基础工程，必须把教育事业放在优先位置，深化教育改革，加快教育现代化，办好人民满意的教育。要全面贯彻党的教育方针，落实立德树人根本任务，发展素质教育，推进教育公平，培养德智体美全面发展的社会主义建设者和接班人。”[②] 这一段关于教育的论述，简明扼要地总结了改革开放以来一系列教育观变革的理论成果，明确提出了建设教育强国的战略目标，并将其置于中华民族伟大复兴基础工程的重要战略地位，突出强调了必须把教育放在优先发展的战略位置，同时明确教育的根本任务是“立德树人”，把培养人作为教育的根本。

2014 年 9 月 9 日，习近平在同北京师范大学师生代表座谈时指出：“教育是提高人民综合素质、促进人的全面发展的重要途径，是民族振兴、社会进步的重要基石，是对中华民族伟大复兴具有决定性意义的事业。”[③] 在肯定教育在中华民族伟大复兴的历史进程中具有决定性意义的同时，他也强调教育是促进人全面发展的重要途径。人的发展与民族的发展，在我们的教育观中是统一的。我们的教育观认为教育要为社会主义经济建设培养人才，但这里的“人才”，首先是全面发展的“人”，而不是发展经济所需要的简单工具。2018 年 5 月 2 日习近平总书记在北京大学师生座谈会上的讲话，引用《资治通鉴》里的典故，进一步对“育人”和“育才”的辩证关系进行了深刻的论述，他说：“‘才者，德之资也；德者，才之帅也。’人才培养一定是育人和育

---

① 习近平在中国共产党第十九次全国代表大会上的报告［EB/OL］.（2017-10-27）［2018-12-26］.https://www.gov.cn/zhuanti/2017-10/27/content_5234876.htm.

② 同①.

③ 习近平．做党和人民满意的好老师：同北京师范大学师生代表座谈时的讲话［M］.北京：人民出版社，2014：2.

才相统一的过程，而育人是本。人无德不立，育人的根本在于立德。这是人才培养的辩证法。”在这里，育人和育才是同一教育过程的两个方面，这两个方面是辩证统一的，并且其中育人是更为根本的方面。

在中国特色社会主义进入新时代之际，习近平总书记不仅在个人、民族的层面上，而且在整个人类的层面上，对我们的教育观进行了新的重要论述。这也是我们教育观的一次重大的拓展和深化。2013 年 4 月，习近平总书记在《致清华大学苏世民学者项目启动仪式的贺信》中写道：“教育决定着人类的今天，也决定着人类的未来。人类社会需要通过教育不断培养社会需要的人才，需要通过教育来传授已知、更新旧知、开掘新知、探索未知，从而使人们能够更好认识世界和改造世界、更好创造人类的美好未来。”① 教育不仅是中华民族伟大复兴的基石，而且决定着人类的今天和未来。在这里，民族的振兴和人类的发展统一起来了。中华民族不仅要通过教育和社会发展来为自己创造美好的未来，还要结成人类命运共同体，与全人类共同创造美好未来。恩格斯在《共产党宣言》1888 年英文版序言中写道：“被剥削被压迫的阶级（无产阶级），如果不同时使整个社会一劳永逸地摆脱一切剥削、压迫以及阶级差别和阶级斗争，就不能使自己从进行剥削和统治的那个阶级（资产阶级）的奴役下解放出来”②，因此，无产阶级只有解放全人类，才能最后解放自己。习近平总书记站在整个人类的高度来论述我们的教育观，教育的意义和价值在这里不再限于个人的成才，也包括由个人组成的群体、民族乃至整个人类的发展与进步。中国共产党的教育观与其解放全人类的政治理想，在理论上达成了逻辑的统一。

2018 年 9 月 10 日，习近平总书记在全国教育大会上高屋建瓴地总结了我们在教育改革发展的实践中提出的一系列新理念、新思想和新观点：“坚持党对教育事业的全面领导，坚持把立德树人作为根本任务，坚持优先发展教育事业，坚持社会主义办学方向，坚持扎根中国大地办教育，坚持以人民为中心发展教育，坚持深化教育改革创新，坚持把服务中华民族伟大复兴作为教

① 习近平．致清华大学苏世民学者项目启动仪式的贺信［N］．人民日报，2013-04-22（1）．

② 马克思，恩格斯．共产党宣言［M］．3 版．中共中央马克思恩格斯列宁斯大林著作编译局，编译．北京：人民出版社，1997：12.

育的重要使命，坚持把教师队伍建设作为基础工作。”他紧接着强调：“这是我们对我国教育事业规律性认识的深化，来之不易，要始终坚持并不断丰富发展。”[①] 这九个“坚持”总结概括了改革开放以来我们在教育改革发展过程中，特别是在教育观的变革和发展过程中，理论联系实际，获得的重要理论认识，集 40 年教育观变革之大成，纲领性地表述了新时代中国特色社会主义新教育观。

第四节 砥砺前行：素质教育的探索

回顾改革开放 40 余年的探索历程，每一次教育观的变革，都推动我国教育改革和发展进入一个新的阶段，引导我国的教育实践取得一系列辉煌成就。回顾和反思 40 余年教育观变革的历程，有许多成功的经验，其中很多经验“为解决人类问题贡献了中国智慧和中国方案”[②]。同时，作为一种学术上的探讨，本书认为其中也有在未来的征程中可以改进之处。概括言之，我们可以进一步做好以下三个方面的工作。

第一，进一步做好宏观教育观的具体化，增强其转化为教育实践的可操作性。从宏观的教育观到具体可操作的政策措施和教育教学实践，需要经过一系列的转化环节。改革开放 40 余年来，党和国家审时度势，为适应不同时期的新要求，及时地变革我们的教育观。要很好地贯彻落实这些教育观，就有必要把这些教育观进一步具体化，使之转化成为具有可操作性的具体政策措施、办学模式和教育教学策略等。回顾 40 余年来的教育观变革历程，有些情况下，恰恰是由于具体转化工作没做好，影响了原本准确及时的教育观变

---

① 习近平 . 坚持中国特色社会主义教育发展道路 培养德智体美劳全面发展的社会主义建设者和接班人［EB/OL］.（2018-09-11）［2018-12-27］.http://jhsjk.people.cn/article/30284771.

② 习近平在中国共产党第十九次全国代表大会上的报告［EB/OL］.（2017-10-27）［2018-12-26］.https://www.gov.cn/zhuanti/2017-10/27/content_5234876.htm.

革在具体教育教学实践中贯彻执行的效果。

以提出“素质教育”理念这一次教育观变革为例。“素质教育”理念的提出，是系统阐述教育作为提高劳动者素质和提升整个民族素质的基础这一教育观的一次十分重要而有益的尝试，符合我国经济改革和社会发展实际对教育的要求，也符合世界经济和教育发展的大潮流。党和国家在宏观政策上提出实施“素质教育”，我们在教育管理体制、办学模式、课堂教学、课程设置中应当具体进行怎样的改革？这就需要教育理论界和教育实践部门共同探索，在弄清素质教育的具体内涵的基础上，与时俱进，因地制宜，研究提出在实践中贯彻这一教育观的具体途径、步骤和措施。主要由于我们对这种教育观具体化实践的研究不足，在素质教育全面推进的过程中，很多教育实践部门都不同程度地感到不知所措，无所适从。1994 年，中共中央《关于进一步加强和改进学校德育工作的若干意见》第 9 条中，首次在中央文件中提出“素质教育”，但由于我国教育界，尤其是教育学界，对“素质教育”这一重要教育观的认识不够具体深入，因而这一条在提出“素质教育”理念之后，却主要论述的是创业精神教育，法制教育，落实音、体、美课程和青春期教育等具体问题，未能站在应有的战略高度把素质教育这一重要教育观全面系统地论述清楚，结果导致未能有效地引导人们全面地认识素质教育。有些地方和学校甚至将素质教育简单地理解为开好音、体、美课程，少考试甚至不考试。

国家教育发展研究中心主编的《2000 年中国教育绿皮书》，在分析研究党和国家领导人重要讲话及政府重要政策文献中有关素质教育的论述的基础上，尝试联系教育改革的实际，对素质教育进行比较全面系统的阐述，并总结出素质教育的五个特征：面向全体；促进学生全面发展；重视学生创新精神和实践能力的培养；发展学生主动精神，注重学生个性健康发展；着眼于学生的终身可持续发展①。这本绿皮书还对素质教育和应试教育的关系、素质教育与考试的关系、素质教育与发展特长的关系、素质教育与教育质量的关系、实施素质教育的外部条件、对实施素质教育之前和之后的基础教育的正

---

① 国家教育发展研究中心 .2000 年中国教育绿皮书［M］. 北京：教育科学出版社，2000：32–36.

确认识等在全面推进素质教育过程中所面对的一系列重要问题，进行了比较全面系统的理论阐述。但一方面可能是限于篇幅，另一方面还可能是因为其研究主要从党和国家领导人重要讲话和教育改革重要政策文献出发，对各地推进素质教育的实践经验和遇到的实际问题关注不够，因而其中关于教育管理、办学模式、课堂教学、课程改革等具体的可操作方面的阐述未充分展开。像这一类专业研究成果，如果能进一步具体化为在教育管理和教育教学过程中可操作的模型和模式，并且能转化为政策文件，应能更好地发挥其指导作用。

第二，进一步做好宏观教育观的系统化，加深全社会对相关理论的认识和理解。教育改革作为一种社会改革，能否被整个教育界比较深刻地理解和认识，能否获得全社会的理解和支持，往往直接影响着改革的效果，有时甚至会直接决定改革的成败。一次教育观变革，要让教育界对其有深刻的认识，要得到全社会的理解和支持，首先必须在理论上进行系统的论述，阐述其现实的实践基础，理清它与相关教育理念之间的关系，讲清楚其来龙去脉。通过这样的系统化，我们可以使教育界对这一教育观变革形成比较深刻的认识，并努力让社会大众理解和支持相关教育改革。

这里仍然以推进“素质教育”这一次教育观变革为例。素质教育理念提出初期，主要是为了适应我国经济发展，特别是产业升级换代，以及知识经济的兴起等实际需要；到后来，这一教育理念还被赋予了通过全面提高民族素质来促进社会进步和中华民族伟大复兴的历史意义。“素质教育”提出后，在我国教育界引起了不少的讨论和争鸣，但由于缺乏真正全面系统的深入研究，这些研讨不但没有起到深化认识的作用，反而在一定程度上使教育界形成了莫衷一是的思想局面。譬如：在讨论过程中，我国教育界还提出了“升学教育”“应试教育”等理念，却没能在理论上理清“素质教育”与所谓“升学教育”“应试教育”之间的关系。“应试教育”理念的提出，为“素质教育”找到了一个对立面，而我们又未能及时地对二者之间的关系进行分辨，这极大地影响了人们对“素质教育”的认识和理解，导致有些地方和学校甚至将素质教育等同于片面的“减负”，主要表现为：（1）无差别的全体“减负”，无论学生有无数学天赋，数学教学都绝不允许所谓“超纲”；（2）无目的的盲目“减负”，不管学生是否想当数学家，一律按照所谓“素质教育”的路线，给其数学进行“减负”；（3）不问学生负担实际情况的强行“减负”，无论学生是否感到学业负担过重，都一律强制“减负”。这种片面“减负”的情形，一直延续至今，愈演愈烈，甚至有日益滑向“学业不精，负担不轻”之局面的危险。造成这种局面的主要原因之一，就是我们对教育观变革没有形成全面系统的认识，致使一次具有重大战略意义的教育观变革，最终被我们狭隘的视野扭曲了。本来，“素质教育”这一新的教育观的提出，应当解决“应试教育”的问题，但这只是它要解决的众多问题之一，而绝非全部。它在我们的教育改革中有着更高的战略目标和意义，即通过全面提高民族素质来促进社会进步和中华民族伟大复兴。对于这一重大战略目标，简单的“减负”显然是不足以承担的。片面的“减负”甚至有可能与这一战略目标南辕北辙、背道而驰。

由于对“素质教育”缺乏系统深刻的认识，面对“应试教育”，我们实际上也没有形成多少真正有效的教育改革措施，“应试教育”问题和学业负担过重问题一样，都没有在根本上得到解决，以至于形成了今天有目共睹的改革僵局：考试改革手忙脚乱，“减负”呐喊不绝于耳；考试指挥棒威力不减，学业负担一点没轻。要真正完成党和国家领导人重要讲话和教育政策文献中多次提出的从应试教育转到素质教育轨道的改革任务，我们必须争取社会大众对这一教育改革的理解和支持。要获得社会大众的理解和支持，我们就必须首先对“素质教育”这一新的教育观进行系统的、深入浅出的阐释，让社会大众对这一教育观真正形成正确的认识。

第三，进一步做好在宏观教育观指导下的地方教育创新，同时促进地方教育创新经验有效地提升和转化为宏观教育观的改进。党和国家提出一种教育观，是在大政方针层次上指明我们教育改革和发展的方向。中央政府教育部门可以据此制定相关教育政策，地方政府也可以据此制定适合本地的教育政策。

伯尔曼（Paul Berman）在一份题为《社会政策的宏观与微观执行研究》的研究报告中认为，社会公共政策的执行分为“宏观执行”（macro-implementation）和“微观执行”（micro-implementation），宏观执行和微观执行是两个很不相同的过程，二者最根本的区别就在于其制度环境不同：微观执行的制度环境是具体的公共服务地方提供组织（local delivery organization），而宏观执行的制度环境则是从中央（联邦）到地方的整个政策部门（policy sector）。不同的制度环境，令其所面对的问题往往在性质和类型等方面都有很大区别，因此，联邦政策的微观执行往往暗含着地方组织对该政策进行改变的必要。① 我国幅员辽阔，区域差异较大，这就要求我们在教育观变革过程中，允许和重视不同地方的教育创新，引导地方政府在贯彻落实宏观教育观变革过程中正确有效地进行教育创新，并且加强对地方教育创新经验的研究总结，从中提炼出带规律性的认识，用以改善此后的宏观教育观变革。

还是以全面推进"素质教育"这一次教育观变革为例。"素质教育"作为一种教育观，它是一个抽象的观念。对地方政府和学校来说，推进素质教育还需要经过一个与本地教育改革发展实际相结合的过程。在全面推进素质教育的过程中，1990 年，江苏省教育委员会颁布《关于当前小学教育改革的意见（试行）》，提出要"转变教育思想，树立国民素质教育的观念"，"推进小学素质教育的全面实施"。由国家教育发展研究中心撰写并发布的《2000 年中国教育绿皮书》称"这可能是较早以政府文件的方式明确'素质教育'一词和确立素质教育地位的" ②。1991 年，江苏省又在全国率先召开素质教育研讨会。《人民教育》杂志 1996 年第 2 期发表长篇通讯《大面积推行素质教育的探索——湖南汨罗市中小学教育改革 12 年写真》，并配发评论《加快素质教育的区域性推进》。这一年，全国设立了 10 个素质教育实验区。1997 年 9 月，国家教育委员会又在山东烟台召开全国中小学素质教育经验交流会，总结推广湖南汨罗、山东烟台大面积推广素质教育的经验。本来这些都是探索素质教育如何在不同地区、不同学校贯彻落实的大好机会，但回顾分析这些会议报道等材料，发现其实际上主要是通过树立样板和典型来推动中央教育政策的贯彻落实，而对样板和典型的分析研究不足；地方政府的相关文件也大多以贯彻执行中央政策的推动措施为主，对本地实际情况和本地教育改革经验

① Berman P. The study of macro and micro implementation of social policy［M］. California：The Rand Corporation，1978：10，22.

② 国家教育发展研究中心 .2000 年中国教育绿皮书［M］. 北京：教育科学出版社，2000：29.

的分析研究不多，经过研究发现问题并向中央反馈的公开材料也很少见。我们一贯重视中央教育政策在各地得到不折不扣的贯彻落实，却对地方政府的创新重视不足，以致在政策执行过程中，我们常常既不能有效地调整中央政策以适应本地实际情况，也难以总结地方经验促进中央政策的修改完善，这在一定程度上影响了素质教育这一重大教育观变革的实施成效。

经过 40 余年的探索，我们对我国的教育改革和发展已经得出了一系列规律性的认识，我们的教育观也发展到了一个新的更高水平。面向未来，我们既要不忘初心，牢记我们为何而来，同时也要对 40 多年的经验进行深入的反思和总结，砥砺前行，改革再出发。

第二章

中国特色基础教育管理体制的探索

本章主要围绕教育行政管理和学校内部管理两大板块来对改革开放以来基础教育管理体制的变革进行梳理。其中，对于教育行政管理体制的变革，以重大教育事件为分界点，分为四个连续的阶段；对于学校内部管理体制的变革，则从校内领导管理体制和学校内部组织机构两部分加以回顾审视。

第一节　基础教育行政管理体制的变革

一、百废待兴，全面恢复（1978—1984 年）

基础教育管理体制的改革，首先是基础教育行政管理体制的改革。基础教育是一项关系到全民族科学文化素质的大事。但是，在中华人民共和国成立以后相当长的一段历史时期内，对教育在社会主义建设中的作用问题存在许多片面甚至错误的认识，基础教育长期被忽视。同时，由于高度集中的计划体制强调办学权力的统一，投入基础教育的人力、物力、财力资源均由国家统一控制、集中支配，地方政府发展基础教育的权力和责任都十分有限，缺乏办学的压力与动力机制，教育管理体制改革迫在眉睫。1978 年党的十一届三中全会开启了改革开放的历史进程，但早在 1977 年，国务院就在批转教育部《关于 1977 年高等学校招生工作的意见》的文件中指出："高等学校招生工作，直接关系大学培养高级专门人材的质量，影响中小学教育，涉及各行各业和千家万户，是一件大事。"1977 年，我国高考制度正式恢复，恢复高考对中小学教育产生了巨大的影响。教育部 1978 年制定了《全日制小学暂行工作条例（试行草案）》《全日制中学暂行工作条例（试行草案）》，对学校管理提出了具体、明确的要求，恢复了学校正常的教育教学管理秩序。这是恢复和提高教育质量，重新建立起必要的教育制度的一项重大举措，在这一政策的指导之下，我国基础教育拉开了全面恢复的历史序幕。

随着教育制度的逐步恢复，在基础教育的基本功能定位——为经济发展"早出人才、多出人才，早出成果、多出成果"的影响下，升学率成为衡量人才培养成效的标准。恢复和加强重点学校制度成为这一时期教育管理体制改革的重点举措，一批重点小学、重点中学建立起来。从 1980 年开始，中小学内部结构调整的指导方针就是“充实加强小学，整顿提高初中，集中力量办好重点学校”。由于当时教育资源匮乏，且要集中培养一部分有发展潜能的学生，国家集中优质教育资源向重点学校倾斜。然而，重点学校的建立加剧了片面追求升学率，导致国民教育体系形成隐性的“双轨制”[①]，引发了教育不公平。1982 年，针对学生竞争压力大、一味追求升学率、教育不公平等一系列引发大众批评的问题，教育界开始酝酿进行教育体制改革。1983 年邓小平提出了“教育要面向现代化、面向世界、面向未来”，同年 11 月，教育部颁布《关于全日制普通中学全面贯彻党的教育方针、纠正片面追求升学率倾向的十项规定（试行草案）》，提出“要减轻学生过重的学习负担”，“要保证学生的睡眠、休息和课外体育、文娱、科技活动时间”，“不要频繁地进行考试”等要求。

二、蓬勃发展，全面改革（1985—1998 年）

1985 年 5 月 27 日中共中央《关于教育体制改革的决定》提出：“教育体制改革的根本目的是提高民族素质，多出人才、出好人才”，“教育必须为社会主义建设服务，社会主义建设必须依靠教育”。从这一政策可以看出，我国教育管理体制改革从根本上来说仍然与我国社会生产力的发展、精神文明与物质文明水平的提高有关。

自党的十一届三中全会以后，经过教育系统拨乱反正，我国教育事业得到了恢复，但仍有许多不足，其中最突出的就是教育结构不合理，基础教育薄弱，学校数量不足，师资力量不够，行政部门对学校统得过死，学校缺乏应有的活力。针对我国教育体制存在的弊端，中共中央《关于教育体制改革的决定》提出了改革基础教育管理体制的任务，即有步骤地实行九年制义务教育，实行基础教育由地方负责、分级管理的原则，并且明确规定基础教育管理权属于地方。除大政方针和宏观规划由中央决定外，基础教育的具体政

① 褚宏启．我国基础教育行政管理体制改革 30 年简评［J］．中小学管理，2008（11）：4-8.

策、制度、计划的制定和实施，以及对学校的领导、管理和检查，责任和权力都交给地方。我国幅员辽阔，不同地区的自然条件、社会环境和经济文化发展水平等存在很大的差异，同地方经济和社会发展的方方面面有着密切关系的基础教育，只有在国家法律规定的范围内，根据各地的实际情况实施具体的政策和措施，实行中央统一领导，“地方负责，分级管理”，才能避免发展中的“齐步走”或“一刀切”。1986 年 4 月，国务院副总理兼国家教委主任李鹏受国务院委托所做的《关于中华人民共和国义务教育法（草案）的说明》再次强调“义务教育管理事业，在国务院的领导之下，实行地方负责，分级管理”，进一步明确了这一原则的重要性。义务教育管理体制是与各级地方政府的财政收入分不开的，中共中央《关于教育体制改革的决定》提出“为了保证地方发展教育事业，除了国家拨款以外，地方机动财力中应有适当比例用于教育，乡财政收入应主要用于教育”。以县为主的义务教育管理体制初步形成。中共中央《关于教育体制改革的决定》作为我国教育改革与发展的纲领性政策，以“分级管理”为标志，以“普九”为切入点，拉开了基础教育行政管理体制全面改革的序幕。

除此之外，为了解决长久以来办学体制单一的弊端，中共中央《关于教育体制改革的决定》指出：“地方要鼓励和指导国营企业、社会团体和个人办学，并在自愿的基础上，鼓励单位、集体和个人捐资助学。”1994 年国务院《关于〈中国教育改革和发展纲要〉的实施意见》更进一步指出：“基础教育主要由政府办学，同时鼓励企事业单位和其他社会力量按国家的法律和政策多渠道、多形式办学。有条件的地方，也可实行‘民办公助’、‘公办民助’等形式。企业举办的中小学应继续办好，有条件的地方在政府统筹下也可以逐步交给社会来办。”这些规定推动了公立学校转制的进程，大量社会力量的涌入缓解了义务教育资金紧张的问题，也满足了社会对办学多样化的要求，但以市场为导向的办学模式多半带有逐利目的，引发了乱收费现象。为了缓解这一矛盾，规范社会力量办学，1994 年国家教委办公厅发布《关于民办学校向社会筹集资金问题的通知》，1997 年国务院发布《社会力量办学条例》，1998 年国务院办公厅转发教育部《关于义务教育阶段办学体制改革试验工作的若干意见》，强调规范义务教育阶段公办学校的办学行为，加强对“公办民助”“民办公助”学校的管理。

在邓小平南方谈话以及党的十四大精神的引领下，改革开放的步伐加快，各级各类教育事业蓬勃发展。1992 年 3 月，国家教委发布《中华人民共和国义务教育法实施细则》，进一步明确了各级政府和有关部门在实施义务教育过程中的职责，也为 1993 年提出基本普及九年义务教育打下良好的基础。

1993 年 2 月，中共中央、国务院印发《中国教育改革和发展纲要》，其中第三部分专门部署教育体制改革，提出初步建立起与社会主义市场经济体制和政治体制、科技体制改革相适应的教育新体制，提出国家对民办教育采取积极鼓励、大力支持、正确引导、加强管理的方针，此外还提出“两基”任务：20 世纪 90 年代，基本普及九年义务教育，基本扫除青壮年文盲，全面提高教育质量。普及义务教育的关键是资金问题，教育投入不足、教育经费紧张始终是困扰和严重制约这一阶段中国教育事业发展的瓶颈。在经济欠发达的地区，尤其是中西部地区，自然资源匮乏，生活条件恶劣，社会发展速度较慢，义务教育处于财力、人力都十分紧张的状态，因此许多地区进行教育集资，政府举债推动普及义务教育。截至 2000 年年底，教育部公布的数据显示，全国普及九年制义务教育地区人口覆盖率达 85%，青壮年文盲率下降到 5% 以下，基本实现了普及九年义务教育和基本扫除青壮年文盲的战略目标。

总的来说，这一阶段改革的目的就在于充分调动各级地方政府、学校和广大人民群众办好基础教育的积极性与主动性，改变中央对地方集中过多、政府对学校统得过死的教育管理模式，使教育更好地为社会主义建设服务。随着教育管理体制改革的延续与深化，1995 年 3 月，全国人大通过了《中华人民共和国教育法》（以下简称《教育法》），部分教育体制改革的成果成为法律规定，教育管理体制改革、教育投入体制改革、办学体制等相关政策的法律化奠定了我国教育体制的基本格局。①

① 褚宏启．我国基础教育行政管理体制改革 30 年简评［J］．中小学管理，2008（11）：4-8.

三、提高质量，深化改革（1999—2009 年）

到 1998 年改革开放 20 周年时，基础教育改革已取得巨大的成就，但是教育不适应经济发展和社会需要的矛盾依然较为突出，教育的战略地位尚未真正确立，经济的高速增长与教育的踯躅不前形成明显反差。教育事业发展面临一些问题：教育质量不稳定；教师队伍人才流失、数量短缺和质量下降，正在危及教育自身的再生产；陈旧的传统教育思想、实际上的应试教育，使学校教育不同程度地脱离社会需要；学生的课业压力依然十分繁重，教学方法也停留在简单灌输，教育评价的标准仍然是分数和升学率，严重影响了学生的身心健康成长。这些问题给基础教育目标的实现带来了极大的困难。21 世纪初，我国基础教育最突出的问题还是片面追求升学率，单纯搞以升学为目的的“应试教育”，这样既脱离了经济建设和社会发展的需要，也不利于学生的个性发展，培养出来的人也不能适应社会主义现代化的需要。

1993 年中共中央、国务院印发的《中国教育改革和发展纲要》指出：“基础教育是提高民族素质的奠基工程”，“中小学要由‘应试教育’转向全面提高国民素质的轨道，面向全体学生，全面提高学生的思想道德、文化科学、劳动技能和身体心理素质，促进学生生动活泼地发展。办出各自的特色”，“改革办学体制。改变政府包揽办学的格局，逐步建立以政府办学为主体、社会各界共同办学的体制”。2006 年修订的《义务教育法》规定：“义务教育必须贯彻国家的教育方针，实施素质教育，提高教育质量，使适龄儿童、少年在品德、智力、体质等方面全面发展，为培养有理想、有道德、有文化、有纪律的社会主义建设者和接班人奠定基础。”

这一轮改革在全国全面展开，层层推进，不断深化，其实质就是教育管理权力的下放。以此为标志，基础教育实行在国家宏观指导下主要由地方负责、分级管理的体制。

1999 年 6 月的全国教育工作会议以全面实施素质教育为目标，绘制了 21 世纪初教育改革与发展的宏伟蓝图，预示着我国义务教育改革与发展进入一个崭新的阶段。随着教育行政体制改革的不断深化，基础教育改革取得了一定的成效，然而农村的教育改革始终是教育体制改革中的薄弱环节。2001 年 5 月《国务院关于基础教育改革与发展的决定》中指出要进一步完善农村教育管理体制，实行在国务院的领导下，由地方政府负责、分级管理、以县为主的体制；国家确定义务教育的教学制度、课程设置、课程标准，审定教科书；中央和省级人民政府要加大对贫困地区和少数民族地区义务教育的扶持力度；省级和地（市）级人民政府要加强教育统筹规划，搞好组织协调，在安排对下级转移支付资金时要保证农村义务教育发展的需要；县级人民政府对本地农村义务教育负有主要责任，要抓好中小学的规划、布局调整、建设和管理，统一发放教职工工资，负责中小学校长、教师的管理，指导学校教育教学工作。2003 年，党的十六届三中全会确立了科学发展观的指导思想，促进教育公平和提高教育质量成为本阶段教育改革与发展的两个核心目标。促进教育公平的重点在于加强农村教育。国务院先后出台《关于进一步加强农村教育工作的决定》《关于深化农村义务教育经费保障机制改革的通知》，确立了农村义务教育经费保障新机制。

四、以人为本，公平发展（2010—2018 年）

我国教育行政管理体制从建立到逐步完善的过程，正是中国特色社会主义制度探索不断深化的过程。我国的教育行政管理体制经过多年的改革与发展，取得的成绩是显著的。我国基础教育管理体制经过一系列改革后，确立了“地方负责、分级管理、以县为主”的体制，但也存在一些问题，有待进一步解决，比如各地教育发展极不平衡，有些地区改革迟缓滞后；法制不健全、监督制约机制不完善、法律观念淡薄，在权限逐级下放后出现了管理上的随意性，对教育秩序的正常运转造成了不良影响。农村义务教育在经历了税费改革后，其经费来自县财政，虽然这相对于过去由县、乡两级负责的局面有了很大的改善，有些地区基本保证了农村义务教育的经费和教师工资的发放，但是，农村义务教育发展仍然在很大程度上取决于各地区的经济发展情况，取决于各地方政府的财政收支状况。欠发达地区的教育发展面临无法得到有效的投资保障的问题，由此引发各地区义务教育普及与发展的不均衡。2010 年颁布的《国家中长期教育改革和发展规划纲要（2010—2020 年）》（以下简称《教育规划纲要》）指出把提高质量、促进公平作为教育改革与发展的双重目标。[①]

2013 年，党的十八届三中全会进一步确立了深化改革、完善和发展中国特色社会主义制度的目标，对推进我国治理体系和治理能力现代化做出了详细精准的部署。党的十八届三中全会对教育行政改革提出了明确要求：深入推进管办评分离，扩大省级政府教育统筹权和学校办学自主权，完善学校内部治理结构。治理现代化只是手段，其目的是提升教育质量、促进教育公平。

2017 年 10 月，党的十九大报告中指出："优先发展教育事业。建设教育强国是中华民族伟大复兴的基础工程，必须把教育事业放在优先位置，深化教育改革，加快教育现代化，办好人民满意的教育。要全面贯彻党的教育方针，落实立德树人根本任务，发展素质教育，推进教育公平，培养德智体美全面发展的社会主义建设者和接班人。"基础教育现代化、教育公平对其他各级各类教育都有先导性和基础性的作用。[②]

我国基础教育的发展首先在于转变政府职能，加强和完善宏观管理体系；其次在于进一步明确各级政府的办学职能和管理权限，逐步健全和完善机构；再次是完善教育经费筹措体制和管理体制，保证教育经费来源和增长的稳定；最后是加强法治观念，使基础教育行政管理体制改革朝着依法治教、规范管理的方向迈进，努力形成有利于依法治教的良好舆论环境，推动我国基础教育事业走上依法全面治教的轨道。通过建立、健全教育法律法规来规范教育行为，使基础教育运行规范化、制度化。历史经验表明，要建立一个完善的教育管理体制，应该在尊重教育自身发展规律的基础上，从我国的基本国情出发，不仅要反映我国的政治、经济制度，还要与我国的文化发展水平、历史传统，及人口、地域等方面的不平衡与差异相适应。基础教育行政管理体

① 褚宏启 . 我国基础教育行政改革 40 年回顾与未来展望［J］. 中小学管理，2018（11）：27-30.

② 同①.

制改革，必须要做到改革进程科学化，决策过程程序化，领导改革民主化，不因个人喜好或变更而改变，避免大起大落，只有这样才能建立一个完善的、稳定的、具有中国特色的基础教育行政管理体制。

第二节　学校内部管理体制的变革

一、学校领导与管理体制（方式）发展历程

在改革开放40余年的不断探索中，中小学教育管理体制改革主要表现在以“地方负责、分级管理”原则进行的外部管理体制改革和以校长负责制为方向的内部管理体制改革，校长负责制的重点在于中小学校长在学校内部管理中的地位、权力、责任等。1990年萧宗六在《关于校长负责制的思考》一文中强调：校长、党支部、教代会三者之间，不是“三驾马车”并驾齐驱，不分主次，而是要以校长为中心。① 校长负责制是学校内部的一种领导体制，校长是学校行政的最高负责人，是学校的法人代表，对外代表学校，对内全面领导和负责学校的教育、教学、科学研究和行政管理工作。校长负责制的核心内容是权责对等，无论是从不同类型的学校领导体制的实际成效来看，还是从世界各国对学校领导体制的选择倾向来看，校长负责制都是一种合乎教育规律的体制。但校长负责制的实施并不是一帆风顺的，以下介绍中小学校长负责制的实施与发展历程。

（一）党支部领导下的校长分工负责制（1978—1984年）

中华人民共和国成立以来，我国中小学领导与管理体制经历了多次变革。

---

① 萧宗六 . 关于校长负责制的思考［J］. 中小学管理，1990（6）：2-7.

从新中国成立初期到1952年，我国学校实行初步的民主管理，即校务委员会制。1952—1956年实行初步的校长责任制，1957—1961年则实行党支部领导下的校长负责制，1961—1965年是“当地党委和教育行政部门领导下的校长负责制”。“文化大革命”期间，实行革命委员会制。直到1978年9月，教育部修订《全日制中学暂行工作条例（试行草案）》《全日制小学暂行工作条例（试行草案）》，规定全日制中小学实行党支部领导下的校长分工负责制，学校的一切重大问题必须经过党支部讨论决定。

这种体制强调了党组织在中小学的核心领导地位，使学校工作走上了正轨，但它仍然保留了一定的革命委员会的特点：一方面，以党代政、党政不分现象存在，校长的权力与责任没有得到真正的落实；另一方面，校长和书记、校长和副校长之间的矛盾多，导致学校工作中心偏离、决策效率低、决策责任分散。1984年3月，教育部党组下达了《关于全日制普通中学校级领导班子调整工作的意见》，强调了校长在学校工作中的重要地位。然而，党政不分、以党代政问题并没有得到很好的解决，行政上的很多事情校长不能做主，必须经过党支部的集体讨论，在这种情况之下，出现了校长“有名无实”、职责不清、工作效率不高、行政干部的积极性和创造性得不到充分发挥等一系列问题。因此，尽快改革这种体制也成为时代需要、大势所趋。

（二）校长负责制的初步探索（1985—1992年）

适应我国经济社会改革和教育事业发展的要求，在总结新中国成立以后中小学内部管理体制的正反两面经验的基础上，1985年中共中央颁布《关于教育体制改革的决定》，将校长负责制确立为中小学内部管理体制，文件明确指出：学校逐步实行校长负责制，有条件的学校要设立由校长主持的、人数不多的、有威信的校务委员会，作为审议机构。要建立和健全以教师为主体的教职工代表大会制度，加强民主管理和民主监督。学校中的党组织要从过去那种包揽一切的状态中解脱出来，把自己的精力集中到加强党的建设和加强思想政治工作上来；要团结广大师生，大力支持校长履行职权，保证和监督党的各项方针政策的落实和国家教育计划的实现；要坚持用马克思主义教育广大师生，激励他们立志为祖国的富强奋勇进取、建功立业，保证学生德智体的全面发展，使学校真正成为抵御资本主义和其他腐朽思想的侵蚀，建设社会主义精神文明的坚强阵地。这是改革开放以来相关政策第一次明确地说明校长负责制，结束了学校党支部领导下的校长分工负责制和当地党委及教育行政部门领导下的校长负责制的讨论。

《关于教育体制改革的决定》的颁布标志着校长负责制由试验阶段转入试点推行阶段，从 1985 年到 1989 年，校长负责制推行得有声有色，部分试点工作卓有成效的学校，在先期改革的基础上，率先向纵深发展，改革由学校领导体制扩展到了学校管理体制，并开始呼唤教育管理体制的整体配套改革。

到了 1989 年，不少人开始质疑校长负责制，不少曾经积极推行校长负责制的地方，也开始明令禁止校长负责制。直到 1992 年春，校长负责制的推行一直处于低谷。1992 年邓小平南方谈话给我国改革开放指明了新的方向，也给学校领导与管理体制改革注入了全新的活力，校长负责制开始复苏。

这一阶段的基础教育学校内部管理体制改革主要体现在“放权”上，具有三个特点。第一，对于学校来说，改革的目的是给学校更大的办学自主权，使学校和政府之间的关系更加平衡。第二，使地方办学有了更大的自主性和积极性。第三，教育管理体制的改革是和经济、科技改革同步的，地方获得的权限具有现实的资源基础①，也为学校内部管理体制的改革提供了切实的资金保障。

校长负责制的试行，加强了校长的行政领导责任，提高了学校教职员工的积极性，充分发挥了学校党支部的作用，教职工代表大会制度也提高了学校的民主管理水平，使教职工有了主人翁的责任感。校长负责制试行积极效果得到了充分的展现，也为今后教育事业的发展及学校内部管理体制的改革打下了坚实的基础。

① 帅相志，谢延龙 . 对我国基础教育管理体制改革的思考［J］. 当代教育科学，2004（9）：50–51.

（三）校长负责制的基本实行（1993—2004 年）

1993 年 2 月，中共中央、国务院下发了《中国教育改革和发展纲要》，强调："深化中等以下教育体制改革，继续完善分级办学、分级管理的体制。……中等及中等以下各类学校实行校长负责制。校长要全面贯彻国家的教育方针和政策，依靠教职员工办好学校。"这一规定标志着我国基础教育学校内部管理体制进入新的纵深发展阶段。同时，为鼓励和支持地方办学，《中国教育改革和发展纲要》还指出："改变政府包揽办学的格局，逐步建立以政府办学为主体、社会各界共同办学的体制。在现阶段，基础教育应以地方政府办学为主。"

1995 年 3 月颁布的《教育法》确立了学校的法人地位，校长负责制走向深化发展。该法规定："学校及其他教育机构具备法人条件的，自批准设立或者登记注册之日起取得法人资格。"这是我国第一次以立法形式确立学校的法人地位，通过法律保护学校的法人地位，表明了国家对学校独立自主性的认同与尊重。除此之外，《教育法》还规定了学校享有的九项权利，激发了学校内部管理活力，对进一步落实教育优先发展战略，维护受教育者、教师、学校等的合法权益，保障和推进教育事业的发展起了十分重大的作用。

1996 年 3 月，国家教委发布《小学管理规程》，专门对小学内部管理做出了明确规定，规程指出：小学实行校长负责制，校长全面负责学校行政工作，农村地区可视情况实行中心小学校长负责制。第九条指出，小学应该按照"分级管理，分工负责"的原则，在当地人民政府领导下实施教育工作。第三十三条指出，小学校长是学校行政负责人，校长应具备国家规定的任职资格，由学校设置者或设置者的上级主管部门任命或聘任，副校长及教导（总务）主任等人员由校长提名，按有关规定权限和程序任命或聘任，非政府设置的小学校长，应报主管教育行政部门备案。该规程的发布进一步强调了校长的权力与责任。

2004 年，国务院批转了教育部制定的《2003—2007 年教育振兴行动计划》，其中指出：推进教育管理体制改革，为教育发展提供制度保障；深化学校内部管理体制改革，探索建立现代学校制度；完善学校法人制度，中小学要实行校长负责、党组织发挥政治核心作用、教代会参与管理与监督的制度。由此，中小学校逐步形成了“自主管理、自主发展、自主约束、社会监督”的模式，这也是一种制度上的创新发展，建立了一种具有中国特色的、符合中国教育事业发展需求的新规范系统。

这一阶段从法律层面确认了校长负责制的地位，在基础教育阶段学校内部管理中，绝大多数学校的组织管理形式上是校长—主任—教职工的模式，但实际操作上，信息沟通和指令下达的层级要多得多，这种多层级的现象给学校内部管理带来了一系列问题。基础教育阶段的学校内部管理体制改革是一项社会工程，它涉及面广，政策性强，仅靠学校和教育部门是难以完成的，各级党委和政府需要施予更有力的领导，国家需要提供更有力的法律保障，营造有利于基础教育学校管理体制改革的外部环境，只有这样才能保障学校内部管理体制改革的顺利进行。

（四）校长负责制的完善与发展（2005—2018年）

经过多年的实施，从总体上看，校长负责制已经相对成熟，进入21世纪，随着社会政治经济的不断发展，学校内部管理体制改革也一直处于进行时。

2006年6月29日，全国人大常委会修订发布《义务教育法》，其第二十六条规定：“学校实行校长负责制。校长应当符合国家规定的任职条件。校长由县级人民政府教育行政部门依法聘任。”国家再一次从法律层面巩固了校长负责制的地位，也显示了校长负责制在中小学教育管理体制中的重要作用。

2010年，国务院发布《教育规划纲要》，其第四十一条指出：“完善中小学学校管理制度。完善普通中小学和中等职业学校校长负责制。完善校长任职条件和任用办法。实行校务会议等管理制度，建立健全教职工代表大会制度，不断完善科学民主决策机制。……建立中小学家长委员会。”由此可见，2010年国家在以校长负责制为主体的前提之下，大力发展其他组织机构以健全校长负责制。

2016年，教育部印发《依法治教实施纲要（2016—2020年）》，要求“加强中小学党组织建设，发挥基层党组织在中小学治理中的核心作用，健全校长负责制。”

2017 年，国务院印发《国家教育事业发展“十三五”规划》，要求“完善公办高等学校党委领导下的校长负责制和中小学、中等职业学校校长负责制，进一步明确职责分工、议事规则”。

综上所述，校长负责制从 1985 年开始实施，通过国家法律法规、教育政策保障施行，到 2005 年已经进入纵深发展和完善阶段。校长负责制不是万灵丹药，实行校长负责制不代表学校一定能办好，它只能合理地解决领导体制的问题，解决职权责统一和管理效率的问题。学校领导体制不合理，即使委派优秀的校长，也很难发挥作用。同样，有了合理的领导体制，如果没有合格的校长，如果不建立必要的法规，学校也办不好。实行校长负责制，要努力做到校长选拔“标准化”、校长职权“明确化”、校长监督“合理化”、校长培训“规范化”，实行校长负责制加强和改善了党对学校的领导和校长作用的发挥，调动了行政系统、教职工的积极性，提高了管理效率。虽然它也存在一些缺陷，比如在实践中存在一定的有名无实、未能调动校长办学的积极性等困境，但随着时代的不断发展，教育的不断进步，校长负责制也会不断完善修正，最终形成最适合中小学发展的内部管理体制。

二、学校内部组织机构的改革与完善

在管理领域，组织结构一般指的是人与事的有效组合，组织职能需要通过相应的组织机构发挥作用，组织机构是指各个部分的组合和排列。学校组织机构其实就是各项教育资源的组织排列，是为实现学校教育目标而设置的相互联系的机构。[①] 我国现行的学校组织机构主要分为行政组织、业务组织、群众组织等等。行政组织一般如教导处、总务处；业务组织如教研组、年级组等等，负责学生学习与思想教育，有些学校还设置教育科学研究室，负责

---

① 陈孝彬 . 教育管理学［M］. 修订版 . 北京：北京师范大学出版社，1999：151.

组织教学改革、开展教育科学研究、进行教育实验、总结教育教学经验等等；群众组织包括职工代表大会、学校工会委员会、共青团和少先队等等，是党政联系群众的纽带与桥梁，这些组织一般要求维护师生的合法权益；其他组织如治安保卫委员会、家长委员会等等，这些组织的目的是配合学校完成教育任务。

学校内部组织机构在学校内部管理体制中有着十分重要的作用，管理组织机构由科层制“金字塔式结构”向“扁平化结构”转变是追求效能的现代管理变革的一大趋势，以下介绍学校内部组织机构的两种不同形式。

（一）科层制

科层制又称官僚制，是建立在马克斯·韦伯的组织社会学的基础上的，其通行的解释是一种权力依职能和职位进行分工和分层，以规则为管理主体的组织体系和管理方式。也就是说，它既是一种组织结构，又是一种管理方式。在以往的绝大多数中小学校内部管理体制中，管理结构都是三层，即校长—主任—教职工，但实际上可能还会经过副校长、副主任、年级组长等等，这就导致了校内信息沟通滞后，程序繁杂，管理工作效率低等问题。[①] 如校内教学工作的安排，按传统科层制的教学管理模式运作，要经过以下程序：校长与主管教学的副校长将工作计划传达给教务主任，教务主任召开全体教研组组长会布置，再由教研组组长传达给各个教课老师。从教学工作的层层递进关系来看，这种科层制的管理模式在一定程度上影响了决策和管理效能，降低了学校的办学效率。

在传统的学校组织结构中，领导管理重心偏高，管理容易脱离实际，决策缺乏科学依据，“一言堂”的现象严重，有时候教导处管理一两百名甚至更多的教师，这就导致了学校管理工作十分混乱，也降低了管理工作的效率。

学校中存在着两类基本组织，一类是有管理职能的科层组织，另一类是负责实际教学过程、教学内容的专业组织，两类组织之间存在冲突。科层组

---

① 李永生．中小学内部管理机制改革和完善的六个基本动向［J］．基础教育参考，2004（10）：31-32.

织的强化可能导致学校专业性下降，动摇学校组织的专业性基础。许多专家学者认为，学校的组织机构应该变得更加专业化，扩大教师的专业自主权，这样能有效减少冲突。

由此可见，科层制是传统学校内部管理机构的主要模式，但由于学校的工作很多时候很难细分，科层制这样一种分配制度的先天不足就显示出来了。目前我国中小学内部管理体制已经趋向扁平化，领导重心逐步下移是当下改革发展的重点趋势。

（二）扁平制

在传统科层制管理模式中，由于管理层级冗杂，会出现信息沟通不及时、管理工作效率低等问题，而扁平化管理模式可避免此类问题。所谓扁平化管理，是指通过减少管理层次、压缩职能部门和机构、裁减人员，使组织的决策层和操作层之间的中间管理层级尽可能减少，以使组织快速地将决策传达至一线，从而提高组织效率的富有弹性的新型管理模式。当学校规模变大时，传统的科层制就不适用了，就中小学内部管理组织结构来说，变革的关键在于根据学校不同的办学规模、目标、文化等，找到纵向控制与横向协调之间的平衡点[①]。

一类比较有代表性的探索就是在基层组织中建立矩阵式教学管理组织结构。以江苏师范大学附属实验学校基础教育部为例，该组织是教研组与年级组的有机结合，纵向以学科为导向，由教研组组长实施管理，横向按年级进行组织，由年级组组长进行管理。在这种模式中，管理重心下移到年级组和教研组，激发全校教职员工行动统一到学校中心工作上来，统一到学校的发展战略上来。在改革学校管理模式的过程中，必须进一步下移管理重心，发挥专家学者在学校管理中的作用，处理好学校中党组织、校长负责、教职工民主参与管理之间的关系，以及集权与放权的关系，推行行政管理重心下移，调动基层办学积极性。

---

① 李永生．中小学内部管理机制改革和完善的六个基本动向［J］．基础教育参考，2004（10）：31–32.

在中小学内部管理体制中，扁平制的管理模式比起科层制是更加民主化的，在校长负责制的管理体制下，领导重心向下移，决策权适度下放，更加符合现代学校内部管理体制的发展趋向。纵观我国学校管理体制改革趋势，可以看到改革都是围绕如何在管理权限的集中与分散间选取平衡点，如何在理顺管理的职权责任的基础上调动和发挥人的积极性等问题展开的。

（三）人事制度的改革与完善

学校人事制度运行机制主要包括：建立开放而自由流动的人才市场，实行平等主体间双向选择的合同聘用机制，维护学校的合法权益，加强学校人力资源的培训学习，等等。

长期以来，学校教职工由国家统一调配，形成铁饭碗、终身制。这种制度不利于提高广大教职工的工作积极性。学校人事制度改革的目的在于调动广大教师的工作积极性，激发他们的创造潜能。学校人事制度改革必须适应教育的发展方向，重视教师的主体地位，注重教师工作潜能和创造精神的发挥，培养面向未来、善于合作的教师团队，更好地推动教育事业的发展和经济社会的进步。学校教职工的聘用是学校人事制度的核心内容，是中小学在竞争中占有人才优势、维护自身生存、促进持续发展的第一要素。教职工聘用需根据《中华人民共和国教师法》（以下简称《教师法》）以及相关的法律、法规和学校内部管理体制的具体情况来进行。

改革开放以来，基础教育学校内部的人事制度变革取得了丰硕成果。《教育法》《教师法》《中小学校长培训规定》等法律、规章先后颁布，对教职工聘任及专业培训方面等事宜做出了明确的规定，使学校的人事制度更加健全。

学校人事制度的变化主要包括以下几个方面。首先，实行平等主体间双向选择的教师合同聘用制度，由以前的教师终身制转变为合同制。一方面明确合同双方的权利与义务；另一方面优胜劣汰，促进竞争。传统的人事制度导致学校难以辞退不合格的教师，也难以及时引进优秀人才，教师聘任制改革能有效激励教师工作的积极性，确保学校能及时调整教师队伍。

其次，中层管理人员竞聘上岗。现代学校内部人事制度要求从学校发展角度，调动教职工的积极性，制定整合的人力资源规划，提高学校竞争力，实现学校自身发展目标。建立一个富有生机活力的中层管理人员使用机制是学校内部人事制度改革的重要基础，也是学校内部治理民主化的需要。

最后是教师分层聘任，竞争上岗。相关的学校中层管理者由校长聘任到位后，按照标准聘任首席教师和班级集体导师与个人导师，首席教师和班级集体导师按照学校规定原则分层聘任，竞争上岗。首席教师的设置是为了提升教师队伍的流动性，打破一成不变的终身制，总的来看，首席教师是在学校里有一定的学术影响，能够驾驭学科指导教学，同时也能担任科研领头人的教师。

建立学校内部管理体制，重要的是把人看作学校重要的战略资源，围绕学校的办学目标，优化人才配置结构，充分发挥学校人才资源效益。

（四）教育评价制度的改革与完善

教育评价是教育事业发展的指挥棒。一般来说，教育评价指的是评价者按照一定的评价标准，通过系统收集信息并进行分析，对教育活动满足社会和个体需要的程度做出价值判断的过程。

我国真正意义上的现代教育评价制度始于 1977 年前后，恢复高考使一系列教育评价制度开始恢复和发展。到了 20 世纪 80 年代，我国引进了大量国外的教育评价研究成果。1984 年，我国正式加入国际教育成就评价协会，此后教育部指定在中央教育科学研究所建立“中国国际教育成就评价中心”。我国还参与了第二次国际教育成就评价协会科学研究活动。这些活动加强了我国同外国在教育评价方面的交流，使教育评价理论和实践在我国得以发展。

1985 年中共中央《关于教育体制改革的决定》颁布后，国务院总理在《关于第七个五年计划的报告》中指出，要加强教育事业的管理，逐步建立系统的教育评价和监督制度。80 年代后期，教育评价研究和实践在我国如火如荼地展开，教育评价理论不断得到普及，教育评价实践逐渐走向科学化。1990 年，国家教委颁布《普通高等学校教育评估暂行规定》，对教育评价的目的、意义、形式、组织和程序等做了明确的规定，这是新中国成立以来第一个关于教育评价的章程性文件，标志着我国教育评价的理论和实践工作开始走向规范化，并为其进一步发展提供了重要的制度保证。该文件虽然是有关高等教育的，但对基础教育的评价也有指导性意义。

1993年，中共中央、国务院发布《中国教育改革和发展纲要》，指出："建立各级各类教育的质量标准和评估指标体系。各地教育部门要把检查评估学校教育质量作为一项经常性的任务。"该文件的出台推动了教育评价的深入发展和规范化进程。2001年教育部公布《基础教育课程改革纲要（试行）》，进一步提出要"建立促进学生全面发展的评价体系"，"建立促进教师不断提高的评价体系"，"建立促进课程不断发展的评价体系"，这也深刻地揭示了21世纪对教育评价的新要求，教育评价更加倾向于促进人的全面发展。随着新课程改革的深入，有关教育评价体系改革的呼声也越来越高。2002年12月《教育部关于积极推进中小学评价与考试制度改革的通知》规定了中小学评价与考试制度改革的原则，要求中小学评价与考试制度改革要以促进教师、学生和学校的发展为目标，该通知还提出了中小学招生和升学等方面的具体改革措施。2018年，习近平总书记在全国教育大会上指出，"要深化教育体制改革，健全立德树人落实机制"，特别强调扭转不科学的教育评价导向。在基础教育领域，破除错误的教育评价导向，要深化考试招生制度改革，并完善基础教育质量监测和评价制度。2019年教育部工作要点指出，深入开展教育评价体系改革调查研究，分类推出评价改革相关举措，形成相对完整的教育评价改革制度框架。

现代教育评价要求评价标准不但要注意对学生、教师和学校的统一要求和规格，也要关注个体差异及其对发展的不同需求，特别是随着教育工作日新月异的变化，我们更应注重评价体系的多样性和完整性，突出评价的主体地位。

（五）学校内部分配制度的改革与完善

众所周知，办好学校，要靠国家重视、社会重视，增加教育投资，同时，要剔除学校内部存在的种种弊端，弊端不除，教育投资再多，也无法用在刀刃上，不可能提高教育质量。改革开放以后，特别是1985年中共中央发布《关于教育体制改革的决定》以来，教育被摆在重要的战略地位，教育投资连年增加，办好教育的外部环境有了很大的改善。然而，由于学校内部没有进行管理体制改革，人事制度和分配制度方面还存在着严重弊端，例如教职工队伍臃肿庞大，教师教学工作逐年减少。20 世纪 50 年代，教师工作量是每周 18 节，后来退减到了 16 节、14 节、12 节、10 节，甚至下降到 8—9 节。教师不愿多授课、不愿当班主任，这些都充分暴露了分配制度的弊端。

改革开放以来，我国基础教育学校内部的分配制度及教职工工资制度先后经历了两次不同形式的改革。一开始是实行基本工资加奖金的制度，1985 年至今实施的是以职务工资为主要内容的结构工资制，基础教育阶段的教师按教龄领取补贴。校内结构工资包括基本工资、课时和职务津贴、工龄教龄津贴、奖励工资等几部分。根据劳动的数量和质量，合理拉开分配档次。结构工资制的优点在于能够按照个人工作的积累、工作的性质等等进行分配，贯彻按劳分配原则，有利于打破平均主义的“大锅饭”。但这个考虑的角度是静态的，实际上学校教育工作是繁杂的，无法件件都算得清楚，因此出现许多教师做事多、工资少的情况，打击了教师教学的积极性。2017 年，中共中央办公厅、国务院办公厅印发《关于深化教育体制机制改革的意见》（以下简称《意见》）指出，要切实提高教师待遇，完善中小学教师绩效工资制度，改进绩效考核办法，使绩效工资充分体现教师的工作量和实际业绩，确保教师平均工资水平不低于或高于当地公务员平均工资水平。该规定体现了国家对教师工资制度的高度重视。改革开放40多年来，在学校内部分配制度改革上，更加注重“工龄”而非“职称”，让教师的工资有了较为稳定的提升。

分配制度涉及每个教职工的切身利益，因此改革要慎重。当前我国中小学教师工资起薪水平较低，工资结构扁平化，工资等级较少，不利于保留和激励优秀教师。从长远来看，需进一步探索和调整我国中小学教师的工资结构制度，以吸引、保留和激励优秀教师，推进高素质教师队伍建设。

（六）学校后勤制度的改革与完善

学校工作是由教学科研工作、思想政治工作和后勤管理工作三大块组成的，其中，教学科研工作是中心工作，而思想政治工作和后勤管理工作分别从人的因素和物的因素两个方面保证学校正常运行。这三个方面的工作彼此分工、相互联系，也相互配合、缺一不可，共同保证学校完成人才培养工作。

长期以来，由于中小学后勤服务规模不大，人们习惯了计划经济的管理模式，认为学校后勤是一种消费性、依附性、福利性的事业，后勤部门往往具有成本消耗高、服务效果差、管理水平低等特点。

在这样的大背景下，学校后勤社会化改革从高等学校拉开了序幕。1985年中共中央《关于教育体制改革的决定》指出，高校后勤改革的方向是社会化。《面向21世纪教育振兴行动计划》也明确指出加速学校后勤工作社会化改革，精简分流富余人员，争取3—5年内大部分地区实现高校后勤社会化。1999年教育部等六部门在《关于进一步加快高等学校后勤社会化改革的意见》中指出：从2000年起，用3年左右的时间，在全国绝大部分地区基本实现高等学校后勤社会化，建立起有中国特色、符合高等教育特点与需要的新型高等学校后勤保障体系。近年来，高校后勤改革中的模式和理论，为中小学后勤社会化改革提供了很好的借鉴。中小学后勤改革工作伴随高校后勤社会化改革的进程而逐步推动。

学校后勤社会化是指，让学校中可以由社会来保障和进行的部分与学校脱钩，由社会相应的专门机构来提供服务，即借鉴物业管理模式，使学校后勤服务从“无偿”向“有偿”过渡，这样既减轻了学校的财政负担，也能给学生提供更好的服务。比如，现在在中小学，我们可以看到有一些社会品牌的餐饮在食堂出现，为便于管理，学校可以通过招标的形式租赁给多个经营户，将食堂分为若干个独立的自负盈亏的小食堂，由独家包揽变为多家良性竞争，而受益对象是学生。

学校后勤社会化就是要使学校后勤工作通过改革逐步与社会主义市场经济接轨，使其实现服务的基本理念和功能，融入社会，融入市场，从而获取服务改进的能量，提升服务质量，更好地为师生服务。这样的“融合”不是简单地把后勤推向社会，而是要将二者有机结合。学校后勤只有敞开大门，吸纳更多的社会力量，才能满足学校师生对服务和物资的需求。改革后勤部门不是以营利为目的，而是要服务学生、解放校长、激活学校。

第三章 从基本均衡到优质均衡的义务教育

回顾 40 多年义务教育改革与发展的历程，我国九年义务教育从“不均衡”到“优质均衡”，实现了跨越式发展。针对“穷国办大教育”这一世界性难题，我国用 25 年时间全面完成普及九年义务教育的壮举，义务教育总体发展水平逐步接近世界中等发达国家水平，取得了骄人成就。截至 2017 年，全国共有义务教育阶段学校 21.89 万所，招生 3313.78 万人，在校生 1.45 亿人①，义务教育在整个教育体系中的基础性地位不言而喻。回顾 40 多年义务教育的发展，我国义务教育在经费投入、师资队伍、办学条件等方面取得了突出成就，区域、城乡教育差距明显缩小，义务教育均衡发展水平显著提升。

① 教育部 .2017 年全国教育事业发展统计公报［EB/OL］.（2018-07-19）［2018-12-26］.http：//www.moe.gov.cn/jyb_sjzl/sjzl_fztjgb/201807/t20180719_343508.html.

第一节　奠定基础的基本均衡

一、基本均衡阶段九年义务教育发展的内涵

义务教育是指国家统一实施的所有适龄儿童、少年必须接受的教育，是政府提供的基本公共服务，具有强制性、公益性、统一性的特点。义务教育的发展是一个长期而复杂的过程。改革开放40多年来，我国义务教育经历了普及初等教育、基本普及九年义务教育、全面普及九年义务教育、巩固和深化九年义务教育四个阶段，在此同时，义务教育在均衡发展的水平层次上也经历了一系列的转变和发展。[①]这个漫长的动态发展过程，是不均衡—均衡—新的不均衡—新的均衡的发展演变过程。义务教育发展的阶段不同，其基本的阶段内涵、内容展现、评价准则、实施方向和路径都存在着不同。义务教育的均衡发展，重点在于教育发展的公平问题，属于教育发展的公平范畴所要探究的问题。推进义务教育均衡既是我国当前教育发展的一项战略性任务，也是我国提高教育质量的重要途径。

教育均衡发展泛指在教育公平、教育平等原则的支配下，国家制定的有关法律法规政策，各级政府和教育部门制定的有关政策，都要体现均衡发展的基本思想，不同地区之间、城乡之间、学校之间、群体之间的教育资源必须均衡配置。各级学校和教育机构在具体教育教学活动中，要为每一个受教育者提供均衡的教育和发展机会。从教育资源的配置看，保证软硬件设施的均衡配置。从教育目标看，促进学生的全面发展。从教育的功能看，教育所

① 陈婷，张辉蓉，宋乃庆．改革开放四十年我国义务教育改革发展的回眸与反思［J］．教育与经济，2018（5）：8-14.

培养的劳动力在总量和结构上与经济社会的发展需求达到相对均衡。

基本均衡是在不均衡的基础上进行的。在不均衡阶段，教育资源配置和教育教学环境都存在着一定的不完善之处。因此，基本均衡主要考虑的是如何改善薄弱学校的办学条件、如何缩小校际差别。政府采取了增加财政投入、积极开展标准化校园建设、加大对薄弱学校基础设施的建设力度等措施。

《2017 年全国义务教育均衡发展督导评估工作报告》显示：超八成的县实现了义务教育基本均衡；2017 年全国共有 560 个县通过国家督导评估认定，继 2014—2016 年通过认定的北京、天津、上海、江苏、浙江、福建、广东七省（市）后，2017 年吉林、安徽、山东、湖北四省整体通过国家督导评估认定。截至 2017 年，全国有 2379 个县的义务教育发展实现了基本均衡，占全国总县数的 81%。

二、基本均衡阶段九年义务教育的政策及战略支持

（一）国家政策引导

改革开放以来，普及和巩固义务教育成果始终是我国义务教育改革和发展的首要任务，2010 年颁布实施的《教育规划纲要》中仍着重强调了巩固义务教育普及成果的工作任务。进入 21 世纪以来，国家对于义务教育的公平化发展更加注重，这为义务教育均衡发展奠定了良好的基础。对于仍存在的义务教育发展不均衡的状况，各级部门都在不断努力，做出实际的规划。义务教育发展的目的不仅仅在于普及，而且要针对环境相对落后的地区进行资源上的合理配给。比如针对农村地区和西部地区，要在政策上进行完善，缩小和城市、东部地区在资源配给上的差距，竭力缩小义务教育差距。义务教育政策呈现出以下特征。（1）教育政策对于国家义务教育均衡发展的阐述越来越全面。2002 年教育部《关于加强基础教育办学管理若干问题的通知》首次提出“积极推进义务教育阶段学校均衡发展”的目标，均衡发展成为义务教育的战略性任务。2005 年教育部印发的《关于进一步推进义务教育均衡发展

的若干意见》是第一个全面阐述国家义务教育均衡发展的政府文件，其中确立了逐步实现义务教育均衡发展的政策目标。而后，2007 年颁布的《国家教育事业发展“十一五”规划纲要》提出“贯彻实施义务教育法，普及巩固九年义务教育”的总体要求。（2）更加注重地区间资源的合理配置。《义务教育法》在 2006 年进行了修订，指出各级政府要对教育资源进行合理配置，对农村及特殊教育对象要进行倾斜，由县级及以上人民政府以及该地区教育行政部门采取有效措施促进学校均衡发展，不得设立重点学校、重点班级。至此，义务教育均衡发展从以政策引导为主，过渡到法律和政策共同支撑，也标志着我国义务教育均衡发展实现了重大的突破。（3）高度重视教育的发展和教育资源的分配，加大省级政府的教育统筹管理力度。在发展落后的农村和地理位置偏远的西部地区，国家强调了其发展的战略地位。2001 年国务院发布的《关于基础教育改革与发展的决定》提出了农村义务教育分级管理、以县为主的体制，在一定程度上适应了农村经济体制改革，尤其是农村税费改革的深入推行。这种管理体制的变革对农村教育的后续发展产生了重要的影响和推动作用。在改革过程中，县级政府投入经费代替了以往农村集体投入的方式，中央和省级财政的扶持力度也有所加大。2003 年国务院提出的《关于进一步加强农村教育工作的决定》强调完善经费保障机制，根据农村义务教育发展的需要和财政能力逐步提高公用经费基本标准。同样在 2003 年，国家在西部地区全面推行“两基”计划，到 2007 年西部地区“两基”人口覆盖率达到 98%。同时，文盲率也呈下滑趋势。《2005 年政府工作报告》提出完善以政府投入为主的经费保障机制，并提出实行农村义务教育“两免一补”政策。2005 年发布的《深化农村义务教育经费保障机制改革的通知》提出了“逐步将农村义务教育全面纳入公共财政保障范围，建立中央和地方分项目、按比例分担的农村义务教育经费保障机制”，从此义务教育的免费性特征得以体现。

2010 年教育部提出的《关于贯彻落实科学发展观进一步推进义务教育均衡发展的意见》着重提出了将推进均衡发展作为义务教育改革与发展的重要任务；以提高教育质量、促进内涵发展为重点；加强制度建设，完善推进义务教育均衡发展的有效工作机制。我国义务教育更加重视质量的提升，进入了全面普及、促进内涵发展的新阶段。(1)强调义务教育均衡发展的质量提高和内涵体现。《教育规划纲要》提到，到2020年，全面提高教育质量，基本实现区域内均衡发展。2012年国务院《关于深入推进义务教育均衡发展的意见》确立了义务教育均衡发展的基本思路及要求。2014年《国家教育体制改革领导小组办公室关于进一步扩大省级政府教育统筹权的意见》指出了义务教育均衡发展的重要性。2017年教育部印发的《义务教育学校管理标准》进一步强调了义务教育均衡发展的管理内涵。(2)优质教育资源的均衡配置开始受到重视。教育部《关于贯彻落实科学发展观进一步推进义务教育均衡发展的意见》强调，要大力推进区域内学校与学校之间义务教育的均衡发展。2010年《教育规划纲要》也提出要均衡配置教师、设备、图书、校舍等资源。有关合理配置教师资源的文件也相应出台。(3)素质教育得到进一步强调。2012年，党的十八大报告进一步强调，要将素质教育放在重要位置，致力于提高教育质量。《教育部2018年工作要点》也强调“落实立德树人根本任务，大力发展素质教育”，在此基础上提出了加强中小学素质教育的具体措施。(4)把针对特殊群体的照顾政策提上日程。《教育规划纲要》提出建立城乡一体化义务教育发展机制，在财政拨款、学校建设、教师配置等方面向农村倾斜。另外，国务院及教育部门先后印发了一系列文件，保障特殊群体能够平等接受义务教育，改善农村学校的办学条件。

2012年教育部发布的《县域义务教育均衡发展督导评估暂行办法》中提到，基本均衡阶段的义务教育资源配置方面主要包括以下评估指标：生均教学及辅助用房面积、生均体育运动场馆面积、生均教学仪器设备值、每百名学生拥有计算机台数、生均图书册数、师生比、生均高于规定学历教师数、生均中级及以上专业技术职务教师数。规定的评估指标共计26项。在义务教育学校的办学标准上，存在地区间的差距和各地具体情况的不同，故而采取的是国家政策引导，各省自主实行的方式方法。

2012年9月，国务院印发的《关于深入推进义务教育均衡发展的意见》提出：到2020年，实现基本均衡的县（市、区）比例达到95%。国家推进义务教育基本均衡发展从提出、实施到全面实现还不到10年的时间。

（二）国家战略指导

1. 审定义务教育办学条件标准区间

义务教育办学条件有国家标准。义务教育办学条件国家标准包括两个尺度。第一，所有地区的义务教育办学条件均须达到的“最低标准”；第二，任何地区的办学条件都不应超过“最高标准”，超出最高标准，便会产生教育条件的不公平。也就是说，义务教育办学条件的国家标准是由最低标准和最高标准组成的一种“标准区间”。在县域义务教育基本均衡发展阶段，考虑到我国教育发展不均衡的历史与现状，国家允许各省（自治区、直辖市）在保证符合国家政策的基础上，制定特定的不低于国家标准的省级标准。

2. 法律明确各级财政的分担比例

法治国家不仅需做出义务教育经费全部由政府财政承担的法律承诺，而且需明确各级财政分担比例，保证财政执行的透明和可预期。我国 2006 年修订的《义务教育法》已规定国家将义务教育全面纳入财政保障范围，但是这一规定实际落实的过程比较长。在省域义务教育基本均衡发展阶段，中央财政加大对义务教育的投入，在具备长远性的基础上，国家合理确定并以法律形式明确中央财政与地方各级财政的具体分担比例，达到透明、公开，有法可依、互相监督。

3. 针对特殊地区出台特殊政策

义务教育基本均衡发展的三要素是财政拨款、学校建设（设备、图书、校舍等）及师资配备，而财政拨款及学校建设基本均衡的最终效果依赖于师资配备的基本均衡。在省域义务教育基本均衡发展阶段，在国家的战略部署下，各级政府共同努力构建师资均衡配置体系，针对特殊地区出台了相应的特殊计划，诸如特殊地区教师招聘的特别计划、特殊地区教师进修培训的特别计划、优秀教师到特殊地区任教的特别计划等。在财政方面，经济发展水平较高的省份由省级财政专项解决，发展欠佳的省份则由中央财政专项解决。

三、基本均衡阶段九年义务教育的实践成效

（一）基本均衡阶段九年义务教育的发展

促进义务教育均衡发展既是一个长期的奋斗过程，也是一项复杂的系统工程。在基本均衡发展阶段，学校资源配置是重点。在政策的出台和实施过程中要保证教育资源和教育帮扶的合理配置。要切实保证义务教育的均衡发展，方向性和针对性要明确。①

从 2010 年到 2020 年，义务教育均衡发展可分为两个阶段：一是初步均衡，二是基本均衡。在 2010 年至 2015 年的初步均衡阶段，保证资源的合理配置，尤其是教师资源的均衡配置是重点。② 在 2016 年至 2020 年的基本均衡阶段，重点转向教育质量的提高，以学校为单位，面向全体学生，提供基本均衡的教育服务。

2011 年，我国所有省（自治区、直辖市）均通过了国家“普九”验收。2013 年 9 月，国家教育督导检查组首次对中西部地区进行评估认定，并相继开展了对湖北、新疆、黑龙江、湖南、陕西等省份部分县（市、区）义务教育发展基本均衡情况的评估。

（二）基本均衡阶段九年义务教育发展的典型成果

1. 江苏省的九年义务教育基本均衡实例

江苏省是首个通过义务教育基本均衡验收的省，为什么江苏省能成为最先实现义务教育基本均衡的省份呢？

首先，江苏省一直把义务教育的普及工作当成教育发展的重中之重。发展义务教育的决心和态度决定了最后的成果，担当和责任意识确保了教育活

---

① 吴康宁 . 及早谋划省域义务教育基本均衡发展的国家战略［J］. 教育研究与实验，2015（2）：1-6.

② 邬志辉 . 怎样理解义务教育的“基本均衡”［N］. 中国教育报，2013-11-01（6）.

动的顺利开展以及教育发展的正确方向。江苏省有义务教育优先发展的意识，并且具体化为制度和文化。江苏省将义务教育发展的具体规划和任务分配到县级政府，传达到镇级政府，地方政府有着很高的责任感，能够根据地方的具体情况，在国家方针政策的引导下，制定符合地区实际的政策。政府的行为无疑是义务教育均衡发展的基础力量。

其次，善于治理也是江苏省能够成为首个通过义务教育基本均衡验收的省份的重要原因。众所周知，江苏省的教育发展水平一直处在领先地位。江苏省对教育的发展高度重视，在普及义务教育，特别在义务教育基本均衡阶段保持体制的不断创新，在改革的道路上坚持具体情况具体分析。除此以外，江苏省还在义务教育的改革和发展方面形成了严格有力的监督指导机制。

最后，江苏省在义务教育均衡发展上的成绩和方向性的建设是分不开的。对现阶段可达到的高度，着力攻破；对现阶段不可达到的目标，先稳步观察，再在后续发展进程中分层解决。找好时机，抓住义务教育均衡发展的关键时期，找好方式和对策。同时，江苏省义务教育均衡发展水平与其务实的政策方向和工作态度紧密相关。好的政策、好的方案、踏实务实的精神，让江苏省成为首个实现义务教育基本均衡的省份。

2. 贵州省贵阳市白云区的义务教育基本均衡发展实例

贵阳市白云区是全市规划重点发展区，是贵州省的重要工业基地、首批同步小康创建达标区，也是科技部命名的“国家可持续发展实验区”。2009年，白云区被教育部评为“全国推进义务教育均衡发展工作先进地区”。[①]2012年，贵阳市率先通过贵州省义务教育初步均衡发展验收。2013年，贵阳市被教育部评为“国家基础教育质量监测优秀组织单位”。在义务教育基本均衡发展工作推进中，白云区所做出的努力是非常显著的。

白云区颁布了一系列的发展规划，为义务教育均衡发展保驾护航。比如，《白云区2011—2020年教育改革和发展规划》《白云区推进义务教育均衡发展“十二五”规划》《白云区进一步加快教育改革与发展三年行动计划》《白云区

① 贵阳市白云区人民政府.坚持“七个注重” 全力推动义务教育基本均衡发展[J].贵州教育，2014(17)：3-4.

义务教育均衡发展工作实施意见》等。白云区落实教育建设项目，完善教育经费保障机制，坚持加大教育经费投入。在校园环境的优化上，白云区也下足了功夫。2011年以来，共新建4.4万平方米校舍、1.36万平方米学生宿舍、3672平方米学生食堂。在教师的绩效考核上，推行义务教育阶段教师绩效工资制，实施《白云区教育教学质量奖励办法》《提高白云区学校教师待遇实施方案》《关于在全区教育系统实施名校（园）长、教育名师、学科带头人、骨干教师工程的实施意见》，实行“校长竞争上岗”“班主任津贴”“年终考核奖”“教育教学质量奖励资金”“特殊津贴”制度，充分发挥了岗位设置和绩效工资对教师的激励作用。白云区注重学校建设改革的创新和探索，实施学区化管理，按照“共建、共享、共融、共进”原则，把白云一中、白云八小、同心学校等17所公办、民办学校划分为4个学区，实行统一校名、统一法人、统一管理、统一教学、统一招生、统一配备师资的管理模式。白云区积极推进课程改革，开展“有效教学、高效课堂”教学研究和区域性整体提升教育质量实践研究，推行适时适度的分层教学、集体备课等新型教学形式，强化教学过程管理与监控，实现了教学质量和教学成绩的“双提升”。

第二节　综合提高的高位均衡

一、优质均衡阶段九年义务教育发展的内涵

义务教育高位均衡发展建立在义务教育均衡发展的基础之上。所谓义务教育高位均衡，就是为了实现优质均衡的教育，在义务教育法制框架下，坚持以教育公平、教育均等作为指导原则和指导思想。高位均衡的特性主要表现在以下几个方面。第一，高水平。高水平的均衡追求的是硬件与软件相协调、外延层面与内涵层面相协调的均衡。第二，高覆盖。高覆盖的均衡具有

相对性，具体来说是指在某个区县内，学校之间、城乡之间、群体之间的义务教育资源相对均衡。第三，高质量。高质量的均衡是要保证每个孩子都能够接受因材施教的优质的义务教育。第四，高协调。高协调的均衡包括方方面面，不仅包括义务教育与学前教育、高中阶段教育的协调，还包括普通教育与特色教育、民办学校与公办学校等的协调。高位均衡的义务教育目的在于提高教育质量。

义务教育高位均衡是一种优质标准的均衡。该阶段以保证每一所义务教育学校达到优质标准作为主要任务，主要关注为全体适龄儿童提供优质教育，解决适龄儿童“上好学”的问题。

义务教育高位均衡是一种县域内部的均衡。2006 年修订的《义务教育法》第六条规定：“国务院和县级以上地方人民政府应当合理配置教育资源，促进义务教育均衡发展，改善薄弱学校的办学条件。”第二十二条规定：“县级以上人民政府及其教育行政部门应当促进学校均衡发展，缩小学校之间办学条件的差距。”因此，义务教育高位均衡主要指的是县域内部的均衡。

义务教育高位均衡是一种相对意义的均衡。从哲学的角度来看，义务教育高位均衡存在双重属性，即失衡与均衡。其中，失衡是绝对的，均衡则是相对的，义务教育高位均衡只是一种相对意义的均衡，而非绝对意义的均衡。简而言之，达到义务教育高位均衡，只是表示某县域的义务教育达到了相对标准的一种均衡。

义务教育高位均衡是一种特色创新的均衡。推进义务教育高位均衡要实事求是，因地制宜。应该根据各个地区的实际情况进行改革，从而创造性地开发符合本地区教育发展的特色之路，最终实现高位均衡发展。

二、高位均衡阶段九年义务教育的实践成效

（一）江苏省江阴市的义务教育高位均衡发展

江阴义务教育高水平均衡发展是义务教育均衡发展内涵的延伸和提升，

特指江阴义务教育在高平台、高水平上体现高质量的均衡发展。它立足经济，建立在均衡教育发展的经验之上，坚持以提升教学质量为目标，实现均衡的立体三维的拓展与延伸。因此，江阴市的义务教育高水平均衡发展是对教育质量和公平的追求，它立足于江阴经济社会发展，服务于社会主义新农村建设。江阴市主要采取了三大举措来创建义务教育高位均衡发展示范区：一是优化学校布局，优化条件，促进均衡发展；二是城乡共同发展，以点带面，促进均衡发展；三是师资队伍建设，增强能力，促进均衡发展。

江阴的义务教育高位均衡发展与新农村建设互相促进。义务教育高位均衡发展的措施，在一定程度上促进了农村教育的发展，促进了城乡教育资源配置的优化，促进了农村教育的发展进程。新农村建设和城乡一体化发展也促进了义务教育均衡发展。

（二）吉林省长春市朝阳区的义务教育高位均衡

长春市朝阳区教育局于2012年9月成立了基础教育高位均衡发展协作体，实现区域内学校间的交流互动、教师及学生的共同发展和进步、校区间资源的共享，以此来推动义务教育的高位均衡发展。

长春市朝阳区教育局首先建章立制，确保协作体活动规范、正常进行，相关部门制定了《朝阳区基础教育高位均衡发展协作体发展实施方案》《朝阳区基础教育高位均衡发展协作体三年工作规划》，这些政策对朝阳区的基础教育高位均衡工作提供了指导。长春市朝阳区政府专门设立了专家顾问团，定期召开专家专题讨论会议，从而保证高位均衡发展能够顺利推进。同时，政府主导建立了督导评价制度，保证制度的正常实施和过程的全面推进。

（三）上海市的义务教育高位均衡

上海在“转型发展，创新驱动”要求下，做出推进义务教育高位均衡发展的判断与选择。《上海市中长期教育改革和发展规划纲要（2010-2020年）》提出“坚持以人为本，以满足人民群众的多样化、高质量的教育需求为宗旨，努力促进教育公平”。上海义务教育正在向内涵式发展的阶段推进。上海市的高位均衡发展战略的核心策略主要表现在以下几个方面：认识到课程改革的引擎作用，建设能够满足师生需求的课程；认识到学校对于教育改革的重要性，促进学校主动变革；认识到评价能够为教育改革与决策提供重要依据，从而完善和健全评价制度；认识到体制机制是教育改革的基础保障，推进体制机制的创新。

第三节　全面提升的优质均衡

一、优质均衡阶段九年义务教育发展的内涵

义务教育的优质均衡发展是义务教育发展的更高阶段。义务教育的优质均衡发展不仅仅是指义务教育的覆盖面、学生数，而且指义务教育的质量。先保证“量”的满足，再追求“质”，对“质”提出更高的要求。优质均衡并非以均衡发展的思路公平分配教育资源，而是在均衡的基础上，以优质为核心，将教育资源作为改善和提升教育质量的重要条件，从而实现均衡和优质的统一。优质均衡所体现的是以“质”的提升为核心，主要实现内涵发展，实现全面均衡，更好地满足人们的教育需求，使教育向更高的层次迈进。

义务教育优质均衡发展不只是义务教育发展方式的转变，更是义务教育价值取向的调整，是为了实现所有人的多方面的发展。义务教育优质均衡发展，是一种大范围更高质量的义务教育发展，不仅仅是针对一个地区、一个学校、少数人。义务教育优质均衡发展，核心任务仍然在于合理配置资源。义务教育优质均衡发展已被纳入法律要求，是政府责任体系范畴的事情。

二、优质均衡阶段九年义务教育的发展

2017 年教育部发布《县域义务教育优质均衡发展督导评估办法》，其中除了每百名学生拥有高于规定学历教师数、生均教学及辅助用房面积、生均体育运动场馆面积、生均教学仪器设备值等指标与基本均衡阶段的评估指标相同外，还增加了每百名学生拥有县级以上骨干教师数、每百名学生拥有网络多媒体教室数等多项优质教育资源指标，并对学校学生的规模和班额做出了具体规定。①

在向义务教育优质均衡发展的过程中，国家对于义务教育均衡程度的要求越来越高，实行的标准也越来越高，在资源的配置上要求也更加严格。优质均衡是在基本均衡阶段的基础上进行的，《县域义务教育优质均衡发展督导评估办法》第四条规定："义务教育优质均衡发展县应具备以下基本条件：通过国家义务教育基本均衡发展认定三年以上；基本均衡发展认定后年度监测持续保持较高水平。"由此看来，义务教育的优质均衡发展，是从量变到质变的过程，其中包含了质量目标的提升和质量结构的优化。提高师资、改善管理、办特色校园等举措都能推动义务教育的优质均衡发展。优质均衡还体现在教育公平上，通过相应的激励与支持政策，以及将公平贯穿制度管理始终，长时间地稳定维护公平，保证均衡发展的长期性和稳定性。

三、优质均衡阶段九年义务教育发展的实践案例

（一）杭州的"名校集团化"模式

2002 年杭州开始探索"名校集团化"模式。当时，杭州名校求是小学尝

① 钟景迅 . 从区域均衡到群体均衡：义务教育优质均衡发展的新思维［J］. 教育发展研究，2017（8）：33-39.

试“名校＋新校”的办学模式，接管当时的薄弱校竞舟小学，通过输出优质师资和管理制度等方式，成功改变了其薄弱状况。杭州市出台了《关于进一步推进名校集团化战略的意见》《杭州市名校集团（互助共同体）考核评价办法（试行）》《关于开展杭州市名校集团（互助共同体）考核评价工作的通知》，对“名校集团化”给予了一定的支持，并对“名校集团化”改革进行规范管理，推动形成了“名校＋新校”“名校＋民校”“名校＋弱校”“名校＋名企”“名校＋农村学校”等多种不同的办学模式。“名校集团化”改革在内部管理模式方面逐步摸索出了共享制、章程制、督导制、议事制等各具特色的管理机制，学校办学性质也多种多样，公办、民办、民办公助、国有民办、混合制一应俱全。“名校集团化”满足了大众对于优质学校的需求，并在较短时间内提升了薄弱校的办学水平和教育质量，从而促进义务教育校际均衡发展。[①]

（二）上海浦东新区的“委托管理”模式

2005 年上海市浦东新区社会发展局与上海市成功教育管理咨询中心签订委托管理公办东沟中学的协议，标志着上海“委托管理”模式正式开始实行。随后几年间，上海市不断扩大委托管理的范围，积极推进上海市义务教育优质均衡发展。教育行政部门的主要职责是进行顶层设计、宏观管理、经费保障、过程管理及绩效问责。受委托方可以是名校，也可以是民办中介机构和行业协会，被委托方则主要是农村薄弱学校。受委托方的主要任务是通过其拥有的先进的教育教学理念与管理方式等，对被委托方薄弱学校进行管理和建设，促进学校进步，实现区域教育优质均衡发展。最后的评估由第三方评估机构负责实施，主要对受委托方进行质量监督，并将结果及时反馈给教育行政部门。这种方式通过优质教育资源向农村地区的辐射，促进了城乡义务教育的优质均衡发展。

（三）江苏“示范区”改革模式

2010 年 5 月，江苏省出台了《关于江苏省义务教育优质均衡改革发展

---

① 彭波 . 义务教育优质均衡发展的实践与反思［J］. 当代教育论坛，2015（5）：1-5.

示范区建设的意见》，通过政策扶持和加强管理促使示范区义务教育由基本均衡达到优质均衡。在这种模式中，政府扮演了重要的角色，出台了一系列政策，在投入、改善办学条件、教师配置、教师流动和加强教育质量的监控等方面进行了积极大胆的探索与尝试，对缩小示范区域内学校之间的教育差距，促进薄弱校的内涵发展起到了积极作用。比如，江苏省如东县始终坚持优先发展教育，深化教育体制和教育教学改革，使教育发展进一步走上了“全面”“优质均衡”的道路。第一，以教育公平为目标，坚持城乡学校共同发展，全面改善办学条件。集中力量打造良好的教学环境，全县总投资 20 亿元，按现代学校标准建设教育重点工程，异地新建了中小学校 12 所。第二，狠抓师资力量，组建了 28 个学校共同体，要求共同体学校定期轮流开展教研活动，并对其进行捆绑考核。通过共建共享教学资源、德育资源和课程资源，保障了每所学校都能享有同样优质的教育资源，促进了教育过程公平。第三，在配套资源方面实行资源共享。如东县智慧教育云平台的搭建，不仅为不同学龄段的中小学生提供了丰富的学习资源，而且为全县教师提供了丰富的教学资源。

第四节　改革的主要成效

一、从“量”到“质”：九年义务教育发展重心转变

优质均衡所包含的内容比基本均衡更加丰富，通过比较教育部于 2012 年发布的《县域义务教育均衡发展督导评估暂行办法》和 2017 年发布的《县域义务教育优质均衡发展督导评估办法》，可以看出二者包含内容的差别。[①]

---

① 李宜江 . 义务教育均衡发展研究 10 年：回顾与展望［J］. 宁波大学学报（教育科学版），2012（1）：22-26.

第一，在教育资源配置方面，基本均衡主要包括 8 个指标，即生均教学及辅助用房面积、生均体育运动场馆面积、生均教学仪器设备值、每百名学生拥有计算机台数、生均图书册数、师生比、生均高于规定学历教师数、生均中级及以上专业技术职务教师数；而优质均衡包含的内容中除了生均高于规定学历教师数、生均教学及辅助用房面积、生均体育运动场馆面积、生均教学仪器设备值与基本均衡有相同之处外，还增加了诸如每百名学生拥有县级以上骨干教师数、每百名学生拥有网络多媒体教室数等多项优质教育资源内容，并对学校学生的规模和班额做出了具体规定。

第二，在评估指标数量方面，基本均衡规定的评估指标共计 26 项，比较笼统，而优质均衡评估的指标更加具体详细，指标数达到了 31 项。

基本均衡以“量变”为主，比较容易实现；而优质均衡以“质变”为主，在量变的基础上实现质变，二者相互结合。从时间上看，实现基本均衡所需要的时间相对较短。国务院印发的《关于深入推进义务教育均衡发展的意见》提出：到 2020 年，实现基本均衡的县（市、区）比例达到 95%。国家推进义务教育基本均衡发展从提出、实施到全面实现还不到 10 年的时间，即使像西藏这样偏远的地区推进的速度也是比较快的，而一些发达地区实际上早已实现了义务教育基本均衡。要全面实现优质均衡将会困难得多，因为优质均衡包含更多的内容，对其的评估标准也相应提高，全面实现将会经历较长的时间。基本均衡属于外延式发展，随着我国经济实力的不断增强，在教育资源的“量”上做到只增不减或保持不变基本上不会有太大的困难；而优质均衡属于内涵式发展，主要通过提高学校教师素质和管理水平、发掘学校各种潜力、建立高品质校园文化等方面来实现，这些工作在实践中开展起来都是有难度的。

二、从“少”到“多”：九年义务教育发展的显性成果

在推进义务教育均衡发展的进程中，我国确定了“两步走”的战略目标。第一步目标：县域内所有义务教育学校办学条件达到基本标准，县域内义务

教育学校间达到基本均衡，到 2020 年实现基本均衡。第二步目标：在巩固义务教育基本均衡发展成果的基础上，推进义务教育均衡向更高水平发展，全面提高义务教育质量，实现优质均衡。我国义务教育均衡发展“两步走”战略的实施有力地促进了地方政府对义务教育的投入力度，提高了县域义务教育均衡程度。截至 2016 年年底，全国实现义务教育发展基本均衡的县（市、区）累计已达到 1824 个。

2021 年，我国有 94 个县正式通过义务教育基本均衡发展国家督导评估认定。全国 31 个省（自治区、直辖市）和新疆生产建设兵团的 2895 个县全部实现县域义务教育基本均衡发展。这是继全面实现“两基”后，我国义务教育发展的又一重要里程碑，标志着我国义务教育站在了新的历史起点上。①

① 教育部 . 全国县域义务教育基本均衡发展国家督导评估认定收官［EB/OL］.（2022-05-05）［2024-09-01］. http://www.moe.gov.cn/jyb_xwfb/gzdt_gzdt/s5987/202205/t20220505_624731.html.

第四章

基础教育的观念变革

教育理念是基础教育实践的改革指导、精神引领、发展哲学和行动取向。教育理念不仅是教育实践的先导，更是凝聚教育改革共识、形成教育行动取向、实现提高教育质量目标的重要引领。诸多成功的教育实践亦反复确证，合规律、有质量的教育都是正确理念引领和积极的实践遵循的结果。贯穿我国 40 多年基础教育改革与发展的教育理念也经历了若干变迁。

第一节　基础教育的发展观：从效率走向公平

一、发展取向：从效率与公平并重到追求起点公平

基础教育的发展是整个教育体系中很重要的一环，它既关乎一个国家、一个民族整体素质的提高，也关乎每一个国民的教育权益的保障。因此，一项教育决策的提出一定要保证其科学性和可行性。但是，人们在对特定事物进行理性审视并做出尽可能准确的价值判断和选择的过程中，不可避免地会遇到效率和公平之间的冲突。与追求“效率优先、兼顾公平”的经济领域不同，教育领域不能只为追求效率而设重点班、重点校，更多的是要关注公平，包括贫困地区、弱势群体的教育等等。追求公平是由基础教育的特点决定的，基础教育是面向全体适龄儿童的一种社会公共产品，保障的是基本人权。[①] 因此，教育公平是现代化社会中超越经济功利和经济政策之上的，是政治领域的自由和平等权利向教育领域的延伸。

有学者认为，我们国家尚处于社会主义初级阶段，对教育应该追求效率优先以节省资本，认为先效率后公平是符合社会发展规律的。但这种认识是一种经济决定论，模糊了人们对教育的理性诉求。正如被誉为“经济学的良心”的诺贝尔经济学奖得主阿马蒂亚·森所言：问题的关键是经济增长的影响，在很大程度上取决于经济增长的成果是如何使用的。教育领域也是如此，若是滥用教学成果，一味追求高效率而忽视公平，就会导致城乡教育差距进一步扩大，学校内部的两极分化也会越来越严重。

2006 年修订的《义务教育法》，其核心和灵魂就是推进教育公平，合理配

① 刘吉林．起点公平：基础教育决策的首要价值选择［J］．上海教育科研，2008（6）：21-22.

置教育资源，促进教育均衡发展，保障所有儿童都能够平等地接受义务教育。这表明我国开始使用立法手段来维护教育公平，以教育公平为出发点，从立法角度保障社会弱势群体的受教育权，逐步缩小城乡教育差距。瑞典教育社会学家托尔斯顿·胡森在一份研究报告中将教育公平分为起点公平、过程公平和结果公平。起点公平是指教育机会、入学机会的平等。与学业成就平等相比，这是一种“最低纲领”的公平诉求，在实践中尤指保障儿童接受初等教育的权利和机会。过程公平是指个人或群体在教育的不同部门和领域内经历和参与的教育的性质和质量，例如个人参与教育的选择性，各级各类教育之间的开放性、可流通性，以保障个人能够接受自己所需要的教育。结果公平是指就最后目标而言，要求学生走出校门时获得相同的学业成就，从而使不同社会出身的儿童在起点上的差别得以消除，实现实质上的平等，即教育质量平等。①

二、发展方式：从效率优先到效率与公平并重

基础教育是涉及国家整体教育事业的奠基工程，在教育体系中占有重要地位，它是其他教育形式的先导，是青少年接受教育的基础阶段。近年来，经济发展方式在不断变化，社会结构也在转型，社会价值观念朝着多元方向发展。这一切都要求基础教育转变发展方式。基础教育原本追求人人都能接受教育，现在更加强调素质教育的重要性，追求基础教育的质量水平。优先发展部分学校的传统发展理念，也逐渐向办好每一所学校的理念转变。对于学生而言，由不让一个孩子失学向关注每一个孩子健康成长转变。由保障儿童少年接受义务教育的权益逐渐转向追求教育的公正与公平。

从片面追求学生学业成绩的提升，到树立以人为本、德智体美劳全面发展、培养多样化人才的教育理念，具体表现在以下方面。一是从教育对象来

---

① 刘吉林.起点公平：基础教育决策的首要价值选择［J］.上海教育科研，2008（6）：21-22.

说，基础教育是面向全体的教育，是顺应社会发展的教育，应依据社会对现代人才的要求去确立教育的价值取向，学校的职能是为全体学生提供同等的教育。二是强调让学生获得终身学习的能力，能自主创造以及为他们以后的生存与发展打好基础，注重发展学生的主体性，能够理解尊重学生，平等地为每个学生提供表现、创造和成功的机会，使每个学生在原有基础上都得到生动活泼、主动和谐的发展。三是强调学生在认知过程中的主动性和创造性。学生应具备自主获取知识的能力，能够自己发现问题、自主思考、分析、判断，进而搜集信息，判断信息的有效性，教学的任务是促进学生的思维品质的进一步发展。

基础教育的普惠性、公平性，决定了基础教育必须由数量扩张型的外延发展向提高质量型的内涵发展转变，使教育资源配置达到最优化，使每一个接受该阶段教育的学生，享受到高水平、平等、公平的教育。

第二节 基础教育的教师观：从权威走向平等

自古以来，我国就有尊师重教的传统，非常注重教师的地位和权威。清华大学梅贻琦校长曾经留下这样的名言："所谓大学者，非有大楼之谓也，有大师之谓也。"高素质的教师队伍是教育发展的保障。

一、教师权威的转变

权威意味着影响者具有使人信服的力量和威望，能对被影响者产生影响。反映到教学上就是教师在教学过程中通过将自身掌握的丰富的知识和经验传授给学生，使学生对教师产生一种崇敬感和依赖感，认同教师的观点和看法。教师作为知识的传授者，拥有广博知识和经验，会促使其得到学生的认同与尊重。从学生的角度来说，对教师的崇拜之情会促进其掌握知识，努力成为学识渊博的人才。教师作为掌握知识的权威者，能对课堂进程进行有效控制，保证教学有效开展，也能够确保教师和学生之间的良性互动。当然，这种权威不能仅靠简单的外在身份，而是要从自身素养、知识能力、研究能力等方面不断地完善与优化，努力向专业型教师迈进。

在后现代知识观视角下，知识不再是唯一不变的永恒真理，而是在具体教学情境、学生认知结构以及教育环境的综合影响下生成的，具有不确定性、自主建构性等特征，学生和教师可以质疑知识，对已有的定论提出新的见解，因此知识在学生面前不再是一种权威性的存在，传授知识的教师权威也因此被削减。

二、教师传授知识的角色转变

教师是知识的传授者，这是教师最基本的职业能力与要求，但是从后现代知识观的角度看，知识的性质、状态、传播方式等等都发生了改变。利奥塔尔早在 20 多年前就预言：知识可以转译成计算机语言，因为传统教学与存储相似，所以教学可以由机器来完成，这些机器可以把传统的存储器（图书馆等）作为数据库与学生使用的智能终端连接在一起——知识非合法化和性能优势都敲响了教师时代的丧钟，对传递确定的知识而言，教师并不比存储网络更有能力。[①] 按这一观点，学生只需要诉诸网络，就可以习得全部人类文化，但网络上信息繁杂，知识的来源成千上万，处于发展中的学生还不具有整合与处理信息的能力，需要教师将知识系统地、有组织地传授给学生。从学生对心目中理想教师的选择来看，学生不仅希望教师担任传道、授业的角色，还希望他们提供对自己未来职业发展有用的知识，并指导自己将所学知识用于将来的人生。这就要求教师在传授知识的过程中不能一味照搬，而是

---

① 利奥塔尔 . 后现代状态：关于知识的报告［M］. 车槿山，译 . 北京：生活 · 读书 · 新知三联书店，1997：111.

要将适合学生的知识进行筛选整合，在复杂的知识网络中提取学生需要的知识，使学生能够真正习得适合他们的知识。另外，教师也要教会学生区分有用和无用知识，引导学生掌握知识的搜集、整理、筛选和判断的能力，这是对教师知识传授者角色的拓展，教师从知识的传授者变成人生的引导者。

三、教师与学生平等对话的角色转变

传统的课堂是教师教、学生听，学生只有通过教师才能掌握人类文化精华。而现如今，在信息爆炸的时代，教师已经不是知识的唯一来源，教师在知识面前有时也扮演着和学生一样的角色——求知者。教师和学生在人格上是平等的，教师应充分尊重学生、相信学生，用发展的眼光看待学生，让每一个学生在课堂上有自由表达看法的机会，充分发挥他们的主观能动性和自主探究精神。但是，盲目要求师生之间平等的话语权并不是对学生的尊重，一些课堂需要专业知识和专业能力极强的老师与主动性被充分激发的学生共同建构，盲目要求师生完全平等，反而有可能打消他们的积极性和主动性。

第三节　基础教育的学生观：从客体走向主体

传统的教育观忽视了学生接受教育的主动性；忽视了学生是发展中的人，缺少用发展的眼光看待学习能力稍显落后的同学，而是按照统一标准去评价和衡量学生，将他们分为三六九等；忽视学生作为独立个体是具有差异性的。现代教育更加关注学生的主动性、发展性、独特性。

一、主动性

以往在中小学教育中，许多教育者认为学生尚处于发展中，还不能很好地自主学习、思考问题，需要教师及时指导，这是无可厚非的。然而，若一味地将他们置于被支配的地位，总是等到学生能像成人一样思考才愿意放手，那学生的主动性将得不到充分的发挥。其实学生在进入小学之前就已经积累了初步的交往、合作的能力，能够表达自己的想法，只是可能还不成体系，需要教师加以指导。这就要求我们认识到学生不是空着脑袋进入教室的，教学要以学生的已有知识作为新知识的生长点，并充分发挥他们的主动性。此外，教学是教师教和学生学的过程，若教学没有学生的参与，就会变成教师一人的独奏曲，压抑了学生的主动性，影响学生学习的热情和参与感，影响学生积极和主动乐观的人生态度的形成。学生主动性发展的最高水平是能动、自觉地规划自身的发展，成为自己发展的主人，这是教育成功的重要标志。[①]

二、发展性

发展性也可以说是潜在性，关注学生潜能的充分发挥。要看到学生发展的潜能，对他们有信心，相信教育能使他们变得更好，而不因一次测验就急于否定，认为他们天赋不高，不能有所成就。要在学生身上看到闪光点，精心呵护他们身上潜在的发展的幼苗，让“潜在状态”变成“现实状态”。教师对学生的态度尤为重要，要让教育充满生命的活力与可能性。基础教育阶段倡导实施差异化教学。这是针对学生原有学习基础参差不齐的情况提出的，

① 叶澜．更新教育观念，创建面向21世纪的新基础教育［J］．中国教育学刊，1998（2）：6-11.

为了让每个学生都能在原有的基础上得到最大化发展，教师要对每位学生的情况进行细致调查，并制定可以量化的目标。小到每位学生，大到年级的整体目标，做到学生在整体大目标下的个人发展，这样的目标制定充分体现了以学生发展为本，人文性充分彰显。《基础教育课程改革纲要（试行）》强调，要改变课程内容过于注重书本知识的现状，加强课程内容与学生生活以及现代社会和科技发展的联系，关注学生的学习兴趣和经验，精选终身学习必备的基础知识和技能，教师在教学过程中应与学生积极互动、共同发展。

三、独特性

独特性是指由于遗传、环境等因素，加之个人天赋与后天努力程度的不同，每个学生接受知识的速度和质量都是不同的，不能指望每个学生在一堂课后都能完全吸收所学知识。教师要看到学生的努力过程，而不是只关注结果。另外，有的学生可能在某一方面处于劣势，而在另一方面天赋极高，教师要努力地帮助他们扬长避短，找到自己的优势所在。这样一来，学生的差异性就可能会转化为团队的财富。正是差异的存在才使每个人拥有了不同于别人的特点，教师要关注学生的差异性，用发展的眼光看待学生，并使他们在自己擅长的领域得到最大发展。《基础教育课程改革纲要（试行）》强调，注重培养学生的独立性和自主性，引导学生质疑、调查、探究，在实践中学习；教师应尊重学生人格，关注个体差异，满足不同学生的学习需要，创设能引导学生主动参与的教育环境，激发学生的学习积极性，等等，最终目的是使每个学生都能得到充分的发展。学校教育中要想实施素质教育，就要坚持以人为本的理念，尊重每个学生的差异，并最大化挖掘他们的潜能，同时不能忽视对于他们精神世界的培育，才能培养一批真正的人才。

第四节　基础教育的课程观：从单一走向综合

一、课程目标取向：更加注重生成性

课程的目标取向是决定课程结构与呈现方式的基础和前提，若是没有目标取向，空谈课程改革与创新是不切实际的。课程目标是一定的教育目的在课程领域的具体化与实践化，换句话说，教育目的在具体的课程目标中找到了落脚点。课程目标的重要性由此可见。对于课程目标的价值取向问题，不同的学者从不同侧面提出了不同的观点。有的学者希望课程目标的结果是明确的、可测量的，并且是具体的、可以操作的行为，博比特将之称为行为目标。这样的课程目标背后的逻辑是，学习是可以用很多细小的程序来完成的，不是一蹴而就的过程，而是循序渐进的。行为目标真正成为主导的课程目标取向，是在泰勒的《课程与教学的基本原理》产生广泛影响之后。行为目标具有极大的优越性，在当时一度受到许多学者推崇，它不仅克服了课程目标原本空洞模糊的缺点，代之以很强的实践性，并且容易操作，只要事先设计好目标的流程，就能够顺利按照计划开展课程。更为重要的是，行为目标的设定可以使教育者对受教育者是否达到课程目标要求进行显性的评价，这样根据教育对象具体的行为来进行评价会更为准确。但是，行为目标所依据的理论基础是实证主义，这种理论认为人的行为能够被分解成一个个具体而精确的小目标，教师可以对这些行为进行预先设计和计划，使其具有严密的逻辑性和准确性。这就意味着人的行为是可以预设的，不需要在教学过程中生成，而只需在教学前做好充足的预设，就能把课堂变成一个逻辑清晰的目标体系。这种割裂学生的学习过程和生命成长过程的做法是不利于学生发展的。而与之相对的课程目标取向就是生成性目标，它具有内隐的特点。生成性目标取向认为，课程目标随着教育过程的展开而不断生成，无法预先设定既有的目标。学生在教育活动中不断地解决问题并产生新的想法，这个过程具有持续性和个体差异性，每个人所建构的目标是不同的。不论是哪种课程目标取向，都是从不同视角做出的阐释，有其合理的一面，对任何一个目标模式的评判都要辩证吸收与接纳，并融合进实际的课程体系中，提出适合本课程学科性质的目标。

二、课程内容：多元模式代替单一化

在课程内容的选择上，现代课程观要求学生学习的是确定性、封闭性的真理知识，科学成为衡量一切知识价值的唯一标准。这种观念认为科学的知识一定是有某种价值的，将科学抬升到无比崇高的位置上，只要有了科学，任何诸如探索宇宙、发展社会经济等等的疑难问题都能得到解决。反映到课程内容上，就是强调教师所讲的内容必须是前人已经充分证实过的真理，那些尚待考证的、需要进一步探索的内容则是教师需要规避的。但是，这种课程观对于学生的成长，以及学生思维和理性的培养都是极为不利的，许多学者对此进行了批判，其中最著名的就是美国路易斯安那州立大学课程与教学系教授多尔。多尔对于课程内容的批判基于社会生活的不确定因素，他强调应该依据实际的社会生活的变化来选择课程内容。课堂不是教师单向的灌输式教学，而是师生共同建构、不断生成的过程，教师和学生都是课程的建构者和开发者。

多尔提出了课程内容建构的四个特点，即丰富性、回归性、关联性和严密性。丰富性是指课程的深度、意义的层次、多种可能性或多重解释。课程应具有适当的不确定性、异常性、无效性、模糊性、不平衡性、耗散性与生动的经验，从而促使学生和教师发生转变和被转变。① 课程内容的丰富性就在于不同的人对于同一事物有着不同的理解，在对课程内容进行选择的基础上，

① 张林林 . 泰勒与多尔课程观的比较及其启示 [D] . 天津：天津师范大学，2011.

让合适的经验留下，而不是任何知识和经验都能进入课程。回归性强调学习者个体能力的发展，看重探究性和组合型的思维方式。回归性不是数学意义上的循环，而是将注意力转移到对自身能力的探寻，这种能力其实就是一种反思的能力，学习者一味地输入知识，并不能使自身有任何提升，而在反思自身的过程中，学习者才能认识到自己经验体系中存在哪些不足或者逻辑前后不连贯的地方。反思过程中和自身的对话显得尤为重要，这有利于实现个体思想的转变和能力的提升。关联性关注的是教育和文化两方面的联系，教育上的联系就是不断丰富课程内在的体系和内涵，拓展课程内容的深度，进而对课程内容进行创生性发展。文化联系则是关注全球性的文化，用开阔的视野、关联性的视角去看待不同区域文化的相同与不同之处，反对人们对自然的征服欲和破坏欲，树立敬畏自然的意识，课程设计的过程考虑地方文化、民族文化、区域文化的差异，将之融合进课程体系中。严密性是不确定性和解释性的组合，我们要有目的地寻找解决问题的方案，在对他人的理解和对话中了解别人对世界的假设和期待，当然这是开放中的统一、开放中的严密，这种强调理解和互相尊重的课程内容建构观是很有意义的。

三、课程实施方式：从被动学习到能动学习

传统的知识传授过程是单纯的教师教、学生学，教师教的是书本上的死知识，学生记忆的是与他们生活无关的抽象概念，这样的教学不利于培养学生的主动性和创造性，无助于学生对知识的真正理解与运用。在这样的课堂中，即使教师采用了生动形象的教授方式，学生也无法发现自己理解的不足之处，更不用说否定日常生活中积累的固化的认知，从而让思想、知识深度、技能运用达到一个新的高度。教学的过程不是单纯识记的过程，而是借助集体思维，在多样的分析与综合活动中形成思考力、判断力、表达力的过程。①这就意味着教学过程既不是单纯的教师灌输式教学，也不是忽视教师主导的

① 钟启泉．关注育人价值的课堂转型［N］．中国教育报，2017-11-08（5）．

学生独立学习，这种割裂了师生之间的思想互动的课堂实施方式是不可取的。因此，教师应把学习对象与学生的生活实际有机联系起来，与学生已有的知识生长点联系起来，采用多样的方法去联系儿童的回答，并且反复追问，使学生意识到自身回答的根据与不足，从而使学生发现新的思考方式、表达方式，产生新的课题，出现真正意义上的能动学习。

能动学习重视的不是单纯的记忆知识，而是掌握获取知识的方法，抛弃传统的碎片式的记忆的学习方法，将知识真正融进自己的理解与运用中，将书本上松散的知识碎片关联、归纳、筛选、整合进自身的知识体系。想达到这样的认知高度，比较常用的方式就是借助"协同学习"。

协同学习下的小组学习方法，首先是模仿他人的思考，其次是将其他人的思考作为一个"脚手架"，来达到更高的程度。协同学习中最重要的就是要有符合学科本质的学习。学习共同体形式下的小组学习跟一般的小组学习是不一样的。有学者重新定义了"学习"，认为学习是从未知到已知世界的旅程。我们在这个旅程中通过不断的对话来得到新的东西，我们需要与新的世界相遇。为了实现这样的学习，就要学会倾听他人的声音，培养相互倾听的习惯，建构互相关爱的关系，只有相互倾听来自不同主体的想法才有利于建构一种民主的氛围，互相尊重、互相倾听，进行思想的碰撞与交融，才能实现真正的协同学习。佐藤学说，"学习共同体"教学改革的目的就在于培育每一个儿童成为"学习的主权者"。[①] 学校教育要想实现传统学术世界与现代社会世界的有机联系，实现学习伙伴间的互动及过去、现在与未来的自我学习路径的统一，就必须从课堂教学模式开始转型，实现从"封闭"走向"开放"，从单一模式转向多元互动的课堂教学模式。

四、课程评价理念：单维评价理念向四维转变

在课程评价方面，整体上改变了以往的以课程为评价中心的理念，代之

① 钟启泉. 关注育人价值的课堂转型［N］. 中国教育报，2017-11-08（5）.

以将教师、学生、课程、教育资源都考虑在内的综合性发展评价理念。这种评价理念既体现了学生的主体地位，又体现了多元评价主体的发展性理念，从传统的一维评价发展到四维生成性评价，符合基础教育改革背景下的课程评价理念发展趋势。该课程评价的方式聚焦于在一个教学阶段上对四个要素及其相互之间的关系做出评价，并找到需要改进的地方以及可以继续发展的方面，明确改革的方向和路径。在每一个教学阶段上，对教师和学生的进步和发展做出评价，具体包括对学生的自主性、个性、创造性的开发的评价，对教师专业化发展和教学技能提升的评价，将形成性评价与终结性评价相统一。同时关注课程设计和教育资源开发的进程，包括课程的设计、选择是否适应学生的认知发展需要，对教育资源的使用情况，以更好地为下一阶段的教学打下基础。将整合这种四要素的课程评价理念转化为具体的操作时，要注意这种教育评价方式是针对教学系统内部主体的感受和实际变化过程的评价，而非外在的客观评价模式。

四要素相整合的多元评价体系在确定评价标准时，要符合社会的主流评价趋势，向发展性评价和过程性评价转变，以此更好地约束师生根据自身情况提出具体要求。四要素的课程评价模式将内在结果与外在要求有机结合，不仅将师生的相互作用、促进学生发展作为主要目标，而且符合社会导向的评价模式，是一种发展性的评价方式。

第五节　基础教育的价值观：从工具性走向本体性

基础教育的价值取向究竟是什么样的？有的学者将基础教育的价值取向定位为打好学生学习的基础，这里的“基础”被狭窄化定义了，在教学上就体现为语文、数学、外语等科目的学习，学好这些科目就算是完成了基础教育的任务。另一种观点认为短期可以达到的可测量、可评价的目标，如学校升学率的提升就意味着基础教育教学质量的改善，这种评价都是工具性的考量。叶澜教授呼吁把中小学教育的价值定位为对青少年发展的奠基性价值，这是指向教育的一种本体性价值。基础教育的未来性、生命性和社会性是其未来的价值走向。①

一、未来性

未来性要求我们把学生的教育放到其人生发展过程中，不只是关注眼前的成绩，而是要为未来的发展奠定基础。若是还像以往那样，把继承和掌握人类历史上积累的基础性的科学文化知识作为基础教育最重要的价值，显然是不够的。我们不是处在静态的社会当中，而是在信息技术高速发展的社会中，掌握书本上的知识已经远远不能支撑我们日后的生存需要。基础教育应致力于培养具有灵活的思辨能力、独立探究能力和创新能力等的高素质人才。

二、生命性

生命性取向的提出是针对现在的学校教育过多重视学科知识的系统传授，即重视“智”的方面，而忽视了学生生命成长的其他方面，造成学生知情意行统一体的缺失。学生是独特的人、处于发展中的人，具有个体差异性，应将每个学生看成一个独立的个体，尊重每个学生的独特性。基础教育阶段的中小学生具有巨大的发展潜能，这一阶段的教育对他们的影响也最大。这就要求我们将学生看成整体的人，关注他们的生命成长价值的延伸。

① 叶澜．“新基础教育”论［M］．北京：教育科学出版社，2006：216-217.

三、社会性

社会性取向意味着：一方面，我们要清楚地认识到教育事业不仅仅是学校中的事，应该走出校门、走向社会，因为教育归根到底是一项社会公共事务。因此，社会发展对人的要求就应被学校视作培养人的重要任务。教育培养的人，不应是两耳不闻社会事、一心只知道读书，不关心国家大事，与社会的发展相脱节的人。这就要求教师对基础教育的价值观有清晰的认识，认识到要教育学生了解社会和时代的变化，将新时代的文化精神和文化素养传递给年青一代。另一方面，教育过程实际上是学生逐步社会化的过程。青少年是未来的国家公民，他们应认识到自己身上担负的责任，将个人利益和社会利益紧密相连。现在的家庭中，独生子女占有一定比例，他们得到了父母的精心呵护，有的父母甚至会满足孩子无理的要求。而在社会上需要与他人互相帮助，合作完成某项事情。社会的影响与家庭的影响不一致，会导致学生无所适从，找不到合适的价值观。这就需要教育承担这项重任，树立社会主流价值观，培养富有责任感和使命感的新时代青年。

第五章

高考改革的基本因素分析

回顾改革开放40多年来我国高考改革的历史，可以发现它与我国政治经济的发展处于对偶的共轭关系①之中。尽管社会是复杂的，社会诸复杂因素之间的相互作用也很难化约为简单的公式，但不严格意义上的“政治－高考制度”“经济－高考制度”等共轭关系，确实明显存在于我国高考改革的历史进程之中，而且相当牢固。由于高考制度与政治经济等变量之间存在因果关系，且经常发生对偶性的变化，而相关分析又不能反映因果关系，因此，以共轭分析的思路来研究高考改革历史，较之相关分析更为合适。这种政治经济与高考制度之间的共轭关系，是中国特色之一，在别的国家都没有在中国表现得如此明显。通过对这种共轭关系的分析，无疑可以更好地认识我国高考改革的历史，并在此基础上展望未来的高考改革。

① 共轭关系，数学、物理、化学等学科均有此概念，即按一定规律相配对的关系，如同二牛共用一轭而并行。

第一节 从悸动到骤停的十七年

要理解改革开放40多年我国的高考改革历史，有必要对新中国成立到1966年前这段高考改革和发展的历史进行简要的回顾。前17年的高考改革和发展，是改革开放以后40多年高考改革的历史条件和制度基础，对我们认识和理解改革开放以来的高考改革，具有十分重要的意义。

中华人民共和国成立后，迅速复苏的经济和改天换地的崭新政治局面，使站起来的中国人民跃跃欲试。随着强有力的中央政权的建立，以及起初相当成功的计划经济的实施，政治经济对整个社会的影响力达到空前水平，我国的高等学校招生考试制度也处在不断发展的悸动之中，直到1966年高考骤然停止。这17年高考改革的历史，有三个比较明显的特征。

首先是强有力的中央政府和中国共产党强大的社会政治影响力，以及计划经济初步成功的影响，促成了“政治－高考制度”和“经济－高考制度”等共轭关系的形成。从此，政治经济一直牢牢地左右着我国的高考制度改革，全国统一的高考制度就此奠定基础。

中华人民共和国成立以后，随着城市工商业经济迅速恢复稳定和发展，以及乡村土地改革和农业经济的迅速复苏，人民生活水平显著提高，中国社会各界对中国共产党及其领导下的中央政府的拥戴达到了一个极高的水平。于是，我们看到了一个近代以来的中国从未有过的强有力的中央政府，以及一个对中国社会具有空前影响力和凝聚力的政党。费正清（John King Fairbank）用“中国的再统一”（reunification）[①] 来描述中华人民共和国的成立，认为一个一体化的全国政治制度就需要国家以前政权从未尝试过的方式向社

① 麦克法夸尔，费正清．剑桥中华人民共和国史：革命的中国的兴起：1949—1965年［M］．谢亮生，等译．北京：中国社会科学出版社，1990：1.

会渗透[①]。中央人民政府虽然建立不久，但很快就在社会诸多领域获得了强大的掌控力，其中包括高等学校及其招生考试制度。于是，“政治－高考制度”这个主要以政治为自变量、高考制度为因变量的“共轭对”很快结成，两者之间发展变化的共轭关系也日益牢固。

另一方面，经济的复苏伴随着计划经济体制的建立和实施，强化了中央计划对社会各项事业的控制力。罗迪（Nicholas R. Lardy）曾这样评价说：第一个五年计划（1953—1957 年）用传统的标准来衡量，是非常成功的经济发展规划。[②] 这种成功，自然进一步坚定了党和国家乃至整个社会继续实施和完善计划经济体制的信心和决心。计划经济体制要求高等院校的招生必须纳入国家经济和社会发展的计划，从而按照国家发展计划的需要来招收学生和培养人才。高等院校应该招多少学生、如何招生，甚至各专业要招多少学生，等等，都应当配合国家的发展计划。于是，另一个牢固的共轭对，即“经济－高考制度”，又迅速形成。在这对共轭关系的变化发展过程中，经济在绝大多数情况下都是自变量，而高考制度扮演因变量的角色。

以“政治－高考制度”“经济－高考制度”为主要共轭对，主要以政治和经济为自变量，以高考制度为因变量的牢固的共轭关系，奠定了此后我国高考改革的基本格局。

其次，快速、巨大而深刻的社会政治经济变化，推动着高考制度的迅速变革，催生了普通高等学校全国统一招生考试录取制度的形成。主要以政治和经济为自变量、高考制度为因变量的共轭关系，在高考改革过程中日益得到巩固和强化。

在中华人民共和国成立之初的一个时期，随着社会经济的快速恢复和发展，教育事业的发展也相当迅猛。1956 年 9 月 15 日，刘少奇在中国共产党第八次全国代表大会上的政治报告中提出：“文化教育事业在整个社会主义建设事业中占有重要的地位”，并且提出“第二个五年计划要求高等学校学生增加一倍左右，中等专业学校、高级中学和初级中学的学生也有相应的增加”。这

---

① 麦克法夸尔，费正清 . 剑桥中华人民共和国史：革命的中国的兴起：1949—1965 年［M］. 谢亮生，等译 . 北京：中国社会科学出版社，1990：70.

② 同①.

种快速发展，构成了当时高考改革的社会大背景。

1950 年 6 月，教育部召开第一次全国高等教育会议，教育部部长马叙伦在开幕词中提出："我们的高等教育，必须密切地配合国家经济、政治、文化、国防建设的需要，而首先要为经济建设服务"，"我们的高等教育应该随着国家建设的逐渐走上轨道，逐步走向计划化"，"首先，我们要逐步实现统一和集中的领导"。[①] 马叙伦部长的开幕词明确地为这次会议定调：强化中央对高等教育事业的掌控，高等教育发展必须纳入计划经济的轨道。这个基调，是符合当时我国社会发展的实际需要的。由于经济建设快速发展的需要，我国高等院校的招生规模迅速扩大。民国时期遗留下来的完全由大学自主招生的制度，已经难以适应经济和社会发展的新需要。在高校分散招生过程中，出现了大量重复录取，以及由此带来的报到率过低的问题。面对这样一些实际问题，启动高考改革，建立全国统一的高校招生考试录取制度，势在必行。

1952 年 6 月，教育部颁布《关于全国高等学校一九五二年暑期招收新生的规定》，高考首次实行全国统一命题。1952 年 7 月，教育部《关于实现一九五二年培养国家建设干部计划的指示》明确指出："严格地实行统一招生，是实现今年培养国家建设干部计划的关键。"[②]1953 年，我国开始实施第一个五年计划。适应中央掌控的计划经济体制的需要，是 1952 年全国统一高考的重要原因之一。原国家教委考试中心主任杨学为先生的研究也认为，1952 年迅速建立全国统一招生考试制度，最根本的原因是 1953 年开始实行第一个五年计划[③]。从此，高考改革在与政治经济的共轭关系中主要作为因变量，成了长期存在的基本状况。

再次，政治上对旧知识分子的不信任，在"政治－高考制度"和"经济－高考制度"两个共轭对的协同变化过程中楔入了逆向影响的因素，为 1966 年"文化大革命"之初的全国高考骤然暂停埋下了伏笔。

中华人民共和国成立后，中国共产党在理论上和实践中都必须面对一个

---

① 何东昌 . 中华人民共和国重要教育文献：1949—1975［M］. 海口：海南出版社，1998：26.

② 杨学为 . 高考文献：上：1949—1976［M］. 北京：高等教育出版社，2003：12.

③ 杨学为 . 从废除科举到恢复高考［M］// 教育部考试中心 . 我与高考改革同行：恢复高考 40 周年纪念文集：1977—2017. 北京：高等教育出版社，2017：11.

新问题，即知识分子问题。1956 年 9 月 15 日，刘少奇在党的第八次全国代表大会上的政治报告就对文教界知识分子的状况进行了论述："我们必须运用资产阶级和小资产阶级的知识分子的力量来建设社会主义，……但是，我们不应当让他们所带来的资产阶级思想和小资产阶级思想侵蚀无产阶级的队伍"，"要完成文化教育工作各方面的任务，必须进一步扩大和加强知识分子的队伍。我们必须经过学校教育和在职干部的业余教育，大量培养新的知识分子，特别是从劳动阶级出身的知识分子。"报告中关于知识分子的政治估计和思路，反映了中国共产党对知识分子问题的基本认识。

1960 年 5 月 28 日，教育部《关于一九六〇年高等学校招生工作的通知》中明确提出要大量吸收在职职工、干部和公社社员进入高等学校学习[①]。1966 年 6 月，北京女一中、北京四中学生给毛泽东主席写信，要求废止高考，认为"现行的升学制度，就是中国封建社会几千年来的旧科举制度的延续，是一种很落后、很反动的教育制度"[②]。6 月 18 日《人民日报》刊发该信，并在头版头条发表了暂停和改革高考的重要消息，同时配发社论说："一小撮反党反社会主义的资产阶级代表人物，长期以来，抗拒党和毛主席的教育方针，以旧的招生考试制度作为武器，来同无产阶级进行阶级斗争，来对工人、贫下中农子女实行专政。"[③]1966 年 7 月 24 日，中共中央、国务院发布《关于改革高等学校招生工作的通知》，宣布："从今年起，高等学校招生，取消考试，采用推荐与选拔相结合的办法。"[④] 至此，我国高等学校招生考试戛然而止。

从全国统一的高等学校招生考试制度的确立，到经过关于学校单招、联考和全国统一考试的讨论，将思想统一到全国统一的高校招生考试制度上来，再到建立全国统一高考的各项规章制度，最后到"文化大革命"初期的高考骤停，我国的高考改革经历了一个迅速上升又陡然停止的发展过程。"文化大革命"初期，"政治 – 高考制度"这一共轭对在高考发展变化过程中占据了绝对优势。正是在政治上相互矛盾的认识，即一方面要运用知识分子，通过高

---

① 杨学为 . 高考文献：上：1949—1976［M］. 北京：高等教育出版社，2003：367.

② 同① 617.

③ 同① 624.

④ 同① 627.

等教育来大量培养知识分子，另一方面又对知识分子采取了不信任的和否定的基本态度，这种矛盾的张力突然爆发，直接导致了“文化大革命”开始时全国高考的骤停。

历史总是前后联系的，而不是相互割裂的。改革开放前的高考改革史，也影响着改革开放之后的高考改革。1949—1966 年在政治经济和高考制度之间形成的牢固的共轭关系，奠定了我国高考改革的基本格局。这一基本格局，对改革开放 40 多年来我国的高考改革，无疑有着重要的影响。

第二节　四十余年改革的变量转换

回顾从 1977 年恢复高考以来的高考改革历史，我们可以看到，高考改革绝非仅仅是一个教育评价测量技术改进的具体问题，而是与整个改革开放的伟大历史进程密切联系在一起的，是处在政治经济和高考制度之间的共轭关系之中的。这种共轭关系的互动变化，主要表现在以下几方面。

其一，恢复高考，作为重要的启动力量之一，推动了党的工作从以阶级斗争为纲到以经济建设为中心的重大转变。在政治经济和高考制度的共轭函数中，高考罕见地扮演了一次自变量。随后，经济又作为最重要的变量开始主导政治经济和高考制度的共轭关系。

1977 年 12 月，我国恢复了中断 11 年的普通高等学校招生全国统一考试（简称“高考”），570 万人走进考场，27 万人通过高考进入高等院校学习。作为一场教育改革，恢复高考可以说取得了巨大的成功。它“不仅是一个重大历史事件，还是整个教育乃至社会制度变迁最为关键的一个节点”[①]，对国家发展和社会进步的意义也极其重大而深远。在一定意义上我们可以说，正是恢复高考，撬动了我国的社会政治经济变革。高考的恢复，使得政治经济和高

① 齐中熙，樊曦，王优玲 . 中国高考四十年［M］. 北京：中国言实出版社，2017：54.

考制度之间的共轭关系得到重建。大批通过高考进入高等院校学习的青年人，成为我国政治、经济和文化界的一股新生力量，推动着中国社会的变革，并为此后的思想解放做好了准备，也为经济建设奠定了人才基础。

1979 年 3 月 30 日，邓小平在党的理论工作务虚会上明确指出："社会主义现代化建设是我们当前最大的政治，因为它代表着人民的最大的利益、最根本的利益。"①同年，胡耀邦在全国组织工作座谈会上传达邓小平关于组织工作的意见，也强调"当前搞好经济工作，实现四个现代化是最大的政治，是压倒一切的政治任务"②。为了适应以经济建设为中心这一工作重点的重大转变，我国的高校招生录取工作也迅速进行了相应的改革。1984 年，教育部在《关于改革教育部部属高等学校招生来源计划的意见》中说："1978 年以来，中央部门所属高等学校招生来源计划都是按以下原则编制的，根据国家和各地现代化建设的需要，注意把招生来源与毕业生去向适当结合起来，择优录取，并促进人才合理流动。"③ 于是，"经济 - 高考制度"在政治经济和高考制度的共轭关系中上升为更重要的共轭对，经济因素再次主导了此后我国的高考改革。

建立社会主义市场经济体制的重大改革，对高考改革产生了相应的影响。1987 年，国家教委颁布的《普通高等学校招生暂行条例》第二十八条规定："普通高等学校招生分为国家任务、用人单位委托培养、自费生三种计划形式。"④ 在国家计划之外，开始有了委托培养和自费生等新的招生计划。1993 年，中共中央和国务院印发的《中国教育改革和发展纲要》明确提出：改变全部按国家统一计划招生的体制，实行国家任务计划和调节性计划相结合，在保证完成国家任务计划的前提下，逐步扩大招收委托培养和自费生的比重。1994 年，国家教委《关于进一步改革普通高等学校招生和毕业生就业制度的试点意见》要求"对同一学校只划定一个最低控制分数线。不再按国家任务

---

① 邓小平 . 邓小平文选：第二卷［M］. 2 版 . 北京：人民出版社，1994：163.

② 中共中央文献研究室 . 邓小平年谱：1975—1997：上［M］. 北京：中央文献出版社，2004：553.

③ 杨学为 . 高考文献：下：1977—1999［M］. 北京：高等教育出版社，2003：214.

④ 同③ 282.

和调节性两种计划分别划定分数线”[①]，学生上学缴费，毕业后自主择业，国家不再包分配。尽管总体上还是国家计划占绝对的主导地位，但经济建设的需要和市场机制的作用在我国高考制度改革中的影响显然是逐步增大的。

其二，在政治经济和高考制度的共轭关系中，“经济－高考制度”这一共轭对的作用日益突出。经济发展，特别是产业升级换代，带来我国高等教育任务的不断扩展，成为推动我国高考改革的基本动力。这是这一时期不同于改革开放之前的一个重要特点。

从 20 世纪 90 年代开始，我国经济进入高速增长阶段，轻重工业比例失调的问题得到了较好的解决，从低水平加工向高端加工的产业升级成为重要发展任务之一。经济的迅速增长和产业升级换代对我国高等教育发展提出了新的要求。为了适应产业发展和社会就业的新形势，培养一大批高端产业所需的劳动力人才，我国迅速扩大高等教育招生录取规模。1999 年 1 月，国务院批转教育部的《面向 21 世纪教育振兴行动计划》，提出“到 2010 年……高等教育规模有较大扩展，入学率接近 15%，若干所高校和一批重点学科进入或接近世界一流水平”。2001 年，教育部取消了对高考考生“未婚、年龄不超过 25 周岁”、中等职业学校毕业生只能报考高等职业学校等限制[②]，高等学校招生对象进一步拓宽。2005 年，教育部批准香港特区和澳门特区高校在内地 17 个省份招收自费生，相关省份参加普通高校招生全国统一考试的考生均可报考香港、澳门有关招生学校[③]。

为了适应国家发展水平不断提高的需要，选拔和培养一大批各行各业的创新人才，我国还逐步展开了一系列考试评价方式的改革。1999 年，教育部《关于进一步深化普通高等学校招生考试制度改革的意见》认为：“高校招生考试制度必须坚持改革，主动适应时代的特点及其对人才素质能力结构的要求。着力引导人才全面素质的提高和创新人才的培养，使高考的作用进一步完善。”于是有了此后的“3+X”等综合测评改革。2003 年，教育部提出“为

① 杨学为 . 高考文献：下：1977—1999［M］. 北京：高等教育出版社，2003：524.

② 参见教育部《关于做好 2001 年普通高等学校招生工作的通知》。

③ 参见教育部办公厅《关于同意香港、澳门特区高等学校在内地 17 个省、自治区、直辖市招收自费生的通知》。

了进一步深化高等学校招生录取制度改革，扩大高等学校招生自主权，培养教育创新人才，全面推进素质教育，2003 年在部分高等学校中开展自主选拔录取的试点”[①]，开启了大学自主招生的改革探索。2006 年 4 月，教育部印发《普通高等学校招生全国统一考试分省命题工作暂行管理办法》，继上海（1987 年）、北京（1992 年）之后，又有多个省份开始进行“统一考试，分省命题”的改革。2014 年，国务院《关于深化考试招生制度改革的实施意见》再次强调高考改革要“适应经济社会发展对多样化高素质人才的需要”，逐步“形成分类考试、综合评价、多元录取的考试招生模式”。经济发展对人才的需求，主导着政治经济和高考制度这对共轭关系的发展变化。

其三，随着改革开放的不断推进，国际交流也日益频繁和深入，国际化和全球化作为新变量的加入，使政治经济和高考制度这对共轭关系的发展变化更为丰富，这在促进我国高校建设的同时，也深刻影响着高考改革。

“改革”与“开放”从来都是相辅相成、辩证统一的两个方面。改革开放 40 多年来，我国在教育领域的对外开放也一直影响着教育改革。就高考而言，除了国际上高等院校招生考试的经验直接影响着我国的高考改革外，国家发展所面对的国际竞争压力，以及由此推动实施的建设世界一流大学的战略，也在影响着我们的高考改革。1995 年 11 月，经国务院批准，国家计委、国家教委和财政部联合下发《“211 工程”总体建设规划》，以面向 21 世纪重点建设 100 所大学为目标的“211 工程”正式启动。2017 年，国务院印发《国家教育事业发展“十三五”规划》，再次明确提出要“以中国特色、世界一流为核心，以支撑创新驱动发展战略、服务经济社会发展为导向，坚持建设与改革并重，……支持拥有多个国内领先、国际前沿高水平学科的大学，全面建设进入世界一流大学行列或前列”。由于“211”“985”和“双一流”等一系列国际一流大学建设工程的实施，我国高校的层次差距逐渐拉开，这使得我国高考改革的竞争性一直难以显著缓解。即便在高等教育大众化迅速推进和高考录取率大幅度提高的背景之下，高考的竞争性也一直没有减弱。就国家发展战略而言，这一系列重点建设的战略意义是显而易见的，高考

① 参见教育部《关于做好 2003 年普通高等学校招生工作的通知》。

保持一定的竞争性也是必要的，况且适当的竞争性并非一定造成过重的学业负担，但这种竞争性对高考改革的影响和挑战也是实实在在、必须正视的。

第三节　关键变量的影响与制约

高考改革中的问题大多是十分复杂的，究其深层原因，又往往与复杂的社会背景有着千丝万缕的联系。高考改革历经 40 余年，至今仍有很多未能很好解决的重大问题。从总体上看，高考改革的瓶颈，主要表现在我们没能处理好社会诸因素和高考制度之间共轭关系中的几个重要变量。

首先，在“文化 - 高考制度”这对共轭关系中，我们未能充分认识高考本身对社会文化的影响力，进而有效地利用这种影响力来努力革除高考自身的科举文化孑遗，因而未能通过高考改革成功地减轻中小学生学业负担，解放和促进学生创造力的发展。

“文化 - 高考制度”这个共轭对，在我国高考改革过程中一直以潜在的方式悄然发挥着作用。在我们这样一个有着 1300 年科举考试历史的国家，科举文化无疑是与高考有关的最不可忽视的重要文化变量。“文化大革命”初期，否定科举制度恰好是我们终止高考的主要理由之一。然而，“文化大革命”期间推荐上大学的制度，并未真的给工农大众带来公平机会。此时，文化与高校招生制度，就像共轭复数中的虚数部分那样，形成了相反的对偶关系。我们越是强调给工农大众机会，工农大众的机会却越是变得更少。

改革开放 40 多年来，“高考状元”、仪式化的“赶考”欢送、考前祭拜孔子等社会文化热点现象，也佐证着高考的科举文化特征。杨学为先生认为，“科举的历史，说明考试文化对社会发展有巨大作用”，但他同时也承认，“科举发挥巨大积极作用的同时，消极影响也是严重的”①。以厦门大学刘海峰教授

① 杨学为．从废除科举到恢复高考［M］// 教育部考试中心．我与高考改革同行：恢复高考 40 周年纪念文集：1977—2017. 北京：高等教育出版社，2017：13，10.

为代表的很多学者认为，“高考是传统文化遗传和现实社会环境的产物”，“文化国情决定高考模式，高考是适应中国国情的国家教育考试制度”。[①] 这些学者对高考适应国情的认识的确十分深刻，然而却不同程度地忽视了高考改革对社会文化的强大影响力。1977 年恢复高考这场改革的巨大成功本身就证明了，在政治、经济、文化与高考制度的共轭关系中，高考改革并非总是因变量，有时也可以是自变量。

科举文化当然是影响高考最重要的“文化遗传”，但我们必须认识到问题的另一个不可忽视的重要方面，即科举文化传统的确制约了中华民族的发展，尤其是制约了我们民族创新能力的提升。这一点，已经在我国封建社会后期的发展历史中，以及在 19 世纪末的“废科举”运动中，得到了充分证明。我们今天应当通过包括高考改革在内的各种文化改造手段，来努力革除高考本身的科举文化特征。

就现实教育问题而言，高考改革未能革除高考的科举文化残留，最大的消极影响就是高考改革一直未能有效缓解中小学生的学业压力。李木洲等研究者认为，高考改革无法达成“减负”的目的，主要原因有二：一是高考的“首要特性或目的在于优胜劣汰”，给考生带来一定的压力在所难免；二是“中国自古就有重视考试的传统，并且根深蒂固”。[②] 这里所谓“重视考试的传统”，突出表现为科举文化传统在今日中国社会的延续。在这两个原因之中，优胜劣汰虽然会造成压力，但不一定会造成“过重”的学业负担，尤其是在高等教育大众化和高考录取率大幅度提高的背景下，竞争性更是不一定带来巨大的学业压力，而科举文化传统的影响却从社会环境、文化观念、社会心理等多方面实实在在地强化着高考的压力，是导致学业负担过重的重要原因之一。

高考的科举文化孑遗难以在改革过程中革除，其原因是多方面的，除了文化惯性等原因外，改革者自身社会心理的原因也不可忽视。“文化大革命”初期废止高考和否定科举是联系在一起的，这作为“文化大革命”记忆的一

① 刘海峰．文化国情决定高考模式［N］．中国教育报，2013-03-22（6）．

② 李木洲．高考改革的历史反思［M］．武汉：华中师范大学出版社，2016：371-372.

部分留在了很多人的心里。1977 年恢复高考，本身就是一个重大的拨乱反正。在这样的背景下，很多人在肯定高考重大意义的同时，也不同程度地产生了肯定科举的倾向，甚至以科举时代的经验来指导高考改革。改革者中的这种倾向性，与科举文化传统带来的社会心理相呼应，以致高考的科举文化特征不仅难以革除，反倒日益强化。

其次，在“经济 – 高考制度”的共轭关系中，我们的高考改革在一定程度上未能及时适应市场经济体制改革的新形势，社会各界尤其是产业界的参与度不足，致使我国高等院校招生考试制度一直处于计划经济思维的主导之下，缺乏应有的弹性和适当的自由空间。

以经济建设为中心，建立社会主义市场经济体制，是改革开放 40 多年我国社会最为广泛也最为深刻的变革。通过“经济 – 高考制度”这对共轭关系，市场经济体制理当对我国的高考产生深刻的影响。然而，我们的普通高校招生考试制度却一直未能改变全国统一计划的运作模式，因而高等教育的人才培养明显难以适应市场灵活多变的人才需求，经常出现市场需要的人才培养不足，市场过剩的专业仍在大量招生培养的情况。究其原因，计划经济的思维惯性是关键。高考改革的滞后，同样也通过共轭关系，一定程度上拖累了经济发展。

在高考改革过程中，我们也曾尝试通过计划调节来增强高校招生考试制度的弹性。1984 年 4 月第一次提出要改革招生来源计划①，国家任务与调节性计划（包括委托培养和自费生）并行，实行录取分数和收费标准各不相同的“双轨制”。“双轨制”反映了普通高等学校招生工作从计划经济体制向市场经济体制转变过程中的尝试与探索②。然而，由于改革过程中出现了一些不公平的现象，国家教委 1994 年就高考录取工作提出明确要求，录取时，对同一学校只划定一个最低控制分数线。不再按国家任务和调节性两种计划分别划定分数线③，于是，国家计划与调节性计划并行的“双轨制”再次“并轨”成国家计划。在“经济 – 高考制度”这对共轭关系中，经济这一自变量已经发生

① 杨学为. 中国高考史述论：1949—1999［M］. 武汉：湖北人民出版社，2007：296.

② 同① 320.

③ 杨学为. 高考文献：下：1977—1999［M］. 北京：高等教育出版社，2003：524.

了重要变化，而我们高考制度的计划性却没有发生相应的变化。

1985 年，中共中央《关于教育体制改革的决定》明确提出："当前高等教育体制改革的关键，就是改变政府对高等学校统得过多的管理体制，在国家统一的教育方针和计划的指导下，扩大高等学校的办学自主权，加强高等学校同生产、科研和社会其他各方面的联系，使高等学校具有主动适应经济和社会发展需要的积极性和能力。"如今看来，这一改革目标显然没有得到充分的实现。

再次，在政治经济和高考制度这对共轭关系的发展变化过程中，高考制度在改革过程中没有作为一个完整的变量参与发展变化，而是日益局限于考试的具体技术问题，未能将高校录取制度等重要因素完整地纳入变革的共轭关系之中。

"高考改革"，实际上是"普通高校招生考试制度改革"的简称，其内涵要远远大于单纯的考试改革。但近年来，我们的高考改革却日益陷入了琐细的操作性技术改进。2000 年以后，除了 2003 年 22 所高校被赋予了 5% 的指标进行自主招生试点外，我国的高考改革主要围绕科目设置、考试内容、考试形式、命题方式等具体技术性问题展开，重大的制度性变革已不多见。具体考试技术的改进的确是必要的、有意义的，但教育问题和人才成长问题的复杂性，决定了人才选拔不应过度依赖单一的考试，高考改革也不应当仅仅局限于考试本身。高校招生制度改革本身就是高考改革的一部分，高考改革绝不应该仅仅局限于考试改革，而应当把高校招生制度改革直接纳入其中，并作为高考改革的重点之一，逐步推进。通过高校招生制度改革，我们在切实落实高校招生和办学自主权的同时，也把应对市场人力资源需求的责任落实在高等学校的肩上。只有高考这一变量的所有元素都纳入了和政治经济之间的共轭关系，高考改革才有可能真正与社会发展协同推进。

高考改革难以摆脱单一考试改革的局限，原因之一是单一的考试往往能够在表面上给人以"公平"的印象。近年来的实际情况已经说明，"一考定终身"不仅不公平，而且埋没了很多人才，尤其是极大地加重了青少年学生的学业负担，限制了学生创新思维和创造能力的发展。教育旨在人才培养，考试旨在人才选拔，公平应当服务于选拔人才这个根本目标。真正的"公平"

需要靠公开透明和公正监督来保证，招生考试和录取过程是否公开透明和有无公正监督才是问题的关键所在。

第四节　在共轭关系中求解未来

我们今天的教育制度和人才选拔制度是工业化时代的遗产。为了适应工业化大生产的需要，标准化、专门化、强调纪律和服从等，是这种教育制度和人才培养选拔制度的特质。面对数字化、信息化和智能化的新时代，我们必须充分认识到，创新精神和创造能力已变得日益突出，一场教育制度和人才培养选拔制度的全面改革势在必行。面对新形势，在政治经济和高考制度的共轭关系中，我们应当再次将高考改革作为自变量，通过高考改革来推动我国高等教育乃至整个教育事业的大变革。

与过去的 40 多年相比，我们今天的高考改革所面对的环境和条件已经发生了一系列深刻的变化。概括而言，变化主要表现在这样几方面。

第一，高等教育供求矛盾已经大大缓解，高等教育的创新任务更加突出。在恢复高考初期，高考工作中"最突出的矛盾是考生太多"[①]，高考工作压力大。1979 年，高考不得不实行预选，预选合格者才能参加高考。这种预选直到 1984 年才停止。如今，高等教育的大众化发展已经极大地缓解了高等教育的供求矛盾。1978 年，我国高等教育毛入学率只有 2.7%；到 2017 年，我国高等教育毛入学率达到 45.7%[②]，已经接近马丁・特罗（Martin Trow）提出的毛入学率 50% 的高等教育普及化标准[③]，与美国 20 世纪 70 年代初的水平基本

---

① 杨学为 . 中国高考史述论：1949—1999［M］. 武汉：湖北人民出版社，2007：272.

② 教育部 . 2017 年全国教育事业发展统计公报［EB/OL］.（2018-07-19）［2018-11-12］. http://www.moe.edu.cn/jyb_sjzl/sjzl_fztjgb/201807/t20180719_343508.html.

③ Trow M. Problems in the transition from elite to mass higher education［Z］.Paris：Organisation for Economic Co-operation and Development，1974.

持平[①]。1977年，我国的高考录取率不到5%；到2018年，全国平均高考录取率超过了80%，不少省市甚至已经超过90%。对这样的重大环境条件变化，我们的高考改革绝不应当忽视。与此同时，随着我国产业的不断发展和国际竞争形势的变化，高等教育在创新人才培养和科技创新方面的任务变得更加突出，因此，在逐步迈向普及化的同时，如何选拔和培养一大批创新型人才，成为摆在我国高等院校面前的一个重大战略任务。

第二，信息化作为共轭关系中新变量的引入，为高考改革提供了新的技术条件。改革开放40多年，高考和我国整个教育事业一道也经历了一个快速的现代化过程。杨学为先生将我国高考手段的现代化进程划分为三个阶段，其中第三阶段是90年代中期以后，主要是以网络为中心的信息技术在考试中的应用[②]。教育部考试中心1997年实施“9701工程”，建立了教育部考试中心网站，并在全国初步建立了完备的计算机网络系统[③]。这一系列的发展变化，为我国高考招生录取制度的改革实现新突破奠定了技术和硬件基础，其意义应当远远大于杨学为先生估计的“节省了人力和物力、场地，节约了经费”[④]。

第三，新时代的改革开放要求高考改革取得新突破，同时也为此提供了更好的条件。我国改革开放渐入深水区，通过普惠发展来解决阶层利益问题已成为改革的攻坚任务。这既要求包括高考在内的一系列教育改革相配合，同时也为高考改革实现新突破创造了条件。习近平总书记在党的十九大报告中明确指出：“中国特色社会主义进入新时代，我国社会主要矛盾已经转化为人民日益增长的美好生活需要和不平衡不充分的发展之间的矛盾”。面对新形势、新任务，党的十九大报告在教育方面提出，要在办好各级各类教育的同时，“普及高中阶段教育，努力让每个孩子都能享有公平而有质量的教育”，同时“加快一流大学和一流学科建设，实现高等教育内涵式发展。……使绝大多数城乡新增劳动力接受高中阶段教育、更多接受高等教育”。可以预见，

---

① World Bank. School enrollment，tertiary (% gross)(1970—2017)[EB/OL] . [2018-11-13] . https：//data.worldbank.org/indicator/ SE.TER.ENRR.

② 杨学为 . 中国高考史述论：1949—1999 [M] . 武汉：湖北人民出版社，2007：431-432.

③ 同② .

④ 同② .

我国在普及高中教育、推进高等教育从大众化迈向普及化的同时，也会将一流大学建设放在突出的位置。新时代的高考改革，必须注意到这些新的发展任务，努力更好地为国家发展战略服务。

在社会主义建设的新时代，我国的高考改革要更好地为国家发展战略服务，首先必须解决以下几个问题。

其一，革除高考自身的科举文化消极特征，促进创新人才选拔和培养，应当成为未来高考改革一项重要而紧迫的任务。当前，我国高考改革面对的主要矛盾，是一方面国家发展和民族振兴呼唤一大批有创新精神和创造能力的各行各业人才，另一方面我们的学校教育却迷失在“应试教育”的泥淖中无法自拔。在以科举文化为重要因素影响下所形成的“应试教育”，已经严重桎梏了青少年学生的创造思维发展，在根本上阻碍了国家创新能力的不断提升。革除高考这一社会现象中残存的科举文化消极特征，应当成为当前高考改革在更为深层次上的核心任务之一。

有些研究者认为，以科举文化为特质的应试教育虽然存在很多问题，但唯有应试才能给社会大众公平感。这类以文化民粹主义来为高考的科举文化特征辩护的观点，是很难站得住脚的。试想清末废科举时，如果在老百姓中间做一个调查，恐怕大多数举子及其父母也是要死命反对废科举的。还有不少人担心高考改革步子迈大了，可能会带来腐败问题，还是“一考定终身”来得可靠。实际上，“招生领域中的腐败问题并非与高校有必然联系，也不一定是招生自主权的必然产物”[①]，而是“与权力的特性相关联的”[②]一种带有普遍性的现象。在规制高校招生权力的过程中，“无论是权力制约权力模式、法律制约权力模式、道德制约权力模式抑或权利制约权力模式都存在一定的合理性，但单纯依靠一种模式是不够的”[③]，因此，我们应当在更高层次上建立一个公开透明、便于公正监督的普通高等学校招生平台，并在此基础上建立更加全面的综合监督机制，而不是死守表面上看似公平的“一考定终身”的旧模式不放。

---

① 覃红霞 . 高校招生考试法治研究［M］. 武汉：华中师范大学出版社，2016：143.

② 同① .

③ 同① 146.

其二，要革除高考的科举文化特征，在具体机制上，首先要破除“一考定终身”的单一考试选拔模式，逐步建立综合评价体系。为了适应经济社会和教育事业发展的新形势新要求，2013 年教育部提出《关于推进中小学教育质量综合评价改革的意见》，2014 年又发布《关于加强和改进普通高中学生综合素质评价的意见》，积极探索根本扭转单纯以学生学业考试成绩和学校升学率评价中小学教育质量的倾向，转变以考试成绩为唯一标准评价学生的做法，为高校招生录取提供重要参考。这些综合评价改革要想真正达成其改革目标，关键在于成功地实施相应的高考改革，而改变高校单纯以高考成绩为唯一标准的录取制度改革又是关键之关键。在新时代的高考改革过程中，政府应当要求全国普通高校各自制定详细的招生录取方案，明确不同专业招生录取的详细要求，并且向社会公布。在高校制定招生录取方案的过程中，要引入国家发展战略和人力资源市场等重要变量，根据学校专业特点、培养目标和人才成长规律，不同层次、不同类别的高等院校制定出各自不同的招生录取方案，从而保障成功地为国家发展和民族振兴选拔和培养出不同层次、不同类型的各级各类人才。

其三，高考改革应当尽快实现从考试改革向高校录取制度改革的工作重点转移，建立一个公开透明、处于公正监督之下的“全国普通高校招生录取网络平台”，实现社会机构考试，高校自主采信，公布招生方案，并根据专业特点和培养目标等进行自主招生。为了让综合评价体系公平公开能够落在实处，我们有必要以现有的网络平台为基础，建立一个新的全国高校招生录取网络平台。高校应当在录取平台上公布本校各专业的详细录取条件和相关要求，学生的考试成绩、学习档案和报考志愿等材料上传到全国统一的招生录取平台，实行双向选择。一方面，给高校充分的招生自主权；另一方面，借助公开的网络平台将这种权力置于阳光之下。实际上，我国当初实行全国统一高考，其目的并非防止腐败，而是要解决具体的重复录取和报到率过低问题。在如今的信息化背景下，一个全国统一的普通高校招生录取平台，可以进行快速的信息反馈，及时反映考生和高校的录取情况，在技术上完全可以防止出现报到率低等问题。

高考改革，一方面涉及千家万户，另一方面事关国家发展和民族复兴。

新中国成立70多年来的历史证明，高考改革处在与政治经济的共轭关系之中，不仅受到我国政治经济改革和发展的影响，而且对我国政治经济的改革发展有着重要的影响。在中国特色社会主义进入新时代的今天，努力在高考改革上取得新突破，对我国改革发展再上新台阶，无疑具有十分重要而独特的价值和意义。

第六章

『减负』：教育改革的一个迷思

“减负”，作为“减轻中小学生学业负担”的简称，已成为我们教育政策领域的一个热词。这本身就佐证了，在教育改革过程中，我们面对这个特殊的教育实际问题所进行的旷日持久的努力。要理解当前关于“减负”的教育改革，必须将新中国成立初期的基础教育发展与今天的基础教育改革贯穿起来进行分析研究。

从 1964 年毛泽东关于“教育革命”的春节谈话和对北京铁路二中校长来信的批示开始，“减负”就成为我国教育政策领域的一个重要话题。在 20 世纪 60 年代中期和 80 年代中期，“减负”两度成为我国教育改革的热点问题，其基本主因十分相似，而其他影响因素各有时代特点。时至今日，这个话题依然热度不减。

第一节 学业负担成为一个问题

1949 年中华人民共和国成立之后，我国的教育事业也和国民经济及社会其他事业一样得到了快速的恢复和发展。1952 年至 1962 年，普通高等学校从 201 所增加到 610 所，在校生从 19.1 万人增加到 83.0 万人；中等学校从 6059 所增加到 24756 所，在校生从 314.5 万人增加到 833.5 万人；小学从 526964 所增加到 668318 所，在校生从 5110.0 万人增加到 6923.9 万人。中小学教育规模的迅速扩大，带来了实实在在的升学压力。升学压力传导到中小学生身上，日积月累，形成了过重的学业负担。党和国家注意到了这个教育问题，一再出台纠偏措施。后来，这类教育纠偏逐步升级成为政治纠偏，学业负担从一个教育问题走向政治问题，并最终成为推动所谓“教育革命”的社会动力之一。

一、从“教学压倒一切”到“压得太重”

学业负担问题并非一个先天教育问题，而是在教育发展过程中逐渐产生的。1951 年 5 月 2 日，中共中央《关于克服目前学校教育工作中偏向的指示》强调生产和教育是两件最重大的工作，批评一些地方领导对教育疏于管理[①]。1953 年 11 月 26 日，中央人民政府政务院《关于整顿和改进小学教育的指示》指出：“教学是学校中压倒一切的任务。校长与教师的主要任务是教学，学生的主要任务是学习”，该指示还特别提出要“纠正教师、学生过多地参与社会

① 中共中央文献研究室．建国以来重要文献选编：第二册［M］．北京：中央文献出版社，1992：213.

活动和校内非教学活动的偏向，克服当前学校中的混乱现象，做好教学工作，提高教学效果”。[①]1954 年 4 月 8 日，中央人民政府政务院《关于改进和发展中学教育的指示》继续强调：“当前中学教育的工作方针应是：按照国家过渡时期的总任务，在整顿巩固的基础上，根据需要与可能，作有计划有重点的发展，并积极地稳步地提高中学教育的质量。”[②]可见，当时中小学生学业负担并没有成为教育工作中的一个突出问题。

1955 年 8 月 27 日，中共中央在《批发中央宣传部〈关于学校教育工作座谈会的报告〉给各地党委的指示》中强调：“在国家进行社会主义工业化和社会主义改造的过程中，必须相应地发展和提高学校教育，为国家培养建设人才和提高人民的文化水平”，同时又指出：“资产阶级正在学校中同我们争夺领导权”，要求各级党委在学校中批判资产阶级思想，并“做好师生员工的政治审查工作；使学校教育工作在政治上、组织上、思想上得到应有的改进，以保证教学质量的提高”。[③]这个指示做出了资产阶级正在学校中争夺我们的教育领导权的判断，并将教学质量问题与教育领域的阶级斗争联系起来。

中共中央 1961 年 2 月 7 日批转的中央文教小组《关于一九六一年和今后一个时期文化教育工作安排的报告》提出要“着重充实内容，大力提高质量，适当控制发展数量”，要求在提高质量的同时控制发展数量，规定中小学不得再招收超龄生，并且决定将农村部分学校改成半日制和业余学校，引导大量劳动力充实农业生产第一线。[④]这里已经可以看出，中小学教育快速发展背景下的升学压力已经形成。不过，这种升学压力还没有作为学业负担问题显现出来，教学质量仍然是教育政策领域的主要话题。1963 年 3 月 23 日，中共中央《关于讨论试行全日制中小学工作条例草案和对当前中小学教育工作几个

① 中共中央文献研究室．建国以来重要文献选编：第四册［M］．北京：中央文献出版社，1993：502-508.

② 中共中央文献研究室．建国以来重要文献选编：第五册［M］．北京：中央文献出版社，1993：174.

③ 中共中央文献研究室．建国以来重要文献选编：第七册［M］．北京：中央文献出版社，1993：129-131.

④ 中共中央文献研究室．建国以来重要文献选编：第十四册［M］．北京：中央文献出版社，1997：147-157.

问题的指示》还在强调：“提高中小学的教育质量，是一项具有战略意义的任务，应该把这个问题摆到党和政府的重要议事日程上来。”[①]党和政府所关注的仍然是提高中小学教育质量的问题。

1964年2月13日，毛泽东在春节座谈会上发表关于“教育革命”的谈话，认为学校教育存在问题，“一是课多，一是书多，压得太重”，提出“学制可以缩短”，“课程可以砍掉一半”。[②]毛泽东的这次重要谈话，标志着我们党和国家对教育发展形势在基本认识上的一个重要转变。1964年3月6日，中共中央办公厅秘书室编印的《群众反映》中摘登了北京铁路二中校长魏莲一的来信，反映中学生“课业负担重”的问题，建议“要减轻学生负担，必须从改革教学大纲和课程内容着手”，“将代数、几何、数学三门统一起来，称为数学”，“高中理化的有些内容，应放到大学专门学系去讲授”，“初中还宜增加音乐、美术课程，使学生的学习生活得到调剂”，“整个上课时间，由现行的三十二至三十五节改为二十八至三十一节”，等等。3月10日，毛泽东批示将该信转请刘少奇、邓小平和彭真阅后转杨尚昆办，并转发中宣部、教育部、共青团中央和北京市委等。毛泽东的批示说：“现在学校课程太多，对学生压力太大。讲授又不甚得法。考试方法以学生为敌人，举行突然袭击。这三项都是不利于培养青年们在德智体诸方面生动活泼地主动地得到发展的。”[③]于是，减轻中小学生学业负担，成为我国基础教育界的一项重要任务。

二、政治化的归因和“教育革命”

1964年5月4日，中共中央、国务院批转教育部临时党组《关于克服中小学学生负担过重现象和提高教学质量的报告》时指出：“克服中小学校学生

---

① 中共中央文献研究室．建国以来重要文献选编：第十六册［M］．北京：中央文献出版社，1997：230.

② 中共中央文献研究室．建国以来重要文献选编：第十八册［M］．北京：中央文献出版社，1998：228-229.

③ 同② 290-295.

学习负担过重的现象和片面追求升学的思想，不但是提高教学质量所必需的，而且是关系到办什么样的学校、培养什么样的人的重大问题，是关系到培养坚强的有文化的劳动的革命后代、发展国家科学文化的根本大计，必须引起各级党委和政府的重视”。中共中央和国务院的转发批示，将减轻中小学生学习负担问题上升到了政治的高度。教育部临时党组这个关于克服中小学生负担过重现象的报告认为，中小学生课业负担过重，“最突出的现象有三多：一是课程门类多……。二是课外作业多……。三是测验考试多”，并且认为“造成学生课业负担过重的原因是多方面的。根本原因是我国中小学的课程设置、教学方法、考试办法等方面改革的还不彻底，有些方面仍然沿袭着资产阶级旧教育的一套，有些方面是教条主义地抄袭苏联的办法。教学内容繁杂，但结合阶级斗争和生产斗争的实际却很不够。当前，直接影响学生负担的则是片面追求升学的思想”。报告还认为“忽视政治，脱离生产劳动，片面追求升学率，用繁重的课业和烦琐的教授法束缚和压制学生，这是违背我们的教育方针的。这是资产阶级的教育方针，不是社会主义的教育方针”。这就从阶级斗争的角度对中小学生课业负担的成因做了政治性的解读，认为造成学业负担过重的原因是对资产阶级旧教育没有进行彻底改革。报告还提出了一系列减轻学生负担的措施，如加强思想政治教育，宣传党的教育方针，坚决纠正片面追求升学率的做法，提高教师教学水平，改进教学方法，减少考试和测验的科目和次数，增加课外活动，增进师生健康，等等。①

1964 年 11 月 17 日，中共中央《关于发展半工（耕）半读教育制度问题的批示》对新中国成立 15 年来的教育工作进行了简要的总结，认为“一九五八年，即在建国以后九年，我们才真正认识了社会主义的教育与资产阶级教育的根本的不同所在，才真正开始了教育改革，真正在教育思想上提出了社会主义的原则，即‘教育为无产阶级政治服务，教育与生产劳动相结合’”②。教育领域的这条社会主义原则，后来逐步演化成被当作教育方针的

---

① 中共中央文献研究室．建国以来重要文献选编：第十八册［M］．北京：中央文献出版社，1998：530-541.

② 中共中央文献研究室．建国以来重要文献选编：第十九册［M］．北京：中央文献出版社，1998：344.

“两个必须”，即“教育必须为无产阶级政治服务，教育必须同生产劳动相结合”。在 1966 年后的特殊十年里，这种政治导向加上对文教领域的“两个估计”等，教育领域的矛盾张力以阶级斗争的形式释放出来，“教育改革”也逐渐演变成了具有特殊意义的“教育革命”。

三、结构失衡和重点学校是主因

我们回顾这段历史，可以看出当年导致中小学生学业负担过重的实际原因主要有两个。

其一，教育结构失衡导致的升学压力是产生中小学生学业负担过重问题的重要原因之一。新中国成立初期，我国教育事业得到迅速恢复和发展，特别是中小学教育规模急剧增长。这一方面是十分可喜的发展成就，另一方面也带来了升学的压力。面对实际国情，党和国家将教育事业的发展重心放得比较低。虽然各级各类教育在当时都获得了长足的发展，但初等和中等教育的增长速度最快。从表 6−1 的统计数据可以看出，从 1952 年到 1957 年的短短五年时间，高中毕业生从 3.6 万人增加到 18.7 万人，到 1962 年这个数字更是达到了44.1万人，是十年前的12.3倍；初中毕业生在1952年只有18.5万人，到 1957 和 1962 年就增长到 111.2 万人和 158.4 万人。小学毕业生数的增长同样十分惊人。伴随着毕业生快速增长的结果，就是高考、中考和小升初理论录取率的连年下降。到 1962 年前后，高考、中考和小升初的理论录取率都降到了较低水平，升学压力达到较高水平。当时虽然国家经济刚刚走出三年困难时期，教育部党组在 1962 年还专门提出“进一步调整教育事业和精简学校教职工”[①]，但从1962年和1965年的统计数据看，教育事业规模的增速似乎并未明显降低。这些情况，恰好与1964年提出“课业负担”过重的问题相呼应。这种一致性，很明显不是偶然现象，而是有着内在的因果联系。

---

① 何东昌 . 中华人民共和国重要教育文献：1949—1975［M］. 海口：海南出版社，1998：1103.

表 6-1 1952—1970 年各级学校招生和毕业生数及录取率

年份	1952 年	1957 年	1962 年	1965 年	1970 年
高校招生数（万人）	7.9	10.6	10.7	16.4	4.2
高中毕业生数（万人）	3.6	18.7	44.1	36.0	67.6
高考理论录取率 *（%）	219.4	56.7	24.3	45.6	6.2
高中招生数（万人）	14.1	32.3	41.7	45.9	239.0
初中毕业生数（万人）	18.5	111.2	158.4	173.8	618.9
中考理论录取率 *（%）	76.2	29.0	26.3	26.4	38.6
初中招生数（万人）	124.2	217.0	238.3	299.8	1176.3
小学毕业生数（万人）	149.0	498.0	559.0	667.6	1652.5
小升初理论录取率 *（%）	83.4	43.6	42.6	44.9	71.2

注：* 理论录取率：本文工作概念，为上一级教育招生数与本级教育毕业生数的比率，即在不考虑往届应考、社会报考和本届放弃升学等人数的情况下计算出来的上一级教育的录取率，与当年实际录取率可能不一致，这里主要作为考察当年升学压力的参考指数。

数据来源：国家统计局 . 中国统计年鉴：1999［D/OL］.［2019-01-17］.http://www.stats.gov.cn/yearbook /indexC.htm.

其二，重点中小学和重点大学的建设，对升学压力起到了推波助澜的作用，也在相当程度上成为中小学生学业负担过重问题的重要成因。1959 年 3 月 22 日，中共中央做出了《关于在高等学校中指定一批重点学校的决定》，北京大学、清华大学等 16 所高校被列为全国重点大学。该决定认为“高等教育的大发展，可能招致高等教育质量的降低。为了既能发展高等教育，又能防止平均使用力量，招致高等教育质量的普遍降低，和为了将来逐步提高高等教育的质量起见，从现有比较有基础的高等学校中，指定少数学校，从现在起就采取措施，着重提高教育质量，是必要的”①。1960 年 10 月 22 日，中共中央又决定将全国重点高等学校增加到 64 所，并指出指定全国重点高校的

① 中共中央文献研究室 . 建国以来重要文献选编：第十二册［M］. 北京：中央文献出版社，1996：291.

目的是“在高等教育事业大发展中，为了保证一部分学校能够培养较高质量的科学技术干部和理论工作干部，更有力地提高我国高等学校的教育质量和科学水平”①。1962 年 12 月 21 日，教育部发出通知，要求办好一批重点中小学，由省、自治区、直辖市教育厅（局）在领导干部较强，教师、校舍、设备等条件较好的全日制中、小学校中选定重点建设的学校，“在全省、市、自治区范围内选定若干所中学，在每一县（市）和市属区范围内选定一至几所小学”，对这些选定的学校加强领导，稳定规模，充实教师队伍和教学必需的物质条件，扩大招生范围。这个通知最后还特别指出，“这批中、小学校名单都由领导上内部掌握，不对外公布”②。在1963年1月24日给云南省教育厅关于有重点地办好一批中小学校问题的复函中，教育部还对此举措做了进一步解释，明确指出：“有重点地办好一批基础较好的学校，是指先集中力量办好一批‘拔尖’学校的意思”，“这类学校的数量和规模要考虑和高一级的学校的招生数保持适当比例”③，可见办好重点中小学意在保证拔尖学生升学。即便这个重点学校名单不会泄露，由此带来的办学水平差距也肯定是瞒不住的，其对升学竞争的助推作用也是不言而喻的。教育部临时党组在 1964 年 3 月 31 日给中共中央和国务院的《关于克服中小学学生负担过重现象和提高教学质量的报告》中一开始就指出：“近来，中小学学生课业负担过重的现象有所发展，有些情况已经相当严重。一般地说，中学比小学重，毕业班比非毕业班重，特别是有些重点学校的学生负担更重。”④这些表述可以说明，升学压力是学业负担的主因，而重点学校建设又助长了升学压力。

从党和政府一些重要政策文献中，也可以从不同角度看出，升学压力是导致学业负担问题的重要因素。1954 年 5 月 24 日，中共中央就在转发中央教育部党组《关于解决高小和初中毕业生学习与从事生产劳动问题的请示报告》

---

① 中共中央文献研究室 . 建国以来重要文献选编：第十三册［M］. 北京：中央文献出版社，1996：572.

② 何东昌 . 中华人民共和国重要教育文献：1949—1975［M］. 海口：海南出版社，1998：1133.

③ 同② 1144.

④ 中共中央文献研究室 . 建国以来重要文献选编：第十八册［M］. 北京：中央文献出版社，1998：470.

的批语中明确指出："中央认为小学教育应该是国民义务教育性质。随着国家生产的逐步发展，这种初等义务教育将逐步加以普及，义务教育的年限也将随着我国经济建设的发展逐步延长。所有工人、农民及其他人民群众，在受完了义务教育之后，除其中一小部分优秀毕业生经过考试及格升学深造者外，绝大多数都应该从事工、农业及其他生产劳动，这是一种正常现象。那种认为现在一切中、小学毕业生都应当升学的看法是错误的，也是不可能的。"① 1964年3月31日，教育部临时党组《关于克服中小学学生负担过重现象和提高教学质量的报告》认为，由于教育脱离生产劳动和阶级斗争，"使青年们脱离无产阶级政治，脱离生产劳动，一心向往升学，追名逐利，为所谓'个人幸福'生活而奋斗，不能升学就悲观失望，不肯参加劳动，成为游民，甚至对社会主义制度心怀不满"②。从这些颇为严厉的措辞中可以看出，当时的升学矛盾还是相当突出的。

日益增加的升学压力，转化为学生在学业上日益激烈的竞争，学业负担过重的问题也就在所难免了。从阶级斗争角度的政治化解读，又使我们未能全面地认识到实际问题的症结，导致这个在教育发展中出现的问题未能及时解决，最终淹没在"文化大革命"时期的所谓"教育革命"的湍流之中。

第二节　新时期的新特点

改革开放以后，我国教育事业迅速走出"文化大革命"的阴影，再一次得到快速的恢复和发展。40多年的时间里，我国教育事业在现代化发展方面取得了空前的巨大成就。与此同时，自20世纪80年代中期以来，"减负"一

① 中共中央文献研究室．建国以来重要文献选编：第五册［M］．北京：中央文献出版社，1993：216-217.

② 中共中央文献研究室．建国以来重要文献选编：第十八册［M］．北京：中央文献出版社，1998：471.

词在我国教育政策领域依然热度不减。在这一新的时期，除了中小学教育快速发展带来升学压力外，教育领域的一些经济逐利行为也成为学业负担问题的驱动力之一。伴随着重点中小学建设的推进，择校现象也加入了为学业负担推波助澜的行列。在科举文化孑遗裹挟下的社会心理因素，以及追逐政绩推动的改革话语生产，多种因素交叉叠加，使学业负担问题在新时期愈演愈烈，成为困扰我国教育改革的重要阻力。

一、历史的相似与不同：从提高质量到学业负担

在改革开放最初的几年里，教育界主要面对的任务还是拨乱反正和教育质量的恢复与提高，课业负担问题还没有被提出来。但是，到 80 年代中期，短短几年时间里，这个问题就迅速产生和发展起来，并逐渐成为我国教育改革中的一个老大难问题。

1986 年 1 月 17 日，国家教委、国家出版局和国家工商局联名颁布《关于严禁擅自编写、出版、销售学生复习资料的规定》，批评有些部门为了“创收”而大量编写复习参考资料，“这类复习资料、辅导材料泛滥，严重干扰了学校的正常教学秩序，助长‘题海战术’，加重了学生学习和经济负担，不利于中小学生的身心健康”[①]。1986 年 3 月 4 日，国家教育委员会副主任何东昌在国家教委 1986 年工作会议上发表讲话，在论及教育领域存在的突出问题时，首先提出“基础教育中盲目追求升学率的倾向一直没有纠正过来”[②]，认为这是教育改革中一个亟待解决的问题。1986 年 3 月 6 日，国家教委《关于在普及初中的地方改革初中招生办法的通知》要求已经普及初中的地方积极稳妥地取消初中招生考试，小学毕业生按照就近入学的原则直接升入初中，从而“使小学校从片面追求升学率的压力下解脱出来，端正教育思想，减轻学生过

① 何东昌 . 中华人民共和国重要教育文献：1976—1990［M］. 海口：海南出版社，1998：2362.

② 同① 2386.

重的学习负担”[1]。1987年10月25日，赵紫阳在中国共产党第十三次全国代表大会上的报告，在论述教育和科技在社会主义现代化建设中重要战略地位时强调要“克服教育脱离实际和片面追求升学率的倾向”[2]。可见，中小学生学业负担问题此时又在我国教育领域重新浮现，成为大家关注的焦点之一，并且引起了党和国家的高度重视。

二、思想归因与改革观念化

伴随着学业负担问题在新时期的重新出现，我国教育理论界也开始对这一问题进行研究和讨论。在这个讨论过程中，“减负”问题被转化为“应试教育”和“素质教育”的对立。这种认识，对我国旨在“减负”的教育改革产生了深刻的影响。《教育研究》杂志1986年第4期至1987年第4期开辟“端正教育思想，明确培养目标”专栏，讨论邓小平1985年5月19日在全国教育工作会议上提出的关于“劳动者素质”的重要思想对我国教育改革的指导意义，学业负担问题自然也成为重要讨论内容之一。讨论中有学者又将60年代中期曾经提出来的“片面追求升学率”的所谓“升学教育”重新提出来进行批评，后来又提出了“应试教育”的概念。这种将应试教育看作学业负担过重的主要成因，而将素质教育看作“减负”的主要出路的思想，后来逐渐被我国高层领导接受。国务院副总理李岚清1997年在教育界一次座谈会上的讲话明确提出：“‘素质教育’和‘应试教育’反映了两种不同的教育思想。由‘应试教育’转向全面提高素质的教育，是基础教育领域的深刻变革，关系到下一代人的整体素质。”[3] 于是，从教育理论界到教育政策部门，学业负担过重的问题在理论和思想上转化成了“应试教育”和“素质教育”两种教

① 何东昌.中华人民共和国重要教育文献：1976—1990［M］.海口：海南出版社，1998：2389.

② 赵紫阳在中国共产党第十三次全国代表大会上的报告［EB/OL］.［2019-01-20］. http://cpc.people.com.cn/GB/64162/64168/64566/65447/4526368.html.

③ 何东昌.中华人民共和国重要教育文献：1991—1997［M］.海口：海南出版社，1998：4279.

育理念的对立。这种转化实际上隐含着问题归因，即认为中小学生学业负担过重的主要原因来自教育思想领域。2002 年 11 月 8 日，江泽民在党的十六大报告中提出要“全面推进素质教育”，虽没有单独提及学业负担问题，但暗含了通过推动教育理念的变革来解决学业负担问题的思想。

进入 21 世纪之后，随着中小学生学业负担问题日益突出并受到社会广泛关注，“减负”又重新成为我国教育改革的一项突出任务。胡锦涛 2007 年 10 月 15 日在党的十七大报告中明确要求：“更新教育观念，深化教学内容方式、考试招生制度、质量评价制度等改革，减轻中小学生课业负担，提高学生综合素质。”减轻中小学生课业负担作为一项重要的教育改革任务，被单独提了出来。2017 年 10 月 18 日，习近平在党的十九大报告中指出：“要全面贯彻党的教育方针，落实立德树人根本任务，发展素质教育，推进教育公平，培养德智体美全面发展的社会主义建设者和接班人。”报告没有单独提及“减负”问题，而是将其涵盖于“发展素质教育，推进教育公平”之中了。2017 年 1 月 10 日，国务院印发《国家教育事业发展“十三五”规划》，明确提出要“建立学业负担监测机制，切实减轻中小学生过重课业负担”。2018 年 12 月 28 日，教育部等九部门《关于印发中小学生减负措施的通知》，从学校办学、校外培训机构管理、家庭教育责任和政府监管等方面具体提出了 30 条措施，通知称该措施为“减负 30 条”。国家教育事业发展五年规划将“减负”作为一项教育改革和发展的重要任务单独列出，教育部等多达九个部门联合发布“减负 30 条”，表明中小学生学业负担过重问题已经成为我国当前教育改革中亟待解决的一个重要而紧迫的问题，引起了政府部门的高度重视。但是，由于我们对学业负担主要做了思想归因，因而在一定程度上影响了对客观实际原因的分析研究，导致“减负”改革观念化，切实有效的具体措施不足，改革效果一直不尽如人意。

三、相似的主因与新的从因

透过历史分析可以看到，在改革开放早期，高考刚刚恢复，大量青年希望能通过考试进入高等学校学习，升学压力仍然是导致中小学生学业负担过重问题的一个十分突出的原因。表 6-2 中的相关数据表明，1978 年和 1980 年的高考理论录取率仅有 5.8% 和 4.6%。加上当时国家百废待兴，人才需求缺口很大。整个社会又空前重视人才，重视教育。“学好数理化，走遍天下都不怕”，当年的这句社会流行语反映了教育竞争的状况。激烈的竞争，难免带来巨大的压力。从表 6-2 可以看出，中考和小升初理论录取率的低谷出现在 1980 年至 1990 年间，与学业负担过重问题的浮现时间基本一致。可见，在改革开放初期，实实在在的升学压力，依然是中小学生学业负担过重的重要成因之一。

随着我国高等教育和中等教育的快速发展，高等学校招生规模的扩大，升学压力本应能得到明显缓解。1999 年 1 月 13 日，国务院批转教育部《面向 21 世纪教育振兴行动计划》，提出“到 2010 年，在全面实现‘两基’目标的基础上，城市和经济发达地区有步骤地普及高中阶段教育，全国人口受教育年限达到发展中国家的先进水平；高等教育规模有较大扩展，入学率接近 15%”，我国高等学校开始扩大招生规模，步入大众化发展阶段。从表 6-2 显示的 2000 年各级教育理论录取率来看，小升初和高考的理论录取率分别达到了 93.6% 和 73.2%，只有中考的理论录取率比较低，只有 29.4%，但通过中考很多考生会进入职业高中，这里没有将职业高中的录取人数纳入统计。原因是绝大多数家长和学生都不愿意进入职业高中，因此，职业高中录取率对升学压力的影响并不十分突出。据“中国教育在线”统计，2018 年，内蒙古、浙江、江苏、河北等省份的高考录取率都超过了 90%[①]。这份统计材料未显示北京、上海等省市的高考录取率。从表 6-2 显示的 2017 年全国高考理论录取率看，已经达到了很高的水平。为什么这么高的录取率，仍没有明显的“减负”效果？除了中考的升学压力未能显著降低外，还有其他复杂的社会因素在起作用，我们在下文将做进一步的分析。

---

① 2018 年各省高考录取率［EB/OL］.［2019-01-20］.http://gaokao.eol.cn/e_html/gk/ 2018luqu/.

表 6-2 1978—2017 年各级学校招生和毕业生数及录取率

年份	1978年	1980年	1985年	1990年	1995年	2000年	2005年	2010年	2015年	2017年
高校招生数（万人）	40.2	28.1	61.9	60.9	92.6	220.6	504.5	661.8	737.8	761.5
高中毕业生数（万人）	682.7	616.2	196.6	233.0	201.6	301.5	661.6	794.4	979.7	775.7
高考理论录取率（%）	5.9	4.6	31.5	26.1	45.9	73.2	76.3	83.3	75.3	98.2
高中招生数（万人）	692.9	383.4	257.5	249.8	273.6	472.7	877.7	836.2	796.6	800.1
初中毕业生数（万人）	1692.6	964.7	998.3	1109.1	1227.4	1607.1	2106.5	1748.6	1417.6	1397.5
中考理论录取率（%）	40.9	39.7	25.8	22.5	22.3	29.4	41.7	47.8	56.2	57.3
初中招生数（万人）	2006.0	1550.9	1349.4	1369.9	1752.3	2263.3	1976.5	1715.5	1411.0	1547.2
小学毕业生数（万人）	2287.9	2053.3	1999.9	1863.1	1961.5	2419.2	2019.5	1739.6	1437.3	1565.9
小升初理论录取率（%）	87.7	75.5	67.5	73.5	89.3	93.6	97.9	98.6	98.2	98.8

注：由于高等职业教育和中等职业教育对升学压力的影响相对较小，因此本表没有将

这两类教育相关数据列入统计。

数据来源：国家统计局 . 中国统计年鉴 2018［D/OL］.［2019-01-17］.http://www.stats.gov.cn/tjsj/ndsj/2018/indexch.htm.

在改革开放后的新时期，重点学校仍然是形成中小学生学业负担一个十分重要的因素，表现为“择校”成为升学压力的重要来源之一，这是学业负担问题在新时期表现出来的一个新特点。1978 年 1 月 11 日，经国务院批准，教育部颁发《关于办好一批重点中小学的试行方案的通知》，提出“大中城市，可在市和区县两级举办重点学校。市办好一批重点中小学；区县可办二三所重点中学，五六所重点小学。各省、自治区，可在省、地市、县三级举办重点学校。省和地市两级可各自办好一批重点中小学；县可办好二三所重点中学，五六所重点小学。教育部也要办好一批重点中学和重点小学”①，并附有教育部办重点中小学的名单。1978 年 2 月 17 日，国务院转发《教育部关于恢复和办好全国重点高等学校的报告》，决定第一批在全国办好 88 所重点高等学校，占高等学校总数的 22%。国务院明确指出：“恢复和办好全国重点高等学校是一项战略性措施，对于推动教育战线的整顿工作，迅速提高高等教育的水平，尽快改变教育事业与社会主义革命和建设严重不相适应的状况，是完全必要的。”②重点中学和重点大学的出现，使“减负”的问题变得更加困难。因为即便某一级教育的录取率达到了 100%，重点和非重点差异的存在，仍然会形成巨大的升学压力。

商业逐利行为成为学业负担过重问题的新推手，这是新时期的另一个新特点。改革开放之后的“减负”问题，最初实际上是和滥编复习资料、社会教育机构乱招生等现象相伴而生的。1986 年，几乎在国家教委等部门发布禁止为创收而滥印复习资料增加学生学习负担的通知的同时，中央宣传部、国家教委 1 月 20 日发布《关于不得乱登办学招生广告的通知》③，加强对招生广

---

① 何东昌 . 中华人民共和国重要教育文献：1976—1990［M］. 海口：海南出版社，1998：1591.

② 同① 1597.

③ 同① 2363.

告乱象的治理。何东昌在国家教委1986年工作会议上发表的讲话也认为“‘一切向钱看’的思想在教育战线也有反映。这些现象对教师队伍、职工队伍和青少年学生起着腐蚀作用，而且干扰和阻碍了教育改革”①。1990年11月15日，国家教委《关于教育系统纠正行业不正之风的通知》在列举教育系统行业不正之风的表现时，也提及“少数教育部门不顾国家有关部门的一再禁止，滥编滥印各种复习资料（试卷和习题集），并通过不正当的渠道和方法向学校推销，牟取暴利，严重干扰了学校正常教学秩序，损害了学生的身心健康”②。1991年，国家教委颁布了《关于加强中小学学生用练习册、寒暑假作业、辅导材料编写和使用管理的规定》和《关于坚决制止中小学生滥用复习资料的紧急通知》。1992年，国家教委办公厅又发布《关于严肃查处参与滥编滥印乱用复习资料人员的通知》。从这一连串的举措可以看出，问题已经相当严重。此后，随着我国社会力量办学的环境日益宽松，校外培训机构对学业负担的助推，又作为新的问题大量出现。2018年2月13日，教育部办公厅等四部门专门发布了《关于切实减轻中小学生课外负担开展校外培训机构专项治理行动的通知》，多部门分工合作对校外培训机构开展专项整治。政策的高压，迫使很多校外培训机构终止办学或转入地下进行非法办学。实际上，无论是滥编复习资料问题，还是校外培训机构问题，其背后更为根本的原因，还是过高的升学压力。正是由于过高的升学压力，才给滥印滥用复习资料和校外机构的应试培训创造了巨大的市场空间和利润空间。

在改革开放之后新的历史时期，科举文化的孑遗作为形成中小学生学业负担过重问题的社会文化因素变得更加明显和突出，这是学业负担问题在新时期表现出来的又一个新特点。我国有着1300年的科举考试历史，加上儒家“学而优则仕”思想的影响，社会心理层面积淀了深厚的考试崇拜文化。改革开放之初，党和国家就提出“尊重知识，尊重人才”，在对社会改革和发展发挥重大推动作用的同时，也在社会心理上一定程度地唤醒了这种科举文化。这种社会心理因素叠加于实际的升学压力和报考重点学校的竞争压力之上，

① 何东昌．中华人民共和国重要教育文献：1976—1990［M］．海口：海南出版社，1998：2386.

② 同① 3052.

也对中小学生学业负担起到了明显的放大作用。青少年学生自杀、由于升学压力带来家庭矛盾等诸多社会事件表明，科举文化在我国社会心理层面形成的竞争张力很大，矛盾已经十分突出。1993 年 1 月 11 日，国家教委主任朱开轩在国家教委 1993 年工作会议上的报告中曾提及“夏辉事件”[①]，希望通过对该事件的讨论，“学校、家庭与社会都要进一步端正教育思想和教育方法，认真减轻中小学生的课业负担，促进学生生动活泼主动地发展”[②]。科举文化在社会心理层面的影响，对学业负担问题的形成起到了重要的倍增器作用。社会文化的问题，解决起来难度更大，所需时间更长，但我们应当认识到，学业负担问题更加根本的成因还是在制度层面的升学压力，科举文化对学业负担的这种放大作用，随着教育制度改革和相关社会变革的成功，是可以很快得到有效化解的。

四、理性化和科学化

在改革开放之后的新时期，我们党和国家对待中小学生学业负担过重的问题，变得更加成熟、更加理性。尽管面对复杂的局面，我们尚未找到明显有效的解决之策，但至少没有简单地在主观上对其做政治化的归因。重要原因之一，是党对知识分子的认识在改革开放之初就发生了一场重大而深刻的变化。1978 年 10 月 31 日，胡耀邦在中央组织部召开的落实党的知识分子政策座谈会上发表讲话，认为“随着社会主义革命和建设事业的发展，我们的整个干部队伍、知识分子队伍都发生了很大的变化”，很多工农干部经过培养已经成为专家、学者，解放初期参加工作的知识分子经过世界观改造也有了很大进步，“我们自己培养出来的知识分子已经占知识分子队伍中的绝大多数。我国知识分子队伍的状况已经发生了一系列根本的变化，因此，我们党在建

---

① 夏辉事件发生在 1992 年 11 月，武汉市一个工人家庭 11 岁的男孩夏辉因逃学被父亲绑吊致死，经新闻媒体披露后，引发社会对孩子教育问题的讨论。

② 何东昌．中华人民共和国重要教育文献：1991—1997［M］．海口：海南出版社，1998：3448.

国前后提出来的，以旧社会过来的知识分子为主要对象的团结、教育、改造这个方针，现在已经不适用了”。[①] 在对文化教育界知识分子问题形成正确认识的基础上，党和国家在“减负”的教育改革过程中的相关决策也变得更加理性。只是由于我们对学业负担问题的认识还不够深入，也不够全面，在理性化之后的科学化不够，导致“减负”改革观念化，在实际工作中难以抓住问题的关键，因此，“减负”的教育改革一直收效不大。

今天，中国特色社会主义建设事业已经进入新时代。在这个新时代，面对复杂的中小学生学业负担过重的问题，我们应当以新方法、新思路和新思维，来探索这个问题可行的解决之道，努力搬开这个横亘于我国基础教育改革道路上的拦路虎和绊脚石。

第三节 新时代的新思维

进入新时代，我国教育界和社会上关于“减负”问题又有新的声音出现。首先是社会上中小学生家长对“减负”的质疑在网络媒体上的传播，日益引起广泛关注；也有来自教育科研部门的不同声音，例如，以时任中国教育科学研究院院长袁振国为组长的全国教育科学规划研究项目“中小学理科教材难度的国际比较研究”，通过对中、美、英、俄、日等 10 国中小学相关学科教材的研究，得出了我国中小学理科教材难度处于国际中等水平的结论[②]。这些新声音，尤其是来自教育科研部门专家的声音，在社会上引起了关于“减负”问题的争论。总体上看，很多家长对“减负”持质疑的态度；教育行政部门一些官员力挺“减负”政策；教育科研人员则多倾向于认为学业负担成因复杂，暂难定论，有待理性探讨。

---

① 何东昌.中华人民共和国重要教育文献：1976—1990［M］.海口：海南出版社，1998：1650-1651.

② 参阅袁振国主编“中小学理科教材难度国际比较研究丛书”（教育科学出版社 2016 年出版）。

一、学业负担问题成因的历史分析

回顾自 1964 年以来半个多世纪的“减负”历史，我们可以发现，形成中小学生学业负担过重问题的因素的确复杂，但总体上主要来自三个方面。

第一，由于教育结构失衡和重点学校入学竞争而导致的升学压力，以及科举文化在社会心理层面对升学压力的放大效应，是导致中小学生学业负担过重的最主要原因。从 20 世纪 60 年代中期和 80 年代中期的相关教育统计数据来看，每当中小学生学业负担过重问题表现突出时，其背后一般都存在某一级教育毕业生人数远远多于上一级教育招生人数的情况。这种教育结构失衡带来不同层级教育规模的发展匹配度不够，导致的升学压力迅速增大，往往是中小学生学业负担过重最主要的成因。此外，在各级教育毕业生和招生规模匹配度较好的情况下，选择重点学校的竞争压力，也会成为中小学生学业负担过重的主要原因。就目前我国中小学教育实际情况看，这种由升学竞争带来的考试压力依然存在，尤其是中考和高考的压力仍然比较突出。这种现状的存在，主要是由于绝大多数中小学生都希望进入重点普通高中，而不愿进入职业高中和高考成绩不佳的普通高中。究其原因，除了职业高中毕业生大多处于社会底层等社会实际问题外，科举文化对升学压力的放大作用也不可低估。透过高考状元受到追捧、高考前祭拜孔子等日益普遍的社会现象，我们可以看出，科举文化在我国社会的影响力，近年来不是降低了，而是不断增强了。甚至连某些教育主管部门也公开主张以科举经验来指导高考改革，致使高考的科举文化特征实际上非但没有削弱，反而日益得到强化。凡此种种因素相互叠加，将我国中小学生的学业负担推到了很高的水平。

第二，中小学课程设置和教学管理制度不科学，加上教学方法存在各种问题，以及对学生学习方法指导不足，由此带来教学效率和学习效率的下降，是形成中小学生学业负担的来自学校内部的主要原因。与英美等发达国家相比，我国中小学课程设置不够丰富，尤其是高中阶段的课程设置过于单一，课程学习本身又缺乏选择性，难以让学生根据自己的兴趣爱好和未来人生规划来选择学习相关课程，不能满足青少年学生发展的个性化需要。很多学生都在被迫学习自己不感兴趣甚至厌恶的课程。由于片面追求在应试方面的效率，我国中小学的教学方法也存在很多问题，考试中能立竿见影的死记硬背方法使用过多，聚焦理解和运用科学原理的方法，往往由于耗时更多而使用不足。这也严重抑制了青少年学生的学习兴趣。此外，我国中小学长期以来还普遍存在重视课堂教学而轻视对学生进行学习方法指导的倾向，致使很多中小学生学习效率低下，大量无效学习徒增了学生的学业负担。学校教育内部的这些问题相互叠加，构成了中小学生学业负担过重的学校教育内在因素。从我国中小学教育目前的实际情况看，并非所有的学生都认为所有课程的负担都重。对自己特别感兴趣的课程，学生即便学习时间相对较多，也并不感到负担过重；不感兴趣的课程，很少的学习时间也可能形成很重的学业负担。认清形成中小学生学业负担过重的学校教育内部因素，对我们未来通过教学改革来达成“减负”的目的，具有特别重要的意义。

第三，在新时代的新形势下，政绩推动下的改革话语生产失范，导致教育改革陷入迷途和困境，也是“减负”旷日持久却收效甚微的重要原因。其表现主要包括两个方面。一方面，当学校升学率和考试成绩成为相关干部的政绩之后，“减负”也就难免会沦为教育改革中的空口号和假动作。1997 年 5 月 15 日，《中国教育报》曾发表国家教委主任朱开轩题为《对当前若干教育热点问题的认识》的文章，文章认为学业负担源于多方面的原因，“大家普遍关心的学生课业负担过重问题，有的学校想减少家庭作业，往往家长有意见，生怕影响孩子升学；有的政府领导人乃至教育部门负责人往往只是以升学率作为评价学校是否办好的唯一标准，对办学者造成极大压力”[①]。对中小学校来说，来自政府领导和教育部门负责人的压力，往往比来自家长的压力更加直接，也更加不容忽视。这种将升学率当作政绩的倾向，也是我国中小学生学业负担过重问题不可忽视的重要成因之一。另一方面，当“减负”本身成为政绩之后，它也就从实实在在的改革行动变异成了一种制造教育改革泡沫

① 何东昌．中华人民共和国重要教育文献：1991—1997［M］．海口：海南出版社，1998：4210.

的空头话语生产。这是近年来在教育改革中表现得日益明显的一种新现象。由于党和国家对减轻中小学生学业负担问题高度重视，“减负”本身反过来也成为少数地方政府领导和教育部门负责人眼中的重要政绩。在这种情况下，以追求政绩为目的的片面“减负”现象日益增多，具体表现为：（1）无差别的全体“减负”，即无视不同的学生课业负担各不相同的实际情况，也无视国家培养拔尖创新人才的实际需要，将课程纲要中的最低要求当作对全体学生的要求，进行覆盖全体学生的“一刀切”式的“减负”；（2）无目的的盲目“减负”，即不顾实际情况和学生发展的实际需要，凡是“减负”就视为政绩；（3）不看实际情况的强制“减负”，即不管学生的实际情况和学业负担的具体原因，简单地采取不断加码、突击检查、一票否决等方式强制“减负”。在追求虚假政绩动机的推动下，以“减负”名义出台的各种教育改革措施可谓花样迭出，相关的教育改革政策话语不断翻新，但若干年后回头再看，往往效果不佳，甚至越减越重。这种来自政策领域的原因，导致“减负”陷入困境，也应当引起我们有关部门的高度重视。

二、可能的解决之道

在社会主义建设的新时代，根据以往教育改革的历史经验，面向未来我国教育改革和发展的新形势、新任务，我们应当尽快终止简单粗放的“减负”改革，尤其是必须停止不顾发烧的病因而一味加大剂量开退烧药的粗暴做法，找到问题的症结，有针对性地采取相应的教育改革措施，从而切实减轻中小学生学业负担。总体而言，我们应从以下三方面入手。

第一，改“办重点”为“办特色”，增加课程的多样性和可选择性，同时将高考改革的工作重点从考试改革转向高校录取制度改革，引导中小学走多样化发展道路。

半个世纪多的“减负”改革历史经验告诉我们，重点学校的存在，以及由此带来的择校问题，是中小学生学业负担过重的重要原因之一。从目前的实际情况看，简单地取消重点显然是不切实际的；通过集团化等方式走均衡发展道路，不仅难以真正实现，而且不符合国家发展需要和个人发展需要。不是每个人都能成为科学家，国家也不仅仅需要科学家。较为切实可行的合理路径应当是，改“办重点”为“办特色”，将培养科技拔尖人才与培养高级工匠、高级农业工人等同样视为办学特色，在特色中逐步消解重点。

与“办特色”的教育改革相适应，我们要在全国中小学推行以“为每一个学生提供最适合的教育”为主题的新一轮课程改革，从而大力丰富我国中小学课程体系，尤其是在高中阶段，更是要大大增加课程的多样性和可选择性。

与此同时，还要在中小学全面启动以激发学习兴趣为中心的教学改革。有兴趣，就没有负担。要把激发学生的学习兴趣当作课堂教学的中心任务，通过激发兴趣来引导学生主动学习。

作为配套改革，应当将我国高考改革的工作重点转移到高校录取制度的改革上来，要求高校不同的专业根据本专业人才培养需要，来确定本专业录取要看哪些科目的高考成绩，确定不同科目的分数权重，制定本专业录取标准，并且在全国统一招生网络平台上向社会公布。在公布录取标准的同时，也向社会宣传本专业的人才培养方案和毕业生就业去向。唯有通过高校招生改革，才能真正引导我国基础教育改革逐步走向多样化和可选择，从而为青少年学生创造力发展拓展自由空间，为国家创新力提升奠定基础，使教育在民族复兴的历史进程中更好地发挥基石作用。

第二，调节各级教育发展规模的匹配度，大量兴办综合高中，淡化普职差别，将职业选择和专业选择合并放到高考阶段进行。

历史的经验告诉我们，升学压力是中小学生学业负担过重问题的最主要成因。就当前的实际情况而言，普通高中招生人数过少是导致中考升学压力的主要因素。我们必须承认，我国大部分家长都希望孩子能进入普通高中学习，这是客观的社会现实，是中国国情的一部分。要改变这种社会现状，绝非一朝一夕所能及。我们应当重视这样的国情，因势利导地进行教育改革。与此同时，我国产业结构调整和升级换代，也对产业工人的培养提出了更高的要求。面对这样的新时代新要求，我们应当在保留一定数量的办学情况较好的职业高中和中等职业技术学校的基础上，大力发展综合高中，淡化高中阶段的普职差别，将职业选择和专业选择都放到高考中去进行。通过这样的改革，不仅可以缓解中考的升学压力，减轻初中生的学业负担，而且可以让学生在高中阶段丰富多样的课程选择中发现自己的兴趣和志向，促进学生自觉进行职业定向和个性化发展，从而在一定程度上减轻高中阶段的学业负担。

第三，通过社会改革进行阶层利益调整，拓宽社会流动渠道，突破科举文化在社会心理层面对教育改革的消极影响和制约。

教育改革从来都不应脱离社会的改革和发展，有的情况下，社会配套改革往往能够决定教育改革的成败。多年来的“减负”改革经验告诉我们，职业高中吸引力低，也是我国中小学生升学压力和学业负担居高不下的重要原因之一。家长之所以不愿让自己的孩子进入职业学校，主要原因在于进入职业教育轨道的孩子大多流入了社会下层。要解决这个问题，我们应当重新建立并进一步完善国家技术工人职级制度，制定各级技工考核标准和最低工资标准，规定国家最高级别技工的最低工资标准应相当于高级工程师或大学教授的最低工资。所谓“拓宽社会流动渠道”，当然并不是要让所有人都成为科学家或高级领导干部，而是要让社会各阶层、各种职业的人都能分享改革红利，过上体面的生活。当把人分成三五九等的“九品中正”思想孑遗被彻底革除了，“学而优则仕”的科举文化对教育改革的消极影响也就自然会被逐步化解，“减负”的改革目标也就有可能真正达成。

中小学生学业负担过重问题，是一个困扰了我国基础教育改革和发展半个多世纪的老大难问题。它不仅是我们教育改革之路上的拦路虎，更是影响我们培养国家发展和民族振兴所需要的各行各业拔尖创新人才和优秀劳动者的一大绊脚石。总结历史经验，更加全面、深刻地认识这个问题，对我们在未来的教育改革中解决这个问题，无疑有着十分重要的意义。

第七章

基础教育课程改革：回归立德树人

回顾基础教育课程改革 40 多年的历程，我国一直基于本国国情对基础教育课程进行改革和发展，如今形成了相对完善的课程体系，也取得了不菲的成就。新中国成立以后有八次课程改革，从大的格局上以“文化大革命”结束为界划分为两个阶段。“文化大革命”结束前的 4 次课程改革为第一阶段，“文化大革命”结束后的 4 次课程改革为第二阶段。1978—1985 年改革的主要任务是教学话语的拨乱反正，1986—2000 年初步确立了课程话语与制度。后一阶段的课程改革，以 2010 年为界分为实验期与深化期，其间有一个过渡过程。从教学话语到课程话语是这一时期课程改革的主轴，这一历史线索可以概括为双基—三维目标—核心素养。通过多年的课程改革实验，我国在课程体系、课程结构、课程建设、课程实施、学习方式、课程评价、教材及法律制度等方面取得了一定的成效。

第一节　改革开放以来基础教育课程改革回溯

1949 年新中国成立初期，教育发展的任务主要是对之前错误的教育思想进行纠正，对旧的教育制度进行改造。随着国民经济的恢复和发展，教育也做出了相应的改变和调整。改革开放以前，我国课程改革主要是对旧课程的改组和改造，强调中央集权，形成了全国统一教学计划、课程标准和教科书的课程模式，初步形成了一套“大一统”的中小学新课程体系。1966 年，“文化大革命”开始，“大一统”课程模式破碎，革命成为当时最重要的课程。

一、“拨乱反正”时期的课程改革（1978—1980 年）

（一）课程上的“拨乱反正”

“文化大革命”期间，新中国成立以来形成的基础教育成果被否定，教学计划、教学大纲和教科书体系遭到破坏，文化知识教学不被认同，基础教育质量严重下降[①]。1976年，粉碎“四人帮”后，国家召开教育工作会议，对课程改革进行新的规划。1978 年 1 月，《全日制十年制中小学教学计划试行草案》由教育部颁发，以此为起点，新一轮课程改革开始。1978 年，党的十一届三中全会开辟了改革开放和社会主义现代化建设的新时期，全党的工作重心转移，今后要致力于以经济建设为中心的社会主义现代化建设。随着国家工作重心的转向，教育的重要战略地位得到清晰而明确的认识，国家明确将教育作为现代化建设的战略重点[②]。国家在基础教育课程方面也进行了拨乱反正，

① 彭泽平，姚琳．改革开放以来基础教育课程改革的历程与经验［J］．西南大学学报（社会科学版），2011（2）：122-127，192-193.

② 叶澜．中国基础教育改革发展研究［M］．北京：中国人民大学出版社，2009：2.

主要纠正"文化大革命"期间的错误，恢复高考，采取统一的学制与教学大纲，规范教材编写，着眼"四个现代化"，强调尊重知识、尊重人才。教育主管部门为了尽快开展正常的教学，提出要强调学生基础知识和基本技能的教学。同时，重新肯定了知识分子是工人阶级的一部分，使广大教师摆脱了精神枷锁，从政治上得到解放[①]。课程教学"拨乱反正"的基本路径是恢复教学秩序、重视学科知识、回归学科本位。

（二）第五次课程改革的内容

1. 颁布"文化大革命"后第一个全国统一教学计划

"文化大革命"期间，我国教育事业遭到破坏，教育基本处于无序状态。"五年一贯制"与"四二制"两种学制并存。1978 年 1 月，教育部颁发了《全日制十年制中小学教学计划试行草案》，同年，教育部颁布了《全日制小学暂行工作条例（试行草案）》《全日制中学暂行工作条例（试行草案）》。以上政策明确规定了中小学的学制和任务，规定全日制中小学学制为十年，小学五年，中学五年，统一秋季开学。在学科设置方面，强调学术性科目在课程中的主体地位，规定小学设课 8 门，即语数外、音体美、政治及自然常识。中学设课 14 门，即语数外、物化生、政史地、音体美、农基和生理卫生等课程[②]。《全日制十年制中小学教学计划试行草案》所提出的教学计划是我国第一个全国统一的教学计划，具有深远的意义和价值。该计划要求正确对待"主学"和"兼学"，对活动总量、课程设置等教学计划的基本原则提出要求，指出中小学教育是基础教育，课堂教学是中小学教学的基本形式，要重视"双基"的学习等。该计划还对"主学"和"兼学"以及各门学科的相互关系、大中小学的衔接问题，根据国家的统一要求及地域的不同特点进行了合理安排[③]。1981 年 3 月教育部颁布《全日制五年制小学教学计划（修订草案）》，对

① 叶澜．中国基础教育改革发展研究［M］．北京：中国人民大学出版社，2009：54.

② 柯政．从整齐划一到多样选择：改革开放 40 年中国课程改革之路［J］．全球教育展望，2018（3）：3-18.

③ 王永红．改革开放 40 年我国中小学课程改革的历史进程及其成就［J］．北京教育学院学报，2018（3）：1-10.

1978 年 1 月颁布的《全日制十年制中小学教学计划试行草案》中的小学部分进行了修订。

2. 颁布全国统一的教学大纲

在教学大纲方面，首先对课程进行原则性说明，于 1978 年颁布全国统一的教学大纲。如 1978 年编制的《全日制十年制学校小学语文教学大纲（试行草案）》，将语文课程的特点表述为“思想政治教育和语文知识教学的辩证统一”。

1980 年印发了对 1978 年印发的中小学部分学科的教学大纲进行修改后的第二版教学大纲。随后，对新开设的课程进行教学大纲的编写，又更新了新开设课程的教学大纲。

3. 重建人教社，组织编写全国统一教材

教科书方面，为全国教育工作的需要，国家重新建立人民教育出版社（简称“人教社”），组织召开“中小学教材编写工作会议”，依据教学计划和教学大纲集中编写十年制中小学教材，为我国第五套全国通用教材，于 1978 年秋开始在全国使用①。到 1980 年，第五套教材全套出齐，这是“文化大革命”后第一套全国通用中小学教材。该教材清除了“文化大革命”时期教材的一些错误，吸取了国际中小学课程改革的经验和教训，注意到基础知识的选择、智力的启迪和能力的培养，重视基础知识和基本技能的学习，在教学内容上融入了我国现代化建设的元素。

（三）恢复“文化大革命”前的“大一统”模式

从第五次课程改革内容来看，此次课程改革主要统一了学制，颁布了全国统一的教学大纲，编写了“文化大革命”后第一套全国通用中小学教材，恢复了“文化大革命”前实施的分科课程教学模式，突出了以教师、教材、课堂为中心的教学模式，强调基础知识和基本技能的培养，逐步实现了道德教育的“去政治化”，恢复了“文化大革命”前的“大一统”模式。这次改革

---

① 胡双喜. 改革开放 30 年我国基础教育课程改革的回顾与展望［J］. 中国农业教育，2009（2）：52-55.

不仅恢复了正常、统一的课程制度和秩序，重建并完善了中国特色社会主义中小学课程体系①，还初步建立了适应社会主义现代化建设需要的基础教育课程体系。“拨乱反正”时期的基础教育课程改革恢复了对文化知识和政治制度的尊重，尽管只有单一的分科课程，但在课程的统一性和灵活性方面进行了初步探索和实践，并取得良好的效果，为日后我国基础教育改革和发展奠定了基础。

二、“人才竞争”环境下的课程改革（1981—1985 年）

（一）人才强国背景下的人才竞争

到 1981 年，经过几年的课程改革及发展，我国基础教育课程已经走向正常化，并朝着一个良好的方向前进。进入 20 世纪 80 年代后，国际竞争越来越激烈，各个国家之间的竞争重点指向人才竞争，国内的主要需求也集中在人才上，教育受到空前的重视。1977 年 5 月邓小平强调“要办重点小学、重点中学、重点大学”，1981 年教育部根据邓小平的指示精神，颁发了《全日制六年制重点中学教学计划（试行草案）》，同时修订和颁发了五年制小学和中学教学计划。1982 年，党的十二大明确了社会主义建设的战略重点是教育和科学技术。1983 年国庆前夕，邓小平为北京景山学校题词：“教育要面向现代化，面向世界，面向未来”。“三个面向”给我国教育改革指明了方向，同时也激发了我国教育工作者进行基础教育课程教学改革的热情②。1985 年颁布的中共中央《关于教育体制改革的决定》全面、科学地阐述了教育与社会主义建设之间的关系，确立了“教育必须为社会主义建设服务，社会主义建设必须依靠教育”的指导思想，教育与社会主义建设相辅相成、相互促进。

① 高玉旭 . 改革开放 40 年来我国基础教育课程改革回顾与展望［J］. 上海教育科研，2018（9）：12-17.

② 王增昌 . 40 年课程改革历程的回顾与思考［N］. 中国教师报，2018-07-04（6）.

（二）第六次课程改革的内容

1. 教学计划允许弹性学制

1981年3月，教育部正式颁发了《全日制五年制小学教学计划（修订草案）》。1981年4月，《全日制六年制重点中学教学计划（试行草案）》正式颁布，该计划规定中学阶段开设语数外、物化生等14个科目，高中阶段开设相应选修课供学生选择。同时颁布的《全国制五年制中学教学计划试行草案的修订意见》适用于仍为五年制、尚未过渡到六年制的重点中学和一些教学条件较好的中学，同时强调加强政史地、音体美等科目的教学。该计划指出中学学制为六年，五年制中学逐步向六年制中学过渡，争取在1985年之前将我国大部分地区的中学改为统一的六年制学制。1984年颁布了《关于全日制六年制小学教学计划的安排意见》，该文件主要对小学的课时制度做了调整。单节课的时长由原来的45分钟改为40分钟，允许试行每节课时长35分钟，而且文件明确要求，学生每节课后必须有5分钟的休息时间，包括室内休息或者活动。为了适应不同区域的差异，照顾城市和农村的不同需要，1984年8月，教育部颁发了《全日制六年制农村小学教学计划（草案）》和《全日制六年制城市小学教学计划（草案）》。为满足不同地区不同学校存在的差异，国家允许各地实行弹性学制，不要求完全统一。

2. 调整教学大纲

在教学大纲方面，为适应时代发展的要求，学校增设相关科目，开设选修课，培养各方面所需人才。1985年6月，教育部发出《关于印发调整初中数学、物理、化学、外语四科教学要求意见的通知》，调整了初中阶段数学、物理、化学和外语4科的教学要求。

3. 统编第六套教材

1981年新的教学计划颁布后，人教社对小学教科书进行了修改，出版了一套新的五年制小学教材。一些地方的小学学制改为六年，人教社在五年制小学教材的基础上改编了一套六年制小学教材。五年制和六年制小学教材在程度上基本相同，从1984年起，新版小学教材陆续开始供应，到1985年全部出齐并上市。对中学阶段的教科书，人教社进行了较大的修订，在此同时着手编制了新开设课程的教科书，1982 年开始在全国普及。除此之外，人教社根据《全日制六年制重点中学教学计划（试行草案）》的要求，编写了一套适合六年制重点中学的教材（六年制重点中学教材初中部分的课程设置、课时与五年制中学的初中部分相同，使用同一套教材，高中阶段有所区别）。教育部规定：从 1982 年秋季开始，全国陆续停止供应和使用旧版五年制中学的各个年级的教材；从 1983 年开始，全国统一使用六年制重点中学的统编教材。自此，第六套教材正式登上舞台。

（三）重点学校发挥作用

根据邓小平反复强调的要办好重点大学、重点中学和重点小学的要求，1980 年 7 月 28 日到 8 月 4 日，教育部在哈尔滨召开了全国重点中学工作会议，肯定了重点中学的积极作用，会议明确重点中学能够更好地培养人才，从而推动社会主义现代化建设。“重点学校”承担着“多出人才、快出人才”和“通过考试选拔优秀人才”的责任，为广大学校迅速恢复和建立教育教学秩序、建立学校管理常规提供了一个参照模型；促使各地学校迅速从无序状态转向“有序”运行，在学校建设、大面积提高教育质量、积累优质教育资源等方面产生了积极效应。

三、“义务教育”课程改革（1986—2000 年）

（一）1986 年正式颁布《义务教育法》

1978 年党的十一届三中全会以后，中国社会进入转型期。该时期明确提出将发展教育放在社会发展的首要位置，提出“优先发展教育”的主张，形成“科教兴国”的社会发展理念[①]。第六次课程改革后，我国基础教育课程取得了长远的发展和显著的成就，但是在普及义务教育和教育体制等个别问题上还存在一定的弊端，需要进一步进行改革。1982 年党的十二大召开，推动

① 叶澜．中国基础教育改革发展研究［M］．北京：中国人民大学出版社，2009：2.

了改革开放的局面全面展开，我国从此开创了社会主义现代化建设的新局面。1986 年 4 月，《义务教育法》正式颁布，我国义务教育踏上“依法治教”的新征程。随着中共中央颁布《关于教育体制改革的决定》，我国基础教育课程建设迈上了一个新的台阶，进入了一个新的发展阶段，该阶段对优先发展教育做了具体的战略部署。

1996 年“九五”计划实施后，“科教兴国”正式成为全社会的重要发展理念，对教育及社会发展产生重要的指导作用。①1997 年党的十五大将科教兴国战略作为我国的重要战略。1998 年 3 月，朱镕基总理宣布：把“科教兴国”作为本届政府的最大任务。随后在 1999 年 1 月，国务院批转了教育部《面向 21 世纪教育振兴行动计划》，将振兴教育作为工作重点，并出台了一系列相关措施。同年 6 月，国家召开了改革开放以来的第三次全国教育工作会议，会议决定将全面推进素质教育作为 2000 年后教育工作的战略重点，把提高民族素质及创新实践能力放在重要位置②。中共中央、国务院《关于深化教育改革全面推进素质教育的决定》提出要全面推行素质教育，该文件为这一时期我国基础教育课程改革指明了方向。

（二）第七次课程改革的内容

1993 年中共中央、国务院根据党的十四大的指示精神，颁布了《中国教育改革和发展纲要》，明确了关于建设有中国特色社会主义教育体系的主要原则，以及我国基础教育课程在未来一段时间的改革方向和发展目标。1994 年，为全面施行《中国教育改革和发展纲要》，国家召开了全国性的教育会议，同时国务院发布了有关该纲要的具体实施意见。这一时期的课程，一方面强调学校教学内容中基础知识、基本技能的“双基”教育；另一方面，“育人为本，实施素质教育”逐步成为课程教学变革的主题。

1.“课程计划”替代“教学计划”

我国传统的教育分段设计为“小学—中学”，随着课程改革的发展，“义

① 叶澜．中国基础教育改革发展研究［M］．北京：中国人民大学出版社，2009：3.
② 同①．

务教育—高中”两个阶段取代了传统的“小学—中学”的分段设计。1986年10月，国家教委颁布了《义务教育全日制小学、初级中学教学计划（初稿）》，1988年9月，颁布了《义务教育全日制小学、初级中学教学计划（试行草案）》，该教学计划在部分地区试行5年时间，经过后期的修订和完善，于1992年8月正式确认最终稿，更名为《九年义务教育全日制小学、初级中学课程计划（试行）》。该课程计划从1993年秋季开始在全国范围内逐步试行，“课程计划”替代“教学计划”。正式的课程计划将学制分为“六三制”和“五四制”两种，这是我国历史上第一次将小学和初中的课程统一设计，把基础教育阶段的全部课程分为学科类和活动类两大类。[①] 课表还留有一定空间来安排地方课程。

2. 地方课程纳入教学大纲

1986年12月教材审定委员会通过了对中小学教学大纲的修订，1987年新修订的教学大纲正式颁布实施。1988年9月，国家印发了新修订的各个学科教学大纲的初审稿。1992年8月，《九年义务教育全日制小学、初级中学课程计划（试行）》颁布，同时印发了义务教育阶段24个学科新修订的教学大纲（试用）[②]。其中有两点重要的突破：一是教学目标，第一次把科学的方法和态度运用到教学目标的设计之中，提出了“个性心理品质”的教学目标；二是课程管理，在课程管理方面将课程的灵活性和统一性相结合，下放教材编写权限，允许地方编写教材，地方课程正式登上舞台。虽然地方课程所占比例较少，但这是我国第一次将地方课程列入全国统一的课程计划之中。经过长期的实行和修订，1994年，国家教改委又颁布了中小学语数外、音体美等23个学科教学大纲的调整意见。经过一次又一次的探索修订，2000年教育部又颁布基础教育各个学科教学大纲的试验修订版。

3. 教材由“国定制”到“审定制”

为改变原有课程结构不合理及学科要求偏高的问题，国家实行了一系列

① 王桂艳. 我国基础教育八次课程改革的历史研究及启示［J］. 辽宁教育行政学院学报，2011（5）：13-15.

② 刘宗南. 改革开放以来基础教育课程改革回顾与反思［J］. 咸宁学院院报，2009（5）：109-111.

教材制度。首先，中小学教材的建设以国家统一的要求为基础，在此基础上，地方和学校按照自己的资源和需求进行多样化开发；接着，随着“一纲多本”的发展，编审一体的方式已经不能满足需求，国家实行编审分开的教材审定制度[①]。

教材“国定制”自新中国成立以来便一直实行，全国使用的通用教材由人教社统一编辑、出版。1985 年 5 月，中共中央颁布《关于教育体制改革的决定》，指出我国幅员广大，经济文化发展不平衡，义务教育也要因地制宜。实行“编审分离”制度，对教材的多样化起到了推动作用。1985 年 1 月《全国中小学教材审定委员会工作条例（试行）》颁布，我国开始实行教材“编审分离”制度，人教社和各级教育有关人员都可以自己编写教材。1986 年 9 月 22 日，全国中小学教材审定委员会正式成立，同时建立了相应的教材审查制度，教材的选用严格按照教材审查制度执行，审定通过的教材由教育部统筹，推荐到全国各个地方选用。“编审分离”的教材审查制度确立的同年，全国各个地区通过了 9 套小学教材和 8 套初中教材。1986 年《义务教育法》明确规定教科书审订制度。1987 年 10 月，《全国中小学教材审定委员会工作章程》《中小学教材审定标准》《中小学教材送审办法》等文件陆续出台。教材编审制度的改革，打破了我国教材统一编订的“国定制”状态，在统一要求、统一审定的前提下，各个地区编写适合自己的独具特色的教材，自此，国家在教材上实现了“一纲多本”“多纲多本”的繁荣景象。

1988 年 5 月，国家召开义务教育教材规划会议，会议计划着手为即将实行的义务教育编写配套教科书。1988 年 8 月《九年制义务教育教材编写规划方案》出炉。该方案指出：根据我国地域辽阔，人口众多及各地发展不平衡的现状，九年义务教育的教材需要在国家统一要求的基础上，将教材编写任务下放到各个地区，统一审定教材，以适应各个地区及各个学校的需求。[②]之后国家及各个地区共编写了适用于“五四制”“六三制”学校使用的“八套半”

---

① 柯政．从整齐划一到多样选择：改革开放 40 年中国课程改革之路［J］．全球教育展望，2018（3）：3−18.

② 王永红．改革开放 40 年我国中小学课程改革的历史进程及其成就［J］．北京教育学院学报，2018（3）：1−10.

义务教育教材，其中有五套半于1992年通过国家审查，经国家推荐，于1993年秋季供应全国选用[①]。《九年义务教育教材和现行中小学教材调整意见》颁布后，1994年人教社按该意见的要求对中小学教材进行了修订，从1996年开始供应。在教材“多纲多本”的背景下，不仅通用教材百花齐放，各个地方还编写了通用教材的补充教材，即乡土教材，在本地推荐使用，地方课程建设取得了长远的发展。

（三）“一纲多本”下的繁荣发展

随着基础教育课程改革的推进，我国在教材多样化和学制弹性方面均有一定的发展。该阶段的课程改革基于《义务教育法》的颁布和实施，主要体现在课程实践上，改变传统“应试教育”的状态，提倡实行全民素质教育，将重点聚焦在学生能力培养上，课程管理权力下放，实现教材多样化，“集权制”课程管理体制失去绝对支配地位。该阶段的课程改革在以下方面取得了重大发展：首先，改变了传统“小学—中学”的阶段设计，形成更加合理的“义务教育—高中”的模式，使义务教育课程与普通高中的课程体系衔接更加紧密，最终形成义务教育—高中一体化的课程体系；其次，将地方课程正式列入国家统一课程列表中，打破了学科课程一统天下的局面；再次，课程管理权力下放，允许各地编写教材，赋予了地方更多的自主权，提出三级课程管理的一些新的构想；最后，落实“编审分离”的教材审定制度，并赋予法律效力，推动了全国统一要求基础上的教材多样化状态，逐步形成了“一纲多本”的新局面。

四、“以人为本”的新课程改革（2001年至今）

新一轮基础教育课程改革从1999年开始着手调查研究，组织全国高层次

---

① 吴履平．基础教育教材建设回顾：1986—1998［M］// 课程教材研究所．课程教材研究15年．北京：人民教育出版社，1998：14.

专家进行了顶层设计。2001 年开始在全国 38 个县、区进行义务教育阶段课程改革国家级实验，分层推进，滚动发展。2001 年 6 月，《基础教育课程改革纲要（试行）》正式颁发，拉开了我国第八次课程改革的序幕。这是我国改革开放以来规模最大、影响最广的一次基础教育课程改革，也被称为“新课改”[①]。进入 21 世纪以后，人们更加重视教育，国家明确提出教育是整个民族和社会发展的基石，教育的地位得到进一步提升。到 2008 年，全国初中已实行了一轮课改，有的地区达到 2—3 轮，小学也接近一轮。2008 年，除了一些尚未完成普及九年义务教育工作的西部省份外，普通高中新课程实验省已扩展到 25 个省份。

（一）世纪之交缺乏创新型人才

改革开放后，基础教育阶段逐渐建立了相对完善的课程体系，但仍然存在着一定的缺点和不足。一直以来，受应试教育的影响，学校片面追求升学率，学生课业负担过重，影响学生的全面发展及个性发展。随着社会的发展变化，知识正在以人们无法想象的速度迅猛发展。“万校一书”“万人一面”的教育培养方式已经无法适应社会发展的需求。人们如果不想被社会淘汰，就必须跟上时代的脚步，不断学习、努力学习、终身学习。

21 世纪以来，德育为先的观念越发重要，以“立德树人”为宗旨的课程制度变革一步步走向制度化、科学化、精细化[②]。2004 年国务院批转教育部《2003—2007 年教育振兴行动计划》，指出要坚持教育为人民服务的宗旨，办好让人民满意的教育，并提出了为建立全民学习、终身学习的学习型社会奠定基础的观念。

在“科教兴国”战略引导下，为提高我国的核心竞争力，提高全民素质，完成“跨世纪素质教育工程”，整体推进素质教育，2001 年 5 月，国务院颁布《关于基础教育改革与发展的决定》，提出“加快构建符合素质教育要求的

① 柯政. 从整齐划一到多样选择：改革开放 40 年中国课程改革之路［J］. 全球教育展望，2018（3）：3-18.

② 佚名. 改革开放 40 年：我国基础教育课程与教学改革回顾［J］. 辽宁教育，2018（20）：91-95.

新的基础教育课程体系”。随后，《基础教育课程改革纲要（试行）》《义务教育课程设置实验方案》等一系列文件陆续颁布，从中小学课程设置、教材内容等各个方面进行了系统改革[①]。此次课程改革不再是对课程内容的简单调整，而是涉及课程的方方面面，如理念、目标、评价等等。

（二）新课程改革的内容

新课程改革被赋予了崇高的地位——“牵动了整个基础教育改革的系统工程”。此次课程改革在教学方面有很大的变化。以课程目标为例，新课程确立了“三维目标”，改变了传统教学目标单一，注重知识传授、不注重情感态度培养的弊端；“学习方式”发生了翻天覆地的变化，改变教师讲授为主的传统方式，赋予学生更多的自主权，让学生成为学习的主体。在课堂上更多地让学生自己学习，小组之间相互学习，教师只发挥指导的作用。2008—2018年，新课改取得了巨大的成就，前五年的主要任务是深化课改，广大教师积极探索，实现“高效课堂”；后五年，“核心素养”成为重要的指导理念。加之“新高考”的改革，我国教育学者开始研究如何将“核心素养”和“新高考”紧密结合起来。后五年，课程改革重点是从“立德树人”的角度培养学生的“核心素养”，并且与考试招生制度改革联系起来。2014年3月30日，教育部颁发了《关于全面深化课程改革落实立德树人根本任务的意见》，为进一步深化课程改革、落实立德树人根本任务提出具体举措。

1. 课程目标现代化

新课改在课程目标上提出了现代化的要求，要求打破传统课程目标单一、过于注重知识传授的倾向，强调与时俱进的课程目标应该是多层次、多领域的。新课改课程目标不是不强调“双基”的学习，而是在“双基”学习的基础上，培养学生学习的兴趣和方法，养成学生积极的人生态度和正确的价值观。

以往课程目标的弊端是：课程目标的设置过于以知识为本，过分强调知识的系统传授，忽视对学生学习态度的关注和培养，无视学生情感态度和价

---

① 王增昌. 40年课程改革历程的回顾与思考［N］. 中国教师报，2018-07-04（6）.

值观的培养。新课改以“全人”思想为基础，对不同阶段学生在“双基”学习、兴趣爱好及世界观方面都提出要求，强调课程是为了每一个孩子的发展，不仅要关注学生的成绩，更要关注学生的品行，在教学过程中促进每个学生身心健康发展，培养其终身学习的愿望和能力，努力使所培养的新人能够更好地适应现代社会发展的要求，具备现代化思想和创新能力。

2. 课程结构灵活化

新课改在课程结构上提出灵活化的要求。传统课程结构以学科为主，分科课程繁杂、缺乏整合，占用过多学时。新课改一改之前分科过细的弊端，在课程门类和课时比例上做了重大改变，设置九年一贯制的课程结构，将课程整合，设置综合课程，以适应不同个体的发展需求，新课改的课程结构主要表现均衡性、综合性和选择性的特点。

以往课程结构的弊端是：课程结构过于陈旧，强调学科严密的系统性，忽视学科与学科之间的综合性和关联性；教学独立于课堂，忽视教学与生活之间方方面面的密切联系，导致学生活在书本的世界里，对现实世界的认识有所欠缺；以学科为中心，固守“课程即学科”的观念，课程结构单一，缺乏整合，导致课程门类过多，不同学科之间存在内容重叠、交叉的现象，耗时较多，学生负担过重。新课改的课程结构有以下几个特点：一是强调课程结构的综合性。新课改增加综合课程的比重，小学以综合课程为主，初中构建分科课程与综合课程相结合的课程结构，并且鼓励学校选择综合课程。二是丰富课程结构的选择性。为适应不同地区、不同学生的成长需要，在课程结构的选择上提倡丰富多样，以适应不同地方、学校、学生的需求，培养学生的个性。三是照顾课程结构的均衡性。重视学生全面发展，而不是培养学生某一学科的突出成绩，在课程结构上均衡照顾各学科，培养德智体美全面均衡发展的人。

3. 课程内容生活化

新课改在课程内容上要求生活化。传统课程内容存在“繁、难、偏、旧”的问题，课程内容不能结合现代社会的发展，造成书本知识生硬，学生难以理解，加之教学内容过于强调书本知识，不能很好地融合学生日常生活实际，教学与学生生活相分离，致使学生不能很好地掌握科学文化知识。

以往课程内容的弊端是：课程内容门类设置过偏，学生日常接触较少，比较冷门；有些教材内容偏深、偏多，不能适应学生的身心发展规律，学生学习困难；教材编写只重视学科经典内容的选择，不考虑与国家现代化建设的适应性，对于教材内容的选择不敢做“减法”，导致课程内容陈旧，不能适应社会和学生发展的需求。新课改在课程内容的选择上重视教学内容与生活之间的联系，根据学生身心发展规律，选择适合学生发展的、贴近学生生活实际的教学内容。

4. 课程实施人性化

新课改在课程实施上要求人性化。传统课程实施以教师为中心，主要是教师讲、学生听的模式，过于强调接受学习和死记硬背。新课改在课程实施上注重人性化，“以学生为本”，培养学生主动参与、勤于动手的习惯，教会学生自主学习以及合作学习，培养学生学会学习、学会思考、学会表达，为今后的学习和成长奠定基础。

以往课程实施的弊端是：以教师、课堂、书本为中心，教学重视书本知识的学习，以教师讲授、学生听讲的方式完成教与学的过程，忽视学生的交流、合作能力及价值观的培养，忽视学生的个体发展；重视巩固练习、机械训练，以掌握习题为准则，忽视学生将书本知识运用到实际生活中的能力，忽视创新实践能力的培养。学习是学生主动获取的过程，同时也是学生个性发展的过程，新课改倡导建构性学习，抓住学生生成的知识，多方面、多途径提升学生的学习能力，这就要求教师在教学过程中给学生充分的展示空间，抓住学生突然闪现的火花，培养学生的创新意识与能力。

5. 课程评价科学化

新课改在课程评价上要求科学化。传统课程评价是服务于选拔的。课程评价是为了甄别学生成绩的优劣，选拔成绩好的学生。新课改则重视发挥评价促进学生发展的作用，摒弃评价的选拔功能，以诊断为目的，促进学生发展；同时发挥促进教师提高和改进教学实践的功能，通过课程评价让教师意识到自己的不足和可提升之处，优化教学。

以往课程评价的弊端是过于强调甄别和选拔的功能，对学生而言，课程评价就是一张考卷，而这一张试卷就确定了未来，受“应试教育”的影响，评价一个学校的教育质量主要看“升学率”，在升学率的指挥下，教育的目的和过程单一化。这种重视选拔的评价方式使课程产生局限性，教师、学校、学生均围绕着升学转，忽视学生的个性发展，不利于兼顾科学文化基础和实践技能的创造性人才的培养。新课改看到了传统课程评价的弊端，立足于学生自身发展，开展发展性评价。一是促进学生发展。评价不仅关注学生的学业成绩，更关注学生的成长和发展。了解学生的身心发展规律和学生的发展需求，促进学生在原有水平上得到进一步的发展，发挥评价的促进功能。二是促进教师提高。教师要进行教学反思，对自己的教学行为进行定期或不定期的分析。新课改建立教师自身、学生、家长、学校等多主体的评价体系，帮助教师寻找自己的不足，及时改善，以优化教师的教学，不断提高教学质量。三是促进课程发展。学校定期对课程执行的情况、课程实施中的问题进行分析评估，调整课程内容、改进教学管理的方式方法，形成课程不断革新的机制。

6. 课程管理分级化

新课改在管理上要求分级化。传统课程管理为“大一统”的模式，课程管理权力集中在国家层级。新课改实行三级课程管理制度，增强课程对地方、学校和学生的适应性。

以往课程评价的弊端是：课程管理体制为“大一统”模式，忽视了地区和学生的差异。课程模式单一，所有的学生面对同一种课程要求，有的学生“吃不饱”，有的学生“消化不良”；教材的版本虽然打破了“一纲一本”的局面，但是从全国范围内看，“多样化”还远未实现，难以满足不同地区和不同学生发展的需要。为了推行“一纲多本”“多纲多本”，实现教材多样化，同时保障和促进教育课程对不同地区和不同学生的适应性，国家逐步放权。1996 年颁布的《全日制普通高级中学课程计划（试验）》第一次将“课程管理”单独列出并提出三级课程管理，规定了各级管理权限。1999 年召开的全国教育工作会议确定试行国家、地方和学校课程并行的策略。2001 年《基础教育课程改革纲要（试行）》正式提出：改变课程管理过于集中的现状，实行国家、地方、学校三级课程管理。三级课程管理体制，是将原来集中在国家的课程管理决策权分一些给地方和学校，使地方和学校共同参与到课程管理之中，各个地区和学校根据自己的需要选择具体的教育教学情境。[①] 新课改将中央集权与地方分权相结合，既保证了国家统一的教育目标，又留有一定的管理弹性以满足各地各学校各学生的需要。

（三）新课程改革的成效

1. 在目标上：从“社会为重”转向“以人为本”

改革开放以来，人们对于课程价值取向的认识主要有两种：一种是社会取向；一种是人本取向。进入 21 世纪后，教育工作的主要目的转向提高全民素质，促进所有学生的发展，为未来社会培养合格的、优秀的、全面而富有个性的人。因此新课程改革的培养目标也体现了时代的发展和要求，课程目标由社会本位转向个人本位，即把人的发展需要作为学校课程活动的出发点和归宿，同时把个性发展作为课程的核心价值，重视课程的全纳性，强调课程改革是为了“每一个学生的发展”[②]。伴随着《国务院关于基础教育改革与发展的决定》《基础教育课程改革纲要（试行）》《教育规划纲要》等政策文件的颁布，我国基本确立了以人为本的教育方针，课程改革越发重视学生个体生存和发展的内在需要，力求全面推进素质教育，促进学生全面发展。此外，后来提出的“核心素养体系”，更加鲜明地为素质教育指明了方向。

2. 在结构上：从“单一片面”转向“全面均衡”

新课程改革对基础教育的课程结构进行了重建，重视课程的综合性和学生的个体差异性，开设较多课程供学生选择，从课程门类和课时比例上保证每位学生全面均衡发展。

实施新课程改革前，学校中存在不合理的课程结构，如：学科课程相对于经验课程占比较高；分科课程相对于综合课程占比较高；必修课程相对于选修课程占比较高；地方课程和校本课程占比较低。课程门类占比不合理导致课程类型单一化，学校只重视几种课程的发展而忽视或放弃了其他课程门

---

① 佚名．改革开放 40 年：我国基础教育课程与教学改革回顾［J］．辽宁教育，2018（20）：91–95.

② 钟启泉．课程改革：为每一个学生的发展而教［J］．现代基础教育研究，2013（1）：16–18.

类的价值，学生在这样的课程影响下片面发展[①]。新课程改革设置了九年一贯制课程结构，加强了课程的均衡性、综合性和选择性，课程建设致力于学生德、智、体、美、劳全面发展。

3. 在内容上：从“分科独立”转向“综合联系”

进入20世纪80年代，国际竞争空前激烈，国内人才短缺。为加快专业型人才供给，我国普遍采用分科课程的方式培养专业人才，在课程建设上也强调以分科课程为主的内容选择，重视课程内容的适用性、系统性和连贯性。90年代后，为满足社会发展对综合型人才的需求，课程建设以学科课程和活动课程为主，学校增加选修课、综合课、地方性职业技术类课程以及音体美课程的比重，逐渐将综合实践活动纳入必修课行列，并下放课程管理权力。在“五育并举”教育方针的号召下，课程内容的选择已开始兼顾国家要求与学生内在身心发展需要，课程内容渐趋综合化和多样化。

4. 在实施上：从“老三中心”转向“新三中心”

为快速恢复教学秩序，提高教学效率，改革开放初期，课程实施沿袭了传统教学模式。该时期重新确立了以教师为中心、“双基”为导向的“传递—接受式”课程实施方式，将课程教学作为课程实施的基本方式。20世纪90年代后，在延续“双基”教学的基础上，课程实施开始重视学生学习积极性的调动和创造能力的培养。该时期国家出台一系列政策强调课程实施要超越书本知识，因地方、因学校、因学生制宜，坚持统一性与灵活性相结合，采用生动活泼的教学方式，培养学生的创新和实践能力[②]。21世纪以来，以信息技术为支撑的生成性学习、探究性学习成为课程实施的着力点，学校普遍实行以儿童、经验、活动为中心的教学模式，开始注重对学生学习兴趣、探究能力、创新意识以及科学态度、科学精神等方面的培养，充分利用现代信息技术，开展跨学科主题教育教学活动，将相关学科的教育内容进行有机整合，提高学生综合分析的能力。

① 杨宗年．改革开放以来基础教育课程改革的历程［G］．纪念《教育史研究》创刊二十周年论文集．北京，2009.

② 钟启泉．课程改革：为每一个学生的发展而教［J］．现代基础教育研究，2013（1）：16-18.

5. 在评价上：从“甄别选拔”转向“全面多元”

一直以来，课程评价承担着人才选拔的职能，通常的课程评价主要采用机械测试、书面考核等客观评价方法，将分数作为唯一的评价结果，而忽视课程评价还有一定的改进与激励功能。20 世纪 90 年代后，单一课程评价的弊端暴露无遗，我国开始寻求多维度、多主体、多标准的课程评价方式，重视评价的发展性功能。2011 年教育部将学科评价与学生的发展相结合，改变课程评价过于强调甄别和选拔的状态，强调以学生为主体，学校、教师、家长多主体共同参与的方式进行评价，发挥课程评价的发展性功能。

6. 在管理上：从“统一管理”转向“分级管理”

新课程改革改变了传统课程管理“大一统”的模式，实行国家、地方、学校三级课程管理，三级课程管理使得课程对地方、学校和学生的适应性有极大提高，满足了不同地区的不同需求。国家课程的主导价值在于通过课程传达的信息体现国家的教育意志。地方课程的主导价值在于通过课程的补充满足不同地方的不同需求，适应地方社会发展的现实需要。校本课程的主导价值在于在国家课程和地方课程的基础上，通过学校的办学优势对自己学校的课程进行补充，从而展示学校的办学宗旨和特色。三级课程有各自独特的优势与价值，与其他课程类型间有一定互补性，三级课程相互补充，构成课程管理体系，缺一不可。我国地域广阔，各方面发展不均衡，基于我国现实状况，三级课程管理实现了统一性与多样性的结合，实现了集权与放权的结合。

第二节　改革开放以来基础教育课程改革的成就

一、构建了完善的课程体系

我国国土面积广阔，各地发展不均衡，教育也存在很大的地区差异，所以在学制上实行了单轨制，以保证教学质量。在课程管理方面，我国实行三级课程管理，国家在宏观方面统一管理课程体系，统筹发展各项教育事业。历经多年探索，我国建立起了具有中国特色的、高水平的课程体系，分为三层，第一层是课程计划，第二层是课程标准，第三层是以教科书为主的课程资源。

课程计划是第一层次：课程计划是对中小学课程设置的总体规划，课程计划包括课程门类、学时数量和开设顺序等等。课程标准是第二层次：课程标准是指国家以纲要的形式对具体学科要素进行总体规定。以教科书为主的课程资源是第三层次：主要包括教科书、讲义等教与学过程中使用的各种资料，其中，教科书是基础课程资源，也是必备的教学工具书，其他各种辅助性资料包括网上的数字化资源，师生可以选择性使用。

完整统一的课程体系为国家教育方针所规定的义务教育阶段教育目标的层层落实提供了保障，也为基础教育的基本质量提供了保障，具体体现在时间、内容和配套资源等方面。

首先，在时间方面，国家对课时数有精确的安排，包括各年级一周课时数、学期学年总课时数等。国家明确规定学生一周课时数为26—34，一学年的总课时数为910—1122，而九年义务教育的总课时数为9522。如此精细的课时规划，体现了我国对教育的认真态度和重视程度，这在世界范围内都是是罕见的。同时，这也体现了我国的高水平教育质量。其次，在内容方面，教学内容逐级细化、层层落实。课程计划设置了九大门类，包括政史地以及科学、语数外、体育、艺术、综合实践。而课程标准对每个课程门类都做了具体的课程科目安排，对课程教学进行了细致的规定，教科书是通过对课程计划和课程标准细致研究后的产物。最后，在配套资源方面，设置专门服务中小学的教材出版社和各种教育教学基地等，教学设备的大量生产以及互联网的使用也为教学资源的丰富性提供了保障。我国的课程体系是在我国基本国情的基础上统一建立起来的，是符合我国发展现状的课程体系，保障了我国大规模基础教育的质量和相对公平。

近些年，学科课程体系更是得以进一步丰富和完善，出现了跨学段、跨学科、跨学校、跨区域、跨行业的课程融合和学科综合，也增加了很多新的课程形态，比如基于先进技术的创客、虚拟仿真（VR）课程，互联网的飞速发展实现了教育的国际化，基于互联网我们可以选择国内外各个学校的选修课程。相对发达的国家和城市开设数百种课程门类，在“双基”学习之余，学生有更多的选择，得以满足发展个性的需求。

二、建立了丰富的课程结构

在新中国成立之初，我国的课程结构和形态极为单一，仅仅设有必修课和学科课程。课程设置规范、统一，但是过于单一、机械、僵化。改革开放解放了人们的思想，也彻底改变了课程结构单一的局面。“文化大革命”后的课程体系重建过程中，我国教育工作者为改变单一的课程结构进行了种种尝试，结合之前的课程改革实践经验对课程结构的形态进行探索和构建。20 世纪 80 年代初，我国教育工作者推行课外活动，试行综合实践课程。1992 年，国家规定在中小学开设活动课，自此，课程结构开始从单一走向多元。2000 年，《全日制普通高级中学课程计划（试验修订稿）》颁布，明确将“综合实践活动课”列入必修课名单。

课程改革也改变了各学科课时比例严重不平衡的状况，降低了语数外等工具性学科的课时比例，增加了人文社科、自然科学等科目的比例①。我国基础教育课程结构的优化不仅有利于减轻学生的学习负担，而且有利于加强学生的个性化培养，促进学生各方面素质的综合发展。

三、激发了课程建设的积极性

21 世纪以来，基础教育课程改革把课程的统一性与灵活性相结合作为重

① 彭泽平 . 真实成就与客观困境：改革开放至 20 世纪 90 年代末我国基础教育课程改革评析［J］. 教育理论与实践，2005（13）：40-43.

点。2001 年之前，我国课程管理还是以国家管理为主。2001 年，我国开始实行国家—地方—学校三级课程管理体制，将课程管理权力下放到地方和学校，允许地方和学校结合区域优势和自身资源参与课程开发，以实现国家、地方和学校各级管理的协调统一与互补发展。课程计划中，为乡土课程预留了一定课时比例，允许地方和学校根据自己的地区特色自主安排乡土课程。由此，全国各级教育工作者都拥有了课程开发的权力，在全国范围内激起了一股校本课程开发的热潮，也因此产生了大量的校本课程，推动了学校的特色化建设，满足了学生的个性发展需求。近几年校本课程开发逐渐退去热度，主要问题是大多数校本课程过于重视传达学校特色，忽视了国家和地方课程，割裂了三级课程之间的联系。面对校本课程存在的问题，各个学校又探索了出一条新路——国家课程“校本化建设”。在国家课程的基础上附加学校特色，整体规划学校课程体系。学校课程建设在日益发展，同时呈现出整体化、精细化和协同化的趋势。

中小学积极参与校本课程开发及国家课程校本化建设，使学校课程建设取得了显著成果。首先，通过校本课程开发，形成了很多具有鲜明特色的新课程。其次，经过校本课程开发及国家课程校本化的探索，学校管理者积累了丰富的学校课程建设经验，有利于后期课程建设的发展。再次，通过校本课程的开发，增强了管理者的课程建设和规划意识，提高了课程研发和规划能力。最后，校本课程建设提高了教师们的积极性和自觉性，课程建设的相关人员由关注者变成参与者，教学工作也更加充满激情。

四、促进了课程评价多元化

新课改在教育评价方面改变了传统课程评价强调选拔功能的弊端，建立了促进学生进步的发展性评价。评价重点不再是学生的成绩，更多的是学生多方面的发展和能力，通过课程评价，了解学生学习发展中的需求，帮助学生发展，促进学生提高。

如今的课程评价制度更加强调评价的激励、反馈和调节功能，充分体现了多元评价主体的作用，教师不再是唯一的评价主体，学校、学生及家长都能参与到课程评价中来，使课程评价更加客观、真实、多元，逐步向构建家、校、社三位一体的大教育格局迈进。

五、展现了课程实施的灵活性

2001 年开始的新课程改革的核心思想是“为了每一个学生的发展”，倡导教师在教学过程中尊重学生的人格，关注学生个体差异，因材施教，满足不同学生的不同学习需要，使每个学生享受量身定做的教育，使自己的个性得到充分发展。教学过程一改以前老师讲、学生听的满堂灌模式，强调学生“主动地、富有个性地学习”，养成积极学习和思考的习惯，注重自主合作探究的学习。

在多年课程改革之后，教师的教学观念发生了很大的变化，体现在教学实践的各个方面。教师在教学中注重培养学生的知识与能力及情感态度价值观，以学生为本的教学理念得以更好地实施，课堂中以学生为主体，充分发挥小组合作学习的互促互进作用。这都体现了教师对改革后的课程及教材的适应性，以及教学实施的灵活性。教师能够在教学实践中采用自主与合作探究相结合的新型学习模式，打破原有的“范式教学”模式，不再以课堂讲授为主，正确认识教师主导、学生主体的新型课堂模式，把更多的时间交给学生，让学生充分参与到课堂活动中，在愉快的交流或者游戏中进行学习，充分关注学生的个性和身心发展特点，让学生在愉快的环境下学习知识，培养能力①。灵活的课程实施和全新的学习方式使学生更容易学会交流与合作，更关注学习的方式方法，更容易掌握搜集、分析、处理和应用信息的能力。

① 教育部“新课程实施与实施过程评价”课题组．基础教育课程改革的成就、问题与对策：部分国家级课程改革实验区问卷调查分析［J］．中国教育学刊，2003（12）：35-39.

六、推动了学习方式数字化

信息时代的到来伴随着新课程改革的大潮，必然推动学习方式的数字化。我国为跟上时代的步伐，在数字化建设方面也做出了重大的突破。

数字化教学主要表现在数字教材和学习工具的研发上。数字化教育资源多种多样，比如微课、慕课等网络资源如雨后春笋般出现，配套的数字化教学工具的研发也日新月异。数字教材阅读器、虚拟学具等资源与软件接连出现，“电子书包学习服务”的概念被创新性地提出，电子书包标准产业联盟成立，开发了各种电子书包学习终端产品，研制了电子书包学习服务标准。与数字教材和电子书包相关联的数字教育新技术也获得了革新的动力，得到深层次发展。更深层的变革则是学生的思维方式和学习方式，甚至整个教学体系翻天覆地的大变革。课程的数字化发展不仅是近几年来课程发展的一个突出成就，也会成为未来教学与课程体系变革的主要动力和方向。

七、促进了教材的多样化

基础教育课程改革 40 多年来，我国进行过多次教学大纲的发布及修订。在经历了对教学大纲几十年的研究和总结后，我国制定了各科义务教育课程标准（2001 年版、2011 年版），为中小学教育教学质量的提升提供了书面依据和保障。2017 年颁布《中小学综合实践活动课程指导纲要》，至此我国基本完成了对基础教育课程标准的制定。以义务教育课程标准为依据，我国先后编写和修订了中小学各科教材，除了《语文》和《道德与法治》教材由国家统一编写外，其他科目教材均依据“一纲多本”原则，允许各地自行编写送审，以此提升教材的区域适应性，达到教材创新和多样化发展的目的[①]。在编

① 熊梅，王敏 . 改革开放 40 年我国小学教育教学改革：特征、成就和展望［J］. 四川师范大学学报（社会科学版），2019（1）：78−85.

订新教材的过程中，对课程内容进行删旧增新，减轻了学生过重的负担，既更新了知识并拓展了知识面，又适应了现代化建设的需要。

教材改革有利于学生利用已有的知识与经验，结合最新理论知识，主动探索知识的原本发展。教材改革在较大程度上改变了“万人一书”的状况，既凸显了学校的办学特色，又适应了各地经济文化发展的不同情况，教材的多样化发展也有利于学生的多样化发展。

八、制定了完善的法律制度

1986 年《义务教育法》通过，这是中华人民共和国成立以来第一个有关教育的法律，使我国义务教育的发展得到了法律的保障，开启了中国教育法治建设的进程。1994 年，《教师法》开始施行；1995 年，《教育法》正式公布，从此中国教育有了教育界的“宪法”；1995 年 12 月，国务院根据《教师法》颁布《教师资格条例》[①]。这些与教育相关的法律和条例的制定与颁布，表明中国教育在依法治教方面开始走上正规化的道路，使包括基础教育课程改革在内的教育改革与发展事业有了法律依据和保障，步伐从此更加稳健。

① 陈子季．从“穷国办大教育”到“大国办强教育”：改革开放 40 年我国基础教育发展成就概述［J］．人民教育，2018（21）：7-12.

第八章

基础教育课程改革：从理念到行动

在中小学课程改革过程中，如何有效地促使改革理念转化为教师的课堂教育教学行动?这可以说是教育改革领域的一道世界性难题。纵览当代世界很多国家的中小学课程改革，在这一问题上，一战告捷者寡，而屡战屡败者众。

改革开放 40 多年来，我国的基础教育课程经历了一系列改革，中小学课程教学在很多方面都发生了深刻的变化。这 40 多年的改革历程，又与新中国成立之初 17 年的基础教育课程改革之间存在着重要的内在联系。以改革过程中课程理念向教学行动的转化为焦点，透视我国基础教育课程改革的历史，特别是分析研究改革开放以来我国中小学课程改革的历程，总结其中的成功经验和未能成功的心得，不仅对我国未来的教育改革有明显的理论意义与实践价值，而且可以为世界教育改革提供一定的中国经验。

第一节　课程改革历程的总体回溯和分析

1949 年中华人民共和国成立以来，我国先后完成了八次中小学课程改革，分别是：第一次课程改革（1950—1952 年）、第二次课程改革（1953—1958 年）、第三次课程改革（1959—1962 年）、第四次课程改革（1963—1964 年）、第五次课程改革（1978—1980 年）、第六次课程改革（1981—1985 年）、第七次课程改革（1986—2000 年）、第八次课程改革（2001 年至今）。这八次课程改革，从总体上可以分成模仿和探索时期、改革开放初期和改革发展时期三个阶段，可以说其中每一次改革都带有鲜明的中国特色和时代特征，也蕴藏着丰富的中国经验。

一、社会主义改造和建设初期的模仿与探索

中华人民共和国成立初期，一方面出于国内形势的需要，另一方面受苏联的影响，我国很快就开始实施中央集权的课程管理模式。在苏联有关教育理论和课程实践模式的影响下，我国以“教学论”取代“课程论”，照搬苏联的“教学计划”、“教科书”等概念和理论，取消选修课，形成了高度统一的课程政策。1950 年 8 月 1 日，《教育部关于颁发中学暂行教学计划（草案）及中等学校暂行校历（草案）的命令》在开篇文字和教学计划说明的第一条中即指出：“关于普通中学教学计划及中等学校始业制度，迄今尚未作统一的规定，……但在工作要求上，实有统一规定的必要”，“现中国即将全部解放，规定统一的标准，已具备条件”。

全国统一的课程和教材管理模式，也是适应计划经济体制的需要。1951 年 5 月 5 日教育部和出版总署《关于第一届全国教科书出版工作会议及

课本发行会议的情况报告》认为："解放以来教科书的出版工作是有成绩的。……教科书发行在逐步的走向计划化，消灭盲目性，质量也在逐步改进提高。" 1954 年教育部和出版总署发布《关于出版中学、小学、师范学校、幼儿园课本、教材、教学参考书和工农兵妇女课本、教材的规定》，在整顿教材出版的同时，明确要求教材"必须遵照国家的教育方针和教育计划，在教育行政部门及其他有关部门的指导下，统一由国家出版社来编辑出版，以保证国家教育方针的正确贯彻。特别是中小学和师范学校课本、教材，是培养青年思想品德和学习文化科学知识的基本工具，只能由国家出版社来担负编辑和出版工作"。

1952 年 2 月 5 日，教育部又发出《关于颁发四、二旧制小学暂行教学计划的指示》，对新旧学制过渡时期的"四二制"小学教学计划做出了统一规定。1952 年 3 月 18 日，教育部颁发试行《小学暂行规程（草案）》和《中学暂行规程（草案）》，对包括课程设置和教学计划等在内的学校各项工作做出统一规定，并且明确要求"各种课本须采用中央教育部审定或指定者"[①]。此后，我国的中小学课程改革可以说是十分频繁。"从 1953 年到 1957 年短短 5 年时间里，国家先后颁发 5 个中学教学计划、4 个小学教学计划，……还发布了十多个补充通知，……这种频繁变动，也是受苏联影响，因苏联国家几乎也是每年都要颁布新的教学计划"[②]。这些教学计划和补充通知，对中小学的课程设置、教材使用、教学时数、作息校历等等，都做出了明确的统一规定。1955 年 9 月 2 日，教育部《关于执行小学教学计划的指示》强调指出："'小学教学计划'，是全国各小学在今后若干年内必须遵照执行的重要法令。"作为国家重要法令这一定性，为保障频繁变动的教学计划能够切实得到贯彻落实提供了强有力的制度支持。频繁的课程变革，一方面反映了我们党和国家在对学校教育进行社会主义改造过程中建立有中国特色社会主义课程体系的不断探索；另一方面，在保障教育质量的同时，客观上也不断强化了国家对学

① 何东昌．中华人民共和国重要教育文献：1949—1975［M］．海口：海南出版社，1998：139.

② 彭彩霞．中国基础教育课程政策三十年：1978—2008：基于政策语境视角［M］．北京：中国社会科学出版社，2015：80.

校课程的控制。

在强化对学校课程控制的同时，我们国家的课程政策并未完全失去适当的弹性，但作为中华人民共和国成立初期学校课程政策的一种基本取向，强化政府掌控力的趋势是很明显的。课程改革过程中有限的政策弹性，意在保障课程改革政策的基本方向和主要意图的有效达成。

教育部在《1958—1959 学年度中学教学计划及说明》中提出，为了适应各地勤工俭学、半工半读等多种多样的办学形式，各省、自治区、直辖市的教育部门可以对教育部制订的教学计划“作适当的变动”，除语文、数学、社会主义教育和生产劳动等课程应当开设外，“其他学科可以根据条件开设”，但“凡有条件按照我部制订的教学计划进行教学的，就应该按照我部所制订的教学计划执行”。[①]1959 年 3 月 20 日教育部党组《关于编写普通中小学和师范学校教材的意见》规定由教育部“组织编写通用的基本教材、教科书”，同时也规定由各省、自治区、直辖市组织编写时事、政策、音乐、美术教材和补充教材、乡土教材等。

随着全国中小学课程统一程度的逐步提高，特别是勤工俭学和半工半读等特殊办学形式的逐渐减少，我国课程政策的弹性空间也越来越小。到 1963 年 3 月 23 日，中共中央颁布试行全日制中小学工作条例。《全日制小学暂行工作条例（草案）》和《全日制中学暂行工作条例（草案）》都明确规定：全日制中小学必须根据中华人民共和国教育部统一规定的教学计划、教学大纲和教科书进行教学。1963 年 7 月 31 日，教育部发出通知，实行全日制中小学新教学计划。这个新教学计划“适当提高了语文、数学、外国语三门课程的教学要求”，增加了这三门课的教学时数，同时，还开设了 136 个教学总时数的“生产常识”课程。教育部在这个通知中还明确要求：“实行新教学计划（草案）的学校，开设的课程以及各门课程的教学时间和要求，全学年的上课周数、劳动时间和假期，应该执行教学计划的规定，不得随意变动；如果必须变动，应该由省、市、自治区教育厅、局报经我部审批。”此时，虽然课程

---

① 何东昌．中华人民共和国重要教育文献：1949—1975［M］．海口：海南出版社，1998：805-806.

政策仍然保留了一定的调整空间，但弹性已经明显降低，对调整的要求已经相当严格。

1966 年，我国进入了一个特殊历史时期，教育被简单地当作阶级斗争的工具，中小学课程也受到强烈冲击甚至被迫停摆。1966 年 6 月 13 日，中共中央、国务院批转教育部党组《关于 1966—1967 学年度中学〈政治〉、〈语文〉、〈历史〉教材处理意见的请示报告》，批评这些教材“多半是依靠资产阶级‘专家’编审的”，“没有把毛主席著作放在首要地位，反映社会主义时期的阶级斗争不突出，没有举起反帝反修的旗帜，严重脱离三大革命和学生思想实际”，“美化封建统治阶级，宣扬封建道德，宣扬资产阶级的‘人性论’”，“歌颂帝王将相，贬低农民起义的作用”，等等。我国中小学课程政策在特殊 10 年中经历的暴风骤雨，这里可见一斑。

二、改革开放初期的恢复和探索

1976 年至改革开放初期，我国的教育政策处于“拨乱反正”和向有中国特色的现代化课程政策过渡的历史时期。石筠弢先生也将 1977—1985 年视为“恢复正常教育秩序和初步探索有中国特色社会主义教育时期”，并且认为“从以后的中小学课程教材政策和实践来看，这个时期的课程政策带有过渡性质”。①

1977 年 9 月 7 日，教育部《关于坚决清除“四人帮”在中小学教材中的流毒和影响的通知》突出反映了课程领域拨乱反正的历史特征。1978 年 1 月 18 日《教育部颁发全日制十年制中小学教学计划试行草案的通知》深揭狠批“四人帮”，以真正搞好教育革命为主题。1978 年 9 月 22 日，教育部发布并试行全日制中小学暂行工作条例，突出“以教学为主的原则”，要求中小学必须保证充足的教学时间并按期完成教学计划。1981 年 3 月 13 日，教育部在城市

① 石筠弢 . 我国基础教育课程教材政策发展 50 年［M］// 课程教材研究所 . 教材制度沿革篇：上册 . 北京：人民教育出版社，2004：566-567.

试行六年制小学的同时，颁布了《全日制五年制小学教学计划（修订草案）》，小学政治课调整为思想品德课，恢复了历史和地理课。同年的 4 月 17 日，教育部又修订并颁布了全日制六年制重点中学和全日制五年制中学的教学计划试行草案，明确提出“为了适应学生的爱好和需要，发展他们的特长，更好地打好基础，高中二、三年级设选修课”，包括单课性选修和分科性选修，在实际实施过程中，分科性选修被绝大多数地区选用，并形成了高中文理分科的课程体系。1983 年 11 月 12 日，教育部颁发高中数学、物理和化学三科教学纲要，并特别针对这三科和外语课的教学分别提出了“基本要求”和“较高要求”，两年制高中按照基本要求教学，首批办好的重点中学按照较高要求教学，其他三年制高中根据实际情况自行确定教学要求。1984 年 8 月 15 日，教育部又颁发了全日制六年制小学教学计划，对城市和农村小学分别规定了不同的教学计划，在农村小学数学课程中补充安排珠算、计量、统计和记账等教学，而对农村小学的远足、社会调查等活动不做统一规定。1985 年 6 月 28 日，国家教委又印发了调整初中数学、物理、化学和外语四科教学要求的意见，教材不变，仅对教学内容和习题深度、广度进行了调整。

随着 1986 年 4 月 12 日全国人大通过《义务教育法》，以及中小学教育教学工作步入正轨，推动九年义务教育的普及工作逐渐取代课程教学改革而成为我国基础教育领域的工作重点，但有中国特色的中小学现代化课程体系的探索一直在进行中。

1987 年 2 月 10 日，国家教委颁布了全日制中小学 18 个学科教学大纲，其中小学 6 个学科、中学 12 个学科。教学大纲规定了全国统一的基本教学要求，同时附列了部分课程的较高要求，但较高要求不作为毕业或升学考试命题的依据。同年 10 月 10 日，国家教委又发布了《全国中小学教材审定委员会工作章程》，提出“在统一教学基本要求的前提下，有领导、有计划地实现教材的多样化，以适应不同地区的需要，建立有权威的教材审定制度”，并同时颁布了《中小学教材审定标准》和《中小学教材送审办法》，从此，我国开始试行中小学教材审定制度。1988 年 8 月 11 日，国家教委在《关于颁发〈九年制义务教育教材编写规划方案〉的通知》中明确提出“经过审查，审定通过的中小学教材，由教育行政部门向学校推荐，……由学校的校长和教师，根据本校的实际情况选用”。1988 年 9 月 20 日，国家教委印发《义务教育全日制小学、初级中学教学计划（试行草案）》和 24 个学科教学大纲的初审稿，提出要落实“三个面向”的精神，因材施教，发展特长，培养智力和能力。1990 年 3 月 8 日，国家教委印发《现行普通高中教学计划的调整意见》，“调整后的课程结构由学科课程和活动两部分组成。学科课程采取必修课和选修课两种形式。活动包括课外活动和社会实践活动”。1991 年 7 月 29 日，国家教委印发了《关于实施〈现行普通高中教学计划的调整意见〉和普通高中毕业会考制度的意见》，增加政治课教学时数，在高中一、二年级开设世界史和中国近现代史，并将高中一、二年级的选修课调整为与必修课相关的选修课、与必修课不直接相关的选修课和技术类选修课共三类，而将高中三年级的选修课分成分科性选修课、技术与职业类选修课两类。1992 年 8 月 6 日，国家教委又印发了《九年义务教育全日制小学、初级中学课程计划（试行）》和 24 个学科教学大纲（试用），提出要“把坚定正确的政治方向放在第一位”，“面向全体学生”，“因材施教，促进学生个性的健康发展”等一系列改革理念。1992 年 11 月 16 日，国家教委发布《关于组织实施〈九年义务教育全日制小学、初级中学课程方案（试行）〉的意见》，把实施该课程方案视作贯彻《义务教育法》、普及九年义务教育的重要措施。1994 年 7 月 5 日，为了适应国务院 2 月 3 日颁布并于 3 月 1 日起实施的一周休息两天的新工时制，国家教委对中小学教学计划进行了适当调整，在保持“课程设置整体结构不变的前提下，通过适当调整各类课程的课时，减少周课时总量”①。1995年4月12日，国家教委办公厅又印发了《关于实行每周 40 小时工作制后调整全日制中小学课程（教学）计划的意见》，对 1994 年 7 月 5 日的调整进一步做出了新的调整。1998 年 2 月 6 日，国家教委发布《关于推进素质教育调整中小学教育教学内容、加强教学过程管理的意见》，提出要“在不改变现行课程结构、课时、教材体系的前提下，本着有利于实施素质教育，促进学生全面发展，有利于减轻学生过重的课业负担，有利于教育教学秩序稳定的原则”，“适当

① 何东昌．中华人民共和国重要教育文献：1991—1997［M］．海口：海南出版社，1998：3667.

删减教学内容”，“适当降低教学要求”，“将部分教学内容改为选学内容”，“适当缩小考试内容范围”。

这一系列改革和调整，始终立足于我国教育改革和发展的具体实践，始终与有中国特色的社会主义现代化建设相配合，始终服务于培养社会主义建设者和接班人的目标，逐步形成了中小学课程体系的中国特色，为我国在新世纪之初启动更加广泛而深刻的基础教育课程改革奠定了基础。

三、新世纪建构课程新体系的改革探索

在基本普及九年义务教育之后，中小学课程改革又逐渐成为我国基础教育领域的一项重点工作，并进入了一个新的建构中小学现代化课程体系的探索时期。

1999 年 1 月 13 日国务院批转教育部《面向 21 世纪教育振兴行动计划》，提出“2000 年初步形成现代化基础教育课程框架和课程标准，……争取经过 10 年左右的实验，在全国推行 21 世纪基础教育课程教材体系”，国家基础教育课程改革相关工作逐步启动。2000 年 1 月 31 日，教育部发出扩大普通高中新课程方案试验的通知，印发《全日制普通高级中学课程计划（试验修订稿）》，对 1996 年编写、次年进行试验的高中课程计划、教学大纲和各科教材进行了修改和推广试验。该课程计划提出要“坚持面向全体学生，因材施教，充分发挥学生学习的自主性，促进学生生动活泼主动地发展”，“采用多样化的学习方式和现代化的学习手段；使学生的学习成为主动、富有个性的过程”。同时颁布的还有《全日制普通高级中学语文教学大纲（试验修订版）》。是年 3 月 14 日，教育部又印发了义务教育阶段语文、数学和英语等 5 科教学大纲（试用修订版），决定自 2000 年秋季起小学和初中一年级使用修订后的语文、数学和英语教学大纲和教材，2001 年秋季在所有年级全面使用。教育部在通知中明确宣布：“基础教育课程教材改革的工作已全面启动。”次日，全日制普通高级中学语文等 7 科教学大纲（试验修订版）也由教育部正式发布。2000 年 8 月 23 日，教育部又印发了初级中学物理、化学等 5 科教学大纲

（试用修订版），并要求各地在使用修订后的教学大纲的同时，要研究新情况，探索新问题，为新一轮课程改革积累经验。同年 11 月 1 日、27 日和 12 月 29 日，义务教育阶段体育与健康、音乐、美术三科教学大纲（试用修订版），以及全日制普通高级中学英语、日语、俄语、体育与健康教学大纲（试验修订版）也由教育部印发。2001 年 1 月 20 日，教育部发出通知，"决定从 2002 年秋季入学的高中一年级开始，全国使用《普通高级中学课程计划（试验修订稿）》和各学科教学大纲（试验修订版）"[①]，高中新课程改革全面推进。4 月 9 日，教育部又印发了《普通高中"研究性学习"实施指南（试行）》，强调"研究性学习是《全日制普通高级中学课程计划（试验修订稿）》中的重要内容，是全体普通高中学生的必修课。它对于改变学生的学习方式、促进教师教学方式的变化、培养学生的创新精神和实践能力具有重要的作用，各地必须予以充分重视"。是年 6 月 8 日，教育部印发《基础教育课程改革纲要（试行）》，提出要变革基础教育课程内容"难、繁、偏、旧"、结构过于强调学科本位、实施过于强调死记硬背和机械训练、评价过于强调甄别和选拔、管理过于集中等弊端，"大力推进基础教育课程改革，调整和改革基础教育的课程体系、结构、内容，构建符合素质教育要求的新的基础教育课程体系"。新一轮的基础教育课程改革开始在全国范围内全面推进。

2001 年 5 月 29 日，国务院《关于基础教育改革与发展的决定》中明确提出实行国家、地方、学校三级课程管理，"在保证实施国家课程的基础上，鼓励地方开发适应本地区的地方课程，学校可开发或选用适合本校特点的课程"，这是我国课程管理体制的一次重要改革。2001 年 10 月 25 日，新闻出版总署、教育部、国家计委印发了《中小学教材出版招标投标试点实施办法》和《中小学教材发行招标投标试点实施办法》，决定从 2002 年开始试点，"从 2004 年起，中小学教材的出版、发行招标投标面向全国进行"。这是我国中小学教材出版发行制度的一次重要改革。

2001 年 11 月 19 日，教育部印发了《义务教育课程设置实验方案》，提出了均衡设置课程、加强课程的综合性和选择性的原则，意在构建符合素质教

① 何东昌．中华人民共和国重要教育文献：1998—2002［M］．海口：海南出版社，2003：788.

育要求的新的基础教育课程体系。2002 年 4 月 26 日，为了配合从 2003 年起高考时间提前一个月的改革，教育部重新调整并印发了《全日制普通高级中学课程计划》，同时修订并印发了全日制普通高级中学语文等 7 科教学大纲。2003 年 4 月 10 日，教育部办公厅发出《关于 2003 年义务教育新课程实验工作有关要求的通知》，要求“各省级教育行政部门要积极促进本地区综合课程实验工作的开展”，认为“在义务教育阶段推行综合课程是基础教育课程改革的重要任务之一”，并提出“2003 年起始年级参加新课程实验的学生数达到同年级学生数 35% 左右”的目标。2004 年 3 月 3 日，国务院批转《2003—2007 年教育振兴行动计划》，再次强调要“深化基础教育课程改革”，“构建和完善新世纪基础教育课程体系，全面实施义务教育新课程，逐步推进普通高中新课程”，并认为“基础教育课程改革是全面实施素质教育的核心环节”。2011 年 12 月 28 日，教育部印发义务教育语文等 19 门学科的课程标准（2011 年版），于 2012 年秋季执行。2012 年 9 月 23 日，国务院《关于第六批取消和调整行政审批项目的决定》取消了中小学国家课程教材编写核准，编写中小学国家课程教材不再需要向教育行政部门申请编写立项，但仍须经过国家审定。

2014 年 3 月 30 日，教育部发布《关于全面深化课程改革落实立德树人根本任务的意见》，提出“统筹小学、初中、高中、本专科、研究生等学段（包括职业院校）”，“统筹各学科，特别是德育、语文、历史、体育、艺术等学科”，“统筹课标、教材、教学、评价、考试等环节”，“统筹一线教师、管理干部、教研人员、专家学者、社会人士等力量”，“统筹课堂、校园、社团、家庭、社会等阵地”的课程改革主要任务。同年 12 月，教育部启动普通高中课程方案和课程标准的修订工作。2017 年 1 月 19 日，教育部印发《义务教育小学科学课程标准》，当年秋季执行。9 月 25 日，教育部又印发了《中小学综合实践活动课程指导纲要》，明确规定“综合实践活动是国家义务教育和普通高中课程方案规定的必修课程，与学科课程并列设置，是基础教育课程体系的重要组成部分”。12 月 29 日，普通高中课程方案和课程标准（2017 年版）修订完成，并经国家教材委员会审查通过，由教育部印发。2018 年 8 月 15 日，教育部发布《关于做好普通高中新课程新教材实施工作的指导意见》，决定

“从2019年秋季学期起，全国各省（区、市）分步实施新课程、使用新教材”。2019 年 1 月 3 日，教育部启动义务教育课程修订工作。

白月桥先生《课程变革概论》一书在论述现代中国学校课程时，提出以“代”取代“套”来描述不同时期的课程，认为“只有‘代’的概念，才能更清楚地表明课程发展的阶段性”，“一代课程往往有多套计划、大纲和教材构成。新一代课程和旧一代课程相比，应有重要性质的变革”①。他将我国学校课程分成两代，第一代包括“文化大革命”前和拨乱反正时期编订的各套计划、大纲和教材，其特点是“强调学科体系，重视基础知识，突出了升学的要求，缺乏灵活性”；第二代包括 20 世纪 80 年代中期以后根据《义务教育法》所编订的课程计划、大纲和教材等，“具有一定的灵活性，内容结构发生了许多变化”。② 在另一篇文章中，白月桥先生曾提出构建我国第三代课程，即“面向21世纪的素质教育课程体系”的设想③。这样的三代划分，的确反映了我国中小学课程改革和发展在不同历史时期的阶段性特征。

回顾我国 70 余年来的中小学课程改革历史，从中华人民共和国成立初期的模仿和学习苏联，逐步转入独立自主的改革发展，到改革开放之后在国际交流中的不断探索和改革，直至进入 21 世纪之后更加综合、全面和系统的课程改革创新，我国中小学课程体系的中国特色逐渐形成。这 70 余年的中小学课程改革历程，蕴藏着大量有中国特色和世界价值的历史经验，值得我们深入发掘和总结，在将其运用于我国未来课程改革之中的同时，也为国际社会提供借鉴。

---

① 白月桥 . 课程变革概论［M］. 石家庄：河北教育出版社，1996：159.

② 同① 160–161.

③ 白月桥 . 我国三代课程历史演进初探［J］. 首都师范大学学报（社会科学版），1998（5）：97–103.

第二节　有中国特色的课程改革机制和经验

我国 70 余年中小学课程改革的历史经验是多方面的，这里我们仅从课程改革从理念到行动的转化这一世界课程改革难题的角度，以促成这种转化的课程改革机制为核心，尝试对这段改革历程的历史经验进行简要的分析和总结。

代建军用“课程运作机制”来表述课程从决策、设计、实施到评价诸环节及其程序和规范。他认为我国的课程运作机制在 1949—1956 年期间主要是模仿苏联，而在 1957—1985 年间初步形成了我国独立的课程运作机制，这一独立运作机制在 1986—2001 年进入了一个探索和完善的时期[①]。他将课程运作机制分为政府控制－学校执行、政府引导－学校领导、政府监督－学校自主三种[②]，认为新中国从成立伊始到 20 世纪 80 年代中期“一直沿用的是政府控制－学校执行课程运作机制，课程的决策权力高度集中，即课程几乎完全由国家决定，地方和学校都没有决策的职责和权力，而只是执行国家的决定”[③]，直到 20 世纪 90 年代才逐渐转向政府引导－学校领导的运作机制，转而实施国家、地方和学校的“三级课程”[④]。这三种课程运作机制的划分，一定程度上反映了我国中小学课程的权力分配在改革过程中的变化状况，不过，若是从世界范围来看，这个三分法虽然简洁明了，却略显简单，难以概括世界各国丰富复杂的课程运作机制，如美国等国家的政府对中小学课程连监督的职能都很有限，学校也并非自主，课程和教材权力掌握在社区教育委员会手里。这三种课程运作机制，即便是用来解释我国的课程改革与发展，有些方面也尚待完善，尤其是“学校领导”和“学校自主”这两种运作机制，在我国中

① 代建军．我国课程运作机制研究［M］．南京：南京大学出版社，2013：40-51.

② 同① 57.

③ 同① 61.

④ 同① 62.

小学课程实际运作过程中似乎较少有典型表现。我国政府对中小学课程强有力的中央控制，实际上一直是通过学校的具体教学管理和教学改革过程而得以实现的。在我国课程改革和发展过程中，政府一直处于明显的主导地位，校本课程不仅在数量上极其有限，而且在本质上也多为国家课程的延伸。关于课程运作机制更加清晰准确的分类，尚待进一步研究探讨。

本章尝试仅仅从课程改革理念向行动转化的机制入手，总结我国中小学课程改革的历史经验，以供今后我国和别国课程改革参考借鉴。回顾我国中小学课程改革的历程，我们之所以能够比较有效地促成改革理念向教育教学行动的转化，主要经验有以下三条。

第一，强有力的政府主导是提高中小学课程改革从理念到行动的转化效率的关键因素。

在我国中小学课程改革过程中，政府的主导作用一直十分突出，并且是贯串始终的。这也是我们推动课程改革从理念转化为行动的关键因素。有研究者通过对改革开放后 30 年间重要政策文本的分析得出结论，认为我国在 1978—1985 年仍然实施的是完全由中央掌控的所谓“完全国家课程”，1992 年国家政策文件中首次出现“地方安排课程”和“地方课程”，而“标志着课程管理体制开始发生本质性变化的是 1996 年的课程政策中赫然出现‘三级管理’这一话语”[①]。实际上，这一政策文本上的变化的确是显著的，却很难说是本质性的，因为各级政府教育主管部门在中小学课程改革中的绝对主导作用实际上并无明显削弱。这种政府主导作用，在呈现各种弱点的同时，也展现出一系列积极的特征，其中最为突出的表现就在于促进课程改革从理念到行动的高效转化方面。概括言之，这种积极的作用主要表现在以下三个方面。

首先，强有力的政府主导有利于我们在中小学课程改革过程中迅速有效地达成社会共识。中小学课程改革的理念能否在社会上达成共识，直接影响着中小学校的校长和教师对该理念的认同和自觉执行，影响着课程改革理念向教育教学行动的转化。中华人民共和国成立初期，第一个五年计划取得巨

① 彭彩霞 . 中国基础教育课程政策三十年：1978—2008：基于政策语境视角［M］. 北京：中国社会科学出版社，2015：60.

大成功，社会各项事业蓬勃发展，党和政府在全社会树立了极高的威望。政府主导中小学课程改革，在社会上广泛宣传相关改革理念，能够迅速地达成改革共识。在课程改革过程中，我们党和政府又一贯重视宣传工作。1951 年 8 月 10 日，周恩来在政务院讨论《关于改革学制的决定》的会议上发表讲话，他提出的第一条意见就是“要很好地宣传新学制的特点，要使人们认识革命时期和建设时期的不同。……报纸及其它宣传工具要很好地进行这样的宣传”①。以党和政府崇高威望为基础，这种对课程改革的宣传工作，能够让包括中小学教育工作者在内的全社会成员理解和接纳相关改革理念，并广泛达成关于中小学课程改革的社会共识。这种社会共识的迅速达成，无疑是中小学课程改革从理念迅速转化为行动的重要基础和前提。

其次，政府对中小学课程改革政策的制定和实施过程进行全面统筹，具体推动和督促改革的进程，也有利于促进课程改革过程中理念向行动的转化。很多相关研究都发现这样一个明显的事实，即在我国的中小学课程改革政策的制定过程中，“除了政府的战略支持外，我国课程政策的审议还依赖于强有力的行政力量的推动，即强化行政机构以及关键领导对政策审议过程的督进”②。这种政府主导的督进过程，从政策制定和审议一直延伸至政策的具体实施过程。通过部署和动员会、经验交流会、总结表彰会等一系列富有中国特色的活动形式，我国政府有效地实现了对中小学课程改革政策从制定到落实的全程掌控和推进。这种一以贯之的政府主导过程，有力保障了课程改革理念得到贯彻。

再次，我国长期实施的对中小学教材编写的统筹工作，以及跨地区的统一考试制度，也都进一步强化了政府在中小学课程改革过程中的主导作用。教材编写对中小学课程改革理念向行动的转化有着至关重要的作用，而考试制度则可以在最终的评价环节对课程改革理念的执行情况进行检验。我国政府每逢较大规模的中小学课程改革，往往都要按照新的课程纲要或课程标准的要求来组织新教材的编写，同时也要对相关考试进行相应的改革。这些重

---

① 何东昌．中华人民共和国重要教育文献：1949—1975［M］．海口：海南出版社，1998：107.

② 屠莉娅．从概念化到审议：课程政策过程研究［M］．济南：山东教育出版社，2015：142.

要举措对课程改革理念向具体教育教学行动的转化，起到了十分重要的促进和督导作用。

最后，最为重要的是政府强有力的主导作用直接保障了课程改革在价值导向上的一致性，从而在很大程度上避免了因为价值冲突而导致课程改革理念向行动转化的失败。在大规模的中小学课程改革中，价值冲突在中小学校长和教师中形成改革阻力，往往是课程改革从理念向行动转化失败的根本原因。强有力的政府主导，使我国中小学课程改革在价值取向上保持了高度的一致性。作为社会主义国家，"从课程政策的基本价值取向来看，我国多年以来具有一种浓厚的社会中心主义的价值偏向，强调社会本位的课程政策理念。关于这一点，可以从基础教育的教育目标和官方颁布的一系列课程文件中得到证实"①。尽管这种社会本位的价值取向自有其优缺点，但总体上价值导向的一致，显然有利于课程改革形成社会共识，从根本上保障课程改革理念向具体教育教学行动的顺利转化。

第二，简单明晰的改革理念和行动纲领，以及联系实际不断进行政策调整，也是中小学课程改革理念有效转化为行动的重要促进因素。

回顾我国 70 余年来中小学课程改革的历史，中小学课程政策几乎每年都有或大或小的改革和调整。有研究认为，这种不断改革的机制，最初是从苏联引进的，并逐渐适应了中国国情。课程政策不断变动，从一方面看，的确缺乏稳定性，若变革的频次和程度把握不够恰当，多少会对中小学教学产生一些消极的影响；但另一方面，这也使改革成为中小学课程教学的常态，从而减少了课程领域的惰性，增加了相关人员对课程改革的接受度。经常的微调和必要时的大变革相结合，在尽量减少给中小学课程教学造成冲击的同时，也保持了中小学课程领域适当的弹性。这样的状态，显然也是有利于课程改革从理念向行动转化的。至于微调和大变革的频次、程度如何最为适切，从而既避免中小学课程教学中的惰性，又避免对中小学课程教学的过多干扰，的确需要进一步做专门的研究探讨。

第三，卓有成效的教师进修制度和基层教研组织的集体教研制度，是中

① 黄忠敬 . 课程政策［M］. 上海：上海教育出版社，2010：109.

小学课程改革理念高效地转化为课堂行动的有效机制。

在我国中小学课程改革具体运作机制中，最值得研究、总结和进一步完善的就是我国一整套独特的中小学教师进修制度和教学研究制度。

回顾我国70余年的中小学课程改革历史，我们发现每逢新的课程教学计划和教学大纲颁布实施，各地都要组织相关的教师培训。这种培训是多层次、多维度、体系化的，既有教育部委托师范院校开展的国家级骨干教师培训和中小学校长培训，也有各省区市开展的省级骨干教师和中小学校长培训。2008年4月，教育部还启动了中小学教师国家级培训计划，包括教育部支持西部边远地区骨干教师培训专项计划、普通高中课改实验省教师远程培训计划、中西部农村义务教育学校教师远程培训计划、中小学班主任专项培训计划和中小学体育教师培训计划5个组成部分①。

为了建立这样一个有效的教师培训体系，我国很早就专门建立了中小学教师进修学校系统。1952年9月30日，教育部《关于中小学教师进修问题的通报》指出："加强中小学教师的在职学习的领导，建立系统的教师进修制度，是目前广大教师最迫切的要求，同时亦为提高现有教师的政治、文化、业务水平，保证中小学教育质量的基本方法。"通报推广天津市和河北沙河县有关中小学教师进修的先进经验，要求各大行政区自1952年秋季开始在城市筹办教师进修学院，在县筹办教师业余学校，并委托师范院校举办教师函授学校等。1953年7月28日，教育部和财政部《关于1953年中等学校及小学教师在职业余学习的几件事项的通知》对教师进修学校及中小学教师在职进修的组织、任务、经费和编制安排，以及组织业余进修和轮训班等，做出了明确的规定。从此，一整套有中国特色的中小学教师在职进修体系逐步形成。

作为教育领域"拨乱反正"和恢复重建的重要组成部分，教育部1977年12月10日在《关于加强中小学在职教师培训工作的意见》中，要求各地"尽快建立和健全省、地、县、社和学校的师资培训网。省（市、自治区）、地（盟、州）可建立教育学院或教师进修学院；县（旗）可建立教师进修学校。

① 何东昌．中华人民共和国重要教育文献：2003—2008［M］．北京：新世界出版社，2010：1582-1583.

公社可建立培训站，不设站的，要有专人负责。学校要充分发挥教研组的作用和老教师的作用”。这个意见还具体要求“学校要切实组织好以老带新、互教互学、集体备课、教学研究等活动，把教学工作与教师进修结合起来”，对广大农村地区的教师可以组织函授培训，“大中城市要积极举办业余大学、广播讲座、电视大学等”，学校和培训部门可以举办培训班，“组织有教学经验的专职教师和兼职教师，分片、定点、定时巡回辅导和举办各种专题讲座”。①

1983 年 6 月 7 日，教育部印发《全国中小学教师进修教材教法工作经验交流会纪要》，提出“要规定教材教法进修工作的统一原则”，“要把教材教法的考核做为对教师考核的重要内容，考核成绩要记入业务档案并做为教师评定职称和晋升的重要依据之一”，并充分发挥教育学院、教师进修学校、教研室（部）、师范院校和中小学校在教师进修工作中的作用，并肯定“中小学校开展以老带新，以教研组为单位集体备课，进行教学研究等工作，是帮助教学有困难的教师进修教材教法行之有效的方法”。1986 年 2 月 21 日，国家教委在《关于加强在职中小学教师培训工作的意见》中明确指出：“教师进修院校（包括教育学院、教师进修学院和教师进修学校）承担中小学和农职业中学教师职后继续教育的重任，是培训在职中小学和农职业中学教师的一个基本渠道”，并要求“各级教育行政部门要建立、健全师资培训的管理机构，加强师训工作的管理和指导”。2002 年 3 月 1 日，教育部发出《关于加强县级教师培训机构建设的指导意见》，认为“义务教育阶段教师学历达标任务基本完成，中小学教师培训工作已逐渐转入以提高教师整体素质为目标的继续教育的新阶段”。教师培训机构从此主要服务于中小学教师的在岗专业发展，提升教师参与课程改革的能力自然也包括在其中。

除了教师进修学校外，我国还建有一套独特的从中央到地方的教学研究机构，在中央有中国教育科学研究院（原名“中央教育科学研究所”），在地方有各省、自治区、直辖市的教育科学研究院（所）和地、市、县的教学研究室。1990 年 6 月 6 日，国家教委在《关于改进和加强教学研究室工作的若

① 何东昌. 中华人民共和国重要教育文献：1976—1990［M］. 海口：海南出版社，1998：1588-1589.

干意见》中指出："教研室是地方教育行政部门设置的承担中小学教学研究和学科教学业务管理的事业机构"，并明确了教研室研究教学理论和方法、提出执行教学大纲和使用教材的意见、编写乡土教材和补充教材、组织教师开展教学研究活动、总结推广教学经验、指导和帮助教师开展学科课外活动、组织教学质量评估等 7 项主要职责。国家教委 1992 年 11 月 16 日发布的关于组织实施《九年义务教育全日制小学、初级中学课程方案（试行）》的意见明确要求"各级教研部门和学校要认真开展教学研究活动，不断提高教学质量。除在寒暑假期间组织教师培训外，还要注意加强日常的教学研究活动"。教研室在我国中小学课程改革过程中发挥着直接促进课程改革理念向教育教学行动转化的重要作用。在课程改革过程中，为了保证课堂教学改革顺利实施，各级教研室制定学科教学改革指导意见时，对课堂教学改革提出明确的指导建议[①]。教研员还直接深入中小学课堂，通过组织各种教研活动，对教师进行引导和培训。所有这些，都对课程改革从理念转化为行动起到了直接的促进作用。

与教师培训和教学研究机构相配套，我国还建立了一整套中小学教师在职继续教育制度。1999 年 9 月 13 日，教育部第 7 号令发布了《中小学教师继续教育规定》，以部门法规的形式对中小学教师在职在岗培训做出了规定，要求新任教师培训不少于 120 学时，教师岗位培训每 5 年累计不少于 240 学时，骨干教师按更高标准进行培训，明确"地方各级人民政府教育行政部门要建立中小学教师继续教育考核和成绩登记制度。考核成绩作为教师职务聘任，晋级的依据之一"。2003 年 4 月 10 日，教育部办公厅发出《关于 2003 年义务教育新课程实验工作有关要求的通知》，提出"建立以校为本的教学研究制度，是强调将教学研究的中心下移到学校，通过以教师为主体的研究活动，深入了解并及时解决教学实践中的困难和问题，总结、推广教学经验，探索教学规律，形成民主、开放、科学的教研机制"。2004 年 2 月 1 日，教育部《关于进一步加强基础教育新课程师资培训工作的指导意见》提出要"建设一支以本地区专家为主、数量充足、相对稳定、高素质专业化的新课程培训者队伍"，坚持"先培训，后上岗；不培训，不上岗"的原则对参加新课程改革

① 杨九俊. 中国基础教育课程改革推进研究［M］. 南京：江苏教育出版社，2012：152.

的教师进行培训，“建立学分管理档案”，以及“建立新课程优质培训资源共建共享机制”。2017 年 11 月 15 日，为了规范和指导 5 年一周期的教师全员培训工作，教育部还专门颁布了中小学幼儿园教师培训课程指导标准，分科目对教师培训课程标准做出了规定。

这些有中国特色的中小学教师进修和集体教研机构及与其相配套的管理制度，在历次中小学课程改革中发挥了十分重要的主渠道作用，有力地推动了课程改革从理念到行动的转化过程。这是我国中小学课程改革领域的一条很有价值、应当很好地研究总结的历史经验。

第三节　从理念到行动：砥砺再出发

回顾 70 余年来我国中小学课程改革的历史，尤其是 20 世纪末至 21 世纪初的基础教育课程改革的历程，随着我国中小学课程改革政策的逐渐多元化，课程改革对中小学校长和教师的主动性依赖度逐渐增大，课程改革的理念虽仍然能够较快地转化为行动，但这些具体的教育教学行动对相关改革理念的落实情况却常常不尽如人意。有调查发现，“学校普遍没有按照政策要求去实施课程改革，而且各校之间在如何应对政策要求上却表现出了高度的相似性。这种相似的实施行为模式证明了课程改革政策在实践中已经逐渐被消解”[①]。虽然说做出课程改革政策已被完全“消解”的判断有些过度，但课程改革理念在转化为行动后如何得到准确高效的落实，这个问题的确应当引起我们的重视。必须强调的是，课程改革政策的多元化以及权力重心的下移，是我国教育改革和社会发展的实际需要，特别是创新型人才培养的需要。我们需要在新形势下继续探索中小学课程改革政策在行动环节如何继续得到高效的落实，

① 柯政．理解困境：课程改革实施行为的新制度主义分析［M］．北京：教育科学出版社，2011：165.

以利于改革再出发，而不是否定这一改革趋势。

概括言之，近年来我国基础教育课程改革的理念在转化为行动后却难以有效落实的原因主要有以下几方面。

第一，课程改革的抽象理念过多，特别是西方课程理念的本土化不足，加上课程改革中明晰具体的行动策略少，是课程改革落实难的主要原因。

近年来，尽管在政府强有力的主导作用推动下，我国中小学课程改革的理念能够迅速转化为中小学校长和教师的教育教学行动，但迅速不一定有效。究其原因，问题较多出在达成共识之后实践相关课程改革理念的具体行动环节上。由于我们在课程改革过程中提出了大量抽象的新理念，特别是直接引进了很多西方课程理念，却没有同时给中小学提供简单明晰的行动方案，因而很多新理念难以在改革中真正得到落实。

从我国中小学课程改革历史看，在早期的中小学课程改革文献中，我们很少看到近年来课程改革文献中大量涌现的“新理念”，特别是各种从西方引进的陌生理念。在早期的中小学课程改革中，全国统一、计划管理、增减课程和课时、明确管理权限等，大多简单明确，容易在政府的直接推动下得到贯彻落实。自 20 世纪 90 年代以来，随着我国改革开放的不断深入，国际上大量教育新理论和新方法被引入我国，其中课程领域引入的新理念最多。有研究者通过对我国 2008—2012 年相关学术论文的知识图谱分析发现，“不少的理论研究是建立在对外国理论的翻译、介绍，照搬过来的，由于简单的移植和生硬地借鉴，导致我国课程与教学论研究名目繁多，应接不暇，许多研究成为理论的摆设，对实践的指导意义不大”①。面对大量引进的抽象理念，由于缺乏具体的行动策略，学校难以落实课程政策，“而政策制定者却没有任何试图更改政策要求的迹象。在这种情况下，学校觉得它只有通过‘做材料’等手段来应付各种检查”，这种应付机制使“学校在各种外在形式上，如全校动员、分组和课题汇报展示等活动较为热心，做得比较多，但同时又严重忽

① 蒋菲 . 21 世纪中国课程与教学论的知识图谱研究［M］. 武汉：华中师范大学出版社，2015：70–71.

略具体的教与学过程”。[①] 于是，我们看到课程改革的理念虽然在政府主导的有力推动下迅速转化为学校的行动，但这些行动难以真正落实课程改革的理念。于是，大家都忙忙碌碌，改革的实际成效却甚微。应该说，教育领域国际交流的增加和深入，是我国改革开放的重要成果之一，其意义重大而深远，但如何在这种新形势下更好地推动我们的中小学课程改革，则是另一个亟待研究和回答的重要问题。

第二，政府强有力的主导也在一定程度上导致中小学校长和教师参与课程改革的主动性不足，进而造成中小学在不断涌现的课程改革新理念面前跟不上改革步伐，难以在行动中真正落实这些改革理念。

面对中小学课程改革从理念转化为行动这一世界难题，世界各国根据各自不同的社会制度和文化背景，各有各的招数。譬如在分权制的美国，联邦往往以资助改革项目的方式，吸引中小学参与到联邦的课程改革中去，但收效并不理想，一些课程改革甚至直接遭到教师工会和教师联合会的抵制。我国有着与美国根本不同的一些特点，我们有极高社会威望的政府是推动课程改革最强大的有效力量。我国的中小学教师绝大多数都愿意执行党和政府的教育教学改革相关政策，他们在课改中面对的问题大多不是不愿改革，而是跟不上改革。有调查研究发现，在课程改革过程中，“教师参与校本教研的意识较强，但主体精神、研究能力和教师群体互动的实效方面还比较欠缺”[②]。既然教师愿意参与校本教研，为什么在课程改革过程中仍然缺乏主体精神呢？这很可能与我们的中小学长期以来习惯于跟随国家课程改革的政策走，很少站在本校和个人自身的角度思考和践行课程改革有关。政府在基础教育课程改革中强有力的主导作用，在迅速推行课改政策的同时，也弱化了中小学校长和教师在具体教育教学情境中探索落实课程改革政策的主动性。教育改革的具体情境是千变万化的，中小学教师具体落实课程改革政策的主动性，对最终有效地将课程改革理念转化为行动也是十分重要的。因此，在发挥政府主导作用的同时，剖析教师主动性不足的成因，积极调动中小学校长和教师

① 柯政．理解困境：课程改革实施行为的新制度主义分析［M］．北京：教育科学出版社，2011：33-39.

② 杨九俊．中国基础教育课程改革推进研究［M］．南京：江苏教育出版社，2012：242.

的能动性，对基础教育课程改革理念向行动的有效转化是十分有意义的。

有学者综合多种相关研究认为，教师在课程改革中缺乏主体能动性主要有三个方面的原因：一是长期以来高度集中的课程管理，使教师课程能力得不到发展；二是教师培训仅仅是向教师传播一些新理念、新知识和新方法，而没有触及深层次的内隐的教学习性的改变；三是教师职业的文化保守特性也使他们对课程改革倾向于持保留的态度。[①] 我们这里姑且不论教师职业的文化保守性和创新性的问题，仅就教师课程能力发展和教师在职培训而言，通过适当的工作改进，还是有可能促进中小学教师在课程改革过程中更好地发挥其主体性的。为了促进教师自觉地发展自身的课程能力，在集中进行课程管理的同时，我们也应当注意发挥民主集中制的优势，在课程改革的启动阶段就发动广大中小学教师参与到课程改革政策的讨论和制定过程中来，并且注意在课程改革过程中培养课改的骨干教师。我们还应当认识到，专家培训主要解决理念层面的问题，对教师在其教学行动中落实课程改革理念的作用往往是间接的。只有将专家培训和地方、校本教研活动结合起来，将理念和实际教学经验相结合，更加充分地发挥基层教研组织的作用，才能通过培训来真正提高教师的课程能力，从而促进课程改革理念切实有效地转化为教师的课堂教学行动。

第三，学生在中小学课程改革政策的实施过程中几乎完全缺位，也是制约包括我国在内的世界诸国课程改革理念向教育教学行动有效转化的根本因素之一。

吕达先生在其《课程史论》一书中将“知识、儿童、社会”列为“制约学校课程的三大要素”，认为三者密切联系，不可偏废，而学校课程的根本目的就是通过教学促进学生的发展，不重视甚至忽视儿童这一重要因素，“这样的课程都不可能实现学校培养目标所规定的任务，甚至导致失败”。[②] 中小学课程改革的根本目的在于更好地促进中小学生的身心发展，而学生作为主体的活动是其实现自身发展的根本途径，因此，课程改革真正适应学生发展的

① 黄忠敬．课程政策［M］．上海：上海教育出版社，2010：178-179.

② 吕达．课程史论［M］．北京：人民教育出版社，1999：357-359.

需要，是课程改革理念有效转化为教育教学行动的前提。然而，在多数国家的中小学课程改革过程中，中小学生一般都不会被视为改革的重要主体。究其原因，我们在理论上没有充分认识到学生自身的主体活动在其身心发展中的重要意义，直接导致了学生在课程改革中的重要作用被普遍忽视。

教学，是一个师生共同完成的教育活动过程。离开了学生的活动，特别是学生的思维活动，教学就不可能真正发生。课程教学改革，不仅意味着课程设置、教材编写、教学方法等的变革，还内在包含了学生学习方式的变革，以及学生在教学过程中配合教师教学的思维活动方式和其他相关行动方式的变革。没有学生的参与，课程改革的理念即便转化为教师的教育教学行动，最终也难以真正收到实效，而这反过来又会给教师落实课程改革的行动带来困扰。对于这一教育事实，教育科学的认识犹有不足，因而世界诸国的课程改革对学生在其中的地位和作用大多是几近忽视的。这是造成很多国家中小学课程改革屡战屡败的重要原因之一。回顾我国中小学课程改革的历史，未能充分认识学生在改革中扮演的重要角色，也是我们有待进一步反思和改进的。

分析总结我国 70 余年中小学课程改革的历史经验和启示，可发现我们在未来的课程改革中应当特别注意做好以下几方面工作。

第一，进一步改革和完善我国富有特色的基层教研组织，重建和优化基层教研组织在课程改革中发挥作用的机制，特别是发挥好其在课程理论和教学实践之间的转化作用。

回顾 70 余年来我国关于中小学课程改革的研究，早期还比较重视那些与实际教学过程结合紧密的研究，但近年来，理论性的研究日益受到重视，实践性的教学研究成果日渐弱化。课程教学领域的新近研究成果大多属于理论探讨，不仅高校的课程教学研究者专注于理论研究，而且地方教研室纷纷“升格”为教育科学研究院（所）之后也逐渐转向理论研究，甚至连中小学校长和教师发表的成果也多有明显的理论化倾向。理论联系实际、既有理论深度又有实际效能的教学研究成果，更是凤毛麟角。形成这种局面的原因很复杂，有研究者将 20 世纪 90 年代我国课程研究的重心向专业领域和理论领域转移的现象，归因于社会大气候迫使研究者“从广场退回书斋”①，虽然有一定道理，但就工作机构和机制而言，各地方的教学研究室纷纷改组“升格”为教育科学研究所或研究院，不能不说是重要成因之一。

改变中小学课程改革领域重理论轻实践的倾向，重建和优化我国富有特色的基层教研组织，可以成为我们未来一个时期中小学课程改革的重要突破口之一。一方面，各地教科院（所）应当尽快将工作重点转向密切联系实际的教学研究，转向组织中小学教师在参与课程改革的教学实践过程中促进自身专业发展，并且在相关评价工作中把对教研员和中小学教师的教学成果评价的重心从理论成果转向实际教学成果，恢复并优化我国基层教研组织的本位职能；另一方面，高等院校应开发相应的专业课程，通过理论和实践相结合的专门学习或在职培训，培养一大批能担当“教育工程师”职责的专门从事课程理念向教学实践转化工作的专家型教研员，从队伍建设入手提升和优化我国基层教研组织的职能，使之能够更好地服务于未来的课程教学改革。此外，我们还应当改革相关组织工作和干部制度，还原和强化中小学校长作为教师领导（head teacher）的专业角色，淡化其行政色彩。改革教育管理体制，将中小学校长从那些与教育教学关系不大的繁杂行政事务中解放出来。70余年中小学课改经验告诉我们，大多数办学水平较高的中小学，都有一位教学水平高的校长，毫无教学经验的纯粹行政领导很少能真正有效地引领教师的教学工作。一支善管理、懂教学的中小学校长队伍，也是我们的课程改革从理念向行动转化的重要基础之一。

第二，进一步改革和完善我国中小学课程改革的管理体制，推动决策过程的科学化，保障政策工具在改革过程中的有效应用。

政府强有力的主导作用是我国中小学课程改革最重要的推动力，因此，政府的课程改革政策对新课程理念有效地向具体教学行动转化有着十分重要的影响。要运用政策工具推动课程改革从专家的学术理论和政府的政策理念实实在在地转化为教师的课堂行动，政策本身的科学性至关重要。虽然我国

① 刘徽．概念的寻绎：中国当代课程研究的历史回顾［M］．济南：山东教育出版社，2015：113–116.

中小学课程改革政策多数时候都是科学可行的，但在保证政策科学性的制度建设方面，我们仍有不少工作可做，其中最为重要的，一是解决课程改革决策过程多主体参与不足的问题，二是在政策制定过程中处理好理论和实践的关系，这两方面工作是紧密联系的。

改革决策的多主体参与不足的问题，不仅关涉中小学课程改革的民主化与否，而且直接影响课程政策理念是否易于理解和易于转化为具体行动。沃纳（Walter Werner）认为，“一个颇具前景的改革必须从一种共享的需求开始，这种‘共享的需求’的意识（Sense of Shared Need）在于让人们在改革之初就看到改革的必要性，并对这种需要进行公开的讨论”[①]。在改革决策的最初阶段就让大家清楚地认识到要改革什么以及如何改革，无疑有利于相关社会成员积极地参与改革。在我国中小学课程改革决策过程中，参与决策的权力主体仍然过于单一，“除了政府教育行政机关作为问题识别和确认的主体机构以外，其他问题识别和认定的机构和渠道相对萎缩，实质性的权力分化是非常有限的，并没有确立起系统而有效的课程政策问题的预警和识别机制”[②]。这样的状况显然不利于中小学教师等有关社会成员积极参与课程改革，也不利于课程改革理念有效地转化为改革行动。今后，在继续保持政府强有力的主导作用的同时，我们也应当注意广泛吸纳社会各界人士，尤其是教育专家、中小学校长和教师，参与到中小学课程改革的决策过程中来。

回顾我国中小学课程改革 70 余年的历史，早期的改革政策相对简单明了且贴近实操，而近年来的课程政策日益复杂而抽象，因而课程改革理念向行动转化的难度也日渐增大。究其原因，除了大量西方课程理论的引入及其本土化不足外，改革决策离教学实际越来越远也是重要成因之一。有研究者发现，我国近年来的中小学课程改革政策，“无论在政策研发的阶段还是在政策方案的实际论证中，普遍存在理论构想高于实践构想的问题。也就是，更多地停留于对政策理念或目标的讨论，而对于政策理念或目标如何转化为现实的‘课程结构的各要素’，并在‘建议或预测课程改革可能出现的问题及解决

① 屠莉娅．一个理想主义教育家对教育改革的现实解读：沃特·沃纳（Walter Werner）教授访谈录［J］．全球教育展望，2008（9）：3-11.

② 屠莉娅．从概念化到审议：课程政策过程研究［M］．济南：山东教育出版社，2015：118.

的有效途径’等方面，却相对薄弱，很少从潜在使用者的角度、从实践运作的角度反思一些现实性的问题”①。要解决这一问题，我们在今后的中小学课程改革中，应当在多主体参与的过程中正确处理好课程改革的理论和实践的关系，并且在改革政策的公开阐述中增加其具体性和可操作性，从而进一步促进课程改革理念向教学改革行动的有效转化。

第三，加强中小学生在课程改革过程中的角色和作用的研究，从理论和实践两方面确立学生在中小学课程改革过程中的重要地位，并提高教师在教学过程中引导学生以适应课程改革的新方式参与教学活动的能力。

中小学生在课程改革中的角色及其作用，是绝大多数国家在中小学课程改革过程中都容易忽视的。在课程改革的多主体参与和政策具体化过程中，中小学生参与决策和具体行动也十分重要。只有在师生共同的教学活动中，课程改革的理念才有可能真正实现其意义。吕达先生曾将学校课程区分为“理想的课程”“官方的课程”“实践的课程”三类，所谓理想的课程是指以教育学、心理学等教育理论为基础而研制的课程，它代表着一个国家的课程研究理论水准。所谓官方的课程，又称正式的课程，是指教育行政领导部门制定颁布的课程，……它具有法令意义，代表着一个国家的教育行政水准。所谓实践的课程是指学校中正在实施的课程，它体现为师生的教学活动。官方的课程（教学计划和教学大纲），必须转化为实践的课程（师生的教学活动）才有意义。②除了改革决策过程中要适当兼听学生意见外，中小学生要参与的主要应当是“实践的课程”的改革过程，即在具体的教学活动中配合教师的教育教学活动来共同实践课程改革的理念。为了让中小学生更好地参与到实践课程的改革过程中来，一方面要让中小学生初步认识和理解相关的课程改革，另一方面还应当在相关培训中特别重视培养和提高教师在具体教学过程中吸引和调动学生以适应课程改革的新方式参与教学活动的能力。要做好这些工作，我们首先应当加强对中小学生在课程改革中的角色和作用的教育科学研究，为充分发挥学生在课程改革过程中的积极作用做好认识上的

---

① 屠莉娅．从概念化到审议：课程政策过程研究［M］．济南：山东教育出版社，2015：150.

② 吕达．普通中学课程编订的系统探讨［J］．河南师范大学学报（哲学社会科学版），1989（2）：62-64.

准备工作。

中小学课程改革是基础教育改革最为基本、最为核心的改革，世界各国都予以高度重视。课程改革从理念转化为行动，既是世界各国基础教育改革常常面对的一大难题，也是决定着课程改革成败的关键问题。发掘蕴藏在我国 70 余年中小学课程改革历史，特别是改革开放 40 余年来的基础教育课程改革史之中的成功经验和未成功的心得，以这些丰富的历史经验为基础，不忘初心，砥砺前行，改革再出发，我们一定能够在未来的基础教育课程改革中取得更加辉煌的成就。

第九章

从恢复招生到迈向高等教育普及化

1977年以来，我国高等教育规模化发展经历了恢复高校招生到走向高等教育大众化再到实现高等教育普及化的发展历程，我国成为高等教育大国，并且向建设高等教育强国迈进。

经历了高校招生基本原则、招生方式、招生计划分配方式的变革，我国高校招生模式不断完善，这标志着我国高等教育发展迈入新的征程。此后，我们进行了高等院校结构调整的探索，通过院校合并促进了我国高等教育系统的整合，及院校、学科、专业门类的优化，为高等教育规模化发展奠定基础。由高等教育大众化迈入高等教育普及化过程中，我们取得了显著成就，同时也存在一些亟须关注解决的问题，高等教育发展机遇与挑战并存，任重道远。

第一节　高校招生模式的变革：招生制度的恢复与完善

我国高校的招生制度是伴随新中国统一高考制度的规范化而逐渐建立发展的。1952 年全国统一高考制度建立，但在国内环境变化的背景下，我国高考制度经历了确立、废除、恢复的艰难发展历程。1977 年伴随着高考制度的恢复，高校招生制度开始不断完善，这既成为改革开放的先导，也满足了社会主义建设对培养大批高素质人才的需要，标志着我国高等教育的发展迈入了新的征程。

一、高校招生基本原则的变迁

高校招生制度的恢复始于 1977 年 8 月在北京召开的全国高等学校招生工作会议，此次会议通过了《关于 1977 年高等学校招生工作的意见》，并规定“根据德、智、体全面衡量，择优录取的原则，实行自愿报名，统一考试，地市初选，学校录取，省、市、自治区批准的办法”。自此，德、智、体全面衡量，择优录取成为新时期高校招生工作的指导原则。1980 年国务院批转教育部《关于一九八〇年全国高等学校招生工作会议的报告》中再次规定高校在录取新生时要切实贯彻德、智、体全面考核，择优录取的原则。1987 年出台的《普通高等学校招生暂行条例》在此招生原则的基础上增加了“有利于中等教育，有利于社会安定团结”的总则。到 1994 年我国高校招生的原则由之前的一项变为三项，国家教委颁布的《关于进一步改革普通高等学校招生和毕业生就业制度的试点意见》中明确规定了“坚持德智体全面考核、择优录取，以文化考试为主要入学考核形式，以及公平竞争、公正选拔”这三项原则。2001 年教育部《关于做好 2001 年普通高等学校招生工作的通知》中仍沿用这三项原则。2002 年教育部对招生原则进行了微调，《关于做好 2002 年普通高等学校招生工作的通知》中指出“高等学校招生工作应贯彻公平竞争、公正选拔，德智体全面考核、综合评价、择优录取，入学考核形式以文化考试为主的原则”，相比之前增加了“综合评价”的招生原则。在 2003 年的高校招生工作通知中去掉了“入学考核形式以文化考试为主的原则”，在德智体全面考核的基础上增加了对美育的要求，形成了“德智体美全面考核”的招生原则。《关于做好 2006 年普通高等学校招生工作的通知》在 2003 年的基础上又增加了“公开透明”原则，至此形成了我国沿用至今的高校招生工作原则，即“公平竞争、公正选拔、公开透明的原则，德智体美全面考核、综合评价、择优录取”。

高校招生工作的核心是解决大学要招什么样的人以及怎么招的问题。纵观我国自 1977 年恢复高考以来的高校招生原则，基本每年都在上一年的基础上进行增减调整，字斟句酌的背后是我国高等教育发展由雏形走向成熟的过程。其中，1994 年和 2003 年是我国高考招生原则变化的两个分水岭。1994 年的高校招生相比之前更加强调选拔过程中的公平公正，2003 年将对德智体的考核充实为对德智体美四方面的考核，并且不再强调以文化考试为主要形式的入学考试。2020 年教育部印发了《大中小学劳动教育指导纲要（试行）》，纲要中规定为全面提高学生的劳动素养，大中小学要构建劳动教育体系，并把劳动素养考核结果作为高中和高等学校毕业的依据之一，将劳动教育学段综合评价作为学生升学和就业的重要参考。高校招生原则是高等教育质量标准的一个缩影，40 余年招生原则的变化表明我国的教育改革越来越注重学生的综合素质，朝着培养全面发展的人的方向前进。

二、高校招生方式由单一走向多样

高考制度恢复后，我国采用招生计划由国家统一编制，分省招生，执行统一的分数线录取标准，学费由国家承担的招生模式。1983 年的《关于一九八三年全国全日制高等学校招生工作会议的报告》指出，随着政治经济形势的发展，国家面临全面系统改革的新局面，我国招生制度已不足以满足需求，需要进一步完善。于是1983年的招生工作会议报告中首次提出了“定向招生、定向分配”和“采取合同制委托培养”的招生方式。这两种新的招生方式，一是拓宽了面向农村选拔人才的路子，并且为了实现定向招生、定向分配，必要时还可以降低分数线录取；二是打开了培养单位和用人单位直接联系的渠道，不再由国家承担全部高等教育学费，用人单位或部门负担部分经费，通过合同委托高校进行人才培养，使得高等教育的人才培养和专业设置更有针对性，满足了社会经济发展的需求。1985年《关于教育体制改革的决定》改变了高等学校全部按国家计划统一招生，毕业生全部由国家统一分配的办法，正式实行国家计划招生、用人单位委托招生、在国家计划外招收少数自费生的招生模式。国家计划招生和调节性招生并行的“双轨制”模式充实了高校的办学经费，同时增强了高校服务社会的能力，但运行过程中也出现了不公平的现象。1988年颁布的《一九八八年普通高等学校试行招收自费生办法》进一步对自费生的招生进行了规范。1994年《关于进一步改革普通高等学校招生和毕业生就业制度的试点意见》把之前的招生“双轨制”进行了“并轨”。通过建立收费制度，改变学生上大学由国家包下来，毕业时国家安排就业的做法，逐步建立起学生自己缴纳部分培养费，毕业后多数人自主择业的高等教育招生和就业机制。

进入21世纪，高校招生方式对于基础教育的“指挥棒”作用日益突显。以分数线为录取标准的高校招生一方面直接影响着中小学阶段的培养目标和教学模式，不利于素质教育的实施和创新型人才的选拔；另一方面会造成高校类型趋同，不利于形成和发展办学特色。《面向21世纪教育振兴行动计划》对推进教育领域改革做出了全面部署，提出探索适合不同地区和学校特点的高等学校招生、考试、评价的方法制度。为克服“分数至上”“一考定终身”的弊端，2001年我国启动了高校自主招生的试点工作，教育部批准江苏省的三所大学率先尝试。参加自主招生的考生需要参加高考和进行自主招生的大学自行组织的考试，达到意向学校高考分数段并通过自主招生考试的考生可以获得相应高考降分的政策优惠。自主招生的考试方式不同于高考，试题灵活、涉及知识面广，更加注重考查学生的综合素养，为具有学科特长和创新潜质的学生打开了通往名校的大门。2003 年高校自主招生试点范围进一步扩大，教育部《关于做好 2003 年普通高等学校招生工作的通知》中指出要进一步深化高校招生录取制度改革，扩大高校招生自主权，在部分高校中开展自主选拔录取的试点。同年的《教育部办公厅关于做好高等学校自主选拔录取改革试点工作的通知》对自主招生的原则、程序等做了严格规范，我国自主招生高校增加到 22 所。

2006 年教育部《关于做好 2006 年普通高等学校招生工作的通知》再次强调探索和完善多样化选拔录取模式，自主选拔录取试点高校要把选拔综合素质高、有创新精神和实践能力强的人才作为建设一流大学的重要内容，积极探索并建立有助于反映学生综合素质和个性特长的多元化考试评价体系，健全创新人才选拔机制，积极推进素质教育深入实施。此后的多年中，教育部连续发布了多个完善和规范高校自主招生的政策文件，自主招生的高校和参加考试的考生人数在不断增长。2006 年全国共有 53 所自主招生试点高校，到 2007 年达到 59 所，到 2018 年有资格进行自主招生的高校已达到 90 所。

我国自 1977 年恢复高考以来，高校的招生模式由国家统一编制、承担全额学费，发展为国家计划招生和调节性招生并行的“双轨制”，在 1994 年进行了“双轨制”的并轨，建立收费制度。在进入 21 世纪之际，又探索高校自主招生的新模式，在一定程度上弥补了高考以唯一标准进行人才选拔的弊端，高校自主招生很快成为高校招生制度的有机组成部分。这一系列招生方式的改革直接改变的是招生和分配模式，间接拉近了高校与社会的距离。我国在实现多样化的人才选拔模式、拓宽人才选拔渠道、实施素质教育的道路上走得更远了。

三、高校招生计划分配方式的变革

长期以来，我国高考录取率在地域上呈现出不平衡的状态，东部地区和西部地区、城市地区和农村地区由于经济发展水平和教育资源的不均衡，其录取率出现了较大差距。教育公平的源头——入学机会公平的问题面临着巨大挑战。如何对优质教育资源进行合理配置、缩小区域间高校发展的差距，成为高等教育发展亟须解决的问题。

2012 年教育部、国家发展改革委、财政部、人力资源社会保障部、国务院扶贫办联合发布了《关于实施面向贫困地区定向招生专项计划的通知》，自 2012 年起我国开始在普通高校招生计划中专门安排适量招生计划，面向贫困地区定向招生。这是缩小城乡高考录取率差距，增加贫困地区学生接受高等教育的机会，促进高校招生过程中教育公平的重要举措。2014 年教育部《关于做好 2014 年提高重点高校招收农村学生比例工作的通知》一方面强调要进一步扩大农村贫困地区定向招生专项计划的规模，另一方面开始实施农村学生单独招生和地方重点高校招收农村学生专项计划。至此，我国面向农村贫困地区招生的专项计划形成了三种模式：一是由重点本科一批招生学校承担的农村贫困地区定向招生专项计划，即国家专项计划；二是由各省（自治区、直辖市）本地所属重点高校承担，由各省（自治区、直辖市）根据本地实际情况确定的招生计划，即地方专项计划；三是由教育部直属高校和其他自主招生试点高校承担的农村学生单独招生计划，即高校专项计划。2018 年教育部《关于做好 2018 年重点高校招收农村和贫困地区学生工作的通知》进一步明确了这三种农村招生专项计划的报考条件，国家专项计划定向招收贫困地区学生，实施区域为集中连片特殊困难县、国家级扶贫开发重点县以及新疆南疆四地州；地方专项计划定向招收各省（自治区、直辖市）实施区域的农村学生，具体实施区域、报考条件由各省（自治区、直辖市）根据本地实际情况确定，实施区域要对本省（自治区、直辖市）民族自治县实现全覆盖；高校专项计划定向招收边远、贫困、民族等地区县（含县级市）以下高中勤奋好学、成绩优良的农村学生。

高校招生计划分配方式向农村等贫困地区倾斜的政策，增加了贫困地区学生接受高等教育的机会，重点高校招生规模由 2012 年的 1 万人增加至 2018 年的 10.38 万人。[①] 截至 2019 年上半年，我国面向农村及贫困地区的高校专项

---

① 姚媛 .2019 国家扶贫日系列活动之教育扶贫论坛：贫困地区义务教育条件全面改善［EB/OL］.［2019-10-15］［2023-08-20］. http://www.moe.gov.cn/jyb_xwfb/xw_zt/moe_357/jyzt_2019n/2019_zt27/yw/201910/t20191017_404144.html.

招生计划已招收47.8万余人。[①]这意味着我国持续为实现高等教育入学公平而做出的努力取得了一定的成效。

第二节　高等教育结构调整：院校合并

一、高等院校合并的背景

（一）社会主义市场经济发展的需要

1992年党的十四大明确提出把建立社会主义市场经济体制作为我国经济体制改革的目标。在社会主义市场经济体制下，市场对资源配置起决定作用，这就大大改变了我国计划经济时期资源调配的方式。市场要通过竞争机制，让有限的资源发挥最大的效用。而计划经济时期我国高校更多的是行业院校和地方院校，这些院校有明确的隶属关系，在分布和规模上呈无序状态，机构僵化，专业单一，在封闭体系内与社会经济发展相隔离。这种办学状态下的高校参与社会竞争的能力不足。要建立适应社会主义市场经济体制的高等教育系统，首先就需要改变分散无序的院校格局，通过院校合并提高规模效益，降低管理成本，发挥市场的调节作用，提高经费效用。

（二）高校自身发展的需要

知识生产模式的变化，使得大学中对于高深知识的传授和研究越来越趋于综合化，学科之间的界限开始模糊。尤其在我国改革开放后，社会经济充满了前所未有的发展活力，各行各业对具备综合能力的跨学科专业人才的需

---

① 中华人民共和国教育部．一“快”二“公”！教育部长陈宝生答记者问，谈中国教育特点特色［EB/OL］．［2019-09-26］［2023-08-20］．http:// www.moe.gov.cn/jyb_xwfb/xw_zt/moe_357/jyzt_2019n/2019_zt24/fbh/fbhmtbd/201909/t20190926_401210.html.

求使得高校专业设置面临着合理性的危机。我国当时的高校多为单科院校或专门学院，严重制约了对社会所需要的综合型人才的培养，只有通过合并组建综合性大学才能短时高效地实现宽口径、文理渗透、学科专业综合化的人才培养模式。此外，高校自身定位不明确，同质化严重。我国高校在发展之初缺乏合理的布局规划，同一地区存在多所相同性质高校的现象屡见不鲜，并且这些高校多是自成体系、条块分割，缺乏相互间的必要关联。在办学经费有限的前提下，这些专业设置重复、同质化发展、办学规模小的学校难以形成规模效益，这无疑是在浪费教育经费。鉴于上述种种高校自身发展的困境，院校合并无疑是谋求发展的必然选择。

（三）高等教育管理体制变革的需要

计划经济时期我国高校的管理体制为国家集中计划，中央和地方政府分别办学、直接管理。这一管理体制曾经在我国高等教育发展过程中发挥了极大作用，但随着经济体制的变革，原有的高等教育管理体制已经不能适应新时期的需要。一方面，除教育部保留直属高校外，其他部属高校都划转到属地管理，或形成与属地共建的模式，中央部委对高校的管理方式从直接管理过渡到间接调控。这些从中央管理改为地方管理的高校，与各地原有的高校往往专业设置重复，因此重新整合办学资源，进行院校合并是当时的必然选择。[①] 另一方面，以中央、省（自治区、直辖市）两级办学为主，社会各界参与办学的政策指向，活跃了高校管理模式。原来条块分割、自成体系的办学方式急需变革，走向条块融合、进行院校合并成为必然。

二、高等院校合并的历程

（一）院校合并酝酿和初步探索阶段（1985—1997 年）

1985 年中共中央《关于教育体制改革的决定》中明确指出，在教育管理

① 于述胜，李兴洲，倪烈宗，等. 中国教育三十年：1978—2008［M］. 成都：四川教育出版社，2008：247.

权限上，政府对高等学校统得过死，使得学校缺乏活力；在教育结构上，高等教育内部科系、层次比例失调，政府应加强宏观管理、简政放权、扩大学校办学自主权，这标志着我国高等教育体制改革拉开了序幕。1992 年全国普通高等教育工作会议之后，1993 年中共中央、国务院印发《中国教育改革和发展纲要》（本段中以下简称《纲要》），在高等教育领域主要解决的是政府与高等学校、中央与地方、国家教委与中央各业务部门之间的关系。逐步建立政府宏观管理、学校面向社会自主办学的体制，逐步形成以中央、省（自治区、直辖市）两级政府办学为主、社会各界参与办学的新格局，并且政府要转变职能，由对学校的直接行政管理，转变为运用立法、拨款、规划、信息服务、政策指导和必要的行政手段，进行宏观管理。《纲要》中特别对原属中央业务部门的高校进行了特别说明，随着中央业务部门职能的转变和政企分开，中央业务部门所属学校要面向社会，其办学体制和管理体制分别不同情况，采取继续由中央部门办、中央部门和地方政府联合办、交给地方政府办、企业集团参与和管理等不同办法。《纲要》的印发在一定程度上改革了旧体制下高等教育不适应市场经济发展的部分，中央政府开始由高校的直接管理者过渡为宏观调控者，《纲要》还为调整高校的隶属关系指明了方向。全国多所院校自 1992 年开始进行合并，镇江市职业大学、镇江教育学院和江苏省广播电视大学镇江分校合并成为镇江市高等专科学校；临汾师范专科学校、山西师范大学合并为山西师范大学；扬州工学院、扬州师范学院、江苏农学院、扬州医学院、江苏商业专科学校、江苏水利工程专科学校、国家税务局扬州培训中心共 7 所学校合并成为扬州大学；等等。

1994 年国务院《关于〈中国教育改革和发展纲要〉的实施意见》中明确指出，要逐步改革高等学校条块分割、“小而全”的状况，优化高等教育的结构与布局，提高办学效益，争取到 2000 年或稍长一点时间基本形成以省级政府为主办学与管理的条块结合的新体制的框架。由“条块分割”到“条块结合”的政策导向进一步加快了高等院校合并的步伐。此后的几年中，天津对外贸易学院并入南开大学；深圳师范专科学校并入深圳大学；华东工业大学、上海机械高等专科学校合并为上海理工大学；陕西工商学院、陕西财政专科学校、陕西商业专科学校合并为陕西经贸学院；上海城建学院、上海建材学院、同济大学合并为同济大学；宁波大学、宁波师范学院、浙江水产学院宁波分院合并为宁波大学；等等。经过这一阶段高校的合并，我国学科门类相对齐全的综合类院校数量逐渐增多。

（二）院校合并全力推进阶段（1998—2000 年）

1998 年 1 月 17 日—19 日，全国高等教育管理体制改革经验交流会在江苏省扬州市举行，国务院副总理李岚清提出“共建、调整、合作、合并”的八字方针，以加快力度和速度建立与社会主义市场经济相适应的高等教育管理体制。同年 5 月江泽民总书记在北京大学百年校庆上提出建设若干所 21 世纪的世界一流大学。从 1990 年至 2000 年底，共有 772 所高校合并组建成 297 所高校。仅 1998 年至 2000 年底，就有 388 所高校合并组建成 151 所高校。2001 年后，仍有一些高校陆续进行合并，从 2001 年至 2006 年 3 月，我国共有 314 所高校合并为 134 所高校。[①]

这一阶段的院校合并具备学科门类齐全、名校合并的特点。如清华大学合并了中央工艺美术学院；中国科学技术大学合并了合肥经济技术学院；上海交通大学合并了上海农学院；北京大学合并了北京医科大学；同济大学合并了上海铁道大学；复旦大学合并了上海医科大学；中央财经大学合并了中央财经管理干部学院；中南工业大学、湖南医科大学、长沙铁道学院合并成为中南大学；华中理工大学、同济医科大学、武汉城市建设学院合并成为华中科技大学。

十余年的高等院校合并历程，是一种自上而下的政策导向型合并模式。在我国经济体制变革、高校自身发展面临危机的时刻，改革高等教育管理体制势在必行，中央陆续出台的政策文件成为院校转型合并的指挥棒。从合并类型上看，此次院校合并呈现出强强合并、强弱合并、同一办学层次院校合并、跨层次院校合并、不同隶属关系的院校间合并等多样化的合并方式，这些合并后的院校多呈现出学科门类由单一到齐全、由分散小规模办学到集中大规模办学等变化。

---

① 中华人民共和国教育部 .1990 年以来高校合并情况（截止到 2006 年 5 月 15 日）[EB/OL] .（2006-05-15）[2024-07-20] . http://www.moe.gov.cn/srcsite/A03/moe_634/200605/t20060515_88440.html.

三、院校合并对高等教育发展的影响

（一）院校合并的成效

高等院校的合并为我国高等教育发展打下了坚实的基础，具体而言其成效可分为三个层次：高等教育系统、高校和学科。

在整个高等教育系统层面，我国由计划经济向市场经济转型的背景下，计划经济时期中央政府、行政管理部门和地方政府分别办学、条块分割的高等教育管理体制已经不能适应市场经济的需求，经过管理体制的转型，我国形成了中央和省两级政府管理并以省级政府为主的高等教育管理体制，在这个背景下进行院校合并就有效地打破了高校分散发展、自成系统的弊端。院校的条块结合为我国高等教育系统的整合及之后的规模化发展提供了可能。

在高校自身发展层面，合并之前的院校多为单科院校，这些高校隶属于不同的行业部门，在发展过程中多局限于本行业的人才培养。在定向招生、定向分配时期，这类高校还能得到良好发展，但随着社会经济的发展及高校分配制度的改变，毕业生自主择业就面临着所学专业与市场需求不匹配的问题，这样一批单科院校就面临着被市场淘汰的危机。在此种情况下，多所单科院校合并，在专业上相互弥补，既有利于缩小高校人才培养与社会需求的距离，也有利于高校持续健康发展。

在学科层面，院校合并有利于新兴学科、交叉学科的兴起及发展。在此轮院校合并中，学科结构是各院校考虑的主要问题之一。例如，一些综合类高校在学科门类中缺少医学，在合并中就吸收一些医学类院校，像这样的高校有浙江大学、北京大学、苏州大学等。学科门类的增加，打破了单一学科的学术氛围，使得学科之间的交融更加频繁，为新兴学科和跨学科专业的兴起提供了土壤。

（二）院校合并后存在的问题

院校合并在促进我国高等教育发展的同时也带来了新的问题，这些问题总结起来主要有管理问题和质量问题。

管理问题是院校合并后面临的首要问题。一方面是人事和权责分配，多所高校合并为一所高校，采用统一的校内管理体制和一套管理机构，就涉及原来多所院校的管理人员岗位设置和权责配置。人员的数量远远超过了岗位的数量，这必然会损害一部分人的利益，如何重新整理隶属关系、设置权力机构、避免人员的不满情绪和人浮于事的工作态度，成为组织高效运行的关键。另一方面，合并后的学校有的涉及多校区的管理问题，面对不同的校园文化，职能部门如何进行整合、如何进行跨校区的管理，也是需要持续探索的部分。毕竟要做到多校区之间在密切联系的基础上井然有序地各自运行，新的校园文化得到行政人员和教师的认同，这既需要一定时间的沉淀，也考验着高校管理的策略。

质量问题是院校合并之后逐渐显现的问题。院校合并并非都是强强联合的过程，一些专科院校与本科院校合并后升级为一所新的本科院校，由于原来学校的教学质量参差不齐，学校层次提升后的教育质量问题令人担忧；还有一些院校的合并单纯出于“贪大求全”的目的，希望合并扩大自身的校园面积、扩充原有的学科门类，并没有认真考虑“大而全”的学校的教育质量管理问题。

第三节　高等教育规模化发展：实现大众化和迈向普及化

美国著名的社会学家马丁·特罗在 1973 年提出了高等教育大众化理论，高等教育毛入学率低于 15% 的属于精英教育阶段，在 15% 至 50% 之间的为大众化阶段，毛入学率大于 50% 的为普及化阶段。我国高等教育经过扩招，到 2002 年普通高校招生 320 万人，毛入学率到达 15%，这标志着我国正式进入了高等教育大众化时期。①2019 年我国高等教育毛入学率达到 51.6%，正式迈入高等教育普及化阶段。②

一、高等教育大众化形成的背景分析

我国高等教育大众化并不是高等教育按照自有规律自然发展的结果，它是在政治经济和社会需求的强力推动下形成的。

一是经济方面的因素，20 世纪 90 年代院校合并后，高校建立了适合市场经济发展的管理体制，高等教育布局得以优化，开始朝向规模化方向发展，进而招生人数也有了较大增长，但这还远不能满足我国经济发展对高层次人才的需求。尤其在市场经济快速发展时期，产业结构调整升级，高校的毕业分配制度由定向分配转向自主择业，人才的自由流动和劳动力市场的竞争更进一步激发了市场对高层次人才的需求。全面提高国民受教育水平和国民素养成为经济可持续发展的必然要求，并且广大人民群众在满足基本生活需要及义务教育普及的背景下，对接受高等教育产生了强烈的愿望，这些都为 20 世纪 90 年代末期开始的高校扩招奠定了基础。

二是基于国际竞争对科技发展的要求。改革开放后，我国积极参与国际事务，提高对外开放水平，但在科技上的国际竞争力却还远不如意。1999 年我国科技国际竞争力在 47 个国家中排名第 25，到 2000 年时我国的科技国际竞争力排名为第 28。③ 对我国科技国际竞争力处于中下游水平进行追根溯源，

---

① 董鲁皖龙．扎根中国大地 奋进强国征程：新中国 70 年高等教育改革发展历程［EB/OL］.（2019-09-22）［2023-08-20］. http://www.moe.gov.cn/jyb_xwfb/s5147/201909/t20190924_400593.html.

② 叶雨婷．越来越多的家庭实现大学生“零的突破”：我国高等教育进入普及化时代［EB/OL］.（2020-10-13）［2023-08-20］. http://www.moe.gov.cn/jyb_xwfb/s5147/202010/t20201013_494234.html.

③ 谢作栩．中国高等教育大众化发展道路的研究［M］. 福州：福建教育出版社，2001：164.

发现教育尤其是与科技创新和人才培养直接相关的高等教育的产出还需提高。早在 1992 年，中国共产党第十四次全国代表大会就已经提出必须把经济建设转移到依靠科技进步和提高劳动者素质的轨道上来。1995 年科教兴国战略开始在全国实施，发挥科学技术是第一生产力的真正作用。我国高等教育在人才培养上既要提高数量也要提高质量，高校扩招成为提高高等教育人才培养数量和促进科技产出的主要途径之一。

三是高等教育扩招政策的推动。我国自恢复高考以来，总体上看高等教育的招生人数长期以来处于增长状态，但增长的速度远远不能满足社会的需求。1999 年在北京召开的第三次全国教育工作会议上，江泽民总书记号召大力发展高等教育，扩大招生规模，同年全国高校的招生规模进一步扩大。高校扩招作为一项具体的任务开始出现在各种工作会议中。

二、高等教育大众化取得的成效

（一）普通高校招生人数增长

在 1977 年恢复高考后，当年高校招生人数达到 27 万余人，1978 年增长为 40.2 万人，1985 年之后逐年上升，并且在 1995 年至 2000 年出现了大扩招，1995 年的普通本专科学校录取了 92.6 万人，五年之后的 2000 年录取人数就高达 220.6 万人。这五年间的增长幅度，是 1990 年至 1995 年增长幅度的 4 倍（见图 9–1）。可见 20 世纪 90 年代末期高校扩招取得了一定成效。2002 年是我国高校扩招历程中里程碑式的一年，招生录取人数达到 320 万人，毛入学率达到 15%，这标志着我国正式迈入了高等教育大众化阶段。此后，我国普通本专科学校的招生人数还在逐年增加，在 2019 年我国高等教育毛入学率达到 51.6%，这代表着我国高等教育进入普及化阶段，这是我国自 1977 年恢复高考后，高等教育发展取得的伟大历史成就，意味着国民受教育水平和国民素质的全面提高。

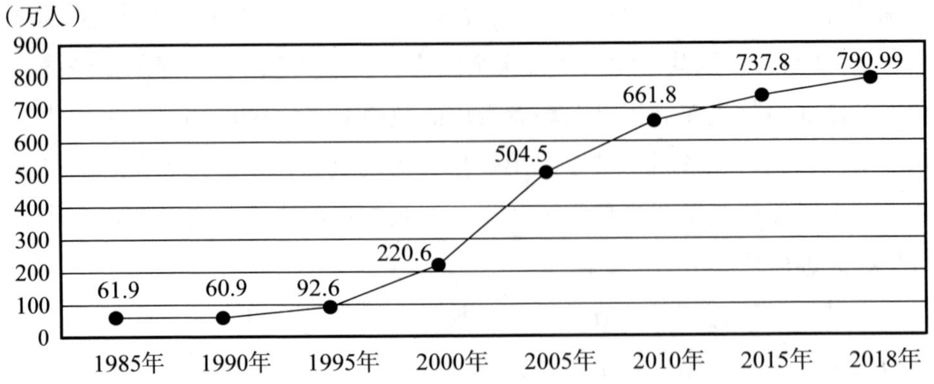

图 9–1　1985—2018 年普通本专科招生人数

数据来源：国家统计局 . 中国统计年鉴 2018［M］. 北京：中国统计出版社，2018；《2018 年全国教育事业发展统计公报》。

（二）研究生教育呈规模化发展

高等教育不仅在规模上呈不断扩大趋势，在层次上也开始呈多样化发展。1985 年之后我国研究生招生人数开始大范围增加，尤其在高等教育扩招阶段，不仅本专科学生规模壮大，研究生也开始扩招。1995 年研究生招生人数达 51053 人，到 2000 年就达到了 128484 人，2018 年达到了 857966 人（见表 9–1）。研究生培养模式也呈多样化发展趋势，20 世纪 90 年代之前我国多培养学术型研究生，按照学科逻辑进行教学和科研，而随着社会主义市场经济体制的确立，市场对高层次应用型人才的需求旺盛，我国在研究生培养体系中开始设立专业型研究生，按照应用逻辑进行高层次应用型人才培养，我国学位制度不断丰富完善。

表 9–1　1978—2018 年研究生数

年份	毕业生数（人）	招生数（人）	在校学生数（人）
1978 年	9	10708	10934
1980 年	476	3616	21604
1985 年	17004	46871	87331

续表

年份	毕业生数（人）	招生数（人）	在校学生数（人）
1990 年	35440	29649	93018
1995 年	31877	51053	145443
2000 年	58767	128484	301239
2005 年	189728	364831	978610
2010 年	383600	538177	1538416
2015 年	551522	645055	1911406
2017 年	578045	806103	2639561
2018 年	604368	857966	2731257

数据来源：国家统计局 . 中国统计年鉴 2019［M］. 北京：中国统计出版社，2019.

（三）高校数量及师资增长

高校数量和专任教师数量充足是入学人数增加的前提保障。1990 年我国普通高校为 1075 所，1995 年减少到 1054 所，2000 年为 1041 所。高校开始扩招之后，高校数量突飞猛进，2005 年较 2000 年增加了 751 所，到 2018 年达到 2663 所，比 1990 年翻了一倍多（见图 9–2）。相比高校数量的变化，专任教师的数量在 1978 年至 2000 年间都是呈稳步增长态势，2000 年之后增长幅度急剧加大，这与我国高等教育扩招政策有关，2000 年我国普通高校专任教师数为 46.3 万人，到 2005 年跨越式增长为 96.6 万人，增长了一倍多，到 2018 年专任教师数量达到 167.3 万人（见图 9–3）。高校及其专任教师数量的增长有效地保障了高等教育大众化顺利实现。

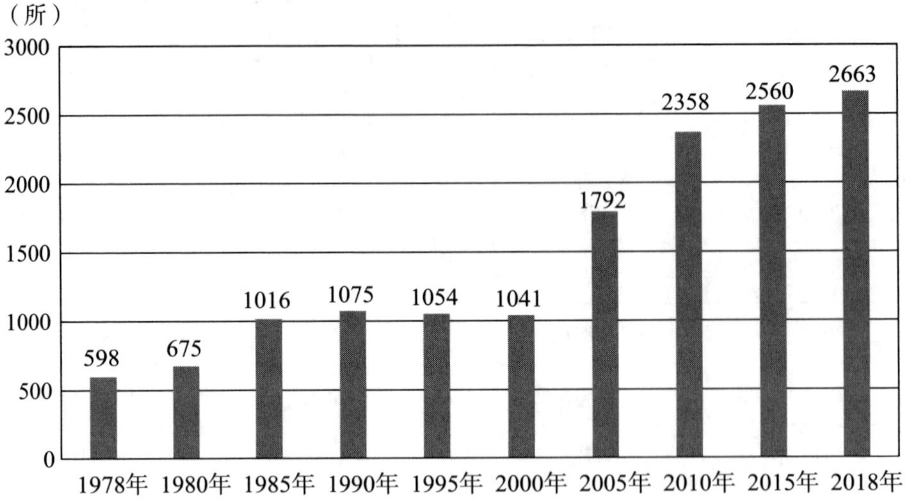

图 9-2　1978—2018 年普通高等学校数

数据来源：国家统计局 . 中国统计年鉴 2019［M］. 北京：中国统计出版社，2019.

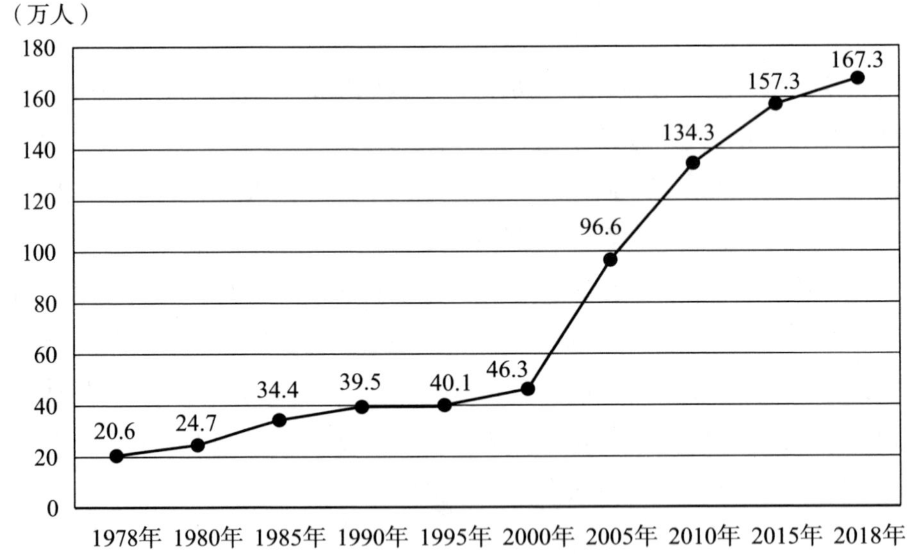

图 9-3　1978—2018 年普通高等学校专任教师数

数据来源：国家统计局 . 中国统计年鉴 2019［M］. 北京：中国统计出版社，2019.

三、高等教育普及化阶段需要关注的问题

我国高等教育在短时间内迅速进入大众化阶段，意味着有更多的人有机会接受高等教育，并且高校也为社会提供了更多的高层次人才，无论是在高等教育的发展中还是在社会经济发展过程中都做出了突出贡献。但同时，高等教育中也存在一些亟待解决的问题，在普及化阶段需要加以关注。

一方面是高等教育进入大众化阶段后大学的同质化现象严重。2000 年之后我国高校数量大幅度增长，学校把更多的注意力放在录取人数、校园面积、硬件设施等方面，而忽视了学校的内涵式发展，千篇一律的校园文化、墨守成规的治理模式、因循守旧的专业设置等等都造成了大学之间的同质化问题凸显。"办学特色"成为大学急需思考的问题，并且多次在本科教学质量评估的指标体系中作为一个重要的考核点。

另一方面是高等教育质量问题令人担忧。我国高等教育的大众化主要是政府推动的，并且我们把大众化当作一种任务目标来强力实现，其实这与马丁·特罗的大众化理论的出发点是不相符的。高等教育大众化是高等教育发展中需要经历的一个阶段，大众化理论原本发挥一种预警功能，提醒高校面对即将达到的这个阶段应该做好相应的准备，而我们把它当作一种高等教育发展的目标来实现，这无疑会造成高校只注重学生数量而不注重教育质量的发展观。尤其在高校数量和学生人数猛增的背景下，财政性拨款、生师比等都不乐观，这些会直接影响高等教育的质量。

第十章

高等教育的普及化与追寻卓越

“十三五”时期我国高等教育进入普及化发展阶段，这意味着有更多的人获得了接受高等教育的机会，但同时高等教育在资源配置、治理能力、质量提升上也面临着新的挑战。在高等教育质量提升中，以什么样的质量观来进行人才培养，这个议题显得尤为重要。如何在兼顾卓越性与多样化的原则下向每位学生提供适合的教育，是高等教育需要思考及探索的问题。

第一节　高等教育普及化进程中面临的挑战

随着高等教育的蓬勃发展，“十三五”时期我国高等教育毛入学率达到54.4%，按照马丁·特罗的高等教育发展阶段理论，我国已经进入高等教育普及化阶段，并且预计到2025年，高等教育毛入学率有望提升到60%。[①] 在大众化阶段，我国高等教育取得令人瞩目的成就的同时，也存在一些急需解决的问题，在普及化阶段，我国高等教育也将面临更大的挑战。

一、高等教育资源配置面临的挑战

在我国高等教育实现大众化、迈向普及化之际，高等教育的入学人数、在校生数、大学规模均呈跨越式增长。大学作为资源依赖型组织，其办学规模与办学资源需求呈正相关，高等教育跨越式发展带来的挑战是日益扩大的办学规模与办学资源配置方式及均衡性之间的矛盾。

（一）资源配置方式面临的挑战

大学的资源配置方式决定大学发展战略的选择。总体而言，大学的资源配置方式主要有三种：一是政府主导模式，即大学资源配置权力由政府掌握；二是市场主导模式，即大学通过出售教学、科研成果、咨询等学术性服务而从消费者一方获得经费收入；三是院校主导模式，即院校通过资产投资、校友或商业捐赠而获得收入，院校在资源配置中掌握主导权力。选择哪一种资

① 程婷．教育部：到2025年，高等教育毛入学率力争提升到60%［EB/OL］.（2021-03-31）［2023-11-10］.http://www. moe.gov.cn/jyb_xwfb/moe_2082/2021/2021_zl25/bd/202104/t20210401_523926.html.

源配置方式，决定了大学要走什么样的发展道路。

现代大学的资源配置方式并非单一模式，而是多种模式的组合，区别在于每种资源配置方式所占的比例不同。我国高等教育迈向普及化的过程中，规模的扩大必然会导致对经费等资源需求的增加，同时资源的配置方式也需要向更合理化的方向调整。1998 年我国高等学校总经费为 5981215 万元，其中国家财政性教育经费占比约为 64%[①]；到 2011 年，我国高等学校总经费为 70208740 万元，国家财政性教育经费占比约为 58%[②]；再到 2018 年，我国高等学校总经费为 120218300 万元，国家财政性教育经费占比约为 63%[③]。从 1998 年到 2018 年的经费数据可知，一是高等学校的经费随着其发展规模的扩大而不断增加；二是在经费来源结构中，财政性教育经费始终是主要来源，捐赠收入、事业收入（包含学费）、其他教育经费等所占比重很少，例如 2018 年高校的捐赠收入仅占总经费的 0.4%。可见，尽管我国高校经费来源结构呈现出多样化的特点，但与财政性教育经费相比，其他来源的经费数额较少。在高等教育大规模发展过程中，这种资源配置方式无疑会束缚大学的发展。因为作为资源依赖型组织，为了实现组织的生存目标，大学的运行必然会受到外界环境的影响，需要从利益相关者中获取经费和资源以支撑其运转，而资源提供方在大学治理中的话语权会随着其提供经费所占比重的增加而加强，这在一定程度上会影响大学的自主性和学术自由。所以当资源配置来源结构多样化时，各个主体之间会形成权力制衡机制，这种制衡会为大学提供一定的自由发展空间。我国大学在规模化发展的过程中，不仅在经费需求量上面临筹款挑战，更需要思考如何优化资源配置方式。

---

① 国家统计局 . 中国统计年鉴 2000［D/OL］.［2023-11-10］.www.sstats.gov.cn/sj/ndsj/zgnj/2000/T31c.htm.

② 国家统计局 . 中国统计年鉴 2013［D/OL］.［2023-11-10］.www.stats.gov.cn/sj/ndsj/2013/indexch.htm.

③ 国家统计局社会科技和文化产业统计司 . 中国社会统计年鉴 2019［M］. 北京：中国统计出版社，2019：156.

（二）资源配置均衡化面临的挑战

高等教育资源配置均衡化体现的是教育公平与效率的关系，这是高等教育领域中的永恒话题。当高等教育资源配置实现均衡化，即代表教育资源是公平合理地在各高校之间进行配置的，每所高校都能获得支撑其高效运转的资源，可以实现整体最大效益，推动社会的发展。当高等教育资源配置呈现非均衡化局面时，各高校的人力、财力、物力资源供给状态就会出现差距，进而引发对资源的非良性竞争，会破坏高等教育生态，使高等教育发展不均衡，从而也会制约社会的整体发展。教育资源配置的均衡化问题是一个涵盖所有类型和层次的高校而非某几所一流大学的问题。

我国高等教育领域资源配置均衡化的挑战主要体现在两个方面。一方面是东、中、西部高校教育资源分布的不均衡。这是一个老生常谈的话题，但在入学人数增长的态势下，这个问题的严峻性会再次凸显。我国中部和西部地区的高校数量和学生数量约占全国总量的65%，在教育资源方面中西部地区长期以来面临着优质师资流失和经费供给不足的问题。这些地区的大学对优质师资的吸引力不足，并且学校自己培养起来的教师在取得一定成就后就倾向于调往东部地区高校任教，造成人才的流失。为提高教师队伍的质量，国家政策上的倾斜调整和相关激励机制的构建显得尤为必要。经费供给方面，各地获得中央财政性经费拨款的数额差距并不明显，但地方政府的经费支持存在很大差别。受制于中西部地区经济发展的程度，地方政府对于大学的财政支持力度有限，这就使得中西部地区高校的经费来源是存在缺口的。另一方面是不同层次的高校在资源获取上也存在非均衡化的问题。国家重点院校与地方性大学对于资源的聚集能力是不同的，层次越高的大学在资源聚集上的能力越强，反之一般普通性高校在获得师资和经费上的能力略显不足。

二、高等教育治理面临的挑战

（一）宏观层面大学系统治理面临的挑战

我国高等教育在进入大众化阶段时就曾面临入学人数激增、大学数量和规模急剧扩张的情况，在迈向普及化之际，高等教育规模的再次扩大必然会增加宏观上大学治理的难度，这在大学系统层面主要表现为大学的布局和定位。在大学的整体布局上，经过 2000 年初的院校合并，单科大学和小规模大学基本完成了院校合并，在整体上规范了大学的办学模式并完善了大学的学科结构。在普及化阶段，大学系统治理面临的主要问题是如何协调大学的集聚与分散及空间上东、中、西部大学的布局问题。在一些城市，由于大学的聚集已经形成了具有一定规模的大学城，如何发挥大学聚集的最大效应，对大学城内的学术资源、产业资源等进行共享，需要系统的顶层设计和宏观调控。此外，东、中、西部优质大学及教育资源分布优化的协同治理也是大学系统层面面临的挑战。在大学的定位上，我国在推进世界一流大学建设的同时也在进行地方高校向应用型转变的转型发展，现实中许多高校不考虑自身办学特色和现实基础，都打出了“世界一流”的发展口号。一些地方高校对应用型院校的认识不清，认为是降级发展。学校同质化严重，始终无法办出特色。这些问题显然都是对自身办学定位不明晰造成的。为使每所大学找准自身定位，培养特色人才，大学系统层面的调控治理显得尤为重要。

（二）中观层面大学治理面临的挑战

改革开放以来，我国高等教育的发展呈现出高校规模、入学人数扩大，大学类别、人才培养类型多样化的趋势，与此同时，高等教育的外部环境也产生了变化。美国学者伯顿·克拉克（Burton R.Clark）在《高等教育系统：学术组织的跨国研究》一书中构建的“三角协调模式”指出，大学的治理主要受学术权威、政府权力和市场这三个主体的影响，这三种力量不同程度的整合形成了大学的不同发展路径。

我国高校治理同样受到政府、市场和学术权威的共同作用。产学研结合、校办企业、创业型大学发展模式等成为许多高校力推的项目，高校学科专业的设置、订单型人才培养的方式越来越多地考虑市场的需求，这些都体现了市场越来越成为高校治理中的利益相关者。在激发高校办学活力、高校社会服务职能得到最大限度发挥的同时，大学的学术自由和对纯粹真理的探究受到了一定程度的动摇。尽管高等教育哲学中的“认识论”和“政治论”是学界长期探讨的话题，但使两者达到协调统一是实践环节的难题。进一步而言，如何平衡好政府、市场和大学三者之间的关系，寻找权力间相对平衡的中间地带，成为现在高校治理面临的主要挑战。

（三）微观层面基层学术组织治理面临的挑战

从 1978 年至今，在我国高校 40 余年的发展中，大学内部基层学术组织的治理取得了一定的成就，同时也面临一些挑战。学术权力与行政权力的关系是大学内部治理的关键，这两种权力分别依照的是学术逻辑和行政逻辑。大学作为底部沉重的组织，学术活动主要在基层学术组织层面发生，在行政权力和学术权力双重作用下，基层学术组织治理的挑战主要体现在两个方面：一是基层学术组织的自主权问题，二是基层学术组织的组织结构问题。在自主权方面，多数学校的行政权力集中于大学层面，上传下达的科层制管理模式抑制了基层学术组织的活力，甚至学术权力会被压制，进而影响教学质量和科研创新。如何界定基层学术组织自主权的权限，以及捋顺行政与学术的关系，以激发学术心脏地带的活力，这是长期以来的难题。在基层学术组织的组织结构方面，传统上院系的设置是根据学科目录，以学科为界限进行划分，近些年随着交叉学科和新兴领域的兴起，横跨多个院系的矩阵型组织结构已经出现在基层学术组织之中。这不仅创新了组织方式，还为交叉学科的发展提供了空间。然而如何明确矩阵型组织结构中的教师隶属关系，如何保障多种组织结构并存条件下的运行效能，是值得进一步思考的问题。

三、高等教育质量面临的挑战

（一）大学办学的同质化与特色化面临的挑战

“千校一面”是对我国进入高等教育大众化时期大学特点的形象描述，然而在迈向普及化之际，大学的同质化问题依旧存在。早在本世纪初期我国进行的本科教学工作水平评估就已经把办学特色作为一个单独的评估指标列出，目的是发挥评估的导向功能，引导各大学办出特色。因为大学的办学特色是一所大学独特的价值体现和精神气质所在，直接影响着这所大学的人才培养理念，进而影响着高等教育的质量。在高校办学实践中，由于各大学的资源配置模式大体相似，并且一些大学的办学定位模糊，大学同质化现象严重。行业性特征明显的大学相对而言更容易发挥其特色优势，培养特色人才，而无行业背景的高校，尤其是一些地方性大学，则很难找准自身定位。地方性大学在我国高校规模中占据较高比重，如何挖掘其优良校风、构建鲜明独到的教育理念、集中资源打造优势学科，成为这些大学需要探索的问题。

（二）人才培养的职业性与学术性面临的挑战

大学的人才培养质量是高等教育质量的核心体现。随着入学人数的增多，数量与质量的矛盾再次显现。高等教育质量受到公众质疑的最主要焦点在于，毕业生的能力素养不能与劳动力市场需求相匹配，这实质上涉及的是大学要培养什么样的人的问题。大学是以进行高深知识研究、培养高级专门人才为主要目的的学术机构，是聚焦探究高深学问的学术型人才的培养，还是聚焦基于专业技能的职业化应用型人才的培养，不同类型的大学应该有不同的侧重。现实中的问题是，一些大学对于人才培养缺少确切的定位，使得学生在学术知识上基础不牢，在职业技能上也存在欠缺，这就会出现毕业生在劳动力市场上就业难的问题。因此，协调好人才培养的职业性与学术性之间的关系，是我国高校提升高等教育质量面临的挑战。

第二节　普及化时代高等教育人才培养的卓越性与多样化

一、高等教育普及化与精英化的关系

高等教育由精英化发展到大众化再过渡到普及化，不仅仅代表入学率的增长，还表现为高等教育多样化的发展模式和其功能的扩展。当我国进入高等教育大众化阶段时，学界就曾探讨过大众化与精英化的关系。目前我国已迈入高等教育普及化阶段，培养什么样的人以及怎样培养人的问题依旧是一个严峻问题。因此普及化与精英化的关系值得再次被探讨。

大众化阶段的高等教育受到社会质疑的焦点在于教育质量的下降，由此引发了精英化与大众化孰优孰劣的争论，普及化阶段同样面临此问题。马丁·特罗曾指出，高等教育由精英化向大众化再向普及化阶段过渡时，下一阶段的高等教育会包含前一阶段的模式，两个阶段之间有交融，而并非完全剔除和取代。因此，我们在探讨高等教育质量下降问题时，不能完全归因为入学人数的增多。普及教育与精英教育是并存共生的关系。一方面，从实现教育公平的角度来看，我们需要重新审视高等教育中的教育公平。作为带有选拔性特征的教育阶段，高等教育阶段的公平并非指每一个学生都能获得接受高等教育的机会，或者是每一个学生都有享受同样教育资源的机会，而是提供给每个学生适合他的教育，使其个人潜能充分释放。另一方面，从不同类型和层次高校的人才培养来看，当代的精英教育并非是针对少数阶层开展的教育，而是把一些学生培养成具有创新能力的精英型人才。这类人才的培养不仅存在于少数研究型大学中，各个层次、各种类型的高校都可以承担起培养精英型人才的重任。从以上两个角度来分析，普及教育并没有取代精英教育，提高公民整体的受教育水平和培养卓越人才并不冲突，精英教育的质量标准依旧值得坚持。

二、高等教育普及化阶段人才培养的质量观

我国高等教育由精英化走向大众化并非高等教育依据自身规律发展而来，而是政府在此过程中起了主导性推动作用。因此，在2000年初，尽管高校规模扩张，但远远无法承载学生扩招的规模和速度，一些重点的研究型大学也相应地承担了扩招的任务，导致大众化时期我国高等教育质量下滑的说法存在。目前我国高等教育已经迈入普及化阶段，面对已成规模的高校招生人数，确立什么样的人才培养质量观再一次显得尤为重要。

普及化阶段的高等教育无论是层次还是类型都呈现出多样化的特点，大学更加讲求利益相关者多方共治的治理体系，在资源配置方式上也朝多元化的方向发展，这些都促使高等教育的质量观发生变化。作为一个开放的复杂系统，大学人才培养的质量观就不再是单一维度、封闭不变的了。人才培养是大学的首要职能，普及化阶段会越来越强调以学生为主体的多样化质量观。一是更加强调教育对社会发展和对学习者个人发展的功能的统一。高等教育有促进社会的政治、经济、文化繁荣的功能，同时也有在知识、能力、素养等方面完善个体，为个体未来完满生活做准备的功能。一些高校教学内容和教学方式逐渐与市场需求相贴合，更加重视学生的综合实践能力和素养，在加强大学社会服务职能的同时又考虑毕业生综合素养与劳动力市场需求的衔接，做到了教育的社会功能与个人功能的协调。二是强调适合受教育者个体需求的教育质量观。以学习者为本、以学习者的发展为本是“以人为本”理念在高等教育领域的集中体现。[①] 普及化阶段的高等教育要充分考虑学生个体的差异，通过不同类型的教育挖掘每一个学生的潜能，并使其具备终身学习

---

① 侯小兵，张继华 . 理解与行动：高等教育质量建设研究［M］. 成都：四川人民出版社，2015：101.

的能力，这是对个体的尊重，也是对教育本质的回归。

三、高等教育普及化阶段人才培养的路径

高等教育普及化阶段的人才培养应以卓越性和多样化为原则，既要兼顾精英教育人才培养的卓越性和普及化阶段人才培养的多样化，又要为每位学生提供适合其自身的教育，使其个体价值充分实现，使教育的社会功能和个人功能相统一。

（一）进一步完善现代大学制度建设

普及化阶段的高等教育能否培养出高质量的人才，关键在于制度创新。大学与外部的政府、市场及第三方中介机构之间的关系，大学内部的领导体制、管理模式、学术与行政的关系等处理得是否妥善，直接影响着大学人才培养的产出，而这些均是大学制度建设中需要着重解决的问题。早在2010年《教育规划纲要》就已把建设现代大学制度作为一项战略任务。目前我国高校基本建立了大学章程，并以大学章程为依托进行现代大学制度的建设，但过程中依旧存在长期以来难以解决的问题。例如，高校的办学自主权还需进一步扩大落实，大学治理体系和治理能力还有待完善和提升，社会力量参与大学治理的渠道还有待健全，等等。这些均制约着大学内部学术自由的程度及学术权力在学术治理中的作用，进而影响着人才培养模式的改革和创新。检验现代大学制度有效性的关键在于人才培养的质量，为使普及化阶段的高等教育在人才培养中保质增量，为大学提供有效的制度保障已迫在眉睫。

（二）完善拔尖创新型人才培养的模式

《中国教育现代化2035》强调要加强创新人才特别是拔尖创新型人才的培养。目前我国一些高校的人才培养模式单一且固化，不仅无法提升高等教育的整体质量，而且不易于培养出专业领域内的创新型人才。继续完善拔尖创新型人才的培养是保障普及化阶段高等教育人才培养卓越性的有效途径，

可以从学科专业设置、教学方式、师资队伍等多方面采取措施：优化学科专业体系设置，为跨学科发展提供充分空间，拓宽专业口径，打破课程之间的专业界限，搭建优质学科资源的共享平台；优化教学方式，保护学生求知的好奇心，培养学生的探究能力，打破单一的课堂教学方式，鼓励产学研结合，提升理论与学术的关联性，推陈出新，充分利用信息技术和大数据，适时采用翻转课堂、混合教学、慕课等方式丰富教学形式和内容；组建一流的师资队伍，实施人才强校战略，积极培育具有国际前沿学术水平的跨学科研究团队，推进高等教育的国际化，为教师和学生的国际学术交流搭建平台。

（三）建立多元的质量评价体系和标准

充分发挥评估的诊断和导向功能，建立多元的质量评价体系和标准。在政府层面，要继续推进管办评分离，积极构建具有独立法人资格并具有相应能力的非政府专业机构[①]，即第三方评估机构，提升教育评估的科学性和公平性。转变政府职能，进一步扩大落实高校的办学自主权，激发人才培养工作的活力，保障人才培养的质量。在高校评估层面，要继续推进评估指标体系建设的灵活度和适切性。我们结束了本科教学工作水平评估，进入审核评估的新阶段。审核评估增加了指标体系的灵活度，高校在大的主题框架下根据自身发展现状自主设计指标明细，并在评估过程中提供能够证明教学效果与培养目标相符合的事实性证据。这种开放性的评估指标设计方式增强了指标对高校的适用性，避免了不同类型和不同发展阶段的高校采用同一个标准体系而造成的评估结果的效度和信度缺失的问题。同时，学校能够发挥评估的导向作用，根据自身优势培养特色人才。在学生评估层面，要更加关注学生的学习过程和学习获得，在教学评估中应把学生放在主体地位，以学习者为中心，重视学习的过程性评估，并且把关注点置于学生的学习感受和获得感，以此来兼顾每名学生的学习需求。

---

① 李亚东．质量保障：从管治到治理：中国特色高等教育质量保障治理体系研究［M］．上海：学林出版社，2017：357.

（四）促进高校类型层次的多样化发展

随着经济社会的转型发展和加强高等教育内涵建设的需要，普及化阶段的大学人才培养应呈现出多样化的趋势，应用型、学术型、复合型、技术技能型等人才的培养均应受到重视，打破生产线式的同质化育人方式。人才培养的多样化要依托于高校类型和层次的多样化，“千校一面”的高校无法培养出多样化的学生，只有高校办出特色，其人才产出才具有独特的竞争力。我国长期以来致力于大学的分层分类布局建设，取得一些成效的同时依旧需要引导高校进一步办出特色。在政府层面，要加强政府对不同高校的分类管理和分类指导，重视省级统筹，以政策引领高校办出特色、多样化发展。在高校层面，高校要尽快找准自身定位，避免一味求大求全或不考量实际校情，盲目打出“双一流”建设的口号，要根据校风校史、办学现状和学科专业的设置办出特色。多样化、多层次的办学模式将会使不同潜质和需求的学生均能够享受到适合自己的高等教育，促进普及化时代人才培养的多样化。

第十一章

世界一流大学建设顶层设计及其实践

我国高等教育经历了高校规模扩张和招生人数扩大的大发展时期，实现了规模化发展，使我国成为高等教育大国。与此同时，建设高等教育强国这个更高目标也被提上了议程，一系列致力于提升高等教育质量的项目相继开展：1995 年启动面向 21 世纪重点高校和重点学科建设的“211 工程”；1998 年启动与国家创新体系相结合的“985 工程”重点高校建设；2015 年《统筹推进世界一流大学和一流学科建设总体方案》的出台，明确了新时期我国高等教育发展方向的新部署。从高等教育大国向高等教育强国迈进，从中国特色走向世界一流，无不体现我国高等教育在改革开放之后经历着由量到质的飞跃。

第一节　世界一流大学建设的背景

一、我国高水平大学建设的历史回眸

（一）全国重点大学建设时期

我国高水平大学建设要追溯到1954年《关于重点高等学校和专家工作范围的决议》的出台，这标志着在百废待兴的历史背景下，国家开始集中精力建设一批重点高校，以提升高等教育的质量、促进国家政治经济文化的发展。经历坎坷十年的发展，1978年2月国务院转发教育部《关于恢复和办好全国重点高等学校的报告》，指出恢复和办好全国重点高等学校是一项战略性措施，是迅速提高高等教育水平，改变高等教育与社会主义建设不相适应的必要举措。教育部在此报告中提出了我国高等教育的发展路径，即重点带动一般，一般促进重点，全国重点高校要带动一般院校共同前进，一般院校要推动全国重点高校向更高水平发展，到1978年全国重点高等学校共有88所。我国在全国范围内恢复重点大学建设，国家对高等教育发展予以重视，重点大学建设开始走上正轨，1981年，我国重点大学数量达到98所。[①] 这一时期的全国重点大学建设政策促进了高等教育质量的提升，为我国后期建设世界一流大学打下了坚实基础。

（二）"211工程"和"985工程"建设时期

进入20世纪90年代，以"211工程"和"985工程"相继启动为标志，

① 张亚群. 高水平大学建设的政策分析：以"985"、"211"工程与"2011计划"为视点［J］. 中国地质大学学报（社会科学版），2015（5）：122-126.

我国高等教育进入了创新发展的新阶段。1995 年中共中央、国务院做出《关于加速科学技术进步的决定》，我国开始正式实施科教兴国战略。为了更好地落实该战略，进一步加强高水平大学建设，同年 11 月经国务院批准，国家计委、国家教委和财政部联合印发了《“211 工程”总体建设规划》，标志着“211 工程”正式启动，我国开始重点建设 100 所左右的高等院校和一批重点学科。“211 工程”建设内容主要包括学校整体条件建设、重点学科建设和高等教育公共服务体系建设三大部分，旨在使一部分重点高等学校和重点学科接近或达到国际同类学校和学科的先进水平，提升学校办学条件和教学科研水平。这是新中国成立以后在高等教育领域中由国家立项的最大规模、最高层次的重点建设项目。为进一步加强对“211 工程”的管理，确保总目标的实现，2003 年“211 工程”部际协调小组办公室修订并印发了《“211 工程”建设实施管理办法》，进一步规范了管理职责、建设资金、项目评估等内容。历经多年的建设，“211 工程”取得了令人瞩目的成就。

1998 年 5 月 4 日江泽民同志在庆祝北京大学建校 100 周年大会上代表党和政府向全社会宣告：“为了实现现代化，我国要有若干所具有世界先进水平的一流大学。”建设“世界一流大学”成为我国高等教育发展的新目标。1999 年我国启动“985 工程”，向重点创建若干所世界一流大学和一批国际知名的高水平研究型大学迈进。通过政策指引、资金倾斜和有效的组织管理，“985 工程”成效显著，从根本上提升了高等教育的整体水平，缩小了我国高校与世界一流大学的差距，有力推动了科教兴国战略和人才强国战略的实施。

（三）“2011 计划”建设时期

“211 工程”和“985 工程”均是全国重点大学建设的延续，“211 工程”强调重点学校和学科达到国际同类别的先进水平，“985 工程”强调的是建设世界一流大学。通过实施“211 工程”和“985 工程”，一批重点高校和重点学科建设取得重大进展，但是在具体的制度设计及组织管理上出现了僵化、脱节的问题。最主要的表现为“985 工程建设高校”的身份固化，全国 39 所“985 高校”获得了大量的政策和经费倾斜，与此同时却缺乏全国高校之间竞争的可调控空间，名单外的大学无论是厚积薄发还是后起之秀，都没有进入

"985 序列"的路径。这种局面并不利于我国高等教育整体的蓬勃发展，资源的重新整合与配置成为打破僵化局面的必然选择。在此背景下，为激活高等教育的创新能力，有重点地扩大资源的覆盖范围，继"211 工程"和"985 工程"之后影响我国高等教育发展的第三个里程碑"2011 计划"启动实施。

2012 年教育部、财政部《关于实施高等学校创新能力提升计划的意见》的发布标志着"高等学校创新能力提升计划"（简称"2011 计划"）正式开始实施。相比于 20 世纪的全国重点大学建设的各项工程，进入 21 世纪后的"2011 计划"主要体现出以下特点：一是以科研创新为核心，高校以国家急需为出发点，聚焦民生和科研尖端领域，组建创新团队、培养创新人才、巩固创新成果；二是以组建协同创新中心为主要模式，建立面向不同需求的多主体间的协同创新模式，包括学校与学校、学校与企业、国际合作等深度协同；三是打破体制壁垒，促进大学体制机制改革，使大学内外部高效联动，激发创新活力；四是严格评估，引入竞争机制，为非重点大学提供了加入协同创新中心的可能路径，打破了资源配置集中于少数重点大学的陈旧方式，为我国"双一流"大学建设方案的出台奠定了良好基础。

二、世界一流大学建设的政策制定

通过一系列的高水平大学建设项目，我国实现了高等教育的跨越式发展，"2011 计划"克服了大学资源集聚、身份固化、竞争缺失等弊端，如何使高校创新能力提升辐射至高等教育的整个系统，并促进优质大学全方位迈向顶级大学发展序列，成为新的命题。

随着教育体制机制改革的不断深化，2015 年习近平总书记主持召开中央全面深化改革领导小组第十五次会议，会议强调要以支撑创新驱动发展战略和服务社会经济为导向，推动一批高水平大学和学科进入世界一流行列或前列。同年 10 月国务院印发《统筹推进世界一流大学和一流学科建设总体方案》（以下简称《总体方案》），建设世界一流大学和一流学科正式成为我国的重大战略决策。为贯彻落实《总体方案》，2017 年 1 月教育部、财政部、国家发展改革委印发了《统筹推进世界一流大学和一流学科建设实施办法（暂行）》[以下简称《实施办法（暂行）》]，规定了一流大学的遴选条件、遴选程序、组织实施方式等具体的操作流程。为了促进政策落实，加快“双一流”建设的步伐，2018年教育部、财政部、国家发展改革委印发了《关于高等学校加快“双一流”建设的指导意见》，进一步提出了在“双一流”建设中的总体要求、根本任务、改革方向、协同机制等具有操作性的指导意见。以一流为目标、以学科为基础，构建健康发展的高等教育生态系统，我国开始了全面探索中国特色的世界一流大学和一流学科之路。

（一）改革遴选流程，依托第三方评价

“双一流”建设在大学遴选程序上与我国以往的重点大学建设项目存在显著不同：通过组建专家委员会来承担大学遴选的主要工作，充分依托第三方评价形成符合世界一流大学与一流学科建设理念的认定标准。这是我国首次将第三方评价纳入大学遴选环节之中，并且充分考虑了第三方评价在大学与学科评价中的权威性和认可度。第三方评价坚持评价标准的多维度、评价方法的多样化、评价理念的中国特色，避免单纯以论文指标和人才指标为依据，最终确定了人才培养类、学科水平类、贡献奖励类、政策导向类共四类国内第三方评价，以及有较高认可度和客观性的国际第三方学科评价指标。如何评价大学质量一直是学界乃至社会关注的话题，如何进行大学的遴选也是各类项目建设中的焦点，“双一流”建设高校遴选中以第三方评价为基础，根据认定标准对大学进行遴选并制定建议名单，免去了高校申报及评审环节，无论对中央高校还是对地方高校均采用统一认定标准，这就从根源上杜绝了评审中的人为因素，为高校提供了一个公正开放的竞争环境，为一流大学和一流学科的建设奠定了良好基础。

（二）动态监测，引入竞争

“双一流”建设，避免了“211工程”和“985工程”实施中的僵化问题。这主要体现在以下两方面。

一是灵活的经费划拨机制，激发高校办学活力。我国重点大学建设经费

以四级划分为主，“双一流”建设经费主要是两级划分，中央高校一流大学和一流学科建设经费纳入中央高校预算拨款，地方高校一流大学和一流学科建设经费由地方财政统一安排。财政支持体现绩效导向，经费划分向办学特色鲜明、具有较高学科水平的学校倾斜，并且根据评估结果及高校经费使用管理情况建立动态的资金调配机制，针对高校的不同表现进行动态调整。这种动态监测激发高校的办学活力，在办学成效及经费管理中形成了有力的激励与约束机制。

二是完全打通大学进出“双一流”建设名单通道，避免出现“标签化”现象。“双一流”建设的“入口”和“出口”均本着动态调整、良性竞争的原则来进行规划。在“入口”关，中央高校和地方高校拥有同等的参与一流大学和一流学科建设的机会，激发了特色院校和高质量新兴院校的参与动力。在“出口”关，“双一流”建设同样实行动态调整机制，在建设过程中和建设末期会分别根据高校提交的建设方案和自评报告，结合第三方评价对建设成效进行整体评估。对于建设过程中出现重大问题并且整改无效的学校及学科，清理出建设名单，并根据评估结果确定下一轮的建设范围。

（三）立足中国特色，走向世界一流

“双一流”建设的总体要求和建设任务中处处体现着立足中国特色与走向世界一流相融合的指导理念。

“双一流”建设的《总体方案》中明确指出，坚持中国特色、世界一流，就是要全面贯彻党的教育方针，坚持社会主义办学方向，加强党对高校的领导，扎根中国大地，遵循教育规律，创造性地传承中华优秀传统文化，积极探索中国特色的世界一流大学和一流学科建设之路，努力成为世界高等教育改革发展的参与者和推动者，培养中国特色社会主义事业建设者和接班人，更好地为社会主义现代化建设服务、为人民服务。为建设一流师资队伍，大学应培养和引进一批活跃在国际学术前沿并满足国家重大战略需求的科学家、学科领军人物和创新团队，重点培养中青年教师，提供教师成长的有机土壤。为培养拔尖创新人才，应充分考虑我国国情，把引导毕业生创新创业作为主要着力点。在科学研究与成果转化中，应以国家重大需求为导向，领跑国际

学术前沿的同时为国家经济社会的发展做出贡献，并形成具有中国特色的学术评价和学术标准体系。从传承创新优秀文化角度，应加强中华优秀传统文化和社会主义核心价值观的研究与教育。

三、世界一流大学建设的实践

我国“双一流”建设每五年为一个周期，从2016年开始进行第一轮建设。全程共划分为三个阶段：第一个阶段是到2020年若干所大学和一批学科进入世界一流行列，若干学科进入世界一流学科前列；第二个阶段是到2030年，更多的大学和学科进入世界一流行列，若干所大学进入世界一流大学前列，一批学科进入世界一流学科前列，高等教育整体实力显著提升；第三个阶段是到21世纪中叶，一流大学和一流学科的数量和实力进入世界前列，基本建成高等教育强国。

根据《总体方案》和《实施办法（暂行）》，我国分别于2017年和2022年公布了两轮“双一流”建设高校及学科名单。从名单中不难看出，“双一流”大学建设涉及的学校范围相对较广，并且不局限于“985工程”高校，非“985工程”高校的郑州大学、新疆大学、云南大学也进入了一流大学建设名单。此后名单内的各高校如火如荼地加快高校内涵建设，向世界一流目标靠拢。

在中央与地方联动层面上，教育部已与多省份签订协议，共建“双一流”建设高校。教育部与湖南省签订《重点共建“双一流”建设高校协议》，部省联动支持中南大学、湖南师范大学和湖南大学3所大学的“双一流”共建，教育部将会在大学综合改革、精品专业课程建设、拔尖创新人才培养等方面给予支持。湖南省以此辐射省内其他高校积极发挥学科优势，推进内涵发展，办出特色。在教育大省江苏省，截至2019年，省部共建“双一流”建设高校达到15所。教育部将在研究生教育改革、经费引导等重点环节予以支持，江苏省在教育体制机制改革、资金政策等方面加大扶持力度。

在地方政府层面上，多个省份根据中央文件精神颁布了地方建设世界一流大学和一流学科的政策方案。山东省印发了《山东省高水平大学建设实施方案》《山东省高等学校高水平学科建设实施方案》。辽宁省也出台了《辽宁省统筹推进世界一流大学和一流学科建设实施方案》，提出将在人力、政策、财政等方面大力支持省内高校的“双一流”建设，2019 年至 2023 年将在省内筹集 70 亿元投入一流大学和一流学科建设。上海市在 2018 年发布了《关于本市统筹推进一流大学和一流学科建设实施意见》，全面助力高等教育现代化，并统筹安排财政资金对大学择优进行支持。地方政府在“双一流”建设中的配套政策提供了有力的直接支持，在促使“双一流”建设与区域发展深度融合的同时也加强了地方政府的主体责任。

在大学层面上，我国高校在 2015 年之后普遍以建设世界一流大学和一流学科为发展目标，“双一流”建设的实践在大学多项工作中相继推进。例如，清华大学紧抓“双一流”建设中心工作，以制度体系改革为抓手，推进教育教学改革、科研体制机制改革、教师人事制度改革等，并全面提升学校的国际影响力。大学有了一流的人才培养体系、一流的科研成果产出、一流的师资队伍，才有可能跻身世界一流行列，清华大学以此为制度改革的主要内容，正是理清了大学内涵发展的逻辑。武汉理工大学则以“四创新”作为撬动“双一流”建设的杠杆，通过创新建设思路、创新建设模式、创新体制机制、创新评价标准来弥补学校发展的薄弱环节，充分挖掘学校优势，与一流大学和一流学科建设标准相接轨。华北电力大学从自身行业学科特色出发，促进卓越研究生教育，打造特色学科，设置了能源互联网、人工智能、可再生能源与清洁能源等特色跨学科学位点，不断完善“大电力”学科体系。由此可见，在“双一流”建设的实践环节，不同大学从自身实际出发，建立了符合本校发展规律的一流大学与一流学科建设方案，并不断加以创新，以期实现中国特色、世界一流的办学目标。

第二节　世界一流大学建设的基础：一流学科建设

一、世界一流大学和一流学科建设的逻辑梳理

（一）一流学科建设的政策意涵

建设世界一流大学和世界一流学科是党中央的一项重大决策，代表着我国优质高等教育的发展方向。一流学科是一流大学的基础，世界一流大学的建设难以离开世界一流的学科。

“学科”这一概念，从不同的角度分析会有不同的内涵。从教学角度而言，“学科”主要指“教学的科目”；从科学研究即知识生产的角度而言，“学科”指科学的分支或知识的分类；从大学组织角度而言，“学科”可看作从事教学与科研的组织单位。[①] 在“双一流”建设的浪潮中，“学科”一词被提到了政策高度，因此在传统概念的基础上有了新的政策意涵。一是以国家重大需求和服务经济社会为主要方向。学科发展演变的逻辑大体上可以分为知识逻辑和应用逻辑。单纯以知识体系为核心不会赋予学科明确的发展导向，随着大学在社会的发展与国家竞争力的提升中的作用日益重要，大学的学科发展将转向以应用为目标导向。作为我国的重大战略，“双一流”建设承载着促进国计民生发展的重要任务，以创新驱动发展回应国家重大需求和服务经济社会发展需要，成为建设一流学科的主要标准。二是整合学科资源，创新学科组织模式。传统的学科分类是按照知识门类来划分的，到了科学大发展的今天，知识生产模式已然发生变化，随着科学研究的不断深入，学科分类也更加精细化，学科与学科之间的界限开始变得模糊，使得具有发展潜力的新兴

① 郑玉玲 . 高等院校学科建设探析［M］. 北京：中国中医药出版社，2015：4.

学科往往产生于跨学科领域，鼓励新兴学科、交叉学科，打造学科高峰，是一流学科建设的重点。与此同时，学科组织模式也开始发生变革，利于人力资源共享的矩阵型组织模式为跨学科创新团队的合作教学科研提供了组织系统上的保障。三是着力打造中国特色哲学社会科学体系。教育部、财政部、国家发展改革委《关于高等学校加快“双一流”建设的指导意见》在优化学科布局方面特别提出了加强马克思主义学科建设，构建全方位、全领域、全要素的中国特色哲学社会科学体系。立足中国特色，走向世界一流，扎根中国大地办教育，需要具备中国气派的哲学社会科学体系，这是保证一流学科乃至一流大学的社会主义办学方向的根本。

（二）一流学科是一流大学建设的基础

《总体方案》中把“坚持以学科为基础”作为“双一流”建设的基本原则之一，引导和支持高等学校优化学科结构，凝练学科发展方向，突出学科建设重点，创新学科组织模式，打造更多学科高峰，带动学校发挥优势、办出特色。纵观世界顶尖大学的发展历程，一般先是某几个学科创造了卓越，而后引领了大学整体提升。同样，在我国建设世界一流大学的进程中，一流学科成为众多大学制定“双一流”建设方案的主要抓手。

把建设一流学科置于建设世界一流大学的基础性地位主要有两点依据。一是建设一流学科为激活大学学术心脏所必需。大学是研究专门高深知识的学术机构，知识传授和真理探索是大学主要的学术职能，一流大学的建设离不开一流的人才培养和一流的科学研究，而这一切都要依托于基层学术组织这个大学学术的心脏地带，激活基层学术组织是促进大学卓越发展的根本。学科是基层学术组织的划分依据，因此激活大学的学术心脏地带实质是激活大学中的学科。二是一流学科是加速一流大学建设的助推器。一流的师资、一流的科研、一流的人才培养、一流的成果转化等等均是大学建设的努力方向，而这些建设内容实质上都是寓于学科之中的。当一个学科成为一流学科时，这个学科中的师资、成果、毕业生等都是一流的，所以学科建设成为大学建设的主要发力点。

二、我国学科建设的历史实践

我国学科建设从改革开放至今经历了规模上的扩展和结构布局上的调整，学科体系越发完善，尤其在“双一流”建设《总体方案》出台后，学科建设再次在我国掀起了高潮，发展至今取得了一定的成效。

（一）我国学科建设的规模扩展

1981 年我国根据 1980 年颁发的《中华人民共和国学位条例》制定了《中华人民共和国学位条例暂行实施办法》，规定了我国学位按哲学、经济学、法学、教育学、文学、历史学、理学、工学、农学、医学学科授予，初步设置了 10 个学科门类。在此基础上为进一步科学调整学科范围，1983 年我国印发了《高等学校和科研机构授予博士和硕士学位的学科、专业目录（试行草案）》，在 10 个学科门类之下又设置了 63 个一级学科及若干二级学科，共有 638 个学科和专业，学科得到进一步细化，初步构建了我国的学科体系。在具体实践中，1983 年的这一版学科目录存在的问题逐渐显现，一些学科中的专业划分过窄，一些内涵具有相似性的专业却被划分在了不同学科门类之下。1990 年颁布的《高等学校和科研机构授予博士、硕士学位的学科、专业目录》中增加了军事学，至此我国一共有学科门类 11 个。为了满足社会主义市场经济发展的需求，为新兴领域提供学科成长空间，1997 年我国再次进行学科调整，增加了管理学学科门类，学科门类总数达到 12 个。2011 年我国出台了《学位授予和人才培养学科目录（2011 年）》，增加了艺术学学科门类，学科门类总数达到 13 个，一级学科达到 110 个，此次学科目录的修改中二级学科没有被明确列出，高校可根据自身条件在一级学科内自主设置二级学科，这在一定程度上赋予了高校学科设置的自主权。

2011 年的学科目录在 2018 年略有更新，并无大的变动。我国学科门类经过 30 余年的调整，学科规模由小至大，学科分类由宽泛到精细，跨学科的新兴专业不断增加，最终形成了具有 13 个学科门类的学科建设体系，奠定了未来学科发展和人才培养的基础。

为了服务世界重要人才中心和创新高地建设，支撑行业产业转型升级，以及构建中国特色世界标准的学科专业体系，2022 年国务院学位委员会、教育部印发了《研究生教育学科专业目录（2022 年）》和《研究生教育学科专业目录管理办法》。新版目录包含 14 个门类、117 个一级学科、36 个博士专业学位类别、31 个硕士专业学位类别。新版目录增强了对科技前沿和关键领域的学科支撑，增设了智能科学与技术、遥感科学与技术、水土保持与荒漠化防治学等一级学科或交叉学科，并且在弘扬中华传统文化上加强了相关学科专业支撑，设置了艺术学一级学科，另设置了音乐、舞蹈、戏剧与影视、戏曲与曲艺、美术与书法、设计 6 个博士专业学位类别。①

（二）我国学科建设的结构布局调整

在学科规模扩展的同时，我国学科结构布局也进行了调整。一方面，进入 21 世纪以来我国高等教育在规模上呈现突飞猛进的发展态势，入学人数的增长和学校类型的丰富对高等教育学科结构提出了进一步的挑战。另一方面，面对经济全球化和综合国力竞争的日益激烈，学科结构适应社会变革的需求成为高等教育发展迫切需要实现的任务。高新技术类人才紧缺，应用型人才培养存在巨大缺口，这些都需要从学科布局上进行根本性调整。2001 年教育部印发了《关于做好普通高等学校本科学科专业结构调整工作的若干原则意见》，指出学科专业结构的调整要以主动适应我国经济结构战略性调整、人才市场需求和提高国际竞争能力的需要为出发点，优先发展信息科学、生命科学、新材料科学等高新技术类专业，大力发展与地方经济建设紧密结合的应用型专业，鼓励探索建立交叉学科专业，拓宽专业口径。此后各高校在学科建设中兼顾基础学科的同时，对于应用型学科建设也给予大力的支持与重视。2010 年教育部、国家发展改革委《关于下达 2010 年全国研究生招生计划的通知》明确强调要进一步推动研究生教育类型结构调整，加快专业学位研究生培养，扩大应用型人才培养规模。人才培养类型的调整体现了我国学科结构

① 教育部．国务院学位委员会办公室负责人就新版研究生教育学科专业目录和目录管理办法答记者问［EB/OL］．（2022–09–14）［2024-07-05］．http://www.moe.gov.cn/jyb_xwfb/s271/202209/t20220914_660966.html.

布局的导向，应用逻辑成为学科发展的主导逻辑。

三、我国一流学科建设的初步成效

（一）学术水平及其国际影响力有所提升

从2015年《总体方案》出台以来，我国高校在学科建设上重点发力，取得了初步成效。表11–1和表11–2分别为2015年和2019年我国高校的基本科学指标（Essential Science Indicators，ESI）国际排名前十位学校的主要指标数据。

表11–1　2015年11月中国高校ESI综合排名前十位

学校	国际排名	国际前1%学科数（个）	论文数量（篇）	引用数（次）	高被引用论文数（篇）
北京大学	137	6	50250	606174	844
清华大学	162	6	52559	546620	855
浙江大学	164	7	58391	544042	620
上海交通大学	187	4	53266	479041	548
复旦大学	208	3	37511	440205	561
中国科学技术大学	267	4	30018	363980	537
南京大学	278	2	33339	357071	407
中山大学	304	1	31115	326427	373
山东大学	404	0	30195	246280	240
吉林大学	412	2	28261	240906	226

表 11-2　2019 年 11 月中国高校 ESI 综合排名前十位

学校	国际排名	国际前 1% 学科数(个)	论文数量（篇）	引用数(次)	高被引用论文数（篇）
中国科学院大学	81	17	102810	1301443	1459
北京大学	89	21	75022	1239166	1458
清华大学	91	20	76833	1224871	1791
浙江大学	102	19	84770	1126419	1190
上海交通大学	103	19	85735	1123955	1133
复旦大学	155	19	58313	911291	915
中山大学	182	19	55987	777620	897
南京大学	187	17	48644	766345	871
中国科学技术大学	192	13	46014	757644	1086
华中科技大学	234	15	52921	635423	778

从表 11-1 与表 11-2 的数据对比中可以发现，2015 年至 2019 年我国高校学科排名进入国际前 1% 的学科数量是成倍增长的。北京大学和清华大学在 2015 年时分别仅有 6 个学科排名进入国际前 1%，到 2019 年北京大学有 21 个学科，清华大学有 20 个学科排名进入国际前 1%，其他大学也都有增长。这说明在一流学科建设的进程中我们有越来越多的学科进入了国际领先行列，学科建设取得了初步成效。在论文数量及被引率上，论文数量、引用数、高被引用论文数三个指标均呈向好发展态势，这表明我国高校的科研成果产出相对之前取得了明显进步。此外，在学科和学术水平均有所突破的情况下，我国大学的国际排名也不断向前，到 2019 年有 3 所高校跻身前 100 位行列，由此可知学科建设水平的提升是大学整体改进的基石。

（二）学科评估体系日益完善

2016 年我国开展了第四轮学科评估，2020 年进行第五轮学科评估，这两次评估均是在《总体方案》颁布后进行的，在一定程度上对一流学科建设起着导向作用。从评估理念上来看，加快建立中国特色、世界水平的教育评价体系，提升我国学科建设水平和人才培养质量，推动实现高等教育内涵式发展，成为新时期学科评估的指导思想。从评估原则上来看，第五轮学科评估在前期经验的基础上更加强调以评促建和分类评估。评估的监督检测作用是以往的重点，此轮评估更加强调评估的诊断功能，发挥优势、补全不足，真正做到以评估促发展，全方位提升学科整体质量。基于不同学科的特质和高校的特色化办学，分类评估的理念再次得到了强化，增强了学科评估的科学性和现实可操作性。从评估指标的具体操作上来看，打破了以往唯论文数量的评估导向，转向注重代表性学术成果的多维评价方法，从根本上扭转了对于学术成果数量与质量关系的认识，有利于具有创新性的高质量学术成果的产出。2020 年 10 月我国颁布了《深化新时代教育评价改革总体方案》，进一步加强了对于学科评估工作的改进，淡化数量指标，聚焦标志性学术成果。总体而言，我国学科评估体系近些年来不断得到完善，在一流学科建设过程中起到了检测与引导作用。

（三）学科的内生动力不断被激活

学科的内生动力不断被激活主要体现在两个方面。一方面，学科间的壁垒被进一步打破。新一轮科技革命和产业变革的到来，对学科间的重组与整合提出了更高的要求。一流学科建设要立足于社会发展的需求进行调整。在此背景下，众多高校采取措施打破学科间壁垒，为交叉学科提供了适当的发展空间。以人工智能领域为例，截至 2017 年我国已有 71 所高校设置了 86 个与人工智能相关的二级学科或交叉学科，顺应时代需求调整学科结构，打破学科的外在壁垒，激活内生发展动力。另一方面，学术交流与合作范围不断扩大。为了进一步扩大学术影响力和搭建学术资源共享平台，许多大学在一流学科建设过程中采取多种途径引入优质资源。例如，中南大学每年会邀请 100 位知名专家指导学术项目，同时发挥多学科协同作用扩大学术影响力。中国矿业大学深化国际学术交流与合作，率先成立“一带一路”矿业高校联盟，建立国际联合研究中心，同时开展学生交流项目。这些举措在开拓学术视野的同时激发了学科内部及学科间的创新活力，使学科具备了自发成长的内生动力。

第三节　世界一流大学建设的突破口：大学治理能力的提升

一、我国高等教育管理体制改革的实践

（一）高等教育管理体制的恢复

从新中国成立至1977年，我国高等教育经历了从集中统一管理到统一领导、分级管理，再到十年失序状态，一路曲折发展。中共十一届三中全会的召开标志着我国改革开放的开始，高等教育事业开始有序恢复发展，高等教育管理体制得到恢复和确立。

1978年2月国务院转发教育部《关于恢复和办好全国重点高等学校的报告》，报告中指出，根据有利于党的领导，有利于发挥中央和地方两个积极性，有利于在教学和科学研究工作中早见成效的原则，对全国重点高等学校要实行统一领导，分级管理。当年全国重点院校恢复了60所，新增28所，总数达到88所。[①] 我国高等教育管理体制根据重点高校的定位不同，大致可以分为两类：一是面向全国和面向地区的全国重点院校，少数由有关部委直接领导，其余实行有关部委和省、自治区、直辖市双重领导，并以部委为主；二是面向本省、自治区、直辖市的全国重点高等学校由本省、自治区、直辖市领导，同时有关部委给予支持。1979年中共中央批转教育部党组《关于建议重新颁发关于加强高等学校统一领导、分级管理的决定的报告》，为了加强

① 王振川．中国改革开放新时期年鉴：1978年［M］．北京：中国民主法制出版社，2015：79.

对高等学校的领导和管理，决定中正式明确了高等学校实行中央统一领导，中央和省（自治区、直辖市）两级管理的制度。统一领导、分级管理的高等教育管理体制在高等教育恢复初期起到了对高校管理的规范作用，促进了高等教育的重新振作与发展，但是随着我国改革开放步伐的不断加快和经济体制的调整，这种管理体制的弊端也逐渐显现：条块分割的教育资源配置易出现资源分配不均和分散低效的问题，两级管理体制下地方的活力难以被充分调动，同时在一定程度上限制了高校主动性的发挥。

（二）高等教育管理体制的调整

面对改革开放后高等教育管理领域存在的问题，1985 年 5 月中共中央颁布了《关于教育体制改革的决定》，指出我国教育还没有完全适应社会主义现代化建设的需要，在管理权限的划分上政府对高等学校统得过死，使高校丧失了活力，因此要进行简政放权，扩大学校的办学自主权。在权限的具体落实中，高校在招生、专业调整、与外部的科研合作、人事任免等方面获得了一定程度的自主权。1985 年颁发的有关教育体制改革的文件的主旋律是调动各级政府及高校的积极性，实行中央、省（自治区、直辖市）、中心城市三级办学的体制。为了进一步扩大高校的管理权限，调动高校积极性，更好地为社会主义现代化建设服务，1986 年 3 月国务院发布了《高等教育管理职责暂行规定》，对国家教育委员会，国务院有关部门，省、自治区、直辖市人民政府及高等学校的高校管理职责做了明确规定。

这一时期的高等教育管理体制经过调整后，各部门权责明晰，管理更加规范，高校的管理权限有所扩大，办学活力有所提升，但是条块分割的管理体制也滋生了各部门间协作不佳、自成系统的风险，高校与地方经济发展的耦合度还有待加强。

（三）高等教育管理体制的改革与深化

进入 20 世纪 90 年代，尤其是 1993 年中共十四届三中全会召开以后，我国社会主义市场经济体制的基本框架得以确立。计划经济下的高等教育管理体制无法适应市场经济体制的发展需求，为更好地发挥高等教育服务社会的辐射作用，高等教育管理体制改革在新时期显得迫在眉睫。

1993 年中共中央、国务院印发了《中国教育改革和发展纲要》，明确提出为了建立起与社会主义市场经济体制和政治体制、科技体制改革相适应的教育新体制，要改变政府包揽办学的格局，逐步建立以中央、省（自治区、直辖市）两级政府办学为主体、社会各界参与办学的新格局。1994 年国务院颁布了《关于〈中国教育改革和发展纲要〉的实施意见》，规定高等教育要逐步实行中央和省、自治区、直辖市两级管理，以省级政府为主的体制。至此，我国在高等教育管理体制的调整中，更加重视地方政府的作用，并且开始关注社会力量在办学中的作用。1995 年国务院办公厅转发国家教委《关于深化高等教育体制改革的若干意见》，提出高等教育管理体制的改革目标是到 2000 年或稍长一点时间，形成举办者、管理者和办学者职责分明，中央和省、自治区、直辖市两级管理，以省、自治区、直辖市人民政府统筹为主，条块有机结合的体制框架。从 1998 年开始至 2000 年，我国出台一系列政策文件调整高等学校的布局及隶属关系，重新规整了中央和地方政府对不同类型高校的管理权限，缩减了国务院部门单位直接管理的高校数额，扩大了地方管理高校的规模。

这一阶段的高等教育管理体制呈现出几大特点：一是在两级管理体制中更加强调省级政府对大学的统筹规划作用，改变条块分割的管理模式，走向中央与地方条块结合共建共管的管理体制；二是政府在高校管理中的角色开始转变，在管理方式上变原来的直接行政管理为运用法律、经济等多种方式的宏观调控，一定程度上增加了管理的弹性，扩大了高校的办学自主权，激发了高校活力；三是在高校的办学体制中开始注重社会力量的参与，鼓励企业和科研院所参与高校的办学和管理，活跃了高等教育市场；四是重视高等教育的宏观合理布局，采取措施对办学规模小、学科结构单一、专业重复设置的学校进行调整和合并，重新分配了各高校所隶属的机构及其管理权限，发挥教育资源的最大效用，提升高等学校的办学效益。

二、我国高校内部治理结构的探索

我国高等教育管理体制从改革开放至今经历了上述几个阶段的变革，最终形成了统一领导、两级管理、以省级政府管理为主的新的管理体制。管理体制的变革实质是政府与大学之间关系的调整，政府由管理型政府向服务型政府转变，大学面向社会自主办学并且办学自主权得到不断扩大，为社会力量广泛参与大学的办学和管理提供了空间。大学外部管理体制基本趋于稳定之后，大学面临的真正挑战是如何落实办学自主权，如何把政府授予的权力用好。这就涉及大学内部权力的分配、行使和监督，即大学内部的治理结构。

1978 年以来我国大学内部的治理结构大致经历了党委领导下的校长分工负责制、校长负责制、党委领导下的校长负责制这三个阶段。在 1978—1984 年实行的党委领导下的校长分工负责制的高校内部领导结构中，除对党委、校长、副校长的职权进行明确划分，高校还开始设立学术委员会，专门对学校教育教学及教师职称任免提供建议。1984 年又提出设立校务委员会，大学内部的组织结构逐渐完善。为了提高高校内部管理工作的效率，1985 年中共中央颁布的《关于教育体制改革的决定》规定学校逐步实行校长负责制，设立校务委员会作为审议机构，建立健全教职工代表大会制度，加强民主管理和民主监督。校长负责制的试行，便于党组织从学校琐碎的事务中抽离，把主要精力集中于党的建设和思想政治工作上来。为了将党政职能分开，国家教委 1988 年工作要点把积极推行校长负责制列为重点工作。[①] 这一阶段的校长负责制仅在部分高校试行，并未在全国推行。1990 年中共中央出台了《关于加强高等学校党的建设的通知》，明确规定高等学校要实行党委领导下的校长负责制，对党委的主要任务及高校领导班子的建设做了具体说明。这一高校内部的管理体制在 1998 年以法律的形式确定下来，《高等教育法》规定国

① 国家教委 1988 年工作要点［EB/OL］.http://www.moe.gov.cn/jyb_sjzl/moe_164/ tnull_3449.html.

家举办的高等学校实行中国共产党高等学校基层委员会领导下的校长负责制，党委统一领导学校工作，支持校长独立负责地行使职权。此外，该法中还规定了学校的学术委员会、教职工代表大会等组织机构及职能，我国高校的内部治理框架基本形成。处理好党委领导与校长负责的关系、学术权力与行政权力的关系，成为长期以来大学内部治理的要点。

三、“双一流”建设中大学治理能力提升的成效

我国高校内部治理结构在探索中不断完善，进入21世纪以来，高等教育领域全力打造“双一流”大学，“双一流”大学除需要具备一流的学科、一流的师资、一流的人才产出等，最重要的是要有保障大学健康运转的治理体系和治理能力。因此需要通过健全校内的各种机制来处理好以党委为代表的政治权力、以校长为代表的行政权力、以教授为代表的学术权力和师生参与的民主权力这四种权力类型之间的关系。[①] 尽管我国高校在治理效能上还有很大的进步空间，但在“双一流”建设过程中大学治理能力的提升已经初见成效。

（一）大学章程不断完善，现代大学制度建设初见成效

现代大学制度的构建离不开大学章程，可以说大学章程是现代大学制度建设的重要载体和主要内容，同时也是大学依法治校的基石，在某种程度上相当于学校的“宪法”，是多元主体治校过程中所必须遵循的总纲领和规范性文件。大学章程在大学治理中对权责明晰的规范实质上是由靠行政手段管理大学转向大学依法自主管理，这对我国“双一流”建设中治理能力的提升具有无可替代的促进作用。

我国大学章程的建设始于20世纪90年代，1995年颁布的《教育法》明

---

① 袁占亭．治理体系和治理能力现代化：“双一流”大学建设的重要保证［J］．中国高等教育，2019（22）：7-9.

确规定了学校有按照章程自主管理的权利。2010 年“加强章程建设”“依照章程规定管理学校”被写入《教育规划纲要》。2011 年教育部发布了《高等学校章程制定暂行办法》，规定了章程内容、章程制定程序、章程核准与监督等的基本细则，规范了我国高校的章程制定。为推进大学章程和现代大学制度建设，2013 年教育部印发的《中央部委所属高等学校章程建设行动计划（2013—2015 年）》规定了章程制定及核准的时间截点，到 2015 年中央部属大学要完成章程的核准。此后，各大学开始根据办学特色和自身发展状况制定大学章程，到 2015 年底 114 所部属高校完成了章程的制定与核准工作。2018 年以来部分大学根据自身校情及办学环境的变化对大学章程进行了修订。总体而言，力争建设“双一流”的大学基本完成了章程的制定，并且根据章程建立了学校的规章制度体系，通过健全制度体系、完善运行机制、提升法治观念来推动学校治理能力的提升和现代大学制度的构建。

（二）行政权力与学术权力关系调整，完善监督制约机制

行政权力与学术权力的关系一直是大学治理需要处理的焦点问题。我国高校传统的科层制组织结构使得行政机构冗杂沉重，行政权力泛滥并挤占了学术权力的空间，教授治学并未得到很好的落实，因此高校的去行政化改革成为保障高校学术属性和提升学校组织效能的关键。

从宏观的高校外部管理体制而言，高校去行政化是要转变政府角色，理顺政校关系，摒弃“全能型”政府对高校的管理方式，减少行政权力直接干预高校办学的行为；从微观的高校内部治理模式而言，高校去行政化是学校要遵循教育规律，尊重教师意见，鼓励教师行使民主参与学校管理的权利，减少行政权力对学术事务的干预，充分发挥学术委员会在学术治理中的作用。近些年在“双一流”建设过程中，无论是高校外部管理体制还是内部治理模式，行政权力与学术权力的关系均得到了适当的调整改善。政府加快简政放权的步伐并鼓励社会力量参与高校的办学和管理，第三方评估机构开始得到发展，推动了管办评分离尽快落实。2017 年教育部等五部门发布的《关于深化高等教育领域简政放权放管结合优化服务改革的若干意见》中明确提出完善民主管理和学术治理，推动学术事务去行政化。高校学术委员会和教职工

代表大会制度得到了健全，在校内相关事务治理上的话语权得到了加强，形成了权力之间有效制约与监督、多元参与大学治理的机制。一些高校精简合并了庞杂的行政机构，提高了办事效率，规范了工作作风，把工作重心转移到一切以教育教学为中心、让大学回归教育本位上来。

（三）组织结构调整，提升学校组织效能

“双一流”建设中高校治理能力提升的又一表现是部分高校对内部的组织结构进行了变革，学校组织的整体效能得到了提高。这主要表现在两个方面：一方面是部分高校开始采用扁平化的理念来重新构建组织结构，缩小管理跨度，从校级层面到学院层面构建了两级管理体制，赋予二级学院更多的自主权。众所周知，大学是底部沉重型组织，人才培养和科学研究的主要活动是在基层学术组织层面开展的，扁平化的两级组织模式在激发学术心脏地带即基层学术组织的活力上起到了促进作用。另一方面是基层学术组织自身的组织结构在一些大学中也发生了变化。为了促进一流学科的建设，为交叉学科的成长提供充足空间，传统的以学科为边界进行建制的二级学院已不能满足跨学科的发展需求，为实现不同类型学科之间的协调发展，矩阵型组织结构开始在一些大学的基层学术组织当中出现。这种集纵向分工和横向跨越多个部门的组织结构，在纵向上按照传统的隶属关系由大学、学院、系组成，在横向上则是跨越多个院系，形成了以应用逻辑为导向的跨学科组织结构。纵横交错既保证了传统学科的组织建制，又创新了交叉学科的组织模式，方便教师在多个部门之间的流动，为一流学科建设提供了组织保障。

第十二章

地方高校转型的制度分析

进入 21 世纪，我国高校发展战略布局调整出现了两大趋势：一是支持具有一定实力的高水平大学和学科达到世界一流水平，二是引导一批地方高校向应用型院校转型。这两大趋势促进了资源的优化整合，激发了大学优势特色的发挥。

地方高校是我国高等教育体系中体量最大的一类大学，新时代的地方高校如何找准自身定位，打破尴尬境遇，实现突破式发展，是亟待解决的难题。本章通过对地方高校转型的政策分析、影响因素分析、校企联动机制分析，全面探索地方高校未来发展走向，促进地方高校特色优质发展。

第一节 地方高校转型的政策制定与执行

在我国高等教育结构调整中，地方本科高校向应用型转变是地方高校与区域经济耦合发展的需要，同时也是对高校接纳变迁与转型的制度能力的挑战。目前学术界对地方高校转型发展的研究主要集中于问题分析和策略选择，对于转型过程中不同行动舞台的行动者行为分析和转型效果预测却少有涉及。为此，本章运用制度分析和发展（Institutional Analysis and Development，IAD）框架，对我国地方高校向应用型转变过程中的政策制定的工具选择、政策执行中多主体联动机制及省际转型差异进行解析，以期促进对此问题的理性认识。

埃莉诺·奥斯特罗姆（Elinor Ostrom）是美国公共选择学派的创始人之一，诺贝尔经济学奖获得者，也是著名的政策分析家。制度分析和发展框架（见图 12-1）是其基于大量实证研究提出的可运用于公共事务治理分析的主要理论成果。制度分析和发展是一个关于规则、自然和物质条件以及共同体属性如何影响行动舞台的结构、个体所面对的激励以及结果产出的通用术语，它作为分析各种理论的元语言获得了广泛使用。[①]

---

① 萨巴蒂尔．政策过程理论［M］．彭宗超，等译．北京：生活·读书·新知三联书店，2004：83.

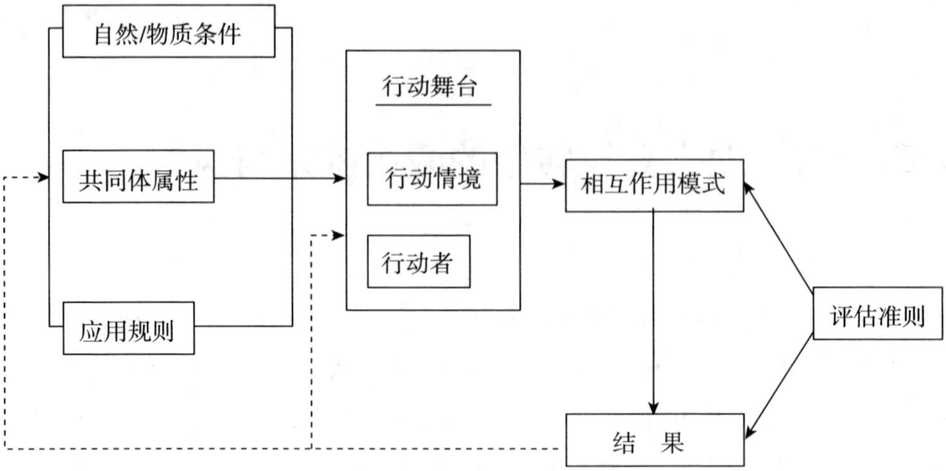

图 12-1　制度分析和发展框架

资料来源：萨巴蒂尔 . 政策过程理论［M］. 彭宗超，等译 . 北京：生活 · 读书 · 新知三联书店，2004：56.

行动舞台、外在变量、结果、评估及各要素间的相互作用模式构成了 IAD 的主要框架结构。行动舞台（action arena）是在进行 IAD 框架分析时所需确认的第一个概念单位。它指个体间相互作用、交换商品和服务、解决问题、相互支配或斗争的社会空间。[①] 行动舞台包括行动者（participates）和行动情境（action situations）这两个元素，行动者既可以是行动情境下的单一个体，也可以是群体。关于行动情境的内涵，奥斯特罗姆认为共包括以下七个变量：参与者集合、职位、参与者的行动集合、行动者行为的潜在影响、参与者对决策的控制层次、可获取信息，以及行动的成本收益。在外在变量的作用下，处于行动情境中的行动者所产生行为的相互作用模式影响着最终的行动结果。

作为制度性的理性选择，IAD 框架更关注影响行动舞台结构的外在因素，此时的行动舞台则被视为因变量，受自然和物质条件、共同体属性、应用规则这三个自变量的影响。自然和物质条件是指自然世界的属性和状态，在制

① 萨巴蒂尔 . 政策过程理论［M］. 彭宗超，等译 . 北京：生活 · 读书 · 新知三联书店，2004：56.

度分析中，资源的排他性、资源消费量和服务流的关系、资源系统的规模和生产率等因素与应用规则相结合会影响公共物品（资源）的使用，进而影响行动者的行为和行动结果。共同体属性包括共同体所具有的普遍认可的价值观、行为规范、生活偏好和相似的文化积淀。拥有相同属性的共同体能够减少设计规则的阻力并且增加有效作用和有效管理的可能性。应用规则规定着行动者的哪些行为是被允许或禁止的，是规范行动者间相互关系的强制性规定。行动舞台在以上三个外在变量的影响下运作，并且行动结果反过来对这些外在变量产生反馈作用。

简言之，IAD 框架是在外部三个变量的影响下，各层级的行动舞台之间和行动舞台之内各因素相互作用下产生行动结果，行动结果再反向影响外在变量、行动情境和行动者，它是一个循环往复的动态过程性模型。IAD 框架结合了多学科理论，既可以从宏观上把控制度的发展态势，又可以从微观上研究具体治理问题及不同层面参与者间的相互关系，发展至今随着案例研究的增多，IAD 框架对问题的解释力也在不断增强。目前它主要应用于公共事务的治理和制度与公共政策关系的分析之中。在我国地方本科高校向应用型转变之际，对各行动主体、转型政策及各外在变量，需要用一个在公共政策和公共治理领域内具有普遍解释力的分析框架进行诠释，而 IAD 框架满足了这种需求。IAD 框架交互嵌套的分析模式，能够更深刻地揭示我国地方本科高校转型制度化的困境。

第二节 影响地方高校转型行动舞台的变量分析

IAD 框架中影响行动舞台的外在变量为自然和物质条件、共同体属性、应用规则这三项。地方高校向应用型转变的行动舞台受到经济新常态和产业结构优化升级、高等教育结构优化和高校发展的内在诉求、支持地方高校转型的政策文件的出台等因素的影响，这些因素促使行动舞台中的行动者在各自的行动情境中产生相应的行动。

一、区域经济发展和产业结构优化升级的需求

我国发展正处于重要的战略机遇期，经济发展由要素和投资驱动模式转向创新驱动发展，经济增长方式由粗放型向集约型转变，产业结构及劳动力市场的人才需求层次不断优化升级。在经济新常态背景下，高校服务社会的功能建立在人才培养和科学研究职能基础之上，但现实表明我国地方高校无论在人才产出上还是在科研创新上均不能很好地满足地方经济发展的需求，最直接的表现在毕业生的就业率和高校科研产出的贡献率上。大学生就业与国内生产总值相关，属于社会问题范畴，并不是单纯依靠高等教育的转型能够解决的，但我国地方高校在人才培养的定位和专业课程的设置上与区域经济发展相偏离却是教育领域需要着力解决的问题。地方高校的科研产出很难直接转变为企业一线生产力，对行业企业转型升级的贡献度低，形成了大学的学科逻辑与经济需求的应用逻辑相互分离的二元结构。需要对地方高校重新定位并重新思考应用型本科高校与区域经济的耦合关系。

二、高等教育结构优化和高校发展的内在诉求

在地方高校转型进程中，共同体属性，即高等教育和高校自身发展的内在诉求，是转型最直接和最根本的内在逻辑。我国地方高校是随着高等教育大众化的进程而不断发展壮大的。作为外部资源依赖型组织，地方高校为竞争办学经费、提升大学层次和获取其他办学资源，采取“同型竞争”，背弃了“错位竞争”。拥有良好社会认可度和广泛资金来源的中央部属大学成为地方高校的标杆，地方高校开始“学院”变“大学”，兴建校舍，努力扩增专业数量。除此之外，地方高校专业特色缺失、教学质量堪忧、人才培养模式与地方经济需求脱节等弊端逐渐显现，自身面临生存危机。因此，地方本科高

校的转型不仅是受外在经济社会的驱动，也是高校维护其合法性的内在诉求，更是高等教育结构优化的路径选择。

三、支持地方高校转型的政策文件的出台

应用规则是规范行动舞台内行动者行为的重要强制性规定，对行动者行为起引导、规范、限制的作用。我国地方本科高校向应用型转变是顶层设计的结果，一系列政策文件反映了推动地方高校转型的国家意志。在高等教育进入大众化阶段和经济社会建设全面推进的背景下，我国教育结构与国家经济发展需求还存在差距，《教育规划纲要》初步提出了建立高校分类体系、实行分类管理、克服同质化倾向的理念，成为之后高校转型政策的主导理念。2014 年国务院《关于加快发展现代职业教育的决定》提出加快现代职业教育体系建设，举办本科职业教育，引导一批普通本科高校向应用技术型高校转型。2015 年 10 月教育部、国家发展改革委和财政部印发了《关于引导部分地方普通本科高校向应用型转变的指导意见》（本章中以下简称《指导意见》），明确了当前我国高等教育发展面临的结构性矛盾，提出地方高校转型的指导思想、基本思路和主要任务。随着《指导意见》的发布，地方本科高校向应用型转变被纳入“十三五”规划，部分地方高校转型开始由政策制定阶段进入执行阶段。2010 年到 2015 年的一系列文件规章构成了转型行动舞台的外生变量，完成了从理念提出到方案定型的顶层设计，这些应用规则是高校转型的强制性催化剂。

第三节　地方高校转型的行动舞台分析

行动舞台是 IAD 框架的核心部分，连接着外在变量和行动结果，是地方

高校转型中各行动者活动的社会空间。高校转型舞台的行动者包括中央政府、地方政府、地方高校和行业企业，在四位一体的参与模式下，各行动者受到三项外在变量的催化影响，并依据自身的职位身份、行动控制力、成本收益等行动情境因素进行高校转型活动。根据行动者在转型场域中角色及功能的不同，对行动舞台的分析可以分政策制定舞台和政策执行舞台两个层面展开。

一、政策制定舞台：中央政府的权威工具与激励工具的运用

政策制定舞台的行动者主要指中央政府，在高等教育结构调整的体系中政府如何做出决策及通过何种政策工具对高校转型给予支持是行动舞台的核心内容。在引导地方普通本科高校向应用型转变的过程中，中央政府以权威工具的运用为主，以激励工具为辅。权威工具是公共机构或政策制定者执行指派任务的法定权力，是由政府的合法权威支持的声明，在指定环境下授予许可、禁止或命令[①]，是我国地方高校转型中政府达成政策目标的主要方式。

受经济发展方式转型、产业结构优化升级和高等教育结构趋同的影响，我国中央政府自2010年以来发布了一系列政策文件，以引导地方高校转型，除此之外，国家领导人的公开讲话和中央部委开展的活动都表明了国家推动地方高校办学模式转变的决心与意志，这些都是政府权威工具在高校转型中的运用。早在2013年1月，教育部就启动了“应用科技大学改革试点战略研究”项目，并在全国30余所高校内试点，旨在探索应用技术型本科层次的高等教育发展模式。2013年6月应用技术大学（学院）联盟、地方高校转型发展研究中心在教育部的推动下正式成立，联盟主要对地方本科高校转型发展的重点难点问题进行研究并组织成员建立产教融合机制，推动高等教育改革创新。联盟于2014年与178所高校达成《驻马店共识》，共同探讨高校转型之路。2014年2月国务院总理李克强主持召开国务院常务会议，确定了加快

---

① 吴合文.高等教育政策工具分析［M］.北京：北京师范大学出版社，2011：63.

发展现代职业教育的任务，引导一批普通高校向应用技术型高校转型。2015年《政府工作报告》提出全面推进现代职业教育体系建设，引导部分地方本科高校向应用型转变。2015年10月三部委正式印发了《指导意见》。在中央政府关于地方高校转型的话语体系中不难发现，2015年之前使用的是“向应用技术型高校转型”，而之后改成了“向应用型转变”。这说明政策顶层设计也经历了对地方高校自身属性和现实情况的再认识过程。应用型高校相比之前应用技术型高校的概念更加宽泛，一方面明确了地方高校发展的应用逻辑，另一方面适当地考虑了不同高校间的差异，减少了有关高校层次的歧义。

地方高校转型发展的政策制定主要为“科层控制型”，这是受中央政府的行动情境影响所致，中央政府以“强政府”角色主导高校转型发展，地方政府再将上级施加的政策嵌套于地方高校。加之政府以资源配置为奖励方式，运用专项经费支持、学位点优先纳入、招生计划倾斜等一系列激励工具，使地方大学为获得政策红利而努力实现政府的政策期望。权威工具下行政管控的变革逻辑也许是最直接有效并快速推动转型的方式，但很难从根本上触动高校学术内核真正朝向应用逻辑发展，只能使转型高校变得急功近利。高校的转型涉及办学定位、治理模式、培养方式、专业设置、师资建设等多方面，是循序渐进的变革过程。政府宏观调控下的高校自主变革和多中心治理基础上的自治理可以成为培育高校转型能力的突破路径。

二、政策执行舞台：地方政府、高校、行业企业联动机制的省际差异

（一）地方政府、高校、行业企业的行为分析

《指导意见》中明确规定：“转型的责任在地方。充分发挥省级政府统筹权，……制定转型发展的实施方案。”在上级政策的驱动下，海南、上海、山东、河北等地方政府纷纷发布试点高校转型方案，在贯彻中央精神的同时积极制定地方高校转型工作要求，并且对试点高校办学自主权、招生考试制度、办学体制改革、校企合作平台建设给予政策支持。在财政上，地方政府也倾

囊相助，山东省财政划拨了3.3亿元用于省内高水平应用型大学的奖补金，并且还将统筹20亿元推动大学转型发展。地方政府的行为也在表明自身的利益诉求，即通过大学转型和企业联动发展，带动区域经济增长。

地方高校的转型理应遵循由外控主导向内部自主变革转变的发展轨迹，高校是转型行动舞台中受政策影响而需调整行为的主要目标群体。中西方大学发展史表明，大学发展一方面取决于政府和社会为其提供的资源和制度空间，另一方面取决于大学自身制度整合办学资源和把握发展机遇的能力。[①]然而，中央发布政策和地方政府制定具体实施细则以后，高校对转型的态度不一，有积极实践的，也有驻足观望的。从地方高校的利益角度而言，高校希望通过转型来获得更多办学资源和社会声誉，但又顾虑会降低学校层次和损害既得利益。这种担忧源于高校对转型的内涵理解尚不深刻。在外部因素和顶层政策的作用下，出于办学前景的考虑，地方高校面对的不是“要不要转”而是“如何转”的问题。而这一问题是需要高校根据自身的办学背景和发展现状进行具体考量的。

行业企业由于急需高水平专业人才和技术支持，在地方高校转型的行动舞台上可以被视为既得利益者。目前的转型处于试点阶段，行业企业参与学校治理的制度和机制尚在探索，但从执行上来看，行业企业在高校向应用型转变的过程中表现出积极参与、主动合作的行动方式。例如，温州教育装备行业协会和温州大学美术设计学院签订了产教融合的合作协议，许昌学院与企业共建了二级学院，东莞市校企合作的订单式人才培养模式解决了人力资源缺口。行业企业的配合是高校转型的外部助推力，也是应用逻辑下人才培养得以实现的主要平台。

在政策执行舞台上，地方政府、高校和行业企业依据自身的特点对地方高校转型采取了不同的行为方式。但地方政府作为政策的责任者和执行者，很有可能为了便于管理和实施而运用裁量权对转型发展政策进行“再制定”，以致政策执行与理想化的政策目标出现偏离。地方高校虽是政策执行舞台上最主要的参与者，但受自身办学自主权和治理能力的限制，能否通过向应用

① 马廷奇．大学转型：以制度建设为中心［M］．北京：社会科学文献出版社，2007：2.

型转变真正解决目前的发展困境也难以得出定论。个体的理性选择始终会受到制度的约束，高校转型的政策和规则会型构行为，政策制定舞台限制执行舞台上的行动者行为的同时也避免了“搭便车”问题。两个层面的行动舞台及舞台之内的地方政府、高校和行业企业联动机制的相互作用共同构成了高校转型的运作模式。

（二）省际差异的案例分析——以江苏省和河北省为例

尽管整体上我国高等教育结构和类型呈现同质化的发展特征，但中国广阔而分散的大学分布和区域间经济发展的差异使得各省份高校转型中内部行动者所面临的壁垒和所采取的行为各异。东、中、西部经济水平的差距影响了行业企业和大学间产学研的联动机制；新建本科院校、老牌本科院校、行业院校、高职院校间的办学背景不同影响了高校转型发展的精准定位；公办院校、民办院校经费来源渠道的差别影响了大学转型中资源依赖的路径选择。省际差异和院校类型的不同都表明地方普通本科高校向应用型转变不仅要考虑外部环境的驱动，还应重视高校自身的发展逻辑。在转型的政策执行舞台上，地方政府、高校和行业企业的联动机制呈现出不同特点，其中省际差异最突出表现为高校办学现状与区域经济发展的耦合度问题，而江苏和河北两个省在这一点上很具有代表性。

自 2015 年 10 月教育部、国家发展改革委和财政部发布地方高校转型的《指导意见》以来，多省份相继公布了高校转型试点工作的实施方案，其中包括河北省 2016 年 6 月发布的《河北省本科高校转型发展试点工作实施方案》，而江苏省并未在第一时间出台推动高校转型的文件。作为高等教育大省，江苏省在 2016 年教育部的全国本科院校数量排行中以 77 所本科学校位居榜首，而面对如火如荼的地方高校转型却如此低调，究竟原因何在？在对江苏省近年来高等教育改革的梳理中可以看出，早在 2009 年江苏省科学技术厅和教育厅就全面启动了江苏省科技服务社会“校企联盟”行动，从学科调整到组织建制再到校企合作方式的创新，都为高校学科与产业对接服务地方经济创造了条件。2014 年江苏省启动了以地方高校自主申报为原则的转型试点工作，并于同年新增加 120 个专业，其中不乏地方经济发展的急需专业。河北省在2015年确定了10所高校转型的试点名单，2016年教育部指导政策下发后，开始正式制定高校转型实施方案并成立转型工作领导小组，以“试点先行”提供“转型样板”，进而推动高校的转型进程。面对地方高校转型大潮，江苏省似乎“不紧不慢”；河北省则以政策引导，带有些许强制色彩。两省政府的政策执行行为差异究其根源是省际高校现实状况和产业间联动机制的差异。

高校与行业企业的联动机制本质上涉及省内的经济水平及行业特点，和高校办学背景及现状两部分。在2016年各省国内生产总值排名中，江苏省居全国第二名，河北省位居第八，经济水平会直接反映地区内行业企业的发展程度并影响人才需求的数量和质量。简言之，这直接关系到校企合作的黏性问题。并且，河北省作为钢铁第一大省，面临着产业转型的严峻挑战，区域内高校在产业面向问题上机遇与压力并存。除此之外，两省地方本科院校的办学背景和现状也千差万别。受产业模式的影响，江苏省地方院校中有相当一部分具有行业背景，并较早确立了转型发展的理念，这种基于地理区域先天形成的高校与行业企业的联动机制为此次转型提供了条件。在一些老牌院校中，具有师范背景的高校较多，这些高校也早就未雨绸缪，积极寻求校企合作机会，实现了华丽转身，例如被称为新建本科学校转型发展典范的常熟理工学院。河北省在地方高校转型中也表现出了很大的积极性，但由于省内许多刚刚升本的院校或新建本科院校的专业以文科类和管理类为主，又受到区域内产业发展现状的限制，因此这些在学科设置上无行业背景的高校很难找到有效而长久的合作企业。显然，地方高校转型过程中，受省内经济发展水平的影响，高校与行业企业的联动机制是能否顺利转型的关键。江苏省的许多行业背景高校实现了办学定位的理性回归，而河北省的校企联动困境则会成为一些转型高校的掣肘因素。

第四节　地方高校转型的成效及相关建议

基于对地方高校转型政策制定和执行舞台的分析可知，高校转型是多主体嵌套的复杂互动模式，因此有必要对转型效果进行预测，以找出有碍转型的问题并提出相关建议。

一、地方高校转型的成效

通过评价政策目标的实现程度和解释原始目的与结果之间经常存在的不一致，政策实施分析可以说明有助于或阻碍政策和改革实施的因素和力量，从而为决策者提供有实际意义的信息。[①]因此，对地方高校转型成效的分析可以使高校提前认识转型过程中存在的问题和原因，进而及时调整行动者行为。制度分析的IAD框架最终流程即是根据行动舞台和外在变量的相互作用模式得出对结果的推论，结果会反过来再作用于外在变量和行动舞台。我国地方高校向应用型转变受各种社会因素的影响，主要行动者即高校并不能够完全掌控信息，也不能完全自主地做出决策，加之高校转型中的动态调整，很难对转型成效做出明确的预测。

但高校向应用型转变或者以应用逻辑举办大学是世界高等教育发展的共同趋势。以往的经验告诉我们，可以从世界范围内的大学转型中吸取经验，以调整转型策略。即作为行动者的政府和地方高校会通过预先识别转型的壁垒，从曾经的行动舞台转换到构建未来行动策略的新的行动舞台，不断修正行动者行为。德国始于20世纪六七十年代的应用科技大学、英国的多科技术

① 克拉克.高等教育新论：多学科的研究［M］.2版.王承绪，等译.杭州：浙江教育出版社，2001：245.

学院即之后的“1992年后大学”、美国“威斯康星理念”影响下的州立大学和社区学院等应用型高校，在建立之初也并非实现了预期效果：在经费上，出现资金来源不足，难以与传统综合性大学竞争资源的问题；在与地方经济相关联的科学研发上，由于缺乏高水平的师资，一些应用型高校往往需要与综合性大学合作。这些问题在我国地方本科高校向应用型转变的过程中很有可能出现或者已初现端倪。此外，基于我国政策制定执行过程和高等教育发展的省际差异，还存在地方高校转型政策制定与政策执行过程中的“再制定”问题、转型中政府权威工具强势与高校自主变革能力不足的问题、无行业背景高校难以寻求企业合作的问题。这些困境会对转型效果预期产生不可小视的影响，参与转型的行动者应基于现有的国际经验和对转型阻碍的预见，进行策略调整以构建新的行动舞台，助推地方高校顺利转型。

二、对地方高校转型的建议

在对地方高校转型的效果进行预测的基础上，借鉴国际经验和我国地方高校特有的办学情况，地方高校转型主要应解决好两方面问题：一是中央和地方两级政府在转型中介入的必要性及角色担当，二是转型高校的自身发展逻辑及无行业背景高校的校企联动突破口问题。

地方高校转型中，政府应有限介入并起到制度规范和引导作用。基于我国传统的政校关系，高校适应了长期的被动安排，以致缺乏自主变革的能力和内生动力，让患有“路径依赖症”的高校在短时间内自主进行办学方向的转型是缺少现实性的，而以资源有效配置为激励方式的外界强制力的推动将能够确保高校转型的实质性推进。在这一层面，政府的介入是应该的而且是必要的。但基于大学的本质属性及其发展逻辑，政府应是“有限政府”，起制度上的规范和引导作用，政府介入的限度是转型后的地方高校能否维持长久生命力的关键。权力清单制度、服务型政府、多元治理模式等一方面避免了地方政府出于完成任务指标的目的而对政策进行“再制定”以致偏离原政策轨道的风险；另一方面尊重了各高校的校情，唤醒高校转型活力和自主变革能力，避免依照条框式的发展模式而丧失特色。

行业学院是无行业背景高校进行校企合作的突破口。学科专业与地方经济的关联度不高是许多世纪之交新建高校普遍存在的困扰，而这些高校也正是此次应用型转型中的主力军。寻求行业支持，集中力量创造与地方产业相契合的学科布局，是这些高校转型的内核所在。地方高校与行业共建共管二级学院形成“行业学院”的组织机制，可以成为无行业背景高校在转型中的路径选择。行业学院的建立利于有实践经验的师资、学生实习机会和经费资源的引入；在合作的灵活度和风险性上，高校与行业共建学院而不是与某一企业单线对接，这种宽口径的合作方式在降低了合作风险的同时，也扩大了高校的选择空间；在高校内在发展逻辑上，行业学院的建立即学科和专业调整重组的过程，学科专业是人才培养的载体，培养应用型人才是地方高校转型的目标，行业学院的合作模式直指高校转型的这一核心。基于行业的学科集群建设有利于学科的长线发展，实时关注市场需求的变化，进行专业微调，也正是专业的短线发展之道，长短结合既满足了高校长远的内涵建设需要，又顾及了地方经济的现实需求。

第十三章

职业教育与经济发展的互动变革

无论从字面，还是就内涵而言，职业教育都可以说是一种不同的教育类型。它既不同于普通教育（通识教育）或学术教育，也不同于专业教育、技术教育等。如果与任一种不同的教育类型相提并论，职业教育无疑都会是较弱的一方。“进入职业学校接受职业教育”，在人们的观念和教育选择上始终是“剩下的方案”。

进入 21 世纪后，随着经济体制转轨，劳动人事制度、毕业生就业制度和大学扩招等教育政策发生变化，职业教育作为一种特定的教育类型，其发展状况不仅依赖于系统本身的“自调节”，而且取决于整个外部大环境。所谓“大环境”，既包括教育系统为职业教育营造的发展条件（比如中小学基础教育的整体水平从根本上制约了职业学校生源质量），也包括就业系统为不同类型学校毕业生创造更加公平公正的选拔竞争机制。

在我国职业教育体系现代化过程中，大多数职业教育还是以地方教育部门办学为主，以学校招生的方式，基于学校开展教育实践。而确保学校与本地主导产业领域相关行业企业结成战略合作联盟，是提升人才培养质量的核心保障条件，也是现有学校办学模式下职业教育面临的最大挑战。

第一节 新中国成立初期的技术教育与业余教育

1951年学制是新中国颁行的第一个学制，其中确立了“技术教育”和“中等专业教育”在学校教育制度中的重要地位。按照这个学制，中等学校从层次上分为初级中学和高级中学，这些学校均单独设立。中等学校分为四类：普通中学、中等专业学校、工农速成中学及业余中学。速成中学和业余中学主要面向成人，属于成人教育范畴。当时对于成人教育机构的命名侧重于入学的方式和形式。中等专业学校包括技术学校（工业、农业、交通、运输等）、师范学校、医药及其他中等专业学校（贸易、银行、艺术等）。另设有初级技术学校和初级师范学校，各类技术学校附设短期技术训练班或者技术补习班，师范学校附设师范速成班或者小学在职教师进修班。

一、中等技术学校与农业中学的发展

1953年，我国进入第一个五年计划时期，教育事业纳入国家计划的轨道。国家根据经济建设和国防建设对于专门人才的需求，对高等学校和中等专业学校的专业进行设置，并调整各科各类专业的招生比例。据《三十年全国教育统计资料（1949—1978年）》，1949—1978年我国中等学校分为两类——普通中学与中等专业学校，其中中等专业学校包括中等技术学校和中等师范学校两种类型。此外，1950—1962年，全国还举办了少量工农中学，1954年全国共有87所，为数量最高的年份，到1962年仅剩余6所。1958—1965年，我国还举办过另一种类型的中等学校——农业中学及其他职业中学，这类中等学校的数量比较多，头三年每年都超过2万所。因1961年前后国民经济陷入极度困难期，这类学校的数量降至7千多所，1962—1963年只有三四千所，

1964 年骤增至 1.5 万所，1965 年达到峰值 6.1 万所（见图 13–1）。[①]1966 年以后，农业中学及其他职业中学陆续停办或改为普通中学。

基于对苏联经验的学习，中央政府逐步建立起由中央业务部门直接管理中等技术教育和中等专业教育的制度。1958 年 5 月，刘少奇提出了“两种教育制度和两种劳动制度并行”的观点，即一种是全日制的学校制度，一种是半工半读的学校制度；一种是 8 小时的劳动制度，一种是 4 小时工作的劳动制度。同年9月，中共中央、国务院在《关于教育工作的指示》中确立了“教育与生产劳动相结合”的教育方针。1958—1965 年，全国各地先后掀起举办各类半工半读学校的热潮。

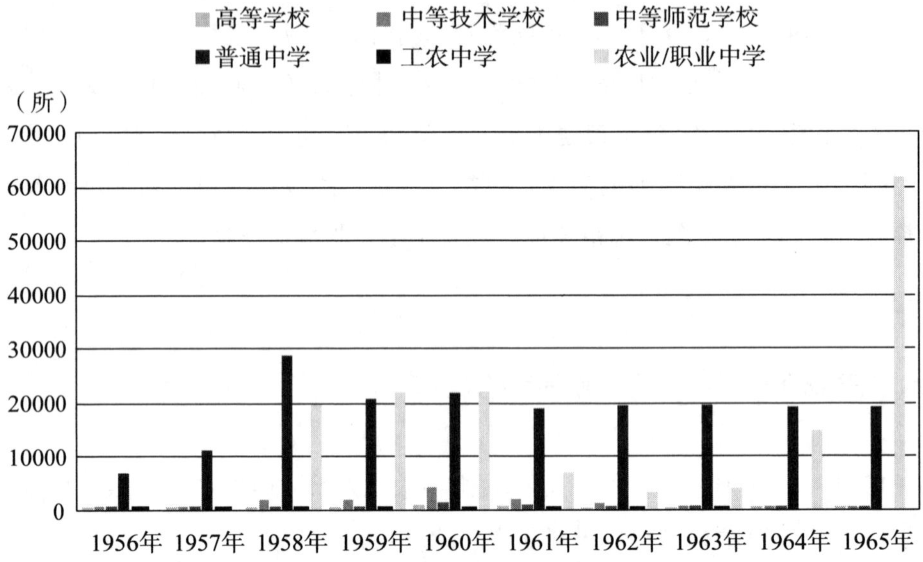

图 13–1　1956—1965 年各类中学及高等学校数

数据来源：教育部计划司 . 全国教育统计资料（1978—1980 年）[Z] . 1981；中华人民共和国教育部 . 三十年全国教育统计资料（1949—1978 年）[Z] . 1979：10–11.

① 中华人民共和国教育部 . 三十年全国教育统计资料（1949—1978 年）[Z] . 1979.

二、工农教育与业余高等教育制度的确立

上述面向工农群众或者小学在职教师的“速成学校”“业余学校”“速成班”“补习班”“训练班”“进修班”等学校教育形式，是当时社会发展条件下我国学校教育机构开展的成人教育。20 世纪 50 年代，绝大多数成年人是直接从事工农业生产的工人和农民，因此成人教育在当时也称“工农教育”，因主要利用业余时间组织学习，故又称“业余教育”。1951 年 10 月，新中国政务院确立了新中国成立以来第一个学制，以法令形式确立和保障了工农干部受教育的机会，以及业余教育在学制中的地位。

高等学校举办的函授教育和夜大学，是当时我国开展业余高等教育的重要形式。国家重视利用这种方式培养专门人才，提高在职干部的理论、文化和业务水平。1950 年，中国人民大学夜大学正式招生，1952 年又开办了函授教育。这是中华人民共和国成立后最早举办的高等学校函授教育和夜大学。1959 年，教育部提出，根据两条腿走路的方针，业余高等教育必须积极发展，全日制高等学校举办的夜大学或函授部应当采取巩固发展的方针。高等学校在创办函授教育和夜大学初期，以具有高中或中等专业学校毕业程度的在职干部、教师、技术人员等为招生对象。20 世纪 60 年代初，招生对象放宽到知识青年。1964 年 3 月，教育部、劳动部联合发文，解决职工参加函授学习的脱产时间和工资问题。这些措施使高等学校函授教育和夜大学工作得到进一步发展。这一时期业余高等教育办学机构发展情况如图 13−2 所示。

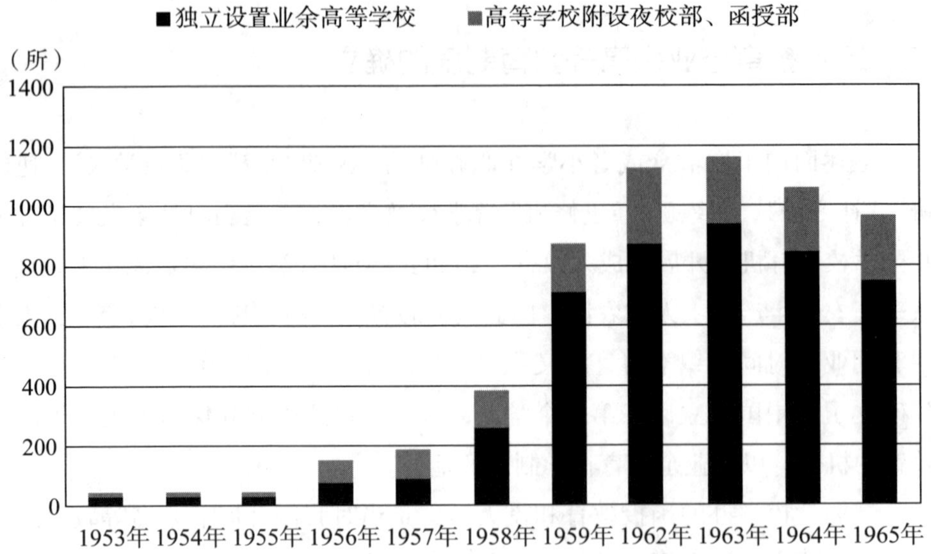

图 13-2　1953—1965 年业余高等学校校部数

注：原出处中缺少 1960 年、1961 年数据。

数据来源：中华人民共和国教育部．三十年全国教育统计资料（1949—1978 年）［Z］.1979：203.

1967 年 7 月 18 日，《人民日报》发表文章《打倒修正主义教育路线的总后台》，认为刘少奇提出的“半工半读”学校是资产阶级职业学校，“两种教育制度”是资本主义国家双轨制的翻版，由此导致半工半读学校和职业中学全部停办，普通中学数大幅增加（见图 13-3）。1970 年 6 月，国务院成立科教组开始整顿教育工作，周恩来重申“又红又专”，推动了中等专业学校和技工学校的恢复（见图 13-4）。1975 年国务院科教组撤销，成立教育部，继续整顿教育工作。[①]

① 转引自徐涵．中德中等职业教育课程改革比较研究［M］．北京：中国社会科学出版社，2015：37-38.

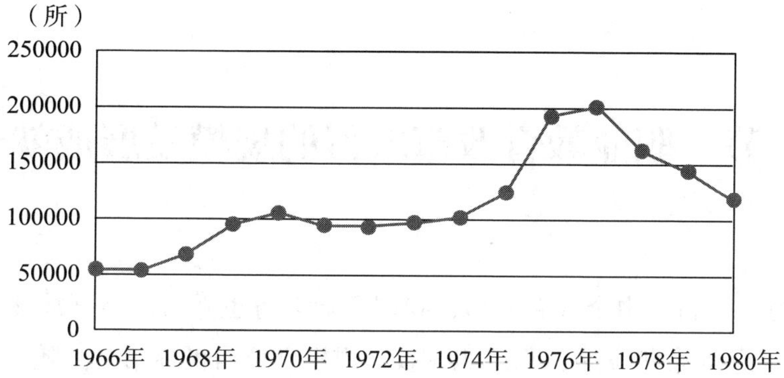

图 13-3　1966—1980 年普通中学数

注：1966 年后，农业中学及其他职业中学陆续停办或改为普通中学，未做单独统计，其数字包含在普通中学数内。

数据来源：中华人民共和国教育部．三十年全国教育统计资料（1949—1978 年）[Z].1979：10-11；1980—1981 年《中国教育统计年鉴》。

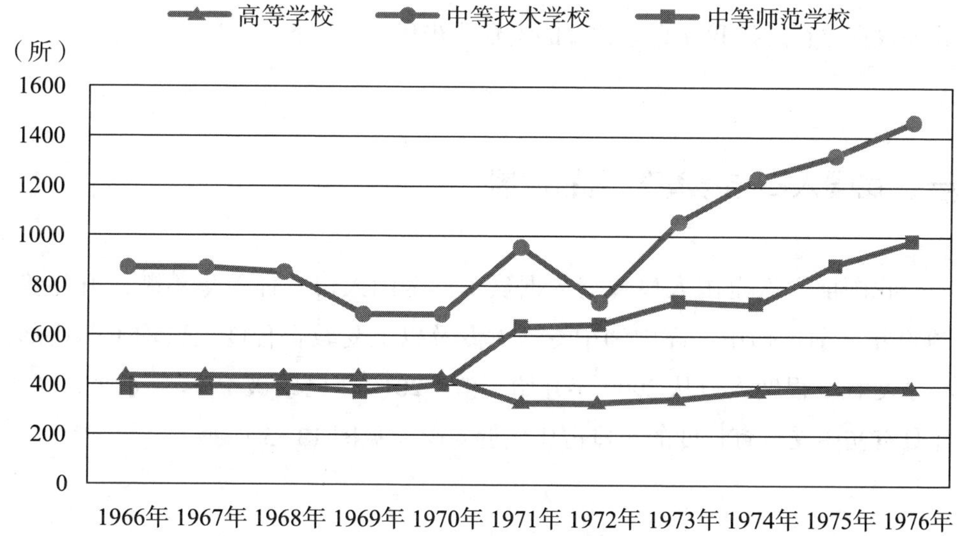

图 13-4　“文化大革命”期间高等学校与中专学校数

数据来源：中华人民共和国教育部．三十年全国教育统计资料（1949—1978 年）[Z].1979：10-11.

第二节　职业教育改革取得的规模发展成就

党的十一届三中全会召开后，我国职业教育也随着改革开放逐渐恢复。其后经历了40余年发展，我国职业教育规模已位居世界第一。随着2019年国务院发布《国家职业教育改革实施方案》，职业教育发展质量受到空前重视。自2020年起，国家将“育人为本，质量为先”作为发展职业教育的基本原则之一。[①] 我国职业教育主要面向完成义务教育的学校毕业生，换言之，我国青少年在结束义务教育之后，可以自由选择接受职业教育或者普通教育。高中阶段是一个承上启下的教育阶段，高中阶段职业教育规模扩张在促进我国高中教育普及化进程中发挥着重要作用。同样，高等职业教育和专科层次高等教育也在助推我国高等教育的大众化步伐。

一、我国人口与教育发展的背景

我国前六次全国人口普查数据显示，全国人口总体上呈不断上升趋势。2000年之前，初中、高中和中专、大专及以上受教育程度人口均不断增加，小学受教育程度人口从2000年开始下滑，2010年已跌破1964年水平，2000年具有初中受教育程度的人口占比接近40%（见图13-5）。

① 教育部等九部门关于印发《职业教育提质培优行动计划（2020—2023年）》的通知［EB/OL］.（2020-09-16）［2023-11-10］.http://www.gov.cn/zhengce/zhengceku/020-09/29/content_5548106.htm.

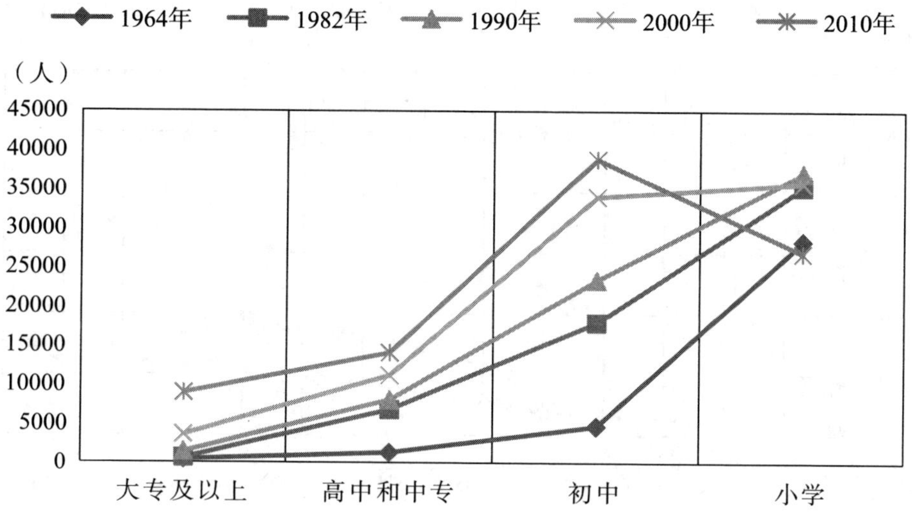

图 13-5 1964—2010 年每十万人达到各级受教育程度人口数

数据来源：笔者整理自 1964 年、1982 年、1990 年、2000 年、2010 年全国人口普查主要数据公报，以及 2015 年全国 1% 人口抽样调查主要数据公报。

1990 年，每十万人当中有 326 人在高等学校、1337 人在上高中、1725 人在接受学前教育、3426 人在上初中、超过 1 万人在上小学（见图 13-6）。1995 年之后，小学在校生数持续下降，2016 年每十万人中小学在校生数减少至 7211 人；2002 年以来，初中在校生持续减少，2016 年每十万人中初中在校生数减少至 3150 人；2010 年以来，高中在校生逐渐减少，到 2016 年每十万人中高中在校生数降至 2887 人。2004 年起，学前教育的参与人数逐渐上升，至 2017 年每十万人中有 3327 人在接受学前教育。上述数据都经历过升降起伏的过程，唯有普通高校的在校生人数在 1990—2016 年不断增加，2000—2017 年，2017 年每十万人中普通高校在校生数比 2000 年增加了近 2.6 倍，从 723 人增至 2576 人。

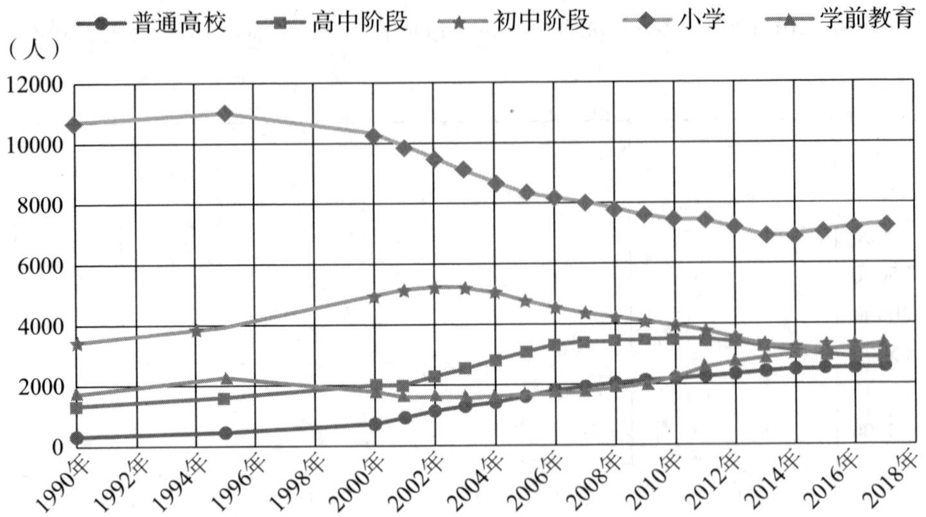

图 13-6 每十万人各级学校在校生数

数据来源：笔者整理自相关年度《中国教育统计年鉴》及教育部网站公布的相关年度全国教育事业发展概况数据。

二、高中阶段职业教育发展规模

（一）中等职业教育学生规模

改革开放以来，高中阶段接受职业教育的学生人数整体呈上升趋势（见图 13-7）。1978—1983 年，中职学校在校生数出现少许波动，在 127 万人至 240 万人之间浮动。1983 年之后保持稳定上升，1998 年达到 1221 万人，此后连续下降至 2001 年的 1059 万人。2002 年开始了又一轮持续上升，2010 年达到 2238 万人后，又持续下降至 2019 年的 1576 万人。

在不同历史时期，高中阶段有不同类型的办学机构举办职业教育、技工教育和中等专业教育（见图 13-8 和图 13-9）。1985—1997 年，三类学校在校生数都处于上升期，1998 年后开始下降，2001 年后又持续上升至 2010 年；2010 年后逐渐下降，其中职业高中在校生数下降幅度最大。

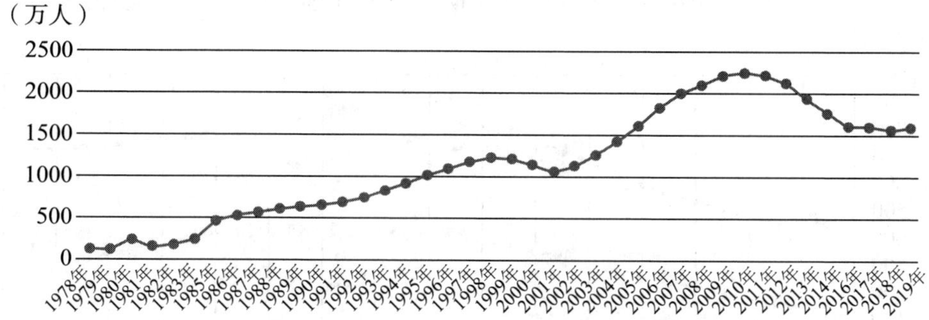

图 13-7　1978—2019 年中职学校在校生数

注：1978—2002 年中职在校生数包括中专、技工和（农业学校及）职业中学在校生数；2003—2019 年中职在校生数包括普通中专、技工学校、职业高中、成人中专学生数。1984 年、2015 年数据缺失。

数据来源：国家教育委员会计划建设司 . 中国教育成就：统计资料：1986—1990［M］. 北京：人民教育出版社，1991：5；1990—2019 年《中国教育统计年鉴》。

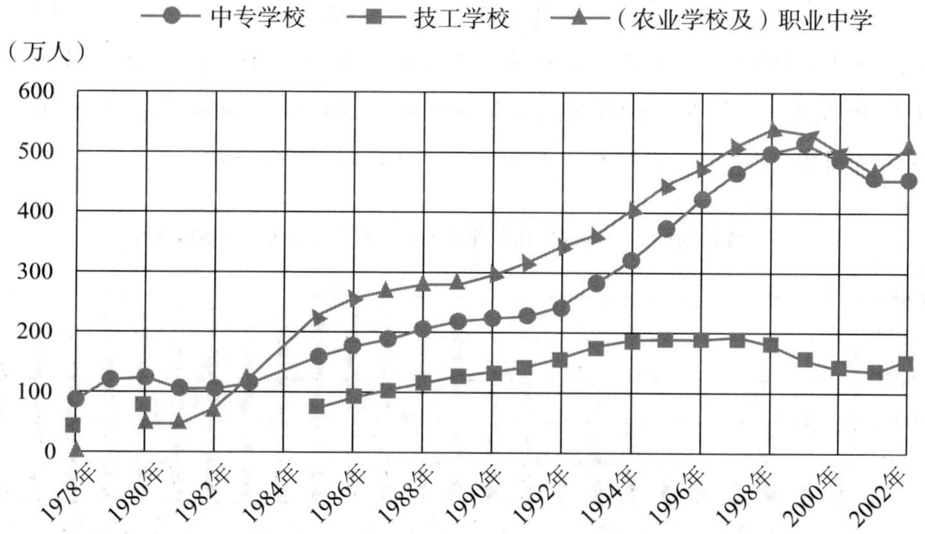

图 13-8　1978—2002 年各类中职学校在校生数

数据来源：国家教育委员会计划建设司 . 中国教育成就：统计资料：1986—1990［M］. 北京：人民教育出版社，1991：5；1990—2002 年《中国教育统计年鉴》。

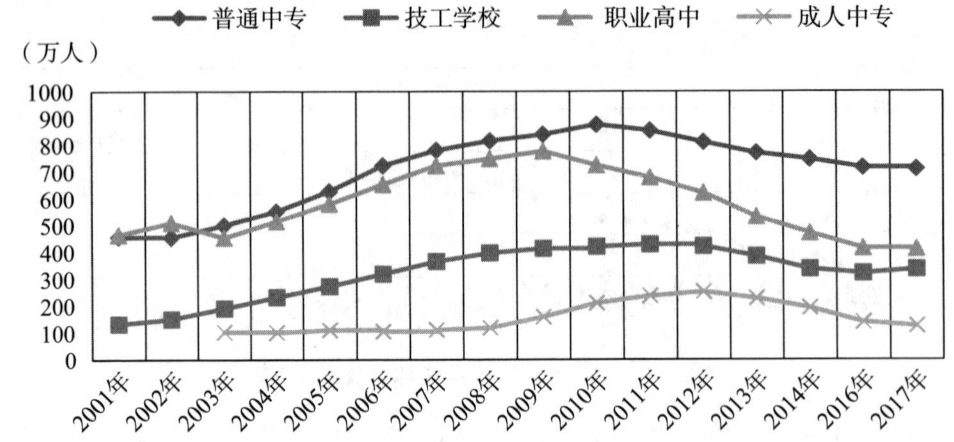

图 13-9　2001—2017 年各类中职学校在校生数

注：2002 年职业高中数据为职业中学数据，包括职业初中。2015 年数据缺失。

数据来源：各年度《中国教育统计年鉴》。

（二）中等职业教育办学规模

1978 年，高中阶段开展职业教育的学校不足 5000 所，1980 年快速增至近 1 万所，1992—1999 年都保持在 2.2 万所以上。1999 年后开始持续下降，2003 年跌破 1.5 万所，2004—2008 年学校数相对稳定，2009 年后又开始持续下降，到 2017 年基本保持在 1 万所（见图 13-10 和图 13-11）。

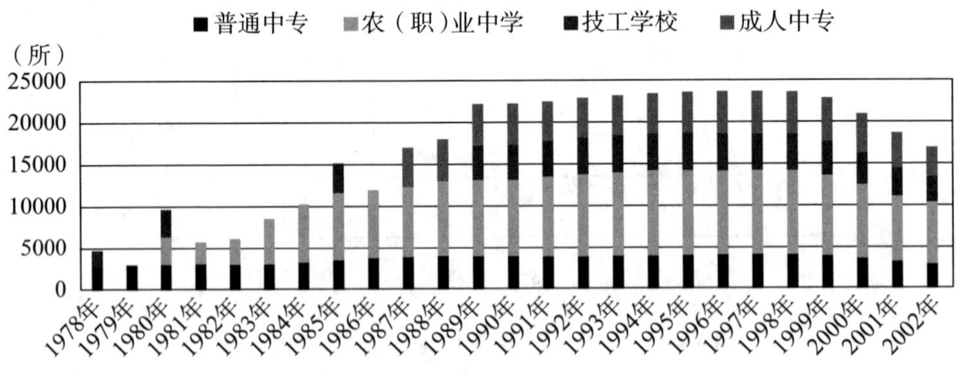

图 13-10　1978—2002 年全国各类中等职业学校数

注：2002 年之前，农（职）业中学数据中包括农（职）业高中和农（职）业初中。

数据来源：各年度《中国教育统计年鉴》。

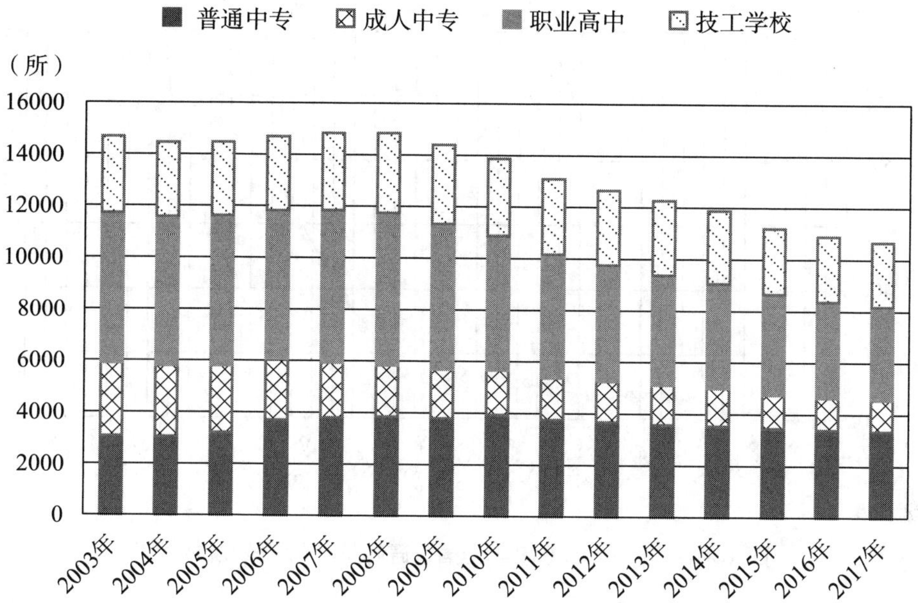

图 13-11　2003—2017 年全国各类中等职业学校数

数据来源：各年度《中国教育统计年鉴》。

三、高等（专科）职业教育发展规模

（一）高等（专科）职业教育学生规模

1978 年，高职高专学校在校生数不足 38 万人，1993 年突破 100 万人，至 1998 年保持在 120 万人左右。1999 年国家实行高等教育扩招政策后，高职高专在校生数从 136 万人持续上升至 2009 年接近 965 万人，之后连续五年规模基本规定。2014 年高职高专学校在校生数突破 1000 万，2017 年达到 1100 万（见图 13-12）。与 1998—2001 年高中阶段职业教育在校生规模下降的状况相比，1999—2009 年高等（专科）职业教育在校生数持续上升。可见，1999 年以来高等教育扩招政策，鼓励更多青年接受高等教育，一定程度上满足了高中毕业生进入高等（专科）职业教育学校深造的需求。

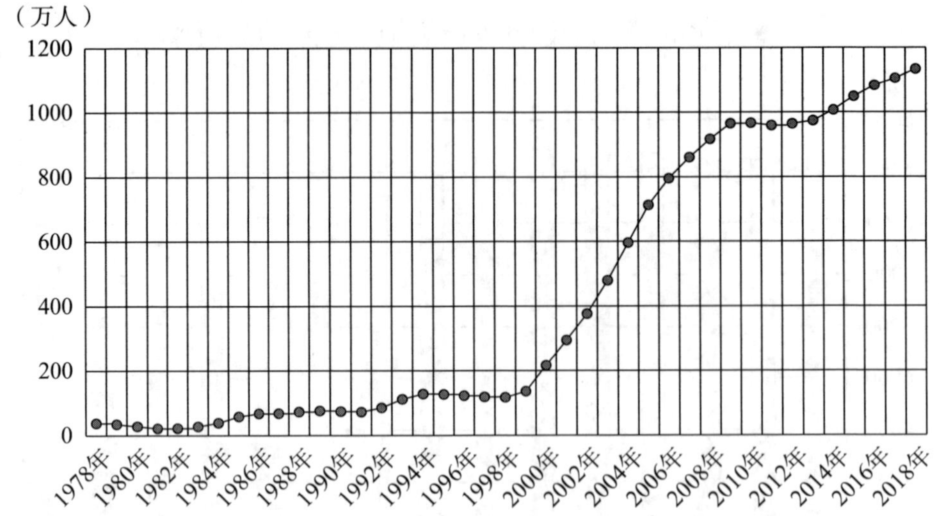

图 13-12　1978—2018 年全国普通高职高专学校在校生数

注：1978 年数据包括专科和普通班学生数。

数据来源：中华人民共和国教育部计划财务司 . 中国教育成就：统计资料：1949—1983［M］. 北京：人民教育出版社，1984; 中华人民共和国国家教育委员会计划财务司 . 中国教育成就：统计资料：1980—1985［M］. 北京：人民教育出版社，1986; 国家教育委员会计划建设司 . 中国教育成就：统计资料：1986—1990［M］. 北京：人民教育出版社，1991；1990—2018 年《中国教育统计年鉴》。

（二）高等（专科）职业教育办学规模

1987—1997 年，我国举办高等教育的机构主要分三类院校：本科院校、专科院校和短期职业大学。1998—2002 年，主要分两类：本科院校与专科院校。2003—2008 年，主要分三类：本科院校、专科院校和职业技术学院。2009—2017 年，主要分两类：本科院校与高职（专科）院校。为便于分析，以下将高等教育机构分为普通本科院校与高职高专院校两类，后者包括专科院校、短期职业大学以及高等职业技术学院（见图 13−13）。自 1999 年我国实施高等教育扩招政策以来，高校数量在 2001—2007 年出现第一次持续上升，高职高专院校增幅相对更大。2001 年，普通本科院校（597 所）与高职高专院校（628 所）数量基本相当。2008 年，普通本科院校比上年陡增 355

所，此后与高职高专院校增幅持平。总体看，2001 年之前，普通本科院校在全国高校中居多数，进入 21 世纪以来，二者占比出现倒置，高职高专院校占多数。

1989 年，全国共有 459 所高职高专院校，其中包括短期职业大学 116 所。1990—1998 年，短期职业大学数量起伏波动，最终剩余 101 所。自 1999 年起，教育部统计中以“职业技术学院”取代“短期职业大学”。20 世纪最后 10 年，高职高专院校数量基本稳定在 500 所以内。21 世纪最初 5 年，这类学校总数翻了一番，超过 1000 所。2005 年以来，高职高专院校数量依然不断上升，2018 年总数为 1418 所（见图 13-13）。

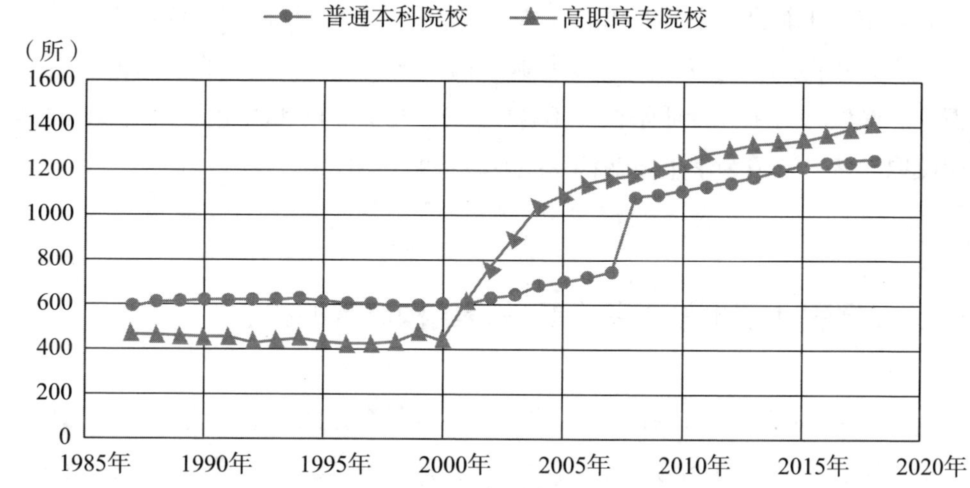

图 13-13　1987—2018 年全国普通本科院校与高职高专院校数量

数据来源：国家教育委员会计划建设司 . 中国教育成就：统计资料：1986—1990［M］. 北京：人民教育出版社，1991；1990—2018 年《中国教育统计年鉴》。

第三节 计划经济体制下的职业技术教育

1985 年 5 月，中共中央、国务院在改革开放以后第一次召开的全国教育工作会议上首次提出把中专学校定位为实施中等职业技术教育的骨干力量，并且提出要“积极发展高等职业技术院校”。在这种政策背景下，“职业技术教育”这一政策术语开始逐渐取代“中专教育”。20 世纪 90 年代初，职业技术教育主要由行业主管部门和厂矿企业举办，中专学校被作为职业技术教育的骨干力量得到稳定发展。1991 年起，国家开始试行义务教育之后的学生缴费上学制度，对中等专业学校（不含中师）、技工学校和职业高中新入学的学生收取学费，这成为学生缴费接受职业教育的开端。

一、发展职业技术教育是中等教育结构调整的核心

20 世纪 80 年代初，我国政府在发展中专教育方面基本延续五六十年代确立的政策。当时语境下的“中专教育”是与“专业技术教育”联系在一起的，它旨在培养中级专业技术人才，与“大学”等高等专业教育之间的衔接比较紧密。当时提出的“职业技术教育”被作为培养大批有知识、有文化的“劳动后备力量”的主要途径，它与“中专教育”有截然不同的定位。改革之初，高中阶段绝大多数学生接受普通教育，中专学校在校生与高等学校在校生人数基本相当，而在农业中学或者职业中学接受职业教育的在校生数则非常少；普通初中在校生与普通高中在校生规模悬殊（见图 13-14），只有很少一部分普通初中毕业生能有接受普通高中教育的机会，绝大多数初中毕业生需要劳动就业。

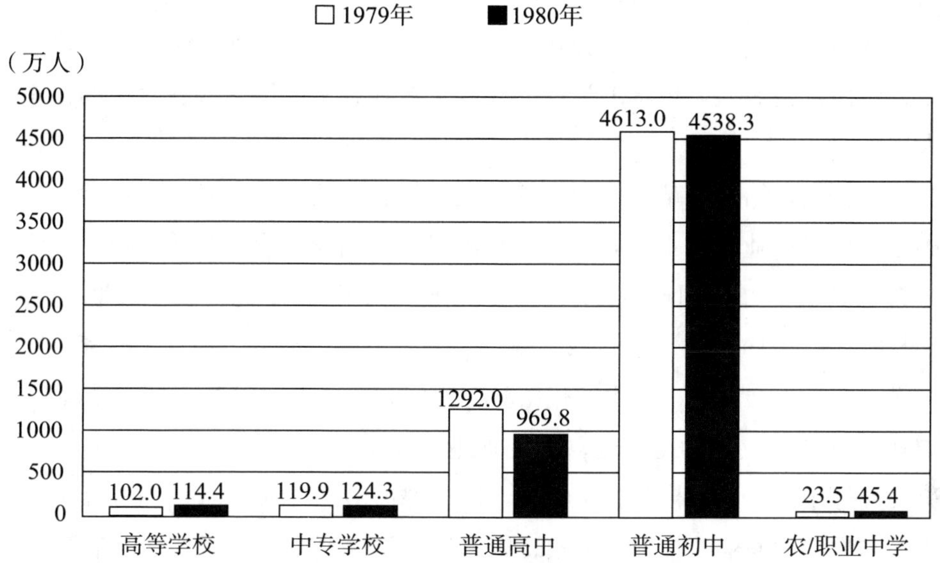

图 13–14　1979—1980 年各级各类学校在校生数

数据来源：教育部计划司 . 全国教育统计资料（1978—1980 年）[Z] .1981：2.

1980 年 2 月 10 日，李先念在中共中央召集的干部会议上指出，要改进中等教育的结构，多办一些职业学校和技工学校，还要采取多种形式，包括办业余学校、函授学校和电视大学等，来加速和扩大人才的培养。[①] 1980 年 10 月 7 日，《国务院批转教育部、国家劳动总局关于中等教育结构改革的报告》指出："改革中等教育的结构，发展职业技术教育，适应四化建设的需要，是当前亟待解决的问题。"该文件肯定了刘少奇同志提倡的"两种教育制度、两种劳动制度"对于推动当时教育结构改革的积极作用。这份政策文件在推动我国高中阶段教育结构调整方面具有划时代的作用。这次教育结构改革"实行普通教育与职业、技术教育并举，全日制学校与半工半读学校、业余学校并举，国家办学与业务部门、厂矿企业、人民公社办学并举的方针"。"职业教育"与"技术教育"在文件中并列出现，意味着决策者对二者有所区分。

① 李先念 . 人才培养要走在经济建设的前面 [M] // 国家教育委员会政策法规司 . 十一届三中全会以来重要教育文献选编 . 北京：教育科学出版社，1992：48.

文件提出，“在城乡要提倡各行各业广泛举办职业（技术）学校。可适当将一部分普通高中改办为职业（技术）学校、职业中学、农业中学。经过调整改革，要使各类职业（技术）学校的在校生数在整个高级中等教育中的比重大大增长”。

中等教育结构改革的内容和途径主要包括：第一，要求全国各地普通高中逐步增设职业（技术）教育课，学习科目可由学生自己选择。第二，将部分普通高中改办为职业（技术）学校、职业中学、农业中学。职业（技术）学校招收初中毕业生，学制二年至三年，主要进行职业（技术）教育，同时开设有关普通文化课，这类学校由教育部门和业务部门联办，隶属关系不变。农业中学和职业中学是普通教育与职业技术教育相结合的中等学校。第三，努力办好中等专业学校和技工学校。该文件提出：“在业务上，凡是培养技术人员和干部的职业（技术）学校，以教育部门为主综合管理，劳动部门配合；凡是培养后备技术工人的职业（技术）学校，以劳动部门为主综合管理，教育部门配合。”

按照上述改革思路，高中阶段的学校类型由单一化转向多样化。普通高中的课程内容也从单一的学术科目转向学术科目和职业技术教育科目兼顾，虽然只是逐步增设职业技术课，但也至少开始为普通高中学生学习职业技术课提供了条件。换言之，这次中等教育结构改革的对象不仅是学校类型，从科目和课程上也提出了要求。

从毕业生就业政策看，高中阶段上述几类学校毕业生在就业出路上有差异。中等专业学校是培养中级技术管理人才的学校，技工学校则是培养中级技术工人的学校。二者的毕业生都是培养中级技术人才，前者的毕业生在身份上属于干部，偏重于管理；后者的毕业生在身份上属于后备技术工人，属于被管理者。中专学校毕业生跟高等学校毕业生同样享受国家包分配的优惠政策待遇。职业（技术）学校、职业中学、农业中学，以及普通高中的毕业生，国家不包分配。城市职业（技术）学校、职业中学的毕业生，由劳动部门推荐，经用人单位考核，按专业对口的原则，择优录用。农村职业（技术）学校、农业中学的毕业生，社队安排各种技术管理岗位，择优录用。值得注意的是，这次中等教育结构改革还充分考虑到职业（技术）学校、职业中学、农业中学的毕业生的升学需求。文件规定，这三类学校的毕业生可以报考高等院校；报考对口专业的考生，考试成绩在同一分数段内，优先录取。①

1980 年 10 月 8 日，《国务院批转教育部全国中等专业教育工作会议纪要》中明确："中等专业学校是在相当高中文化程度的基础上进行专业技术教育，中专的高年级与大学低年级交叉，是介乎高中与大学之间的一种学校。根据我国经济文化发展不平衡和中专专业门类多、要求不一的情况，中专学制可以多样化：招收初中毕业生，一般为四年，个别五年，有的专业仍保持三年；招收高中毕业生，一般为二年，医科和工科等有些专业可为二年半或三年。……中等专业教育除全日制中专外，还要积极举办半工（农）半读、业余和函授教育等。有条件的学校，还应承担干部轮训工作。"中等专业学校按照领导关系，分为国务院部属学校和地方学校，"省、自治区、直辖市教育部门的中专教育行政机构，一般可设在高教局"，"中等专业学校一般应为县团级单位，重点学校可为地师级"。值得注意的是，中技和中师学校当时还可以招收高中毕业生。

在中等教育结构调整过程中，高级中学和初级中学在教育类型上都更加多样化。由于中专学校毕业生享受有保障的就业政策，因此中技和中师学校其实比普通高中更具有社会吸引力。如果按社会吸引力高低排序，高中阶段中专教育最高，其次是普通高中，最后是农业及职业高中；而初中阶段则是普通初中吸引力高于农业及职业初中。可见，普通教育的社会吸引力具有相对性。

二、教育体制改革对职业高中发展的推动作用

20 世纪 80 年代中期，我国人才结构存在高级人才与中级人才比例倒挂问题，很多企业工程师多于技术员，导致工程师干技术员的工作。国家发展职

① 国务院批转教育部、国家劳动总局关于中等教育结构改革的报告［M］// 国家教育委员会政策法规司 . 十一届三中全会以来重要教育文献选编 . 北京：教育科学出版社，1992：59.

业技术教育，是为了培养千百万中级、初级技术人员、管理人员、技工和其他城乡劳动者。为了改变当时存在的人才结构不合理状况，国家决定通过改革教育体制，大力发展职业技术教育。为此，1985 年 5 月 27 日发布的中共中央《关于教育体制改革的决定》提出：调整中等教育结构，大力发展职业技术教育；要在改革教育体制的同时改革有关的劳动人事制度，实行“先培训，后就业”的原则；发展职业技术教育，要充分调动企事业单位和业务部门的积极性。这说明了企事业单位和业务部门对于发展职业技术教育的重要性，这类机构和部门具备帮助学生掌握职业技术、知识和技能的业本学习资源。

文件提出的“先培训，后就业”原则，是为了使教育体制改革与劳动人事制度改革相配套。1986 年 8 月 30 日，国务院副总理李鹏讲话时要求：贯彻这个原则不能搞“一刀切”，不能绝对化，还应该根据行业或工种而有所不同；这个原则首先要在专业性、技术性较强的行业和现代化程度较高的大中型骨干企业中实行；究竟在哪些企业、哪些工种要严格地执行这个原则，这要由产业部门自己来决定。① 这意味着在关注教育体制改革的同时，还应对劳动人事制度改革的方向进行参照性分析。

文件确立了“从中学阶段开始分流”的制度规定，即初中毕业生一部分升入普通高中，一部分接受高中阶段的职业技术教育；高中毕业生一部分升入普通大学，一部分接受高等职业技术教育。为了进一步调整中等教育结构，文件建议：要充分发掘现有中等专业学校和技工学校的潜力，扩大招生；有计划地将一批普通高中改为职业高中，或者在普通高中里面增设“职业班”；新办一些中专、技工学校和职业高中。调整中等教育结构的目标是：“力争在五年左右，使大多数地区的各类高中阶段的职业技术学校招生数相当于普通高中的招生数”。这是首次将“高中阶段职普招生规模大体相当”作为发展目标正式确定下来。对于这个“一比一”目标，李鹏在 1986 年 8 月 30 日解释说：“各地应因地制宜，从本地实际情况出发，确定自己省、市、地区要达到的比例。在一个省范围内各个地区，市、县之间也可以有所不同。要把这个权力

---

① 李鹏 . 大力发展职业技术教育是教育改革的重要内容［M］// 教育改革重要文献选编 .2 版 . 北京：人民教育出版社，1988：343.

下放到各级地方政府，中央只是提出总的要求。”[①]

中央政府对于“职普比大体相当”的目标判断，是以地区为单位的，而不是以省、自治区、直辖市为单位，更不应该理解为各个地、市、县也都要实现“职普比一比一”这个目标。中央确立这个发展目标，其实是要提高职业技术教育的参与率，让高中阶段的学生有更多人能够接受职业技术教育。由于之前进入普通高中的学生比例太高而导致职普比悬殊，我们在理解这个“一比一”的政策目标时，应该结合各地区的经济发展状况，以及各地工商企业等经济部门对于人才结构的特定需求。这涉及各地区的产业结构与行业布局，以及这些地区的义务教育普及程度等具体的经济和社会发展状况。

这次教育体制改革基本上为职业技术教育体系确立了蓝图。李鹏指出：“现在需要逐步地理顺职业技术教育的内部层次，解决某些学校所处的层次不清的问题，以及由于层次不清所带来的一些不合理的现象。划分层次，应该把社会对各种人才的需要和各类学校的性质、特点结合起来考虑。”[②] 他提出，高等职业学校、一部分广播电视大学、高等专科学校的学生毕业之后，除小部分人继续深造外，大部分人要走上各种职业岗位，在各行各业生产第一线从事基层工作。所以，这类学校应该属于职业性的高等教育，应该划入高等职业技术教育这个层次。第二个层次是中等职业技术教育，就是招收初中毕业生的中等专业学校、技工学校和职业高中，以及相当于这个水平的各种类型的职业培训中心。第三个层次就是初等职业技术教育。

关于中专学校在层次上的特殊性——大部分中专学校招收初中毕业生，也有一部分招收高中毕业生，李鹏强调了两点：其一，要把所有的中等专业学校都改为高等专科学校，这是不可能的，这样做也是不对的；其二，中等专业学校培养出来的毕业生，从社会主义经济建设发展的实际来看，是非常需要的。根据许多基层企业的反映，中专毕业生一般工作比较踏实，对企业各种工作的适应性很强，能够较快地和企业的、基层的工人及其他工作人员打成一片，对生产和管理发挥了很大的作用，因此很受欢迎。而且在中专生

---

① 李鹏.大力发展职业技术教育是教育改革的重要内容［M］//教育改革重要文献选编.2版.北京：人民教育出版社，1988：342.

② 同① 345.

中，通过实际工作的锻炼，自学成才，也培养出了一批高级人才，有的当了高级工程师或企业的领导人。所以，中专这个层次是不可或缺的。不仅企业需要，就是科研单位和高等院校也需要有这个层次的人才来工作。①

当时条件下培养出的这些中专毕业生有其产生的特定历史条件。首先，当时中专学校招收的学生一般都是初中毕业生中的佼佼者，中专学校的办学历史相对较长，而且中等专业教育跟高等教育靠得比较近，由高等教育司负责管理。其次，中专学校的办学条件和师资力量都比较强，而职业高中和各级职业培训中心的师资则很缺乏，这是影响其教学质量的核心问题。再次，当时中专学校是由行业企业来办学的，这类学校具有“产教融合”“校企合作”“工学结合”的天然优势。最后，也是最为关键的，当时与中专教育配套的毕业生包分配的就业政策下，承担中专教育办学的行业部门及企业，相当于为自己的行业部门、自己的企业培养人才，学生毕业后基本上都是留用，转为企业正式员工。在这个人才培养过程中，由于几乎不存在“为其他行业部门或企业做嫁衣”或者“被其他行业部门或企业挖人才”等职业技术教育及培训的“市场失灵”现象，避免了西方国家曾经普遍陷入的困境。

当大学开始在助学金和招生制度上进行一系列改革试点时，对于中专和技工学校分配制度及助学金制度是否要跟着改革，李鹏提出，要进行充分酝酿和准备，通过试点取得经验后再推广。② 如果说因为大学已经在助学金和招生制度上进行了某些改革试点，由此判断中专和技校也应同样进行类似的改革，这种推断不一定从结果上有助于大力发展职业技术教育政策的贯彻或落实。其根本原因在于，无论大学在招生和毕业生就业方面如何改革，对于中等专业教育和技工教育这类高中阶段的职业技术教育而言，大学始终都是在学历上属于更高层次的普通教育。从毕业生就业的角度看，拥有更高学历层次的毕业生的就业机会和方向都会更为有利和优越。为了确保高中阶段的中专和技校吸引到学力水平较高的初中毕业生，谨防中专在校生和毕业生的质量急速下滑，应该从政策上创造出中专和技工教育的相对吸引力和优势。

---

① 李鹏.大力发展职业技术教育是教育改革的重要内容［M］//教育改革重要文献选编.2版.北京：人民教育出版社，1988：346.

② 同① 349.

1990 年 8 月 16 日,《国家教委关于颁发〈省级重点职业高级中学的标准〉的通知》中指出，搞好省级重点职业高级中学的建设，对促进职业技术教育的健康发展具有重要作用。通知要求在几年内建成一批有特色的省级重点职业高级中学，使其在本地区、本部门更好地发挥骨干示范作用。

1991 年 1 月 18 日，国家教委主任李铁映在全国职业技术教育工作会议上讲话时指出：在中等教育结构改革中涌现的 9000 多所职业中学，其在校生数已经占中等职业技术学校在校生总数的一半，成为中等职业技术教育的一支生力军。全国高中阶段职业技术学校（包括中师学校在内）招生数占整个高中阶段招生总数的比重从 1980 年的 21% 上升到 1990 年的 48%。① 他提出：要采取相应政策稳定普通中专学校，支持中专学校深化改革，办出特色，办出水平，发挥它们在同行业中等职业技术教育中的骨干作用；技工学校担负着培养中级技术工人的重任，要采取措施加强技工学校的建设，扩大培养技术工人的规模；各地各部门应继续积极扶持职业高中，要调整职业高中的专业结构，使之更加符合本地区、本系统的实际需要；同时，要逐步试办培养技艺性强的高级操作人员的高等职业学校；在普通教育的适当阶段，要因地制宜地引进职业技术教育因素，从小培养学生热爱劳动、热爱科学技术的精神。成人教育在更大程度上应重点发展职后的职业技术教育；积极发展行业、企事业单位办学和各方面联合办学；在工业战线，尤其要充分发挥企业的办学积极性，可以自办或多种形式联办，把办职业技术教育作为企业建设的重要组成部分；按照这种办学体制，应采取中央和地方、教育部门和行业部门分级、分工的管理体制，发展职业技术教育的主要责任在地方，关键是市和县，因此要给地方政府以必要的统筹和决策权。②

1991 年 1 月 21 日，国家教委党组书记、副主任何东昌在全国职业技术教育工作会议闭幕式上的讲话中指出：“发展与改革职业技术教育也是教育发展内在的要求”；“职前、职后的培训要结合起来，通盘加以考虑。职业技术教育只靠眼前的教育是不够的，是不完备的，还有继续教育的问题”；“基础教

① 李铁映 . 大力发展职业技术教育促进我国经济建设和社会发展［M］// 国家教育委员会政策法规司 . 十一届三中全会以来重要教育文献选编 . 北京：教育科学出版社，1992：464.

② 同① 465–466.

育要适当引进职业技术教育的因素”；“在基础教育的适当阶段，在保证系统的文化科学教育的同时，适当引进职业技术教育因素，不仅培养劳动的观念，还要训练劳动的能力。这对基础教育改革也是一个重大的课题”；“需要高等学校为职业技术教育多做贡献，包括师资的培训”；“大力发展包括提高和普及两个方面的任务，也包括基础教育渗透的任务”。[①] 这个认识很深刻，而且判断非常准确。

关于管理体制，何东昌解释说：职业技术教育的改革关键是要跟劳动人事制度、工资制度改革适当地配合起来；“办得好的一批老中专、老技校，多是由中央部门办起来的，……要发挥中央业务部门的行业指导、管理和服务作用。……从中央到地方、到部门如果我们把体制理顺了，着重发挥地方统筹的职能和发挥中央部门的行业指导及服务的职能，会促进职业技术教育的发展”；“企业的长处应更多地体现在办职业技术教育上。这是与企业自身的发展直接相关的。要研究如何发挥企业在办好职业技术教育中的作用，这是一个十分重要的问题。如果把地方统筹的问题、中央部门发挥作用的问题、企业兴办职业技术教育的问题都解决好了，可能会逐步形成具有中国特色的发展职业技术教育的路子”；“职业技术教育的师资水平要求是比较高的。专业课教师不仅要会讲专业理论，而且应该会动手，技能教师不仅要技艺精良，而且要懂得教育学，有一定的理论水平。要研究相应的政策和鼓励措施，鼓励那些具有较高实践技能水平的人员到职业技术学校任教，鼓励教师全面提高素质”。[②]

1991 年 1 月 24 日，李铁映在全国教育工作会议上讲话时重申了“发展职业技术教育要继续坚持依靠和鼓励部门、行业、企事业单位办学的原则”。[③]

1991 年 7 月 20 日，国家教委、国家物价局、财政部、劳动部发布了《中等职业技术学校收取学费的暂行规定》，其中指出：中等职业技术教育属非义

---

① 何东昌 . 关于大力发展职业技术教育的几个问题［M］// 国家教育委员会政策法规司 . 十一届三中全会以来重要教育文献选编 . 北京：教育科学出版社，1992：614–615.

② 同① 616–617.

③ 李铁映 . 努力建设有中国特色的社会主义教育体系［M］// 国家教育委员会政策法规司 . 十一届三中全会以来重要教育文献选编 . 北京：教育科学出版社，1992：474.

务教育，自 1991 学年起，对中等专业学校（不含中师）、技工学校和职业高中新入学的学生适当收取学费。1990 年及以前学年入学的学生仍执行原规定。这三类学校的学费标准的制定原则：一是高于普通高中学费标准，其中，中等专业学校的学费标准要低于同类普通高等院校的学杂费，职业高中和技工学校的学费标准要低于同类中等专业学校的学费；二是培养费用较高或报考人数较多的热门专业（工种），其学费标准可以适当高一些；三是工作条件艰苦或国家重点扶持的专业，如为农牧业服务的专业等，可以免收或减收学费。

1991 年 10 月 17 日，《国务院关于大力发展职业技术教育的决定》提出，在普通教育中积极开展职业指导，因地制宜地在适当阶段引进职业技术教育因素，在不同阶段对学生实行分流教育。城市可以在高三分流，对一部分人进行定向性的或预备性的职业技术教育；农村可根据各地的情况，分别采取“三加一”（即三年初中教育再加一年职业技术教育）、初三分流、四年制渗透职业技术教育内容或办职业初中等多种形式，发展初中阶段的职业技术教育。制定政策稳定中专，支持它们深化改革，办出特色，提高质量，积极发挥中专学校在同类职业技术教育中的骨干作用。加强技工学校和职业中学建设，改善办学条件，提高教学质量。发展职业技术教育主要责任在地方，关键在市、县。

三、以发展专科教育扩大高等教育规模

1983 年 4 月 28 日，《国务院批转教育部、国家计委关于加速发展高等教育的报告的通知》提出：“高等学校是培养专门人才的重要基地，要采取多层次、多种规格和多种形式加快高等教育的发展。要在发展中逐步调整好高等教育内部的比例关系，多办一些专科，注重发展一些为建设所急需的短线专业。”教育部和国家计委提出，要采取多种形式，开辟新的门路，继续贯彻“两条腿走路”的方针；要在扩大高等教育规模的过程中，调整改革高等教育内部结构，增加专科和短线专业的比重；要分层次规定不同的质量要求，同时抓紧重点学校和重点专业的建设。相应的措施主要包括：增加全日制高等

学校年度招生人数，采用其他形式举办的高等教育，比如广播电视大学、函授大学、夜大学、厂办职工大学、县办农民大学、管理干部学院、教育或教师进修学院等，要在注重质量的原则下更快地发展；各类高等院校所增加的招生任务，特别是工科，主要应招收专科学生；鼓励高等学校举办分校或夜大学，这种分校不只在高等学校集中的大城市办，还应帮助教育基础差的外地城市办，以办专科为主；新招的大学生离学校不远的，一律实行走读；对住校生要酌收住宿费，助学金制度要改为奖学金和助学金相结合的制度；积极提倡在大城市、经济发展较快的中等城市和大企业举办高等专科学校和短期职业大学，为本地区、本单位培养人才，这类学校一般应酌收学费、实行走读、毕业生择优录用；本系统、本地区招生任务不足的，可以采取接受委托培养等办法，以发挥潜力。文件还提出：为了改善人才结构，有关部门要采取措施，积极发展中等专业教育，增加中专招生人数；中等专业学校一般不宜改为高等专科学校，但中等专业学校连续招有大专班学生，质量又确有保证的，可以继续办好大专班；根据需要和可能，有计划地适当新建一些全日制高等院校。

1983 年 5 月 6 日，中共中央、国务院发布了《关于加强和改革农村学校教育若干问题的通知》，其中提出：农、林、商、工等科院校在办好本科的同时，要注意发展专科；改革高等学校的招生和毕业生分配制度，打开人才通向农村的路子；农村的职业中学毕业生，报考专业对口的全日制高等学校，文化课要求可适当降低，报考专科的可免试外语；在不影响国家计划的前提下，实行计划外的合同制招生，采取推荐与统考相结合的办法，招收由集体负担学费和自缴学费的学生，毕业后回原地区、原单位工作。这种专科院校既可以为农村经济发展提供专业人才，也可以供农业中学或各类职业中学毕业生“对口升学”。文件还提出：“中等专业学校的招生和毕业生分配制度，也要参照上述精神加以改革。今年可在少数学校或专业试行招收一部分农村学生，不包分配，毕业后仍回农村从事生产劳动及各项工作。”这意味着从 1983 年开始，中央政府就按照这个思路对中专和高等学校进行改革，也就是吸引一部分高等学校专科毕业生和中专毕业生，到农村地区的集体企事业单位、专业户等单位工作。这些毕业生通常来自农村，国家通过这种方式，让他们完成了大学专科教育之后再回到农村。

上述政策导致随后几年普通高等学校数量增加过快，在1984—1985年，每年增加100所新校，平均4天就新增一所高等学校。因此，1989年12月23日，李铁映提出："近几年内，要抓紧进行普通高校的调整、整顿工作。……从现在开始，全国高等学校总数不再增加，……对高等学校从低层次向高层次升格，原则上也不再批准，鼓励各学校、各专业在所在层次上办出特色和水平"，"高等教育的重点是优化结构、提高水平。在层次结构上，要根据经济建设和社会发展的需要来确定研究生规模和本科教育规模，适当发展专科教育。在学科结构上，适当调减基础学科的规模，逐步发展社会需求量较多的应用学科。在专业结构上，要减少专业种类，进一步拓宽专业业务范围，增强适应性。成人教育……要本着学用结合、按需施教的原则，把开展岗位培训和职业技术培训作为重点并逐步作到规范化、制度化。成人学历教育的规模要根据学用一致、保证质量的原则加以控制。"①

1986年12月15日，国务院发布《普通高等学校设置暂行条例》，规定以高级中学毕业学生为主要培养对象的全日制普通高等学校在人才培养的层级和性质定位上分为四类："大学"与"独立设置的学院"均培养本科及以上层次的专门人才；"高等专科学校"和"高等职业学校"均培养高等专科层次的专门人才，后者以职业技术教育为主。可见，专科层次有一部分学生接受的是职业技术教育，另一部分则接受的是普通教育。当时，对于普通高等教育结构的调整，不仅涉及普通高等教育系统内部这四种类型学校之间的结构，而且涉及普通高等教育同成人高等教育、中等专业教育和基础教育之间的关系。

1990年11月25日，国家教委、国家计委发布《普通高等学校、中等专业学校招生计划管理暂行办法》，再次明确了普通高等教育系统内部的机构类型结构："普通高等学校系指经国家正式批准注册并以高中毕业学生为主要培养对象的全日制大学、学院、高等专科学校和高等职业学校（短期职业大

---

① 李铁映.关于我国教育工作若干问题的汇报（摘要）[M]//国家教育委员会政策法规司.十一届三中全会以来重要教育文献选编.北京：教育科学出版社，1992：416，418-419.

学）。”这里首次将“短期职业大学”与“高等职业学校”归为一类普通高等学校。

四、在职职工的正规中等专业教育

20世纪80年代初，除了以招收应届初中毕业生为主的全日制中等专业学校，政府还面向就业人员举办专门的职工中等专业学校。为了使一部分职工受到系统的、正规的中等专业教育，1982年9月9日，国务院批转教育部《关于举办职工中等专业学校的试行办法》。这份文件是教育部根据中共中央、国务院《关于加强职工教育工作的决定》而制定的。该文件明确规定，这类学校的任务是从具有一定实践经验的正式职工（不含学徒、练习生、试用人员以及临时工、合同工）中培养德、智、体全面发展的中等专业人才。这类学校的招生对象是具有初中毕业实际文化程度并具有两年工龄的正式职工，年龄一般不超过35岁（确有学习条件的，年龄不超过40岁也可入学）。

报考者一般要专业对口，在征得本单位同意后，经过严格的文化考试，德、智、体全面衡量择优录取。在同等条件下，对劳动模范、先进工作者优先录取。

文件强调：“职工中等专业学校应有一定的规模，要保持办学的稳定性和连续性，切实保证教学质量。关于学校的布局、专业的设置，要根据事业发展的需要和实际条件，按系统、按地区统筹规划，合理安排，积极稳妥地举办。”在办学形式方面，“提倡专业公司、业务部门办，也可办一些地区性的学校。全日制中等专业学校对职工中等专业学校要尽量予以支持”。在课程设置上，“可根据专业的不同和学员的特点有所侧重。在学好普通课、技术基础课的基础上，专业课的设置针对性要强些。要使毕业生达到相当于全日制中等专业学校毕业生的水平”。这类学校学制灵活，“可采取脱产、半脱产、业余等多种形式办学”。关于管理制度，文件规定：“职工中等专业学校以业务部门管理为主。教育行政部门要在业务上进行指导”，“国务院各部委及省、市、自治区有关业务部门，……负责管理本系统的职工中等专业学校”，“教育部和省、市、自治区高教（教育）厅（局）负责综合研究指导职工中等专业学校有关教育行政和教学业务方面的方针、政策和带有共同性的问题”。

第四节　经济体制转轨对职业技术教育的影响

影响职业教育发展的因素不仅在教育系统内部，更重要的是经济部门。1994—2000 年是从计划经济体制向社会主义市场经济体制转轨的时期，当时国家在高等学校和中专学校招生方面，实行国家任务计划与调节性计划相结合的体制。随着人才市场和劳动力市场的逐步形成，国家推行的政策是：改变人才由部门和地区所有的状态，促进人才合理流动；建立就业指导、职业介绍等中介机构，为毕业生就业提供服务，运用工资待遇等杠杆调节劳动力的供求和人才流向。

一、转轨期职业技术教育外部发展环境的变化

1992 年 10 月，党的十四大明确我国经济体制改革的目标是建立社会主义市场经济体制。为适应建立社会主义市场经济体制的需要，要加快政府职能转变，进一步改革政府机构，实行精兵简政。本次政府机构改革的目标是：把属于企业经营自主权范围的职能切实还给企业；把配置资源的基础性职能转移给市场；把经济活动中社会服务性和相当一部分监督性职能转交给市场中介组织。

（一）行业及企业举办的职业技术教育改由教育部门管理

1994 年 7 月 3 日，《国务院关于〈中国教育改革和发展纲要〉的实施意见》中提出：“积极推进高等学校和中等专业学校、技工学校的招生收费改革和毕业生就业制度的改革，逐步实行学生缴费上学，大多数毕业生自主择业的制

度。1997年大多数学校按新制度运作，2000年基本实现新旧体制转轨。”1995年5月17日，国家教委发布《关于普通中等专业教育（不含中师）改革与发展的意见》，指出中等专业学校要改变过去“单纯为全民所有制单位培养人才，统包统配的制度”，通过改革，要拓宽服务面向，为多种所有制单位服务，特别是要为农村经济建设培养合格适用的中等专业人才；中等专业学校招生要逐步规范化，并将理顺学制（笔者备注：当时中专学校实行3年制或者4年制）与发展“高中后职业教育”结合起来。这些政策方向预示着，中专教育从这个时期开始逐渐被导入职业教育轨道。

1997年1月，随着国家电力公司的组建成立，国家对专业经济部门的改革也进一步深化，逐步改组为不具有政府职能的经济实体，或改为国家授权经营国有资产的单位，或改为行业管理组织，将原有的政府管理职能转移给政府综合部门负责。1998年改革的目标是尽快结束专业经济部门直接管理企业的体制，其结果是撤销了工业领域10个专业经济部门，这些部门的存在被认为不利于充分发挥市场在资源配置中的基础作用，不利于发挥企业的微观经济主体地位。现在看来，也许这些专业经济部门可以作为一种中间机构，在政府与企业之间发挥缓冲或者协调的作用。当时有很多中等技术学校是由这些专业经济部门举办的，这些部门被撤销后，其之前所管理的中等技术学校被移交到教育部门。

1998年7月，国务院《关于调整撤并部门所属学校管理体制的决定》提出：国务院机构改革中，原机械工业部、煤炭工业部、冶金工业部、化学工业部、国内贸易部、中国轻工总会、中国纺织总会、国家建筑材料工业局、中国有色金属工业总公司九个部门改组或组建为国家经贸委管理的九个国家局。对这些部门所属共211所学校的管理体制进行调整。其中93所普通高校原则上都实行中央与地方共建，以地方管理为主。72所成人高等学校，除几所由中央财政负担的管理干部学院原则上就地并入普通高等学校或改制为培训教育机构外，其余由企事业单位举办的成人高等学校一律划转地方管理。46所中等专业学校和技工学校划转地方管理。这项决定对职业教育发展造成的影响是，诸如中国轻工总会、中国纺织总会等专业经济部门从此不再直接参与管理中等专业学校和技工学校，同时也不再直接举办职业教育。

国有企业办学体制改革的核心是将国有企业所办学校转交所在地政府举办。2002 年，国家经济贸易委员会、财政部、教育部等六部门《关于进一步推进国有企业分离办社会职能工作的意见》发布后，国有企业办中小学分离改制进程大大加速。经过近十年的改革，到 2010 年左右，全国大多数国有企业所办的中小学已经分离并移交给了地方政府，国有企业办学改革基本完成。

（二）职业技术教育中的技工教育改由劳动部门管理

从 1990 年开始，劳动部在山东、江苏等省试办了 11 所高级技工学校，旨在培养高级技能人才，建立和完善职业技能开发体系。1992 年 11 月，对技工学校毕业生开始实行“双证书”（毕业证书和技术等级证书）制度。1995 年 1 月 1 日开始实施的《中华人民共和国劳动法》第六十九条规定：国家确定职业分类，对规定的职业制定职业技能标准，实行职业资格证书制度。1995 年，劳动部会同有关部门成立“国家职业分类大典和职业资格工作委员会”，指导和组织“国家职业分类大典”和“职业资格标准”的制定工作。1995 年 5 月 2 日，劳动部发布《关于技工学校、职业（技术）学校和就业训练中心毕（结）业生实行职业技能鉴定的通知》，对技工学校、职业（技术）学校、就业训练中心和其他职业培训实体毕（结）业生逐步实行职业技能考核鉴定和国家职业资格证书制度。其中，鉴定内容包括知识要求和技能要求两项。毕业生经职业技能考核鉴定合格，按各省、自治区、直辖市《职业技能鉴定实施办法》或《工人考核实施办法》的有关规定，核发相应的技术等级证书，作为其求职就业，从事相应职业（工种）的主要凭证和其境外就业、出国劳务与研修时办理相关技术等级公证的有效证件。

1995 年 7 月，劳动部、国家计委《关于申办高级技工学校若干问题的通知》指出：各地区、各部门可根据经济发展对高级技工的需要，在国家级重点技工学校的基础上组建高级技工学校，主要承担培养高级技术工人、技师、实习指导教师以及其他高级职业技能人才的任务；高级技工学校招收技工学校及其他具有中级技术水平的职业学校毕业生或在职职工，学习期限 2 至 3 年；经考试和职业技能鉴定合格的毕业生取得劳动部印制的高级技工学校毕业证书和技术等级证书；获得“双证”的毕业生工作满两年可申报考评技师；

高级技工学校由省级人民政府和国务院有关行业主管部门统筹规划，由劳动部会同国家计委审核批准。

为了缓解就业压力，调节劳动力供给，提高青年劳动力的就业能力，1996年12月31日，劳动部发布《关于进行劳动预备制度试点工作的通知》，宣布从1997年起，在全国范围内有计划、有步骤地实施劳动预备制度试点——对新生劳动力就业前追加1至3年职业培训和相关教育，使其掌握一定的职业技能后再进入就业岗位。劳动部由职业技能开发司、就业司、职业技能鉴定中心组成实施劳动预备制度试点工作指导小组，负责试点工作的统筹安排和指导协调。这项试点工作的主要任务是：将城镇初中、高中毕业后不能升入更高一级学校学习，并有就业愿望的青年（包括准备向非农产业转移或进城务工的农村青年）组织起来，要求他们通过接受职业培训，取得相应的职业资格，并实现就业。文件规定，对招收适合参加劳动预备制度，但未取得培训证书和职业资格证书的人员的用人单位，要求其在单位内实行“双轨制”（在培训机构接受训练，在本单位实习或以师带徒）。首先选择就业任务较重，职业培训和就业工作基础较好的35个城市（地区）作为劳动部试点单位。这项试点可以被视为国家对离开学校教育系统的毕业生进行职业培训，使其从学校过渡到就业系统的制度干预。

20世纪90年代中后期，在高等学校和中专学校、技工学校的招生和毕业生就业制度发生根本性变化的同时，教育部门与劳动部门之间在管理职业教育和职业培训上的分工亦被定格和固化。在以实现政企分开为指导原则的政府机构改革背景下，专业经济部门的撤并调整弱化了以往行业主管部门和企业在发展职业技术教育中的权利和责任。1998年7月1日，国务院《关于调整撤并部门所属学校管理体制的决定》对原本由专业经济部门所属的211所学校进行管理体制的调整，其中有46所中等专业学校和技工学校划转为地方管理。1999年9月28日，劳动和社会保障部《关于对技工学校管理体制问题的复函》中指出，经国务院有关领导协调，原劳动部、国家教委已就此达成“教育工作的宏观管理在国家教委、职业培训的归口包括技工学校的管理在劳动部”的一致意见。国务院办公厅下发的《劳动和社会保障部职能配置、内设机构和人员编制规定》明确：在国家教育工作方针、政策指导下，由劳动和社会保障部负责制定技工学校的发展规划和管理规则。

1997 年底，国家开始对普通中专学校招生实行并轨改革。“并轨”指的是国家在举办中专教育时，不再实行国家任务计划和调节性计划（含委托培养和自费生）的计划形式，统一实行一种招生计划，并统一录取标准。从此，中专学生一律缴费上学，大多数毕业生在一定范围内自主择业。国家教委、国家计委《关于普通中等专业学校招生并轨改革的意见》指出，为保证家境贫困的中专生顺利完成学业，对特困学生应给予减免学费，各地应逐步建立健全贷学金和奖学金制度。1998 年普通中等专业学校招生计划仍包括“并轨计划”和“非并轨计划”两部分，已实行招生并轨改革的省、自治区、直辖市原则上不再安排非并轨招生计划，并轨收费问题实行新生新办法、老生老办法。自此，中等专业教育经历将近半个世纪（1951—1997 年）的发展之后，在经济体制转轨的过程中，其地位和社会吸引力发生根本性的转变。1998—2001 年，高中阶段职业教育在校生规模第一次出现大幅下降，从数据上充分证实了因经济体制转轨而引发的经济部门职能调整对职业技术教育发展产生的重大影响。

二、职业教育与普通教育双轨制发展

1994 年 7 月 3 日，《国务院关于〈中国教育改革和发展纲要〉的实施意见》中提出：“有计划地实行小学后、初中后、高中后三级分流，大力发展职业教育，逐步形成初等、中等、高等职业教育和普通教育共同发展、相互衔接、比例合理的教育系列。”

在 1998—2001 年中等职业教育在校生规模持续收缩的情况下，2002 年 8 月，国务院召开全国职业教育工作会议，并印发了《国务院关于大力推进职业教育改革与发展的决定》，指出：“要以中等职业教育为重点，保持中等职业教育与普通高中教育的比例大体相当，扩大高等职业教育的规模”，“要规范中等和高等职业学校的名称，并体现职业特点”。2005 年 10 月，国务院再次召开全国职业教育工作会议，发布《国务院关于大力发展职业教育的决定》，要求高等职业教育招生规模占高等教育招生规模的一半以上。从中可见，职业教育作为一种教育类型，既在高中阶段与普通高中分门而立，同时也向上延伸至高等教育层次。在政策推动下，2002—2010 年，高中阶段职业教育在校生数量持续上升。

在上述以扩大职业教育规模为目标的改革进程中，国务院还对行业部门和行业组织在职业教育管理体制中的职能做出明确定位。2002 年《国务院关于大力推进职业教育改革与发展的决定》提出：行业主管部门要对行业职业教育进行协调和业务指导，行业组织受政府主管部门委托，开展行业人力资源预测，制定行业职业教育和培训规划，指导行业职业教育、职工培训和职业技能鉴定，参与相关专业的课程教材建设和教师培训等工作，也可以举办职业学校或职业培训机构。

2005 年《国务院关于大力发展职业教育的决定》要求继续完善“在国务院领导下，分级管理、地方为主、政府统筹、社会参与”的管理体制。按照这项政策方针，发展职业教育事业要以政府为主导，鉴于全国职业教育发展从根本上来说是要以地方为主，实行分级管理，因此从政策落实情况看，各地职业教育发展实际上是由各级地方政府从统筹各方面工作的角度做出决策。相应地，行业主管部门和行业协会要在国家教育方针和政策指导下，开展本行业人才需求预测，制订教育培训规划，组织和指导行业职业教育与培训工作等。

为了在基本普及高中阶段教育的过程中加快发展中等职业教育，2005 年 3 月，《教育部关于统筹管理高中阶段教育学校招生工作的通知》提出，要对高中阶段的学校招生工作进行统筹管理，从而改变以往的学校（包括普通高中、普通中专、成人中专、职业高中、技工学校等）按归属部门和类别分别组织招生的做法。具体做法是，由教育行政部门牵头建立统一的高中阶段教育学校招生工作领导小组，统一制定高中阶段教育学校招生政策和措施，统一领导招生工作，形成省、市（地）两级教育行政部门统筹协调、宏观管理，逐步做到普职比例大体相当，结合本地区实际情况，根据高中阶段教育事业发展规划，确定高中阶段教育各类学校招生规模。招收应届初中毕业生实行“一考多分流”，统一填报志愿，统一录取。招生部门负责统一组织普通高中、中等职业学校，包括技工学校和民办高中阶段教育学校的招生录取工作，按照初中毕业生统一填报的志愿顺序，有序地将学生录取到各相关学校。

三、高等专科教育转向职业教育类型

1994 年 4 月 28 日，深圳高等职业技术学院成立，这是我国第一所以“高等职业技术学院”命名的高等教育办学机构，在我国高职教育发展史上具有里程碑意义。1994 年党中央、国务院在全国教育工作会议上系统地提出了发展高等职业教育的任务。这次大会是我国高职教育发展的重要转折。《国务院关于〈中国教育改革和发展纲要〉的实施意见》中提出：“通过改革现有高等专科学校、职业大学和成人高校以及举办灵活多样的高等职业班等途径，积极发展高等职业教育”，“职业教育的培养目标应以培养社会大量需要的具有一定专业技能的熟练劳动者和各种实用人才为主”。正是在这种政策背景下，发展职业技术教育和成人教育被同时作为国家扩大高等教育规模的政策抓手。这个时期也成为职业教育与成人教育在教育行政上被统筹管理的重要起点。

1996 年 6 月，在《中华人民共和国职业教育法》经全国人大常委会审议通过后不久，国家教委、国家经贸委、劳动部共同召开了第三次全国职业教育工作会议。这次会议上明确提出积极发展高等职业教育，进一步健全职业教育体系，以及加强内部建设，提高教育质量和办学效益。国家教委副主任王明达在会议总结讲话中强调指出：不能把在高中后接受的所有教育都算高等教育；高等职业教育属于高等层次的职业教育，是高等教育的一部分，是一种特殊类型的高等教育；高等教育是指在高中阶段文化、技术教育基础上实施的专业教育。王明达在会议上提出：“（包括高等职业教育在内的职业教育）培养目标应以各行各业熟练劳动者和社会需要的各类技术人员、管理人员为主，特别注意培养发展社会主义市场经济迫切需要的财税、金融、工商管理等各类应用型人才。……（高等职业学校的）教学计划、课程设置不是按学科要求来安排，而是按适应职业岗位群的职业能力要求来确定；……职业教育注重学校与企业紧密结合，实行学历证书与职业资格证书制度。”

1997 年 5 月，国家教委决定开始在北京、上海等十个省、直辖市开展招收应届中等职业学校毕业生举办高等职业教育试点工作。从招生对象的目标定位看，该政策目的在于引导一部分中职学校毕业生升学，在职业教育轨道上继续提高学历，而不是与普通高中毕业生一样走上普通高等教育的轨道。试点项目的具体要求是：经国家教委批准设置的普通高等院校，按科类对口招收普通中等专业学校（不包括成人中等专业学校）、职业高中、技工学校等三类中等职业学校相近、相关科类的应届毕业生，举办专科层次的高等职业教育，学制一般为 2 年。值得注意的是，这类招生计划是普通高等教育招生计划的重要组成部分，按《普通高等学校学生管理规定》管理。

这项试点工作对于推动高等职业教育的发展具有重要意义，它有利于吸引一部分初中学生接受中等职业教育，然后通过这条试点路径取得普通专科学历证书。在项目试点地区，如果能参加这样的升学项目，包括中专生在内的中职毕业生就可以取得普通高等教育学历证书。在没有实行此类改革试点项目的地区，中专等中职学校毕业生只能通过成人高等教育路径取得成人高等学历教育证书。

第五节　新世纪职业教育政策发展方向

进入 21 世纪以来，为不断提升职业教育的社会吸引力，中职教育先后经历了学费补助和免除、与高等职业教育建立衔接关系、中职毕业生实行对口升学等政策变化。职业教育的发展规模在过去 20 多年经历了大幅扩张，如何为越来越多走入社会和工作岗位的成年劳动力提供更加灵活多样的终身学习机会，是进一步推动我国教育体系现代化面临的重大挑战。

一、不断深化校企合作人才培养模式

2002年，国务院召开了新世纪第一次全国职业教育工作会议。会议强调，职业院校要进一步加强与企业的联系，改革以学校和课堂为中心的传统人才培养模式。决策者意识到，举办职业教育不能再继续单纯地依靠学校教育这种以课堂教学为主的教育模式，而是要通过与企业之间建立合作关系，让企业提前参与到育人工作过程中。从职业教育活动实施的场所来看，工作场所的学习资源也被认为应该吸收到学校职业教育当中来。这可以看作从基于学校开展职业教育向校企合作举办职业教育的第一次政策转变。

（一）企业顶岗实习

实习属于较浅层次的校企合作，职业教育中的实习分为三种——认识实习、跟岗实习、顶岗实习。按照2007年6月教育部、财政部《关于印发〈中等职业学校学生实习管理办法〉的通知》，实习是指“组织在校学生到企业等用人单位进行的教学实习和顶岗实习”，中职在校生最后一年要到生产服务一线参加顶岗实习，实习单位应向实习学生支付合理的实习报酬。2010年，为应对“企业技工荒”现象，教育部办公厅发布《关于应对企业技工荒进一步做好中等职业学校学生实习工作的通知》，要求对于企业急需的技术工种，中等职业学校在确保教学任务完成的情况下，可对专业对口的学生采用更加灵活的方式，把学生实习与企业技工需求结合起来，改变传统的学习、实习方式，科学合理地安排好学习和实习，实现校企合作双赢。东部地区教育行政部门要根据当地企业用工需要，积极主动地联系中西部地区教育行政部门，做好中等职业学校学生跨地区顶岗实习的组织管理工作。2016年4月，教育部联合财政部、人力资源社会保障部、安全监管总局、中国保监会印发《职业学校学生实习管理规定》后，《中等职业学校学生实习管理办法》即被废止。按照新文件规定，职业学校和实习单位应为实习学生投保实习责任保险。顶岗实习一般为6个月。学校可以根据实际需要，集中或分阶段安排实习时间。

2018 年，教育部、国家发展改革委等六部门联合印发《职业学校校企合作促进办法》，鼓励有条件的企业设置学生实习岗位，要求职业学校和实习单位根据有关规定，为实习学生缴纳实习责任保险。

（二）集团化办学

职业教育集团化办学的概念在 2010 年就出现在政策文件中。2010 年，教育部《关于做好 2010 年中等职业学校招生工作的通知》鼓励通过集团化的方式进一步扩大职教办学规模。2011 年，为了推进高等职业教育改革创新，教育部提出要探索行业或企业与高职、中职学校组建职业教育集团。2014 年全国职业教育工作会议后，教育部把深入推进职业教育集团化办学作为重要方向。根据教育部《关于深入推进职业教育集团化办学的意见》，职业教育集团分为多种类型，比如，由示范、骨干职业院校牵头组建的面向区域主导产业、特色产业的区域型职教集团；围绕行业人才需求，由央企、行业龙头企业牵头组建的行业型职教集团；通过地方之间、行业之间合作组建的跨区域、跨行业的复合型职教集团。国家政策鼓励这些职教集团按照国家有关规定成立社团法人或者民办非企业单位法人。2019 年初，国务院《关于印发国家职业教育改革实施方案的通知》中提出，要建成 300 个示范性职业教育集团或者联盟，带动中小企业参与职业教育。

（三）现代学徒制试点

在创新高等职业教育模式方面，教育部从 2011 年就鼓励职业学校和企业联合开展先招工、后入学的现代学徒制试点。2014 年全国职业教育工作会议明确要在职业教育领域开展现代学徒制试点，以此深化产教融合、校企合作。现代学徒制有利于促进行业、企业参与职业教育人才培养全过程。教育部《关于开展现代学徒制试点工作的意见》要求，在现代学徒制试点过程中，要坚持校企双主体育人。这是政策文件中第一次使用“双主体”这个概念，它体现在多个方面：双导师（学校教师和企业师傅）、双身份（企业员工和在校生）、双合同（学生与企业、学校与企业）等。政策鼓励中职学校充分利用国家注册入学政策，针对不同生源分别制定培养方案。高职院校利用自主招生、单独招生等政策，针对应届高中毕业生、中职毕业生和同等学力企业职工等不同生源特点，分类开展专科学历层次不同形式的现代学徒制试点。2015年教育部在全国确定了首批现代学徒制试点单位和行业试点牵头单位，要求各省级教育行政部门制订试点工作的扶持政策，加强对招生工作的统筹协调，扩大试点院校的招生自主权；加大投入力度，通过财政资助、政府购买等措施，引导企业和职业院校积极开展现代学徒制试点。

2019年5月，教育部办公厅发布了《关于全面推进现代学徒制工作的通知》，要求在国家重大战略和区域支柱产业等相关专业，全面推广政府引导、行业参与、社会支持、企业和职业学校双主体育人的中国特色现代学徒制。而且，要在开展现代学徒制的专业率先实施“学历证书＋若干职业技能等级证书”制度试点，积极探索三天在企业、两天在学校的“3+2”培养模式。

（四）产教融合型企业

2018年，教育部等六部门印发的《职业学校校企合作促进办法》，强调要发挥企业在实施职业教育中的重要办学主体作用，鼓励有条件的企业举办或者参与举办职业学校，设置学生实习、学徒培养、教师实践岗位。鼓励省级人民政府开展产教融合型企业建设试点。2019年初，国务院印发的《职业教育改革实施方案》中要求，要促进产教融合校企“双元”育人，在开展国家产教融合建设试点基础上，培育数以万计的产教融合型企业，建立产教融合型企业认证制度，对进入目录的产教融合型企业给予“金融＋财政＋土地＋信用”的组合式激励，并按规定落实相关税收政策。

二、继续保持职普比例大体相当

2004年9月，教育部、国家发展改革委等七部门发布《关于进一步加强职业教育工作的若干意见》，提出要在2007年以前进一步扩大中职招生规模，使中职与普通高中教育的比例保持大体相当；在高等教育中，高等职业教育招生规模应占一半以上。这个职普比“大体相当”的提法一直沿用至今。为了保持这个大体相当的招生规模，教育部制定了一系列政策举措。

2003 年底，教育部与财政部、劳动保障部就联合出台政策，每年安排东部地区 9 个省市（含 5 个计划单列市）中职学校和技工学校到西部地区招生，开展跨地区职业教育联合招生、合作办学。具体包括三种形式：其一，东部地区和城市的骨干示范性中职学校，依据东部地区、城市经济建设特别是制造业发展需要，按照订单培养模式面向西部和农村跨地区单独招生；其二，东部地区、城市办学有特色的骨干示范性中职学校到西部地区和农村，与当地中职学校开展合作办学、联合招生、分段培养，毕业生主要面向东部地区和城市就业；其三，东部地区选择一批办学有特色的骨干示范性中职学校，以定向招生、定向培养方式，为西部大开发和西部地区国家重点建设工程培养急需的实用技术人才。

2005 年，教育部在部分地区开展了以"单独招生"为主要形式的高职教育招生考试改革试点。最先是在上海开展试点，2006 年在北京、天津，到 2010 年高职单独招生试点工作已扩展到 23 个省、自治区、直辖市的 73 所高等职业院校，计划招生 2.5 万多人。[①] 2011 年 9 月，教育部鼓励高职院校面向复转军人实行单独招生试点。2013 年教育部发布《关于积极推进高等职业教育考试招生制度改革的指导意见》，对高职单独招生政策进行了重大调整。由省级教育主管部门自主确定，本地示范性高职院校和现代学徒制试点院校，在高考前在本地符合当年高考报名条件的考生范围内，单独组织文化和技能考试，并根据考生文化成绩和技能成绩，参考考生普通高中综合素质评价结果，择优录取。具体录取办法由招生学校自行确定。在有些专业，还实行技能拔尖人才免试招生办法。

2006 年，教育部提出允许中职学校以普通高中毕业（结业）证书为依据，对未升学的普通高中毕业生以免试方式提供中职教育。2009 年，教育部提出，原则上各地中等职业学校招生规模都要大于普通高中，要把高中阶段招生计划增量部分主要用于中等职业教育；要充分利用东部和城市中等职业教育办

① 全国高职高专校长联席会议 . 高等职业教育改革与发展报告：2000—2010 年［M］. 北京：高等教育出版社，2010：10.

学资源优势，面向西部和农村联合招生合作办学；面向应往届初高中毕业生、返乡农民工、进城农民工、退役士兵、生产服务一线职工、下岗失业人员等城乡劳动者开展中职教育。

2010 年 4 月，教育部提出，高中阶段毛入学率低、初中毕业生存量大的地区，要采取强有力的措施，把高中阶段招生的增量主要用于发展中等职业教育。2013 年，教育部把普职招生规模大体相当列入教育督导重要内容，对高中阶段普职大体相当推进不力的省份进行重点督查，要求各地重点强化招生统筹管理，把引导初中毕业生按比例合理分流和规范招生行为作为统筹管理的重点。2014 年 5 月，教育部重申要求，继续把往届初中毕业生、未升学普通高中毕业生、青年农民、城乡劳动者等纳入中职年度招生计划，引导他们接受中等职业教育。

在不断坚持扩大职业教育招生规模的过程中，各地中职学校已经成为高中阶段兜底的一种教育，所有未能升学的高中毕业生都成为中等职业教育的招生对象。

三、建设现代职业教育体系

2002 年，党的十六大提出将“形成比较完善的现代国民教育体系”与“形成全民学习、终身学习的学习型社会”等，作为全面建设小康社会的重要目标之一。在《2003—2007 年教育振兴行动计划》中，教育部提出，中国特色社会主义现代化教育体系是现代国民教育体系和终身教育体系有机组成的整体。到 2020 年，要形成体系完整、布局合理、发展均衡的现代国民教育体系和终身教育体系。基于这种教育体系观，在 2005 年召开的全国职业教育工作会议上，国务院首次提出要建立“现代职业教育体系”，建立职业教育与其他教育相互沟通和衔接的“立交桥”，使职业教育成为终身教育体系的重要环节。2007 年，就有观点指出，国民教育体系与终身教育体系并非两个互不相关的体系，终身学习体系的建设，是一个涉及教育和社会各个领域的复杂的社会系统工程，涉及管理体制和机制的创新。[①] 2012年党的十八大报告中，没有再提“国民教育体系”，而是表述为“完善终身教育体系，建设学习型社会”。

2011 年教育部《关于推进中等和高等职业教育协调发展的指导意见》提出，现代职业教育要建立起从专科向应用本科、专业硕士纵向拓展的体系架构。中等职业教育是高中阶段教育的重要组成部分，重点培养技能型人才，发挥基础性作用；高等职业教育是高等教育的重要组成部分，重点培养高端技能型人才，发挥引领作用；应用本科教育和专业硕士是培养高端技能型人才的重要路径。这一时期，职业教育多样化改革主要体现在，对未升学的普通高中毕业生实施的一年制中等职业教育，以普通高中毕业生为招生对象的三年制高职，还有初中后五年制高职。

2014 年全国职业教育工作会议上提出，通过试点推动、示范引领等方式，有计划地引导一批本科高校转型发展。2019 年 1 月，国务院印发《国家职业教育改革实施方案》，要求到 2022 年，一大批普通本科高等学校向应用型转变；加强专业学位硕士研究生培养；推动具备条件的普通本科高校向应用型转变，鼓励有条件的普通高校开办应用技术类型专业或课程；开展本科层次职业教育试点。本科职业教育将使职业教育与专业硕士研究生教育衔接起来，从高中阶段到硕士研究生阶段的职业教育就构成了一个完整的体系。2019 年 11 月，党的十九届四中全会提出要构建服务全民终身学习的教育体系。政策话语的转变，反映出当前的教育体系改革目标是服务于每个人的终身学习需求。

在这种新的政策理念下，值得深思一个问题：究竟哪些社会成员会成为服务全民终身学习的教育体系所服务的主要群体？或者说，哪些社会成员会最多地产生对高等学历教育的需求？我们认为，职业教育受教育者正在成为通过这种有待构建的教育体系取得高等学历证书的主要群体。其原因是，从学历证书层级提升的角度看，中职学校毕业生和高职院校毕业生都具有较强

① 全国教育科学规划领导小组办公室 . 国家重点课题“构建学习型社会和终身学习体系的研究”成果公报［J］. 当代教育论坛，2007（6）：5-7.

的学历提升需求。当前，我国就业流动率普遍较高，职业院校毕业生就业不稳定情况较为严重。这种职业流动的常态化必然会使就业者对学历证书的追求持续增加。

职业教育应该在满足全民终身学习的教育体系中发挥更大、更重要的作用。郝克明建议，在转变思想观念的同时，要拓宽人们的学习成才之路，变单一的、只有通过上大学才能成才的“独木桥”为通过各种学习途径皆可成才的“立交桥”。学校的教育功能从单纯传授知识转向为学习者的终身学习打好基础，是建设终身学习体系的基本要求。①

四、增强职业院校基础能力

职业教育不同于一般学历教育，在培育方式和教学方法上必须注重学生动手能力。2004 年 5 月，教育部与财政部发布《关于推进职业教育若干工作的意见》，决定采用中央财政资金引导的方式，推动各地职业教育实训基地建设。中央财政专项资金主要用于实训基地设备更新和购置。实训基地可以由学校、企业和社会培训机构建设，也可以由地方政府统筹建设和管理。为了扩大中职学校培养规模，2007 年 3 月，国家发展改革委、教育部、劳动保障部发布《中等职业教育基础能力建设规划（2005—2010 年）》，提出中央专项资金支持中职学校和县级职教中心的教学楼、实验楼、实习车间等基础设施建设。

2005 年 10 月，国务院《关于大力发展职业教育的决定》要求省级以上重点中职和有条件的高职都要建立职业技能鉴定机构，以确保学生毕业同时获得学历证书和相关职业资格证书。

2003 年起，教育部就开始通过“重点校、骨干校、示范校”等荣誉性品牌效应，刺激鼓励职业院校之间相互竞争，以推动各地方政府通过增加职业教育投入的方式提升办学水平。2004—2010 年，教育部先后通过项目验收认

---

① 郝克明 . 建设学习型社会与基础教育创新［J］. 现代教育论丛，2007（1）：4-9.

定了1300多所中职学校为国家级重点中职学校。2006年，教育部和财政部实施国家示范性高等职业院校建设计划。取得国家示范性高职称号的院校，在办学中可以享受优惠政策，包括适当降低收费标准，优先安排招生批次，可以通过“单独招生”试点的方式招收质量更好的生源，可以逐步扩大“跨省招生”规模。2009—2010年，全国先后有70所高职院校通过教育部和财政部验收，取得“国家示范性高等职业院校”殊荣，并获得财政部的一次性财政奖励。2011—2018年，全国有约1000所中职学校通过“国家中等职业教育改革发展示范学校建设计划”验收。

2011年9月，教育部与财政部发布《关于支持高等专业学校提升专业服务产业发展能力的通知》，决定在全国独立设置的公办高等职业学校中，支持一批紧贴产业发展需求、校企深度融合、社会认可度高、就业好的专业进行重点建设。中央补助资金主要用于专业人才培养方案制订与实施、课程与教学资源建设、实训实习条件改善、现代信息技术应用与数字校园建设、校企合作制度与管理运行机制建设、师资队伍与服务能力建设、实训实习耗材补贴、实习意外伤害保险等。2012年12月，为建立健全教育质量保障体系，提高职业教育质量，教育部成立了中等职业学校专业教学标准制订工作领导小组和专家组，启动中等职业学校专业教学标准制订工作。专业教学标准是指导和管理中等职业学校教学工作的主要依据，是保证教育教学质量和人才培养规格的纲领性教学文件。2015年6月，教育部提出，要逐步在全国职业院校推进建立教学工作诊断与改进制度，全面开展教学诊断与改进工作，建立常态化的职业院校自主保证人才培养质量的机制。

为了集中力量建设一批引领改革、支撑发展、中国特色、世界水平的高职学校和专业群，2019年3月，教育部、财政部《关于实施中国特色高水平高职学校和专业建设计划的意见》提出实施中国特色高水平高职学校和专业建设计划（简称“双高计划”）。中央财政以奖补的形式通过相关转移支付给予引导支持。集中力量建设50所左右高水平高职学校和150个左右高水平专业群，打造技术技能人才培养高地和技术技能创新服务平台，支撑国家重点产业、区域支柱产业发展，引领新时代职业教育实现高质量发展。

2019年4月，教育部、国家发展改革委、财政部及市场监管总局联合启动“学历证书 + 若干职业技能等级证书”（简称“1+X 证书”）制度试点工作。本次试点工作主要面向现代农业、先进制造业、现代服务业、战略性新兴产业等 20 个技能人才紧缺领域，率先从 10 个左右职业技能领域做起，以社会化机制招募职业教育培训评价组织，开发若干职业技能等级标准和证书。试点院校以高等职业学校、中等职业学校（不含技工学校）为主，本科层次职业教育试点学校、应用型本科高校及国家开放大学等积极参与，省级及以上示范（骨干、优质）高等职业学校和“中国特色高水平高职学校和专业建设计划”入选学校发挥带头作用。中央财政建立奖补机制，通过相关转移支付对各省 1+X 证书制度试点工作予以奖补。通过这项试点工作，将建立 1+X 证书信息管理服务平台。参与 1+X 证书制度试点的学生，获取的职业技能等级证书都将进入服务平台，与职业教育国家学分银行个人学习账户系统对接，记录学分，并提供网络公开查询等社会化服务，为学生求职者和用人单位之间架起信息透明的双向选择桥梁。

五、加大职业教育的财政投入

高中阶段职业教育收费政策经历了一个渐进的发展过程。1999 年教育部《关于积极推进高中阶段教育事业发展的若干意见》提出，可以适当调整学费标准，提高学费在培养成本中的比例。在提高学费的同时，文件还要求包括职业学校在内的高中阶段各类学校要扩大招生规模。几乎所有初中毕业生，只要想继续上学，都可以找到就学机会。而与此同时，由于高中阶段不是义务教育，所以不论初中毕业生到什么学校上学，都要缴纳学费，哪怕是接受职业教育，也同样要缴费上学。这在一定程度上导致了高中阶段学校乱收费现象。

2006 年在新修订的《义务教育法》颁布后，财政部和教育部决定，为帮助贫困家庭学生顺利接受中职教育，对全国中职学校全日制在校生中家庭经济困难的学生提供国家助学金资助。2005—2006 年，为了解决职业学校学费问题，教育部鼓励各地通过试点，注重发挥半工半读教育在解决职业学校学生学费问题方面的独特优势，鼓励职业院校减免学费招收初中毕业生，入学后安排学生到企业顶岗实习，获得一定报酬，再返还学校补缴学费，让更多学生能够通过半工半读实现免费或低费接受职业教育。

《教育规划纲要》中提出，要逐步实行中等职业教育免费制度。教育部与财政部等部门决定，从 2010 年秋季学期起，将中等职业学校城市家庭经济困难学生纳入免学费政策范围。从 2011 年开始，中职教育全面实行免学费政策。在职业教育实行"分级管理、地方为主"的管理体制下，高职院校总体投入存在较大的区域间差异。从 2014 年起，中央财政建立"以奖代补"机制，激励和引导各地建立完善高职院校生均拨款制度，提高生均拨款水平。2015 年，教育部要求，省级政府要统筹推动本地区建立公办高职院校生均拨款制度。举办高职院校的国务院有关部门，应当参照院校所在地公办高职院校的生均拨款标准，建立完善所属高职院校生均拨款制度。2017 年，教育部与财政部要求，各地高职院校年生均财政拨款水平应当不低于 12000 元。

六、反思

新世纪的两个十年已经远去，职业教育在中国经济发展不断变化的形势下始终受到党和国家的高度重视。2019 年国务院发布"职教二十条"，这是引导当前全国职业教育改革实践的纲领性政策文件，表现出党和国家坚持以改革推动职业教育发展的决心。

近二十年来，职业教育被当作一种独立存在的教育类型与普通教育相提并论。强调职业教育作为一种类型教育，证明其存在的必要性和不可替代性，这种政策导向和价值判断对于发展职业教育确实非常有效。过去职业教育经费投入不足的老问题得以解决。这是教育改革在职业教育领域取得的重大阶段性成果。

从职业教育的吸引力、办学模式、培养质量看，尽管改革一直在进行，但职业教育作为一种类型教育的特色至今没有得到突显。这一事实从全国各地不同程度上出现了有关"职普比"问题的讨论中可见一斑。让高中阶段的孩子接受普通教育依然是家长们的首选。改革开放 40 多年来，职业教育主要表现为“职业学校”教育，职业学校和普通高中及中小学一样，属于当地教育行政部门直属事业单位。职业学校作为人才培养单位，与师生人头费相关的财政投入都是教育行政部门可支配收入和事业经费的组成部分。

随着经济结构变化和产业转型，过去由某些行业主管部门举办的职业学校陆续移交地方教育行政部门。这种行政管理权限的剥离从经费投入上保障了这部分职业学校的可持续发展，但同时也为这部分职业学校丧失办学特色埋下了隐患。目前，全国各地除了由地方教育行政部门举办的公办职业学校外，还有少数民办职业学校和由企业举办的职业学校。全国绝大多数民办学校和企业办学单位在教师身份和生均办学经费方面，还不能享受与公办职业学校同等的待遇。

职业教育作为一种不同于普通教育的教育类型，其核心办学资源究竟是植根于教育部门内部还是各个行业部门，是一个值得深思的问题。名副其实的“职业教育”首先要做到服务于特定的“职业”类别。历史经验表明，任何职业皆脱胎于社会行业的发展变迁。职业教育的生存发展之道在于将具体的职业“特色”融入日常教育教学活动。目前学校职业教育之所以缺乏办学特色，主要成因是绝大多数职业学校的办学主体已经脱离行业部门，行业发展变化对于不同职业岗位的劳动力需求和岗位能力标准要求，无法通过一种内部反馈机制传递给职业学校的专业课程规划设计部门。

世界职业教育发达国家的经验表明，职业教育成功的秘密在于实施学徒制，让学生在具体行业领域以学徒身份接受职业教育，是帮助学生以职业人身份步入社会的必经之路。唯有此道才能实现职业教育以服务（学生）“就业”为导向的终极目标。在毕业生就业形势日益严峻的社会条件下，职业教育如果能够沿着这个方向发展，其作为类型教育的特色优势也将逐渐显现。

第十四章 迈向学习型社会的成人高等学历教育

在文凭主义的社会背景下，通过成人高考、自学考试、网络教育等非传统全日制学习路径取得高等教育学历、学位等资格证书，是大部分成年人实现职业生涯向上发展的主渠道。然而，我国多年来实行学历区分政策，成人学历教育与普通学历教育是贯穿时期最长的两种高等学历教育形式。从整个发展历程来看，普通高等教育毕业生规模远超成人高等教育。20 世纪 90 年代以来，成人高等学历教育在发展规模上出现的跌宕起伏，是受不同时期成人教育政策和普通高等教育政策共同影响的结果。随着高等教育的普及化发展，成人高等学历教育将满足更多从业人群多样化的继续教育需求。要提升成人高等学历教育的社会吸引力，就要切实提升成人高等教育的学历含金量，缩小其与同层次普通高等教育学历之间在就业市场上的价值差距。

第一节　成人高等学历教育系统的发展变化

一、普通高校举办的函授、夜大学

高等学校最初创办函授教育和夜大学时，以具有高中或中等专业学校学历的在职干部、教师、技术人员等为招生对象。20 世纪 50 年代初，中国人民大学最早开启函授教育和夜大学，此后全国各地其他普通高校也相继举办此类业余高等学历教育。1955 年 5 月 19 日至 6 月 10 日举行的全国文化教育工作会议决定采用函授或举办夜大学等办法来吸收工矿干部、技术人员和熟练工人进行在职学习。①

1959 年，教育部提出，“根据两条腿走路的方针，业余高等教育必须积极发展”,“全日制高等学校举办的夜大学或函授部，应当采取巩固发展的方针”②。20 世纪 60 年代初，此类业余高等学历教育的招生对象放宽到“知识青年”。国务院和教育部对函授教育和夜大学毕业生的学历、使用和待遇问题做出规定：“在职人员中的函授和夜大学毕业生，在工作使用、评定职称等问题上，应与全日制高等学校同类专业毕业生同等对待。知识青年中的函授和夜大学毕业生，可以由省市自治区人事、劳动、计划部门根据需要择优录用。”③ 1964年 3 月，教育部、劳动部联合发文，解决职工参加函授学习和脱产学习的时间和工资问题，这些措施使高等学校函授教育和夜大学工作得到进一步发展。

---

① 《中国教育年鉴》编辑部 . 中国教育年鉴（1949—1981）[M] . 北京：中国大百科全书出版社，1984：587.

② 中华人民共和国教育部 . 三十年全国教育统计资料（1949—1978 年）[Z] .1979：203.

③ 同① 610.

二、独立设置的业余高校或成人高校

从 1953 年起，除了普通高校举办的函授教育和夜大学，国家还通过专门设立的业余高校向各行业在职人员提供高等学历教育。1956 年至“文化大革命”前，独立设置的业余高等学校得到较快发展，尤其是在“大跃进”时期，1958—1965 年许多独立设置的业余高校在各地建立。1982 年，教育部专门印发针对职工大学、职工业余大学学生的学籍管理暂行规定和考试试行办法，要求这类院校毕业生学完教学计划规定的课程后，都要进行毕业设计（毕业论文）和毕业答辩，成绩合格者可获得所学专业的毕业证书。[①] 1984 年 3 月，教育部、国家发展计划委员会在《关于加强成人高等、中等专业教育事业计划管理的暂行规定》中将“纳入国家成人高等教育事业计划的范围”明确限定为：“经省、市、自治区人民政府和中央有关部门批准，并报教育部审定备案的广播电视大学、职工高等学校、农民高等学校、管理干部学院、教育（教师进修）学院、独立设置的函授学院、普通高等学校举办的函授部、夜大学，招收具有高中毕业文化程度，学制为二年以上，培养目标相当于高等学校专科和本科毕业水平的人数，不包括在各种短期训练班、进修班学习的人员。”从 1986 年起，各类成人高校实行全国统一招生。[②]

---

① 《中国教育年鉴》编辑部 . 中国教育年鉴（1982—1984）[M] . 长沙：湖南教育出版社，1986：250.

② 自 1980 年成人高等学校恢复招生时起至 1986 年，成人高等学校入学考试由按学校分别组织改为按省、自治区、直辖市及部委系统组织。这种入学组织方式存在的问题主要表现为：试题标准不一，组织分散，考试次数多，延续时间长，考生重复参加考试，造成人力、物力、财力浪费较大。为解决此类问题，加强对成人高等教育的宏观管理，保证新生入学质量，1986 年国家教委决定对各类成人高等学校实行全国统一招生。

三、广播电视大学系统

广播电视大学系统举办高等学历教育肇始于1960年，当时在北京创办了全国第一所广播电视大学，其办学宗旨是为北京地区在职职工提供业余学习和进修的机会。该大学利用现代化教育手段进行教学，开设数学、物理、化学和中文四个专业，学制为四至五年。1979年2月，经国务院批准，教育部、中央广播事业局共同在北京创建了中央广播电视大学。当年，全国已有28个省市恢复或建立了广播电视大学。1983年8月13日，教育部、国家计委、财政部、劳动人事部联合发文提出：广播电视大学要扩大招收待业“知识青年”。

从1986年起，广播电视大学举办“普通专科班”，招收参加普通高等学校统一招生考试的高中毕业生。这是广播电视大学发展中的一项重大改革，使其成为既面向成人教育，又兼备普通高等学校职能的新型高等学校。这项改革缓解了普通高校的压力，扩大了人才培养的渠道，拓宽了就学面，为广播电视大学的发展开辟了新路子。当时，这类以电视和广播为主要教学手段的高等学校，主要培养相当于高等专科学校毕业水平的人才。随着互联网技术的普及，这种传统的以电视和广播为主的教学手段逐渐被现代远程网络教育取代。

1999年，教育部批准67所普通高校和中央广播电视大学开展现代远程教育试点，允许这些试点高校借助现代通信网络，开展本科及专科层次学历教育。以这种途径开展的高等学历教育即为“网络学历教育”。2007年4月，教育部要求所有承担现代远程教育试点的部属高校充分利用现代信息技术，逐步将函授教育过渡到现代远程教育。因此，“网络学历教育”逐渐取代了以往的高等函授教育和夜大学教育。中央广播电视大学于2012年7月更名为国家开放大学，与其他地方同类机构共同成为开展远程网络教育并颁发相关高等学历教育资格证书的主要机构。

四、高等教育自学考试系统

高等教育自学考试制度创建于 1981 年初。1980 年 5 月，中共中央书记处在讨论教育工作问题时提出，为了促使青年自学上进，应该拟定一个办法，规定凡是自学有成绩，经过考试合格的人，要发给证书，照样使用；而且要认真执行，使青年人不迷信上大学。1981 年 1 月，《国务院批转教育部关于高等教育自学考试试行办法的报告》决定通过多种途径发展高等教育，加速培养和选拔专门人才，高等教育自学考试制度遂得以创建，并开始在北京、天津、上海等地试点。

1983 年 5 月初，国务院同意成立全国高等教育自学考试指导委员会（简称“全国考委”），并要求各地方相应建立本地区的指导委员会。1985 年，全国有 29 个省、自治区、直辖市都实行了自学考试的试点。1986 年，国家教委转发全国高等教育自学考试指导委员会《关于开考本科段自学考试问题的几点意见》，并提出在上海、天津、湖南试点。1988 年 3 月，国务院发布了《高等教育自学考试暂行条例》。2004 年 3 月，教育部办公厅提出“大力发展自学考试本科专业教育”，要求全国考委抓紧制定本科专业的开考规划，尽快公布一批本科专业考试计划，各地要将发展本科专业作为今后一个时期着力推进的重点工作。

五、不同类型高等学历教育毕业生规模比较

“文化大革命”前，正规全日制普通高等学历本科及专科毕业生总数接近 25 万人，而面向在职人员的业余高等学历教育规模则非常小（见图 14–1）。当时，这种业余形式的成人高等学历教育主要由普通高校以函授和夜大学方式提供，亦即它发轫于普通高校内部，相当于从普通高等学校的学历教育资源库凿引的一条支流。从“文化大革命”结束到 20 世纪 80 年代末，成人高

等学历教育经历了快速发展期。在 1976—1981 年，每年取得成人高等学历证书的毕业生数远超普通高校培养的全日制本科及专科毕业生数（见图 14–2），普通高校毕业生数基本稳定在 20 万人以内。1982 年，普通学历毕业生数比成人学历毕业生数高出 3 万人，之后普通高校毕业生数稳步增加，成人高等学历毕业生数也在 1983—1988 年间稳步增加。1989 年，成人学历毕业生数比上一年减少 25 万人（见图 14–2）。1988—1989 年自学考试毕业生数保持稳定。整体上看，20 世纪 80 年代高等学历教育本科及专科毕业生峰值出现在 1988 年，毕业生总数突破 140 万人，比 1964 年增长了 4.6 倍。

20 世纪 90 年代，从整体趋势上看，每年取得高等学历的本科及专科毕业生数稳步增加。到 1999 年，毕业生总数超过 215 万人，成人学历与普通学历的毕业生数大体相当。1990—1994 年，普通学历毕业生每年基本稳定在 60 多万人，1995—1999 年该数字稳定在 80 多万人。自学考试毕业生数与普通学历相比，虽然总数较少，但是比较稳定，而且总体呈增加趋势。成人学历毕业生数在这段时期存在少许波动（见表 14–1）。

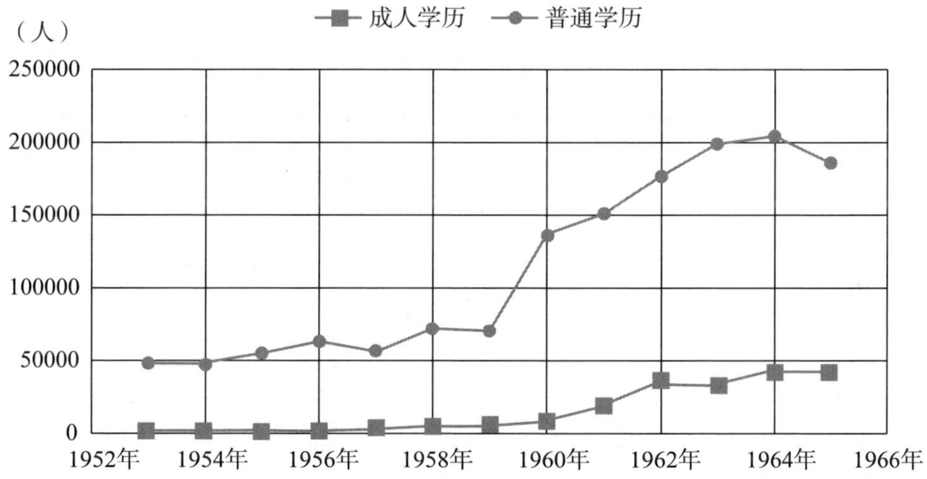

图 14–1　1953—1965 年高等学历教育本专科毕业生数

数据来源：中华人民共和国教育部计划财务司 . 中国教育成就：统计资料：1949—1983［M］. 北京：人民教育出版社，1984：24，48.

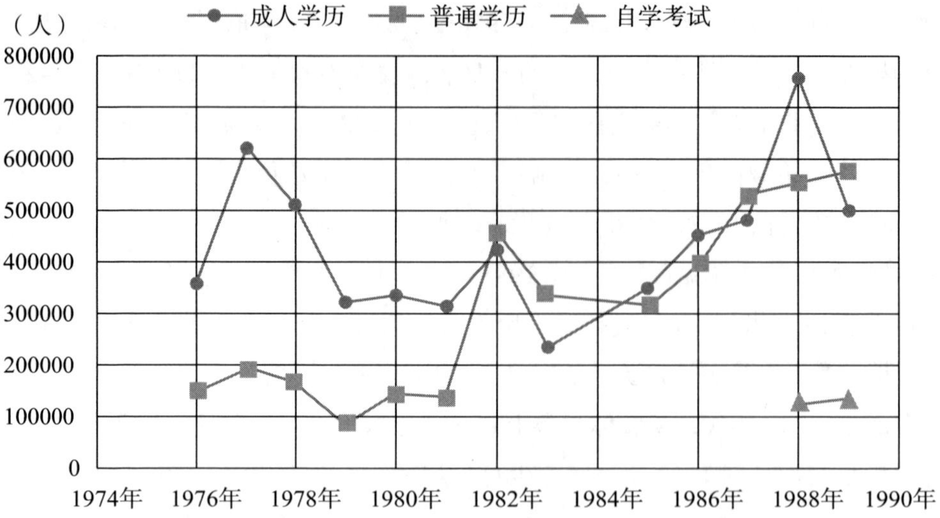

图 14-2 1976—1989 年高等学历教育本专科毕业生数

数据来源：中华人民共和国教育部计划财务司 . 中国教育成就：统计资料：1949—1983［M］. 北京：人民教育出版社，1984：24，48；国家教育委员会计划建设司 . 中国教育成就：1986—1990［M］. 北京：人民教育出版社，1991：6，86，88.

表 14-1 1990—1999 年高等学历教育本专科毕业生数

年份	成人学历（人）	普通学历（人）	自学考试（人）
1990 年	488762	614000	120029
1991 年	620800	614300	111724
1992 年	517821	604223	129544
1993 年	441200	570700	151090
1994 年	455300	637400	138827
1995 年	636100	805400	197347
1996 年	771500	838600	260244
1997 年	892000	829100	288768
1998 年	825700	829800	345369
1999 年	888200	847600	421971

数据来源：1990 年至 1999 年《中国教育统计年鉴》。

21 世纪以来，每年取得本科及专科高等学历的毕业生数持续快速增加。2000—2016 年，每年毕业生总数从大约 232 万人增至约 1204 万人，增长了 4.19 倍。从取得四种不同类型学历的毕业生规模看，普通学历的增幅最大，而且增长趋势更稳健。成人学历毕业生数 1997—2013 年一直处于 80 多万人至 200 万人，2014 年后才突破 200 万人（见表 14–1、表 14–2）。2002 年，通过自学考试取得本科及专科学历毕业生数占比接近于普通学历，取得普通学历、成人学历及自学考试这三种学历的毕业生数基本相当，各占三分之一（见表 14–2）。2003 年起，网络学历毕业生数逐步增加，削弱了自学考试毕业生数的比例，导致每年自学考试毕业生数维持在 55 万人至 80 万人之间。2006 年，网络学历毕业生数不但超过当年自学考试毕业生数，而且超过了成人学历毕业生数（见表 14–2）。成人学历毕业生数经历了 2006 年低谷之后，2007—2016 年每年毕业生数保持在大约 170 万人及以上（见表 14–2）。

表 14–2　2000—2016 年高等学历教育本专科毕业生数

年份	成人学历（人）	普通学历（人）	网络学历（人）	自学考试（人）
2000 年	880400	949800	—	489407
2001 年	930600	1036300	—	641038
2002 年	1175000	1337300	—	1294165
2003 年	1593358	1877492	144408	704534
2004 年	1896152	2391152	393715	768111
2005 年	1667889	3067956	759627	805455
2006 年	815163	3774708	885117	682827
2007 年	1764400	4477907	828225	582096
2008 年	1690944	5119498	901522	551871
2009 年	1943893	5311023	983521	620397
2010 年	1972873	5754245	1105529	687318
2011 年	1906640	6081565	1299253	742799
2012 年	1954357	6247338	1360870	731188
2013 年	1997729	6387210	1560762	734233

续表

年份	成人学历(人)	普通学历(人)	网络学历(人)	自学考试(人)
2014 年	2212329	6593671	1661306	773794
2015 年	2362593	6808866	1799757	739291
2016 年	2444650	7041800	1874787	677717

数据来源：2000 年至 2016 年《中国教育统计年鉴》。

从上述四个历史时期的各类高等学历教育毕业生历时分布及数量变化情况看，成人学历教育与普通高等学历教育是贯穿时期最长的两种高等学历教育形式。从整个发展历程来看，普通高等学历教育毕业生的绝对规模远超成人高等学历教育。成人高等学历教育在我国教育发展和改革过程中所经历的起伏，受到成人教育政策本身和普通高等教育政策的共同影响。

第二节　从统计数据看成人高等学历教育的发展

一、成人高等学历教育系统的毕业生数分布

1980 年 9 月，国务院批转《教育部关于大力发展高等学校函授教育和夜大学的意见》，要求高等学校除办好全日制大学外，还应根据自己学校情况积极举办函授教育和夜大学。全日制高等学校举办的函授教育和夜大学是“既经济又有效”地培养专门人才的重要途径，应当成为高等教育事业的有机组成部分。在该政策引导下，取得普通高等学校函授部、夜大学本科及专科学历的毕业生数从 1981 年的 7000 人陡增到 1988 年的 20 万人，并且在 1989 年首次超过广播电视大学毕业生数（见表 14–3）。此后 1991—1999 年，从普通

高等教育系统取得成人本科及专科学历的毕业生数每年都显著高于广播电视大学毕业生数（见表 14–4）。

进入 21 世纪以来，每年从普通高校取得成人学历的毕业生数远超其他五类成人高等教育机构毕业生总数，毕业生规模之大，使其几乎可以独立于其他五类独立设置的成人高等教育机构，自成一体。虽然在 2006 年，普通高校的成人高等学历毕业生数跌至64万人低谷，但是在2007年又陡增至150万人，在 2016 年增至 228 万人（见表 14–5）。

广播电视大学毕业生数在 20 世纪 80 年代波动比较大，起伏于 4.8 万—27.5 万人（见表 14–3），在 90 年代波动幅度缩小为 10 万—18.8 万人（见表 14–4）。21 世纪以来，广播电视大学毕业生数减少至 6 万—15 万人，其规模与职工（农民）高等学校、教育学院等独立设置成人高等教育机构的毕业生规模相差不大（见表 14–5）。

表 14–3　1980—1990 年各类成人高等学历教育机构本专科毕业生数分布

年份	广播电视大学(人)	职工、农民大学（人）	教育学院（人）	管理干部学院（人）	独立函授学院（人）	普通高校函授部、夜大学（人）
1980 年	92714	52005	174471	—	3484	13014
1981 年	47590	68315	191978	—	383	7018
1982 年	186588	37165	147830	—	21856	31926
1983 年	129191	33589	52258	—	2652	16763
1985 年	165204	53428	61138	3423	1172	62666
1986 年	248778	49007	66625	13509	996	71139
1987 年	178891	77443	88223	29276	1408	106070
1988 年	275007	135948	101222	26024	15012	200631
1989 年	131243	88859	91556	27055	2455	158117
1990 年	115896	77023	93209	29998	3948	168688

注：1980—1983 年教育学院毕业生数含中学教师进修院校毕业生数。1980—1981 年全国农民大学毕业生数为 7842 人、5817 人，之后大幅减少，因 1983—1990 年每年毕业生

数不超过 400 人，故将其与职工大学毕业生数合并计算。

数据来源：1980—1990 年《中国教育统计年鉴》。

表 14–4　1991—1999 年各类成人高等学历教育机构本专科毕业生数分布

年份	广播电视大学（人）	职工（农民）高等学校（人）	教育学院（人）	管理干部学院（人）	独立函授学院（人）	普通高校函授、夜大、脱产班	电大、夜大普通专科班（人）
1991/1992 年	133000	91500	104800	25600	4700	220900	40300
1993 年	101600	59300	64600	22700	3600	189400	23714
1994 年	99945	83389	61599	29313	2895	178203	23911
1995 年	156800	86100	88300	46300	4100	254400	49991
1996 年	187900	93700	80600	61800	3500	344000	69539
1997 年	184600	115000	74200	60400	4300	453500	70043
1998 年	169900	95900	66200	60700	4200	428800	70441
1999 年	170200	102200	68600	66300	4400	476500	72163

注：1991/1992—1999 年农民高等学校毕业生数为 88—500 人，鉴于数量很少，为便于数据直观展示，故将该组数据计入职工高等学校毕业生数。

数据来源：1991—1999 年《中国教育统计年鉴》。

表 14–5　2000—2016 年各类成人高等学历教育机构本专科毕业生数分布

年份	广播电视大学（人）	职工（农民）高等学校（人）	教育学院（人）	管理干部学院（人）	独立函授学院及其他机构（人）	普通高校函授、业余、脱产（人）
2000 年	98955	98947	62491	64081	4403	551600
2001 年	109200	90566	55152	57100	4265	614243
2002 年	139680	89268	76479	55296	10803	606911
2003 年	152691	101508	109602	50878	8696	1169983
2004 年	134488	115604	111672	53900	7678	1472810
2005 年	91962	74069	77739	31177	640	1392302

续表

年份	广播电视大学（人）	职工（农民）高等学校（人）	教育学院(人）	管理干部学院（人）	独立函授学院及其他机构（人）	普通高校函授、业余、脱产（人）
2006 年	65229	55842	38020	17156	731	638185
2007 年	75429	70164	74773	32515	644	1510875
2008 年	63929	68482	65954	27337	820	1464422
2009 年	63000	76903	50901	26066	1528	1725495
2010 年	60564	77846	41078	18992	1421	1772972
2014 年	60688	62622	29774	17495	191	2041559
2016 年	63145	60109	30616	13060	6	2277714

数据来源：2000 年至 2016 年《中国教育统计年鉴》。

二、独立设置成人高等学历教育机构的数量变化

1956 年至“文化大革命”前，相较于普通高校举办的夜校部和函授部，独立设置的业余高等学历教育学校得到较快发展。1957 年，这两类成人高等教育机构数量均不足 100 所。在 1958 开始“大跃进”的社会背景下，全国独立设置的业余高校在 1963 年达至峰值 943 所（见表 14–6）。同时期，普通高校举办函授和夜校的机构数量相对稳定，未出现大幅增设情况，最多不超过 248 所（见表 14–6）。

表 14–6　1953—1965 年成人高等学历教育机构数

年份	独立设置 业余高等学校（所）	高等学校附设 夜校部、函授部（所）
1953 年	23	4
1954 年	32	5

续表

年份	独立设置 业余高等学校（所）	高等学校附设 夜校部、函授部（所）
1955 年	33	16
1956 年	83	73
1957 年	92	94
1958 年	265	118
1959 年	715	154
1962 年	877	248
1963 年	943	222
1964 年	850	211
1965 年	758	206

数据来源：中华人民共和国教育部计划财务司 . 中国教育成就：统计资料：1949—1983［M］. 北京：人民教育出版社，1984.

“文化大革命”期间，全国独立设置的业余高校数量激增至 1976 年的 1.3 万所，经过 1977—1978 年连续停办压缩，1978 年此类业余高校总数还有 1 万多所。1978 年工农高等学校数据统计中包括业余高等学校、厂办大学（七・二一大学）、共产主义劳动大学和五・七大学。① 在 1981—1998 年，这种独立设置的成人高校数量逐渐减少，到 1998 年与普通高校数量（1022 所）大体相当。在 1999—2008 年，这类成人高校总数持续缩减，到 2018 年仅剩 277 所。与之形成鲜明对比的是，普通高校数量稳步增多，尤其在 2007—2008 年增加 355 所，2018 年全国普通高校总数达 2663 所，接近当年成人高校数量的 10 倍（见图 14–3）。

① 教育部计划司 . 全国教育统计资料（1978—1980 年）［Z］.1981.

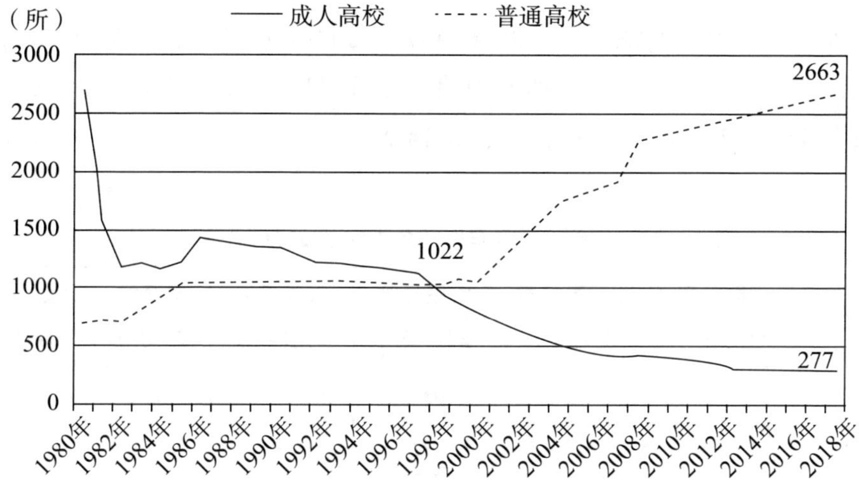

图 14-3　1980—2018 年全国成人高校与普通高校数

注：图中成人高校数不包含普通高校举办的函授、夜校及脱产班等。

数据来源：中华人民共和国教育部计划财务司．中国教育成就：统计资料：1949—1983［M］．北京：人民教育出版社，1984；国家教育委员会计划建设司．中国教育成就：1986—1990［M］．北京：人民教育出版社，1991；1991 年至 2016 年《中国教育统计年鉴》。

三、各类独立设置成人高等学校之间数量比较

独立设置的成人高校主要分为五类：职工（农民）高等学校、教育（教师进修）学院、广播电视大学、管理干部学院、独立函授学院。如表 14-7 所示，在 20 世纪 80 年代，职工高等学校是全国数量最多的独立设置的成人高校，主要面向企业在职员工。其次是教育学院，其总数在 1980—1981 年从 1290 所大幅减少至 279 所，之后总数基本保持稳定，它主要面向中小学校在职教师群体。管理干部学院创立于 1983 年，专门面向企事业单位的管理干部群体。当时广播电视大学正在扩大招收待业“知识青年”，在 1980 年有 29 所，

到2002年发展到45所（见表14–7、表14–8）。独立函授学院在1980年仅剩4所，到2002年仅剩2所（见表14–7、表14–8）。农民高等学校主要面向农民，在1980年有165所，到1981年减少至72所后数量大幅减少，1998—2002年全国只有3所（见表14–7、表14–8）。

表14–7 1980—1989年全国各类独立设置成人高校数量

年份	广播电视大学（所）	职工高等学校（所）	农民高等学校（所）	管理干部学院（所）	教育学院（所）	独立函授学院（所）
1980年	29	1194	165	—	1290	4
1981年	29	1140	72	—	279	5
1982年	29	820	4	—	290	4
1983年	29	841	4	15	304	3
1984年	29	850	4	54	218	2
1985年	29	863	4	102	216	2
1986年	29	952	5	165	262	7
1987年	39	915	5	168	268	4
1988年	40	888	5	171	265	4
1989年	39	848	5	172	265	4

数据来源：中华人民共和国教育部计划财务司.中国教育成就：统计资料：1949—1983［M］.北京：人民教育出版社，1984；国家教育委员会计划建设司.中国教育成就：1986—1990［M］.北京：人民教育出版社，1991。

表14–8 1990—2002年全国各类独立设置成人高校数量

年份	广播电视大学（所）	职工高等学校（所）	农民高等学校（所）	管理干部学院（所）	教育学院（所）	独立函授学院（所）
1990年	40	835	5	172	265	4
1991年	42	776	5	175	254	4

续表

年份	广播电视大学（所）	职工高等学校（所）	农民高等学校（所）	管理干部学院（所）	教育学院（所）	独立函授学院（所）
1992 年	44	726	5	168	251	4
1993 年	45	714	5	166	249	4
1994 年	46	703	4	170	245	4
1995 年	46	694	4	166	242	4
1996 年	46	680	4	164	240	4
1997 年	45	664	4	161	229	4
1998 年	45	567	3	153	190	4
1999 年	45	507	3	146	166	4
2000 年	45	466	3	117	138	3
2001 年	45	409	3	104	122	3
2002 年	45	357	3	97	103	2

数据来源：1990 年至 2002 年《中国教育统计年鉴》。

在 20 世纪 90 年代至 21 世纪初，农民高等学校和独立函授学院的数量持续减少，这段时期独立设置的成人高校主要由职工高等学校、教育学院、管理干部学院以及广播电视大学这四类专门机构构成。广播电视大学数量基本保持不变，管理干部学院数量减速较缓，教育学院次之，而职工高等学校减速最为显著，在 1990—2002 年从 835 所减至 357 所，减幅超过 57%（见表 14–8）。

第三节 成人高等教育转向职业教育类型

1993 年 1 月，国家教委《关于进一步改革和发展成人高等教育的意见》提出：要积极发展成人高等职业技术教育，根据需要开办第二专业学历教育，试办以专科为起点的本科教育；依托普通高等学校，进一步拓宽在职人员攻读硕士、博士学位的渠道；对经过评审符合国家学位条例规定的成人高等学校，应给予学士学位授予权。同年 2 月，国家教委《关于成人高等教育毕业证书统一印制及加强管理的若干规定》规定，国家承认学历的成人高等教育毕业证书一律由国家教委统一印制，以此加强对成人高等教育毕业证书的管理，便于用人部门对成人高等教育毕业证书的认定。

为满足某些行业、企业生产一线对专门人才的需要，培养既掌握高等教育层次基本理论知识又具备较强实际操作技能的应用型、技艺型专门人才，少数成人高校通过试点，从参加普通高考的高中毕业生中，用招工与招生（简称“双招”）相结合的方式，在上岗前对其进行高等职业教育。为进一步以这种双招方式试办高等职业教育，国家教委于 1994 年 12 月出台了《关于印发〈关于各类成人高等学校举办第二专业专科学历教育的实施意见〉和〈关于成人高等学校试办“双招”专科学历教育班的实施意见〉的通知》，指出由成人高等学校举办的这种双招班，其招生对象是参加当年普通高考的高中毕业生，其录取与普通高考专科自费生一并划线。参加这种双招班的学员，毕业考试成绩合格者，取得成人高等教育毕业证书。该实施意见强调，这种双招班一定要根据企业的需要举办，不宜普遍推开。试办期间，严格控制办班规模。可见，少数成人高等学校承担了试办高等职业教育的试点项目，有一部分普通高中应届生通过这些试点项目，取得了成人高等学历教育毕业证书。

1995 年 10 月，国家教委出台《关于推动职业大学改革与建设的几点意见》，进一步明确将职业大学定位为：我国高等教育的一种办学形式，是高等职业教育的重要组成部分；是国家承认学历的全日制普通高等学校，在招生、在校生和毕业生待遇等方面执行普通高等院校有关的政策。同时要求职业大学要保持相对稳定，要在办学特色上下功夫，今后职业大学不再改名高等专科学校。1995年11月，国家教委出台《关于成人高等学校试办高等职业教育的意见》，决定在一部分有条件的成人高等学校试办高等职业教育。这类学校的招生对象为具有中等专业学校、技工学校、职业高中和普通高中毕业文凭及同等学力的在职从业人员。符合条件的人员报名后，参加国家统一组织的成人高等教育招生考试。凡试办高等职业教育的成人高校的招生计划按隶属关系纳入国家下达的分省市、分部门年度招生计划的总规模内。考试成绩合格者，由学校按国家教委有关规定颁发国家教委统一印制的成人高等教育毕业证书。各地各部门根据实际情况，可积极实行毕业生双证制，除颁发成人高等教育毕业证书外，学员经劳动、人事等有关部门认定的技术等级或职业资格考核机构考核，可取得有关部门颁发的中级及以上技术等级证书和岗位资格证书。

上述这类成人高校招收的是从业人员，他们之前接受的是包括中专教育在内的高中阶段各类学校教育。他们通过上述高等职业教育路径，可以取得成人高等教育专科学历文凭。在职业流动相对缓慢的年代，通过这种途径实现学历文凭晋级的个人，可以在不改变职业岗位的前提下实现工作职位或待遇的提高和改善。但是一旦遇到更换工作岗位甚至更换职业的情况，他所取得的这种成人高等教育专科学历文凭就有可能面临着与普通高等教育专科学历文凭相比贬值的风险。这项政策的实施也意味着，自1995年之后成人高等教育在高等职业教育参与率上升方面发挥了一定作用。

1996年1月，国家教委对成人高等学校招生制度进行了一次改革，即对全国成人高等学校招收并录取预科生、资格生、往届生制定了具体政策。预科生的招生对象是文化水平偏低，单位又急需培养的先进模范人物、生产业务骨干及少数民族考生；资格生是指在全国各类成人高等学校统一招生考试中达到当年最低控制分数线而未被录取的考生；往届生是指近三年在普通高等学校全国统一招生考试中达到一定分数的往届高中毕业生。这项招生改革政策的受益人群是从业人员中年龄在25岁以上的预科生和28岁以上的资格生，以及在乡镇企业或城市集体企业工作一年以上的职工，或者已担任中小学教师并准备报考成人高等学校师范类专业的在职人员。这一政策属于一种“照顾性的”招生录取政策，国家通过这项政策为该部分从业人员提供了一条取得“专科学历文凭证书”的通道。即使他们取得的是成人高等教育学历文凭，那也比没有任何形式的学历文凭强。

在高等教育阶段，关于如何统筹职业教育与成人教育的关系，1996 年 6 月召开的第三次全国职业教育工作会议给出了明确的政策导向。王明达在全国职业教育工作会议上指出：我国职业教育是从教育内容上界定，而成人教育是以教育的对象来划分。由于不同的划分标准，势必带来两类教育的内容、范围上的交叉；各地兴办了 80 多所职业大学，一批独立设置的成人高校早已开始试办高等职业教育；许多高等专科学校也在积极进行改革，举办了一批示范性专科，其改革的目标和高等职业教育的培养目标没有原则性差别；有 10 多所中专根据行业的需要举办了招收初中毕业生的五年制高等职业教育班；一大批民办高校也在努力探索举办高职的路径；应该提倡在办学上加强职业教育与成人教育之间的沟通，职业学校以招收应届生为主，但也可以根据需要招收一定数量有同等学力的在职人员；成人学校以招收从业人员为主，也可适量招收应届毕业生。

在本次工作会议上，与会者在发言中也表达了观点：要给予职业学校毕业生继续深造的机会，高等职业学校的发展将增加招收职业学校的毕业生。可见，高等学校的生源数量和质量都不会受影响。这意味着高等学校与高等职业学校构成了两个轨道，后者是高中阶段职业教育毕业生的上升通道，前者则是普通高中毕业生的传统升学通道。与会者明确指出：发展高等职业教育，要充分利用现有教育资源和设施，主要通过对现有学校的改革、改组、改制来实施。与会者在会议上还强调：在高职试点地区以外，要积极推进专科、成人高校的改革，把重点放在引导支持有关学校深化内部教学改革、努力办出高等职业教育的特色上；由于现在社会各方面对高职的认识还不尽一致，要特别注意防止以办高职为名，脱离实际需要地盲目扩大高校招生规模。[①]

---

① 国家教育委员会职业技术教育司．第三次全国职业教育工作会议文件汇编［M］．北京：高等教育出版社，1996：46-48，50-51.

第四节　对我国成人高等学历教育发展的审视和反思

从参与成人教育的学习者个体角度看，取得某种学历、学位或者职业资格证书是最为基本的诉求或者动机。成人教育的受益者多是在职从业人员，受到职务晋升或职称评定等从业人员管理制度的直接刺激和引导。随着高等教育从精英化逐渐过渡到大众化甚至普及化，对从业人员的资历要求也“水涨船高”。然而，囿于培养质量和规格等原因，成人高等学历教育难以在市场流通价值上等同于正规全日制普通高等学历教育，这种差异集中体现在成人教育的参与者取得高等学历文凭、职业资格证书以及学位证书等方面。

一、成人高等学历教育作为获取高等学历文凭的通道

随着教育系统的发展，取得大学等更高学历资格证书的人越来越多，这就对学历资格水平相对较低的从业人员在职务晋升时造成一种集体性的心理恐慌或者压力，由此国家在正规学校教育系统为这类社会群体开辟一条取得高等学历文凭的途径。在职人员或者管理干部通过成人高等教育系统取得本科及专科学历资格证书，就可以实现职务晋升或职称评定。1982 年，中共中央、国务院在《关于中央党政机关干部教育工作的决定》中指出，要把干部教育工作经常化、正规化、制度化，干部教育要纳入国民教育计划，要把干部培训与干部使用结合起来，今后使用和提拔干部必须把学历、学习成绩同工作经历、工作成绩一样作为重要依据，提倡和鼓励干部自学或参加社会上

的业余、函授、广播、电视等各种类型学校的学习。[①]

从毕业生取得学历文凭证书的角度来看，普通高校应届毕业生取得的本科及专科学历证书，以及其他三类学历文凭证书从本质上说都是面向成年人（包括年满 18 岁的高中毕业生），满足他们继续接受高中后的高等教育阶段学历教育的需求。无论是函授、夜大学，还是自考或者网络教育，都是以某种方式（包括利用信息科技的手段）对普通高校现有高等学历教育资源的拓展和市场化应用。从产品的角度看，函授或夜大学学历文凭、自考文凭以及网络教育文凭，都可以看作向人才（或劳动力）市场投放的附加产品，而普通高校毕业生取得的文凭则是向人才市场推出的“主打产品”。相比之下，独立设置的成人高等学校从机构设置上与普通高等学校鲜明地分立为两类办学机构。

然而，从 20 世纪 90 年代初开始，在国家发展高等职业教育的政策驱动下，一部分成人高校在试办高等职业教育的过程中陆续转制为普通高校（或者与普通高校合并），全国普通高校在总数上逐渐超过成人高校。1999 年 6 月，国家实行普通高等教育扩招政策后，促使新世纪以来取得普通高等学历文凭的毕业生数逐年迅速增加。这意味着，一部分成人高等教育机构通过这种“转制或合并”政策，实现了从成人高等学历授予机构到普通高等学历授予机构的转变。在这种情况下，这部分院校在转制前和转制后向毕业生发放的学历文凭，在市场流动中的价值差异是否对个人造成了就业或择业的成本变化，似乎尚未受到关注，毕竟受到这种政策影响的社会人群占比非常小。

1996 年 1 月，《国家教委成人教育司关于做好各类成人高等学校招生“三生”改革的几点意见》允许成人高等学校招收并录取预科生、资格生、往届生。预科生的招生对象是文化水平偏低，单位又急需培养的先进模范人物、生产业务骨干及少数民族考生；资格生是指在全国各类成人高等学校统一招生考试中达到当年最低控制分数线而未被录取的考生；往届生是指近三年在普通高等学校全国统一招生考试中达到一定分数的往届高中毕业生。这项招

---

① 《中国教育年鉴》编辑部．中国教育年鉴（1949—1981）[M]．北京：中国大百科全书出版社，1984：586.

生政策改革的实施机构是各省、自治区、直辖市成人高等学校招生部门，资格生和往届生录入成人高等学校学习必须占当年招生计划，并限定招生规模。这项招生制度改革的受益人群是从业人员中年龄在25岁以上的预科生和28岁以上的资格生，以及在乡镇企业或城市集体企业等工作一年以上的职工，或者已担任中小学教师并准备报考成人高等学校师范类专业的在职人员。

二、成人高等学历教育作为获取职业资格证书的通道

近年来，有关建立国家资格或者资历框架的讨论很多，采用资历这种表述，多是为了强调资格和学历的含义。而实际上，从市场流通的角度看，无论是教育部门印制的学历文凭，还是劳动人事部门印制的职业资格证书，二者都是以书面证书的形式认定某人具有某方面的资格，担保其具备某方面的能力和胜任力，因此，学历文凭实际上也是一种资格证书。在名义上，学历资格证书旨在证明个人的学习经历，以及对某学科知识的理解和领悟程度。学科知识来源于社会实践，社会实践又是综合于各行各业（即职业）的具体实践知识，因此，学历资格证书与职业资格证书在本质上是相通且统一的。

成人高等教育在支持在职人员的专业成长方面具有天然优势。1987年，国务院批转《国家教育委员会关于改革和发展成人教育的决定》，提出职工大学、职工业余大学、管理干部学院应当利用自己同企业、行业关系紧密的有利条件，结合需要，举办高等职业技术教育，为企业事业单位培养生产、经营管理方面的专业技术人才。1989年2月，李铁映在国家教委召开的工作会议上指出，成人教育要探索建立资格证书制度。1992年8月，国家教委副主任朱开轩在全国成人高等教育工作会议上指出，成人高等教育能够直接有效地提高在职、从业劳动者和工作人员的素质，能够灵活多样地培养多层次、多规格的高级专门人才。 1993年11月，中共中央《关于建立社会主义市场经济体制若干问题的决定》首次明确提出，要制定各种职业的资格标准和录用标准，实行学历文凭和职业资格两种证书制度，逐步实行公开招聘，平等竞争，促进人才合理流动。1994年7月，国务院提出“成人学历教育应向多

样性、职业性方向发展”。

1995 年 11 月，国家教委发布《关于成人高等学校试办高等职业教育的意见》，决定在一部分有条件的成人高等学校试办高等职业教育，其招生计划按隶属关系纳入国家下达的分省市、分部门年度招生计划的总规模内。考试成绩合格者，由学校按国家教委有关规定颁发国家教委统一印制的成人高等教育毕业证书。各地各部门根据实际情况，可积极实行毕业生双证制，除颁发成人高等教育毕业证书外，学员经劳动、人事等有关部门认定的技术等级或职业资格考核机构考核，可取得有关部门颁发的中级及以上技术等级证书和岗位资格证书。这类成人高校招收的是从业人员，他们之前接受的是包括中专教育在内的高中阶段各类学校教育。他们通过接受这种教育，可以取得成人高等教育专科学历文凭。在职业流动相对缓慢的年代，通过这种途径实现学历文凭晋级目的的个人，可以在不改变职业岗位的前提下实现工作职位或待遇的提高和改善。但是一旦遇到更换工作岗位甚至更换职业的情况，这种成人高等教育学历文凭，有可能面临与普通高等教育学历文凭相比贬值的风险。

三、成人高等学历教育作为获取学位证书的通道

在高等学历教育本科阶段，我国实行向合格毕业生颁发本科毕业证书和学士学位证书制度。自 1981 年起，由教育部制定，实行本科毕业证书与学士学位证书分别颁发的做法。1984 年 8 月，国家教委实行改革，对应届毕业生实行高等学校本科学历与学士学位“合一”证书。亦即本科毕业证书被分为两种，一种是向获得学士学位的毕业生颁发的毕业证书与学士学位证书“合一”的证书，另一种是向未取得学士学位的毕业生颁发的“单一”毕业证书。如此，以一张文凭就可以验证证书持有人是否在毕业时取得学士学位。不过，这两种证书封面相同，均称为“毕业证书”，由各高等学校（院）自行设计印刷，一律不印国徽。1988 年 11 月，国务院学位委员会正式就有关授予成人高等教育本科毕业生学士学位做出暂行规定，意味着本科层次成人高等学历教

育毕业生也享有被授予学位证书的权利。

1991年9月，国家教委进一步对证书进行改革，对1992年应届本科毕业生实行普通高校本科毕业生证书与学士学位证书分开制发。其中，学士学位证书由国家教委学位办公室会同国务院学位委员会统一印制，由学位授予单位颁发。接着，1992年3月，《国务院学位委员会办公室关于制发学士学位证书的通知》指出，要在这种统一印制的学士学位证书的内页上对三种毕业生身份做出区分——"普通高等教育本科毕业生""成人高等教育本科毕业生""来华留学本科毕业生"。严格地说，这种区分并非立足于同一维度。留学生作为非本国学生，这种区分易于理解。然而，将成人高等教育与普通高等教育区分开来，在毕业生的证书上加以标记，其合理性有待考证。

在这种证书制度下，凡是接受普通高等教育的学生，其毕业时拿到的毕业证书和学位证书都是同质的；同样，凡是接受成人高等教育的学生，其毕业时拿到的毕业证书和学位证书也都为同质。然而，前后这两种证书体系却不同质，它们各自表明了两类毕业生群体的身份差异。这说明，成人高等教育的受众可以取得本科学历，但他们所取得的学士学位证书依然有别于普通高等教育颁发的学士学位证书。实际上，无论是学历教育毕业证书，还是学位证书，作为一种文凭证书，只要存在区分和差异，它们就会在毕业生今后的学级晋升、就业或择业过程中产生差异化影响。

鉴于大部分毕业生在取得普通高等教育学历资格之前就会进入劳动力市场。同时会有一部分从业人员出于各种各样的原因而产生重返正规教育系统学习的愿望和需求。国家制度的顶层设计者应该通过政策手段纠正成人教育学历资格的不平等地位，消除社会对成人教育的消极刻板印象。这便是创建国家资历框架的重要意义所在，即把所有通行的学历、学位及职业资格等证书体系整合在一个统一的框架里，便于个人自由地选择最优化的学历上升路径，满足其个性化的终身学习需求。只有建立这样一种终身教育服务体系，才能激发个人终身学习的动机和兴趣，我们才有望建设成为一个真正意义上的学习型社会。需要强调的是，终身教育服务体系并非一个独立于现有正规学校教育体系之外的全新体系，而是以服务于各个年龄段的成年人的终身学习需求为原则，对现有正规学校教育体系的内部结构和功能的根本性调整和改造。正规学校教育体系是否会接受或顺应这种外源性改革力量，是我国当前教育系统进一步改革面临的重要挑战，而这终将取决于国家决策者的价值判断和战略决策。

第十五章

终身教育体系与学习型社会建设

“终身教育”这种表述最初是在成人教育领域采用的术语，后来被逐步应用于职业教育领域，到现在，它几乎涵盖了整个教育过程，从基础教育到高等教育，包括网络教育等各种形式的教育实践。

早在20世纪70年代初，联合国教科文组织在《学会生存：教育世界的今天和明天》中就提出，一个社会既然赋予了教育如此重要的地位和崇高的价值，那么这个社会应有一个与之相称的名称——学习型社会。在这样一个学习型社会里，教育不再是一种义务，而是一种责任。终身教育并不是一个教育体系，而是用以建设一个新体系的组织原则，建设这个新体系的任何一个环节都必须遵从这一原则。[①]在服务于全民终身学习的实践中，最关键的就是要使每个人都能够成为积极主动的学习者。换言之，个人的学习愿望是实现终身学习的首要前提。这不仅要改革教育内容和方式，还应该对教育教学目标、教学方法、评价方法等方面进行整体重建，实现其在终身学习理念下的系统整合。

① 联合国教科文组织国际教育发展委员会．学会生存：教育世界的今天和明天［M］．华东师范大学比较教育研究所，译．北京：教育科学出版社，1996：202-203，223.

第一节　终身教育与基础教育的融合

目前，我国国民教育体系中的各级各类教育已经融入终身教育体系之中。有观点认为，最先进入终身教育体系的是职业教育，其次是普通高等教育，最后才是基础教育。[①] 基础教育应该为人的终身学习奠定坚实的基础，评价基础教育的质量与效益，就需要考虑人的终身发展这样一个参照系。建立在终身学习理念基础之上的对学生的评价应该是发展性的、动态的、形式多样的，而不是重结果而轻过程的、以考试为主要形式的评价。[②] 终身教育与国民教育体系并非两套彼此分离的系统。要建立终身学习、全民学习的学习化社会，不仅需要社会学习资源的充分开放，更需要全民形成强烈的终身学习的愿望，这种愿望的建构和培养与基础教育息息相关。[③] 在过去的一段时期，关于终身教育的体系化构想只是停留在成人教育领域，很少涉及基础教育。而在基础教育改革领域，也很少有人注意到终身教育的问题。有些地方性政策文件甚至提出要建立终身教育体系和国民教育体系两套系统，把建立全民学习、终身学习的学习型社会仅仅视为提供学习条件，忽视了全民终身学习意愿在其中的核心作用。然而，个人学习愿望的激发和维持，在很大程度上依赖于其基础教育阶段的学校教育。为此，有学者呼吁，应该以终身学习的新理念来反思基础教育的性质和功能，从而重建基础教育尤其是中小学教育的实践体系，打破壁垒，搭建各级各类教育之间的立交桥，确立学校在终身教育体系

---

① 刘晖，汤晓蒙．试论各级各类教育融入终身教育体系的时序［J］．教育研究，2013（9）：89-94.

② 王绽蕊，庞学光．试论基础教育的终身学习化取向［J］．开放教育研究，2001（2）：39-41.

③ 杨小微．以终身发展为参照评价基础教育的质量与效益［J］．教育测量与评价（理论版），2012（1）：1.

中的基础性地位。①

终身教育作为一种改革学校教育系统的原则，所要造就的是罗伯特·赫钦斯所说的"学习型社会"，取代伊里奇所抨击的"学校化社会"。夸美纽斯在几个世纪前提出了一个愿望：我们首要的愿望是让所有人都能够获得充分的教育，成为真正的人。人生在任何阶段都要学习，人生除了学习之外再无其他目的。基本教育是满足人的基本学习需要的教育。如果要对基础教育和基本教育做区分的话，前者是强调为终身学习做准备，而后者则是强调民众的紧迫需要和问题。②

第二节　终身教育与高等教育的衔接

高等教育作为终身教育体系的组成部分，应该明确其在该体系中的地位和作用，并以终身教育理念为指导进行改革，更好服务于终身教育和学习型社会。随着高校自主权有所扩大，高等教育制度增加了一些弹性，比如实行学分制、增加选修课、允许学生休学创业、取消对学生入学年龄和婚姻状况的限制等。尽管如此，还难以按照受教育者的要求提供灵活多样的教育服务，受专业设置所限，学生转专业或跨校选课仍有障碍，高校间人才流动仍有困难等，这些都成为高等教育机构实施终身教育的障碍。高等教育作为一种终结式教育的观念已过时，它正在和初等、中等教育一样，成为终身教育的组成部分。随着个人学习阶段和工作阶段的界限越来越模糊，高等教育与工作和生活分界要打通，以使高等教育的目标、内容和育人方式与人们的工作和

① 杨小微．从终身教育体系建设构建视角推进基础教育改革与发展［J］．教育发展研究，2012（2）：1.

② 沈俊强．全民终身教育与基础教育改革：对 UNESCO 教育理念的几点阐释［J］．基础教育，2009（9）：7-12.

生活建立更加密切的联系。①

终身教育体系的功能不仅是为成人提供非学历教育，而且要能够为其提供有价值的学历教育。正如有些学者所言，像北京大学这样的研究型大学，每年招收继续教育学习和培训的人数超过全日制学生人数的一倍以上。② 但是，这些成人实际上是被视为与全日制学生不同的服务对象，这些研究型普通高校实际上是以全日制方式为适龄学生提供精英“研究型”学习服务，以双轨制方式为成人学习需求提供服务。既然高等教育已经不再是一种奢侈品，而是生存的必需品，那么诸如此类研究型高等院校如果要成为终身教育体系和学习型社会最重要的组成部分，就不能以这种“双轨制”方式满足成人的多样化学习需求，而要以制度创新的方式，让研究型教育教学资源以更多非全日制方式真正惠及更多社会群体。尽管很多人都意识到普通高校在建设终身教育体系和学习型社会中的重要作用，但关键是要探索如何战略性地发挥这种作用。

随着高等教育向普及化发展，高等教育的普及范围将从传统的以“适龄人口”为对象，发展到面向每个人。研究表明，我国目前应该扩大非适龄人口的招生范围，逐步由强调入学规模向注重普遍参与转变，逐步由强调量的增长向注重质的变化转变，通过不断优化学习形式向学习型社会推进。社会成员选择在何时、何地、以何种方式学习，是公民享有的基本教育权利，这种权利不应因其暂时脱离了正规学校教育系统而不再享有，况且有些学习需求往往是继续教育难以满足的。③ 近些年，受人口年龄结构变化的影响，我国高等教育适龄人口规模持续下降。然而，我们并没有通过拓展非传统生源的方式来实现扩大高等教育规模的目标，而是进一步提高高等教育适龄人口的升学率，持续采用横向扩大的方式来扩招，这种单一化的扩张模式不利于优化我国高等教育生源结构。为尽快扭转这种发展模式，亟须建立灵活的高等教育弹性学制，突破以学龄人口为主要招生对象的传统高校录取制度，使全

① 叶信治．终身教育视野中的高等教育［J］．现代教育科学（高教研究），2002（1）：36-38.

② 闵维方．高等院校与终身教育［J］．中国大学教学，2004（2）：9-10.

③ 陈竞蓉，张相乐，胡成功．以学习型社会为取向的后大众阶段就学形态优化途径研究［J］．教育探索，2016（11）：55-61.

日制和部分时间制成为人们灵活选择的学习方式。虽然学习方式上有所区分，但是人们享受的教育过程和教育成果应当平等一致。唯此，才能真正实现人们在高等教育过程中各取所需，选择最适宜的学习时机和方式，满足终身学习的需求。

第三节　终身教育与远程教育的互渗

在国家教育战略以及教育评价体系中，远程教育并没有获得与普通高等教育一样的认可，与职业教育一样，以远程教育方式取得的学历教育和非学历教育，都显得“低人一等”。在一些高校的考研升学中，通过远程教育方式取得的学历证书可能就不被认可，这种学历在国家公务员招考中也不具备竞争力，在一些用人单位招聘中，这类证书也会被招聘者以“有色眼镜”审核。国家政策提出的建立继续教育学分积累与转换制度，实现不同类型学习成果的互认和衔接，有望成为破解职业教育、继续教育不平等地位的根本之策。如果各种不同教育形式之间打破门户之见，彼此间实现流通，就很难贴上身份的标签。然而，这种平等流通的前提条件是各类教育形式必须用质量来赢得自身的发展空间。这表明，治校者之间在开展生源竞争的同时，也在进行教育质量的竞争。[①]

有研究认为，不能再对不同的教育形式实施不同的教育政策，而应该对成人教育体系进行整合，包括禁止举办成人学历脱产班，使成人学历教育主要面向在职从业人员，学习方式回归业余方式；取消成人高考，各校自主考试录取，健全宽进严出的学习制度，统一培养目标和标准，坚持多样化的学习方式，满足个人多样化的学习需要；统一采用学分银行制度，建立学分积

① 熊丙奇．发展远程教育，需真正给予“国民”教育地位［J］．中国远程教育，2010（7）：9-10.

累与转换机制，设置弹性学习年限和学分有效期，通过网络手段为业余学习者提供学习过程的支持服务，以提高办学质量。①

还有研究指出，我国许多重点高校采用双轨制，开展校内教育和远程教育两个层次规格的教育。这种状况应该尽快得到改变，逐步做到远程教育与校内教育培养要求一致，实现网络教育与校内教育学分互认、课程互选和资源共享，改变一所学校颁发的文凭存在实际价值不一致的现象。为此，我们应该建立对远程教育的质量监控和保障体系，确保高校远程教育的质量和水平，坚决杜绝盲目追求经济效益。普通高校的函授教育、成人教育要逐步向远程教育转型。在政策、条件和环境上，政府和教育主管部门应加强对成人教育进行结构性调整，推进各个学校之间资源互通、共建和共享，避免重复建设。利用公共服务体系的数字化学习平台，为各类社会成员提供终身学习服务。② 远程教育的优势在于能够发挥规模效应，可以在较短时期内以较低的成本为更多人提供接受高等教育的机会。同时，远程教育提供的分布式学习方式能够为学习者提供时间和空间上的灵活性，能够使学习者边学习、边工作，解决生存和发展的矛盾。③ 因此，远程教育是构建灵活开放的终身教育体系的重要选择。远程教育正在改造和整合各种成人教育形式，同时面向居民社区提供多种教育服务，逐步搭建终身学习的“立交桥”。

---

① 严继昌 . 呼吁加快成人高等教育体系的整合与改革［J］. 中国远程教育，2010（7）：10–11.

② 任为民 . 高校远程教育发展的几点思考［J］. 中国远程教育，2010（7）：12–13.

③ 陈丽 . 现代远程教育在高等教育改革中的使命和作用［J］. 中国远程教育，2010（7）：13–14.

第十六章

幼有所育的学前教育

改革开放40余年来，我国学前教育事业不论在规模还是在质量上都取得了巨大的发展。从1978年到2018年，幼儿园数量从163952所增长到266677所，增长0.63倍；在园幼儿人数从787.7万人增长到4656.4万人，增长4.91倍；学前三年毛入园率从11.3%增长到81.7%；专任教师人数从27.8万人增长到258.1万人，增长8.28倍；生师比从28.39下降到18.04。

第一节　发展阶段与成就

学前教育在40余年的发展中，大致经历了以下五个阶段：1978—1985年，全面恢复、建立城乡保教体系；1986—1994年，完善法律法规，鼓励社会力量参与；1995—2002年，改革学前教育体制，从社会福利到公私并举的曲折发展；2003—2009年，减缓社会化进程，权力和责任重心下移；2010年至今，强调政府责任，积极推动普惠型学前教育的发展。

一、全面恢复学前教育，建成城乡保教体系（1978—1985年）

1978年，教育部恢复了学前教育处，一些省、自治区、直辖市也陆续恢复或新建了学前教育行政领导机构和教研机构。1979年7月，教育部、卫生部、劳动总局、全国总工会和全国妇联联合召开全国托幼工作会议，决定成立全国托幼工作领导小组，由时任国务院副总理担任组长。统一领导、部门协同、分级管理的学前教育管理体系开始形成。

1979年10月，中共中央、国务院转发《全国托幼工作会议纪要》，并在通知中指出：加强对婴幼儿的保健和教育工作，培养体魄健壮、品德良好和智力发达的后一代，是关系到国家和民族前途的根本大计。学前教育工作纳入政府工作日程，被赋予了重要地位。同年11月，教育部颁布了《城市幼儿园工作条例（试行草案）》，这是“文化大革命”之后的第一个学前教育政策，对基础设施较好的城市学前教育的发展方针、目标、管理等做了规定。1983年颁布的《教育部关于发展农村幼儿教育的几点意见》针对农村情况提出了“两条腿走路”的方针，采取多种形式举办幼儿园或学前班，条件好的地区在短期内实现学前幼儿入园一年的要求。1986年颁布的《关于进一步办好幼儿学前班的意见》强调了学前班是发展农村学前教育的重要途径。至此，城市和农村根据不同情况分类发展的学前教育体系确立下来。

1981 年，教育部颁发《幼儿园教育纲要（试行草案）》，这是改革开放后的第一个幼儿园课程标准。同时教育部组织编写了幼儿园教材，共 7 类 9 册，为《幼儿园教育纲要（试行草案）》落到实处提供了基础。同年 6 月，卫生部妇幼卫生局颁布了新中国成立后的第一个涉及 0—3 岁儿童集体教育的《三岁前小儿教养大纲（草案）》，1985 年卫生部又颁布了《托儿所、幼儿园卫生保健制度》。至此，学前教育中的“保”与“教”、“教”中的课程与教材等方面都有了相应的政策规范。

从数量上看，幼儿园总数在这一时期略有增长，从 1978 年的 163952 所到 1985 年的 172262 所，增长 5.07%。其中 1981 年到 1983 年有所下降，1982 年到达谷底 122107 所，随后又回升至原有水平（见图 16-1）。学前教育覆盖面也快速扩大。1978 年，全国在园幼儿总数为 787.7 万人，到 1985 年增长到 1479.7 万人，7 年时间在园幼儿增加了 692 万人，年度增速均值高达 10%（见图 16-2）。学前教育覆盖面虽然有了较大增长，但在此期间略有起伏，原定的学前教育“六五”发展目标即 1985 年入园幼儿数达 1800 万名[①]没能实现。

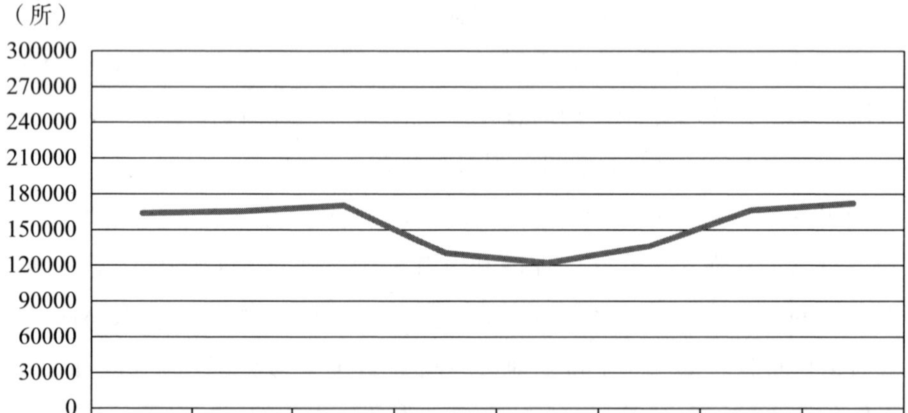

1978年	1979年	1980年	1981年	1982年	1983年	1984年	1985年
163952	165629	170419	130296	122107	136306	166526	172262

图 16-1　1978—1985 年全国幼儿园总数

数据来源：1978—1985 年《中国教育年鉴》。

---

① 何东昌 . 中华人民共和国重要教育文献：1949—1997［M］. 海口：海南出版社，1998：2057.

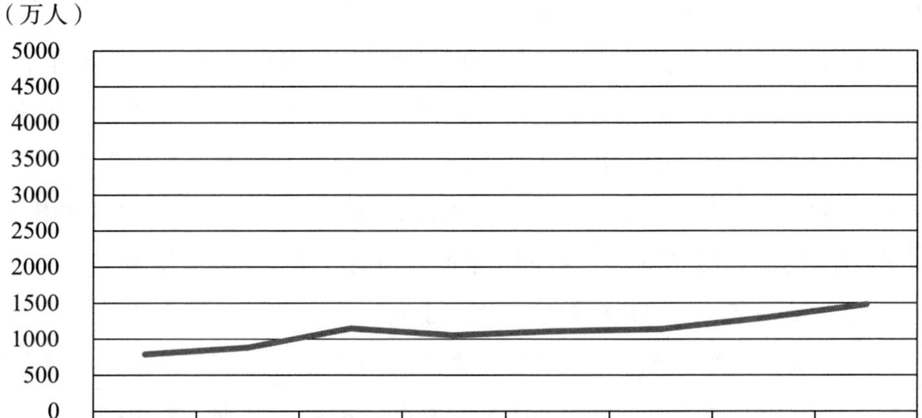

1978年	1979年	1980年	1981年	1982年	1983年	1984年	1985年
787.7	879.2	1150.8	1056.2	1113.1	1140.3	1294.7	1479.7

图 16–2　1978—1985 年全国在园幼儿总数

数据来源：1978—1985 年《中国教育年鉴》。

二、完善法律法规建设，鼓励社会力量参与（1986—1994 年）

1987 年 10 月，国家教委召开全国幼儿教育工作会议，就全国学前教育的领导管理工作做了协商和规划。国务院办公厅转发了国家教委等九部门《关于明确幼儿教育事业领导管理职责分工的请示》，明确了学前教育实行地方负责、分级管理以及各部门分工负责的原则，明确了教育、卫生、计划、财政、劳动人事等九部门对学前教育的职责。各省、市、县、乡也建立起相应的管理机构，配备了相应管理人员。

1987 年全国幼儿教育工作会议还明确了发展幼儿教育需要多方面的共同努力。会议提出，幼儿教育既是教育事业的一个重要组成部分，又具有社会公共福利事业的性质。从我国实际情况出发，发展幼儿教育事业不可能也不应该由国家包起来，必须依靠国家、集体和公民个人一起出力。今后，要在政府统一领导下，除地方政府举办幼儿园外，主要靠各部门、各单位和社会各方面力量举办幼儿园。1988 年国家教委等发布的《关于加强幼儿教育工作的意见》再一次强调了发展幼儿教育事业不可能也不应该由国家包起来，幼儿教育不属于义务教育，家长送子女入园应负担一定的保育、教育费用。1989 年，国家教委发布了新中国成立以来第一个学前教育行政法规《幼儿园管理条例》，该条例确立了幼儿教育事业发展方针，明确强调动员和依靠社会各方面力量举办幼儿园。1992 年颁布的《九十年代中国儿童发展规划纲要》再次提出坚持动员社会力量，多渠道、多形式地发展幼儿教育的方针。这一系列政策的出台，对于鼓励社会力量参与、尽快提高学前教育覆盖率起到了积极作用。

1989 年颁布的《幼儿园管理条例》也对举办幼儿园的基本条件、审批程序、评估标准、奖惩条件等做了明确规定。1989 年，国家教委发布《幼儿园教育工作规程（试行）》，全面系统地对幼儿园的基本准则、招生编班、卫生保健、教育活动、园舍设备、人员职责、经费收支、家园共育等各项工作做了非常具体的规定。这两项政策一表一里，为学前教育接下来的发展提供了最高层次的政策依据。

这一时期的学前教育规模在平稳发展中略有增长。其中，全国幼儿园总数在 1986 年为 173376 所，1994 年为 174657 所，基本保持不变（见图 16–3）。在园幼儿数增长较快，1986 年全国在园幼儿为 1629.0 万人，1994 年增长到 2630.3 万人，净增约 1000 万幼儿，增幅达 61.47%（见图 16–4）。

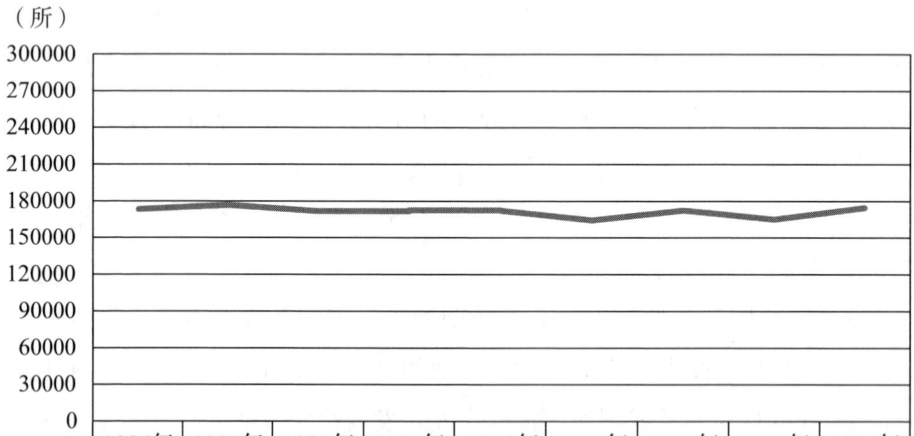

1986年	1987年	1988年	1989年	1990年	1991年	1992年	1993年	1994年
173376	176775	171845	172634	172322	164465	172506	165197	174657

图 16–3　1986—1994 年全国幼儿园总数

数据来源：1986—1994 年《中国教育年鉴》。

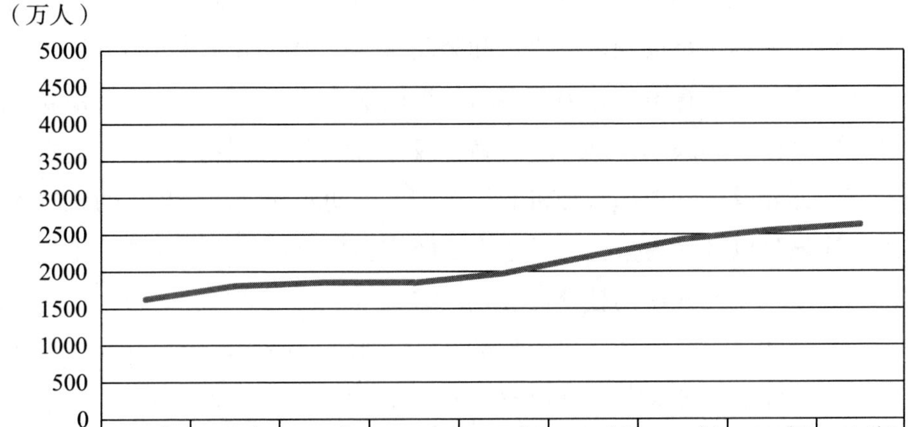

1986年	1987年	1988年	1989年	1990年	1991年	1992年	1993年	1994年
1629.0	1807.8	1854.5	1847.7	1972.2	2209.3	2428.2	2552.5	2630.3

图 16-4　1986—1994 年全国在园幼儿总数

数据来源：1986—1994 年《中国教育年鉴》。

三、改革学前教育体制，从公共办园到公私并举（1995—2002 年）

随着我国经济体制改革的日益深入和社会主义市场经济体制的建立，幼儿教育工作面临一些新情况和新问题，特别是在企业转换经营机制的过程中，如何保证幼教事业的健康发展，已成为亟待解决的问题。

1995 年国家教委等七部委发布的《关于企业办幼儿园的若干意见》与 1997 年的《全国幼儿教育事业“九五”发展目标实施意见》是我国幼儿园办园体制和格局发生重要变化的方向性和指导性文件。

《关于企业办幼儿园的若干意见》提出：要坚持依靠社会力量发展学前教育的方针，改革现行幼儿园收费制度，鼓励企业幼儿园向社会开放，逐步改变幼儿园经费由企业全部包揽的做法，提高企业办园的效益；深化改革，积极稳妥地推进幼儿教育逐步走向社会化，具备分离条件的企业办幼儿园可以交由地方政府统筹计划，或由具有条件的社区、团体或个人来承办；城市规划和社区发展也要考虑幼儿园建设等。

《全国幼儿教育事业"九五"发展目标实施意见》提出了"九五"期间幼儿教育事业要继续贯彻国家、集体和公民个人一起办园（班）的方针，多种形式地发展幼儿教育事业，为更多幼儿提供学前教育的机会。积极稳妥地进行幼儿园办园体制改革，进一步明确各级政府的责任，探索适应社会主义市场经济的办园模式和内部管理机制，逐步推进幼儿教育社会化。幼儿教育发展方向应该是以社区为依托、适应当地经济和社会发展、正规与非正规相结合的组织形式。实现幼儿教育社会化还需要一个长期的过程。目前，可在部分大中城市和经济条件较好的农村试点。在社会保障制度尚未健全、社区服务体系尚不配套的地区，主办单位不能将幼儿园一步推向社会。该实施意见还提出了"九五"期间幼儿教育发展的总目标是：到 2000 年，全国学前三年幼儿毛入园（包括学前班）率达到 45% 以上，大中城市基本解决适龄幼儿入园问题，农村学前一年幼儿入园（班）率达到 60% 以上。

尽管政策文本指出实现幼儿教育社会化还需要一个长期的过程，并明确要求积极稳妥地进行办园体制改革，但在实际执行过程中，各地和企业推进幼儿教育社会化的步调显然非常迅速，尤其是企业快速剥离了自五十年代形成的托幼服务功能，导致大量优质学前教育资源在幼儿园改制过程中的浪费。政策规定的学前教育"九五"目标未能实现。

从图 16-5 和图 16-6 很容易看出，无论是幼儿园数量还是在园幼儿数，这一时期都有较大幅度的减少。1995 年，全国幼儿园数量是 180438 所，到 2002 年跌至 111752 所，下跌 38%。尤其是 2000—2001 年，一年内断崖式减少 64130 所（见图 16-5）。伴随机构数量的迅速减少，在园幼儿总数同样快速下跌。1995 年，全国在园幼儿共 2711.2 万人，到 2002 年仅有 2036 万人，下跌约 25%，跌幅远远超出了政策的预期。显然，在向市场经济转型的过程中，原本作为员工福利的幼儿园被企业视为包袱而迅速甩掉，"入园难""入园贵"的问题开始出现。

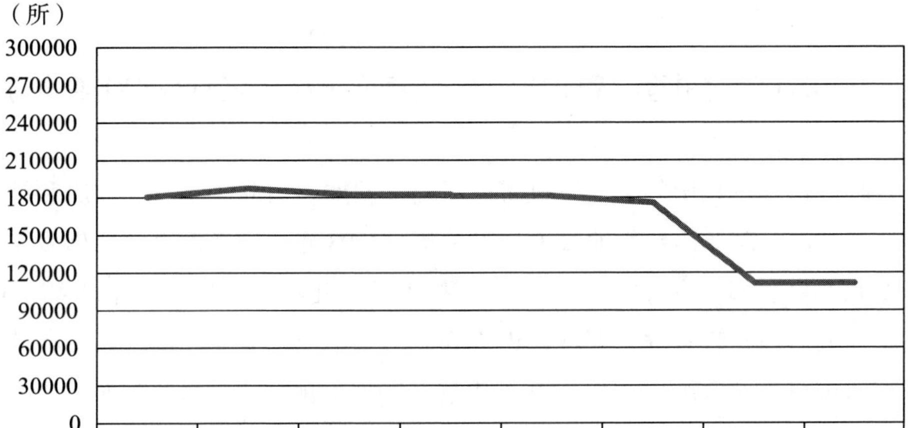

1995年	1996年	1997年	1998年	1999年	2000年	2001年	2002年
180438	187324	182485	181368	181136	175836	111706	111752

图 16-5　1995—2002 年全国幼儿园总数

数据来源：1995—2002 年《中国教育年鉴》。

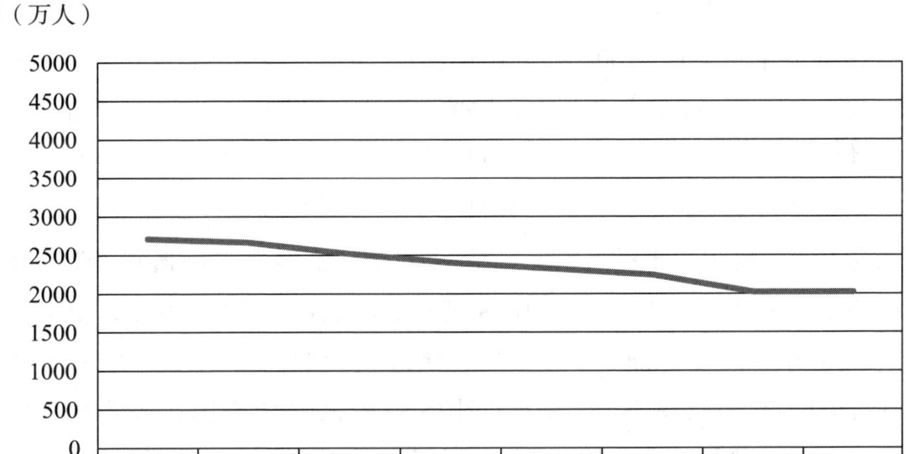

1995年	1996年	1997年	1998年	1999年	2000年	2001年	2002年
2711.2	2666.3	2519.0	2403.0	2326.3	2244.2	2021.8	2036.0

图 16-6　1995—2002 年全国在园幼儿总数

数据来源：1995—2002 年《中国教育年鉴》。

四、减缓社会化进程，管理权和经费责任下移（2003—2009 年）

政策执行过程中的急躁冒进带来了诸多问题，引起了学者、政府和社会的广泛关注，需要出台新的政策加以调整。2003 年，国务院办公厅转发《关于幼儿教育改革与发展的指导意见》，指出过去几年幼儿教育事业投入不足，一些地方对幼儿教育的重要性认识不到位，简单套用企业改制的做法将幼儿园推向市场，导致减少或停止投入甚至出售等问题。针对这些问题，该指导意见要求地方各级人民政府要加强公办幼儿园建设，保证幼儿教育经费投入，全面提高保育、教育质量；不得借转制之名停止或减少对公办幼儿园的投入，不得出售或变相出售公办幼儿园和乡（镇）中心幼儿园，已出售的要限期收回；公办幼儿园转制必须经省级教育部门审核批准。同时，与当时的整个基础教育经费重心下移相一致，该指导意见首次明确了乡镇财政预算要安排发展幼儿教育的经费，把幼儿教育的发展责任和管理权交给了乡镇一级。该指导意见还提出了 2003—2007 年全国幼儿教育事业发展的总目标：学前三年儿童受教育率达到 55%，学前一年儿童受教育率达到 80% ；大中城市普及学前三年教育；全面提高 0—6 岁儿童家长及看护人员的科学育儿能力。

该指导意见还指出学前教育发展中的一些重要问题，比如公共投入低、市场化严重、要进一步提高入园率等。这一政策的实施及时遏制了学前教育急速下滑的趋势，图 16-7、图 16-8 显示出从 2003 年到 2009 年，全国学前教育发展开始回暖。2003 年全国幼儿园总数为 116390 所，到 2009 年已增至 138209 所，增长率为 18.7%（见图 16-7）。2003 年全国在园幼儿总数为 2003.9 万人，到 2009 年已增至 2657.8 万人，增幅达 32.6%（见图 16-8）。

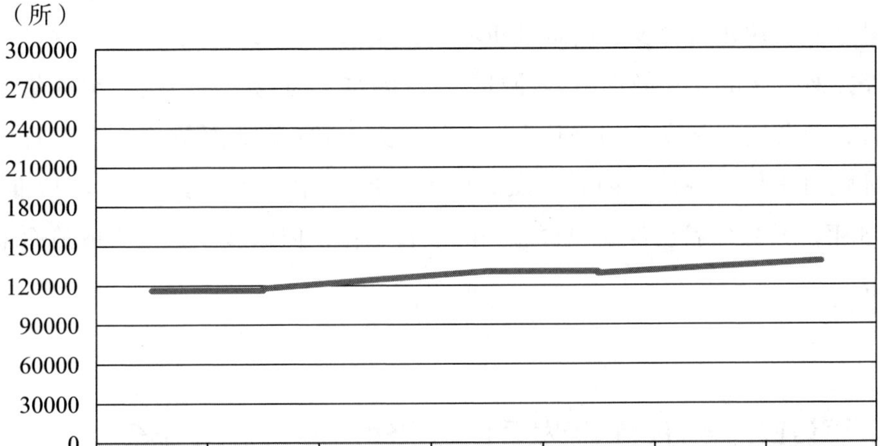

2003年	2004年	2005年	2006年	2007年	2008年	2009年
116390	117899	124402	130495	129086	133722	138209

图 16-7　2003—2009 年全国幼儿园总数

数据来源：2003—2009 年《中国教育年鉴》。

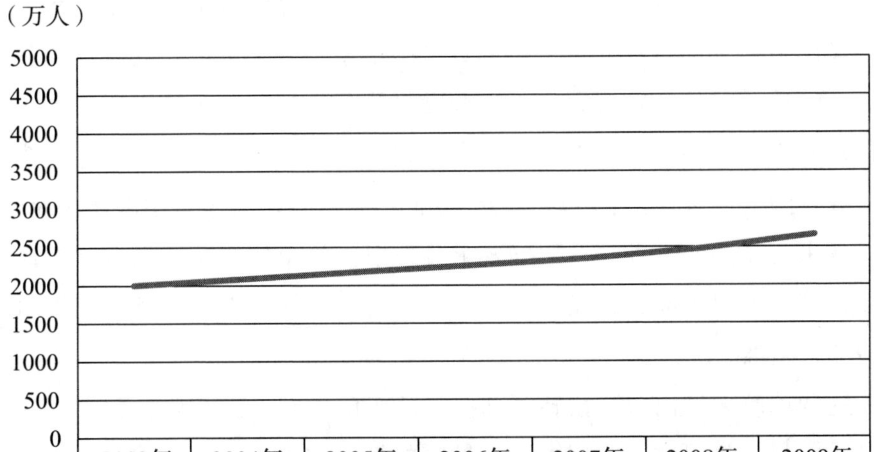

2003年	2004年	2005年	2006年	2007年	2008年	2009年
2003.9	2089.4	2179.0	2263.9	2348.8	2475.0	2657.8

图 16-8　2003—2009 年全国在园幼儿总数

数据来源：2003—2009 年《中国教育年鉴》。

尽管学前教育规模开始扩大，但是政策规定的实现路径主要是依靠社会力量办园。幼儿教育发展的责任重心和经费重心下移，再加上此前大量幼儿园停办所带来的累积效应，“入园贵”“入园难”问题越发凸显。2004 年，在学者、两会代表和委员的呼吁下，全国人大、教育部开始在全国多个省份就明确政府责任、规范学前教育发展秩序进行调研，为学前教育立法做准备。2008 年，教育部启动学前教育立法的准备工作，但因多项条件不成熟而未能推进。

五、强调政府责任，积极发展普惠型幼儿园（2010 年至今）

2010 年的《教育规划纲要》明确了未来十年学前教育发展的三个重要任务，即基本普及学前教育、明确政府职责、重点发展农村学前教育，并提出到 2020 年实现学前三年毛入园率达到 70% 的目标。2010 年 11 月，国务院发布《关于当前发展学前教育的若干意见》，这是新中国成立以来第一次以国务院名义出台的学前教育文件，被称为“国十条”。“国十条”进一步明确了学前教育的性质定位和发展方向，强调要坚持公益性和普惠性，切实落实政府责任；明确要求各级政府将学前教育经费列入财政预算，新增教育经费要向学前教育倾斜，财政性学前教育经费在同级财政性教育经费中的比例应合理，并在未来三年内明显提高；明确要求各地以县为单位编制实施学前教育三年行动计划，加快学前教育发展步伐，扩大普惠性学前教育资源，三年内有效缓解“入园难”的问题。

这两项政策的出台，扭转了前些年所走的弯路，给学前教育的发展带来了光明前景。两项政策明确了学前教育的性质定位、基本方向，突出强调了新时期的学前教育发展要坚持公益性和普惠性，强调了政府在学前教育发展中要承担主要职责、发挥主导作用，明确了各级政府的学前教育经费预算要求，为接下来十年学前教育的发展奠定了方向和经费基础。

随后，一系列的政策文件确保了学前教育发展的方向正确和目标实现。2011 年，财政部、教育部发布的《关于加大财政投入支持学前教育发展的通知》确定了中央财政支持的学前教育重点项目，《财政部教育部关于建立学前教育资助制度的意见》《中央财政扶持城市学前教育发展奖补资金管理暂行办法》《中央财政扶持民办幼儿园发展奖补资金管理暂行办法》《支持中西部地区农村小学增设附属幼儿园的实施方案》等政策，为不同地区、不同类别幼儿园的健康发展提供了政策和资金保障。

2012 年教育部颁布的《3—6 岁儿童学习与发展指南》是我国第一个同时面向幼儿园、家庭和社会发布的学前教育指导文件。该指南为幼儿园实施学前教育提供了科学的方向、具体的目标以及可操作的措施和建议，在课程领域对学前教育发挥了重要的导向作用。

2018 年 11 月发布的《中共中央国务院关于学前教育深化改革规范发展的若干意见》提出，新时代要推进学前教育普及普惠安全优质发展，满足人民群众对幼有所育的美好期盼，要坚持政府主导，落实各级政府在学前教育规划、投入、教师队伍建设、监管等方面的责任，牢牢把握公益普惠基本方向，坚持公办民办并举，加大公共财政投入，着力扩大普惠性学前教育资源供给。该意见提出，到 2020 年，全国学前三年毛入园率达到 85%，普惠性幼儿园覆盖率（公办园和普惠性民办园在园幼儿占比）达到 80%，全国公办园在园幼儿占比原则上达到 50%。

自 2010 年国务院《关于当前发展学前教育的若干意见》颁布实施以来，各地加大了促进学前教育发展的工作力度。学前教育规模有了长足进步，结构有了较大程度的改善。（1）总体规模。截至 2018 年底，全国共有幼儿园 266677 所（见图 16−9），在园幼儿 4656.4 万人（见图 16−10），教职工 453 万人，与 2010 年相比，幼儿园数量增加了 77.3%，在园规模增加了 56.4%，教职工数量增加了 145%。2018 年，全国学前三年毛入园率为 81.7%，比 2010 年提高 25.1 个百分点，有效缓解了“入园难”问题。（2）公私比例。2018 年，全国共有公办园（含企事业单位办园、军队办园、街道办园和村集体办园）10 万所，占 37.8%，公办园在园幼儿 2016.6 万人，占 43.3%；全国共有民办园 16.6 万所，在园幼儿 2639.8 万人。与 2010 年相比，民办园总数增加了 6.4 万所，民办园在园幼儿增加了 1240.3 万人，全国在园幼儿增量的 70% 以上都在民办园，其中普惠性民办园 8.2 万所，占民办园总数的 49.4%，普惠性民办园在园幼儿 1386 万人，占民办园在园幼儿总数的 52.5%；全国普惠性幼儿园覆盖率为 73.1%。2010—2018 年，民办园比例持续上升，在满足学前教育需求中发挥了重要作用。同时，政府在学前教育发展中的责任得到重视，公办园和普惠园数量也在持续增加。（3）区域发展。我国学前教育发展的区域差距逐步缩小。从 2010 年到 2018 年，西部地区学前教育发展最快，幼儿园总数增加了 127.5%，在园幼儿数增加了 76.3%；中部地区幼儿园总数增加了 100.6%，在园幼儿数增加了 65.1%；东部地区幼儿园总数增加了 27.6%，在园幼儿数增加了 35.7%。从 2010 年到 2018 年，学前三年毛入园率增长幅度最大的 15 个省份都集中在中西部。东、中、西部的学前教育发展差距明显缩小。（4）城乡发展。从 2010 年到 2018 年，农村幼儿园数量增幅最大，幼儿园总数增加了 61.6%，在园幼儿规模增加了 26.6%；城市幼儿园数量增加了 56.4%，在园幼儿数增加了 54.6%。在新增资源总量中，农村幼儿园占 69.8%，在园幼儿占 49.2%，农村学前教育资源得到较快增长。在过去八年里，学前教育总体规模有了很大提高，区域差异和城乡差异得到了较大缩小，学前教育政策的公平导向已经初显成效。

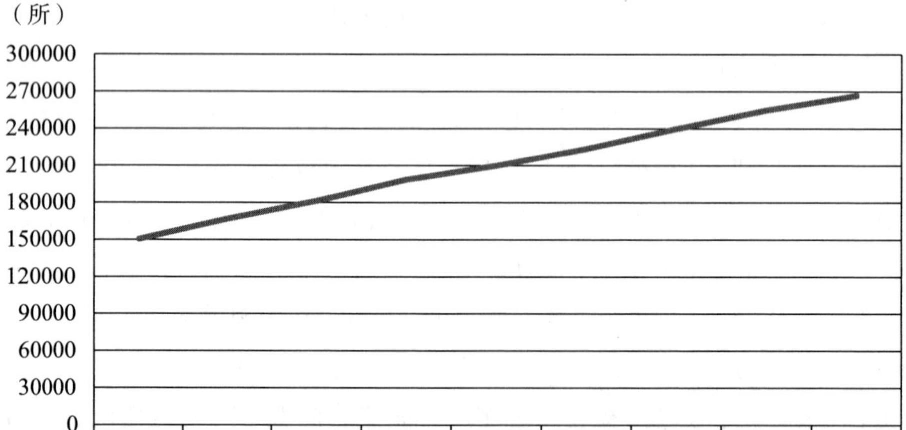

2010年	2011年	2012年	2013年	2014年	2015年	2016年	2017年	2018年
150420	166750	181251	198553	209881	223683	239812	254950	266677

图 16-9　2010—2018 年全国幼儿园总数

数据来源：2010—2018 年《中国教育年鉴》。

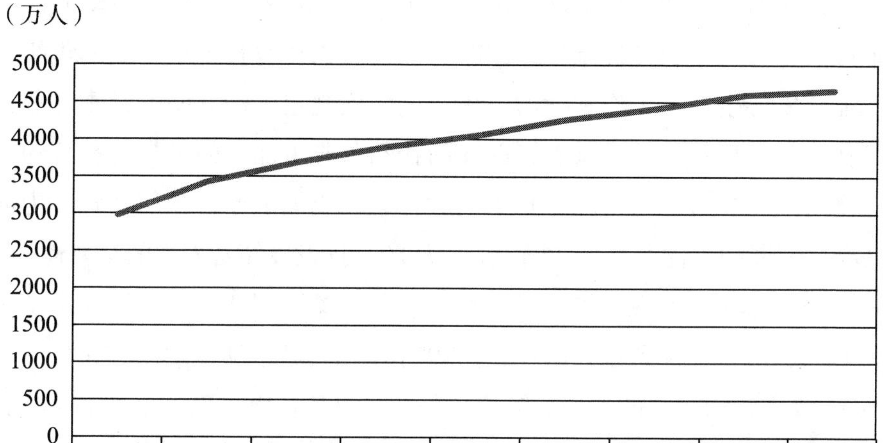

2010年	2011年	2012年	2013年	2014年	2015年	2016年	2017年	2018年
2976.7	3424.4	3685.8	3894.7	4050.7	4264.8	4413.9	4600.1	4656.4

图 16-10　2010—2018 年全国在园幼儿总数

数据来源：2010—2018 年《中国教育年鉴》。

第二节　发展脉络

从改革开放以来我国学前教育的发展中，我们可以辨析出几条主要的发展脉络，这些脉络有助于我们更深刻地认识和理解学前教育的发展历史。

一、办园理念：从托幼服务到学前教育

办园理念回答的是“为什么办”的问题。从改革开放以来的历史发展来看，对这一问题的回答经历了从解放家长劳动力的托幼服务到注重儿童自身发展的学前教育的变化。当然，就过去几十年来说，学前教育一直兼顾托幼和教育的双重角色。比如，1979 年的《城市幼儿园工作条例（试行草案）》规

定，幼儿园的工作任务是对幼儿进行初步的全面发展的教育，使幼儿健康活泼地成长，为入小学打好基础，同时也减轻家长在教育孩子方面的负担，使他们能够安心生产、工作和学习。该条例明确规定了幼儿园的双重任务：教育和托管。但从总体趋势来看，前期的托幼色彩更加鲜明，学前教育的重要任务是解放家长劳动力；而近年来的教育意味更加浓厚，学前教育成为促进幼儿全面发展和个性发展、为国家和民族的长远发展储备人力的重要途径。

首先，从托幼的视角来看，托幼的服务对象即“帮谁托幼”发生了一些变化，经历了从母亲到家长的变化。1979 年的《城市幼儿园工作条例（试行草案）》规定，幼儿园的工作任务之一是减轻家长在教育孩子方面的负担，使他们能够安心生产、工作和学习。而与之相比，1952 年的《幼儿园暂行规程（草案）》规定的幼儿园的两项任务中的第二项是减轻母亲的负担，以便母亲有时间参加政治生活、生产劳动、文化教育活动等。1956 年教育部、卫生部、内务部联合发出《关于托儿所、幼儿园几个问题的联合通知》也提出：随着国家经济建设和文化建设的日益发展，今后将有更多的妇女参加生产劳动和社会工作。为了帮助母亲们解决照顾和教育孩子的问题，托儿所和幼儿园必须有相应的增加。关于托幼的服务对象，政策文本的表述从 20 世纪 50 年代的“母亲”和“妇女”变为 1979 年的“家长”，强调了家庭中父母双方应当承担的育儿义务。

其次，从教育的视角来看，学前教育的目标经历了从为小学做准备到为国家储备人力、从尊重规律全面发展到因人施教个性发展的变化。比如，1979 年的《城市幼儿园工作条例（试行草案）》规定的幼儿园的另一项任务是对幼儿进行初步的全面发展的教育，使幼儿健康活泼地成长，为入小学打好基础。关于“为入小学打好基础”这一点，似乎继承了 1952 年《幼儿园暂行规程（草案）》的内容，该暂行规程提到的幼儿园另一项任务是根据新民主主义教育方针教养幼儿，使他们的身心在入小学前获得健全的发育。而 1979 年中共中央、国务院在转发《全国托幼工作会议纪要》的通知中则提出了学前教育为国家和民族的前途储备人力的作用，通知指出：加强对婴幼儿的保健和教育工作，培养体魄健壮、品德良好和智力发达的后一代，是关系到国家和民族前途的根本大计。

1979 年颁布的《城市幼儿园工作条例（试行草案）》提出学前教育是对幼儿进行初步的全面发展的教育，1989 年国家教委发布的《幼儿园教育工作规程（试行）》则提出了崭新的教育观。该政策提出，学前教育要遵循幼儿身心发展的规律，注重个体差异，因人施教，引导幼儿个体健康发展，促进每个幼儿在不同水平上的发展。2010 年国务院《关于当前发展学前教育的若干意见》也提出，学前教育要遵循幼儿身心发展规律，面向全体幼儿，关注个体差异，坚持以游戏为基本活动，防止和纠正幼儿园教育“小学化”倾向。2012 年教育部发布的《3—6 岁儿童学习与发展指南》也提出关注幼儿学习与发展的整体性，促进幼儿身心全面协调发展，尊重幼儿发展的个体差异。

二、办园主体：从部门和集体办园到公私并举

办园主体回答的是“由谁来办”的问题。改革开放以来，对“由谁来办”的回答经历了从集体办园到公私并举再到政府责任的回归的转变。

在 20 世纪 70 年代末 80 年代初，学前教育主要被视为社会福利事业。1979 年制定的《城市幼儿园工作条例（试行草案）》规定了幼儿园在减轻家长教育孩子方面的负担，使他们能够安心生产、工作和学习方面的功能和任务。与之相应，这一时期的学前教育主要由政府部门（教育部门及其他部门）和集体单位主办，举办幼儿园是集体单位为自己的员工提供的福利，以便那些员工能够安心生产、工作和学习。1987 年全国幼儿教育工作会议再次明确了幼儿教育既是教育事业的一个重要组成部分，又具有社会公共福利事业的性质。从我国实际情况出发，发展幼儿教育事业不可能也不应该由国家包起来，必须依靠国家、集体和公民个人一起出力。到 1994 年，在全国 174657 所幼儿园中，民办园只有 18284 所，所占比例仅有 10.5%；全国幼儿园在园幼儿总数为 2630.3 万人，民办园在园幼儿只有 103.6 万人，仅占 3.9%（见图 16-11）。

随着国家的经济体制由计划经济转向市场经济，学前教育办学体制也发生了巨大变革。1995 年《关于企业办幼儿园的若干意见》提出，要坚持依靠

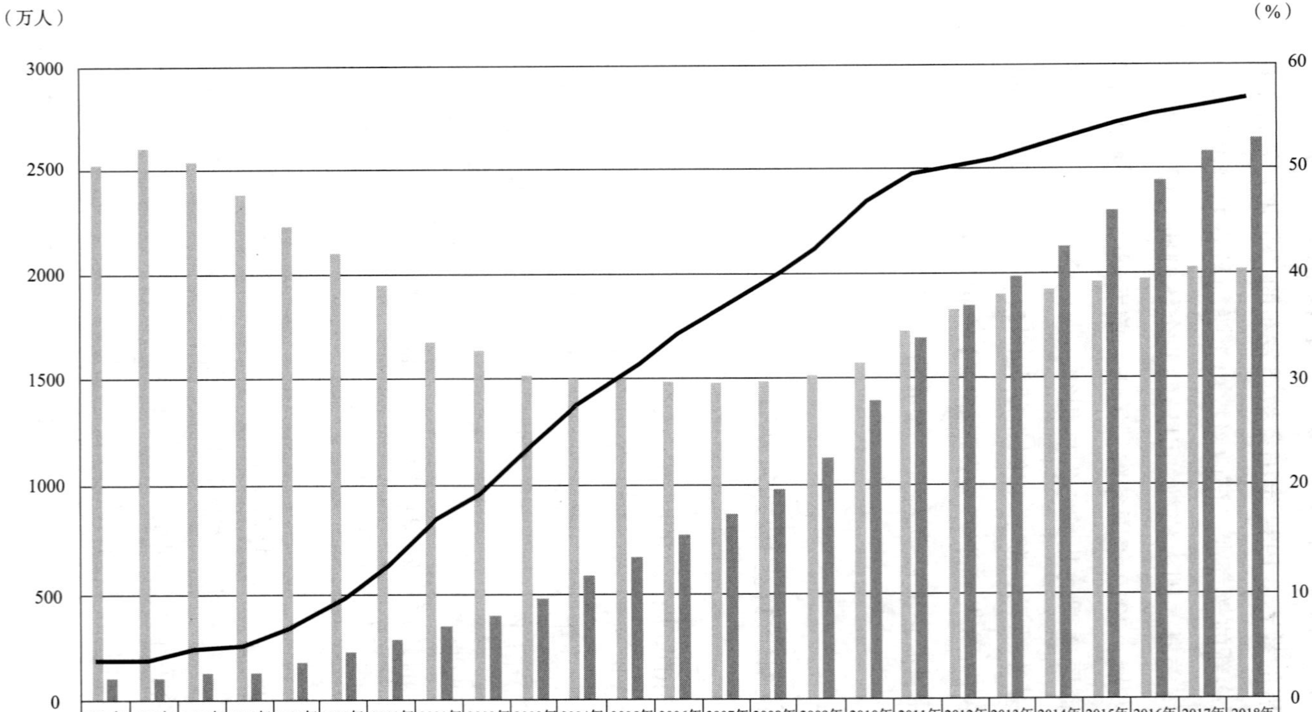

	1994年	1995年	1996年	1997年	1998年	1999年	2000年	2001年	2002年	2003年	2004年	2005年	2006年	2007年	2008年	2009年	2010年	2011年	2012年	2013年	2014年	2015年	2016年	2017年	2018年
公办园在园幼儿（万人）	2526	2601	2535	2384	2232	2103	1959	1679	1635	1523	1505	1510	1488	1480	1493	1523	1577	1730	1833	1904	1925	1962	1976	2027	2016
民办园在园幼儿（万人）	103	109	130	134	170	222	284	341	400	480	584	668	775	868	882	2134	1399	1694	1852	1990	2125	2302	2437	2572	2639
民办园在园幼儿比例（%）	3.9	4.0	4.9	5.3	7.1	9.5	12.7	16.9	19.7	24.0	28.0	30.7	34.2	37.0	37.1	58.4	47.0	49.5	50.3	51.1	52.5	54.0	55.2	55.9	56.7

图 16-11　1994—2018 年民办园与公办园在园幼儿数量比较

注：表中显示的在园幼儿数省去了小数点后的数位，民办园在园幼儿比例是据原始数据计算的。

数据来源：1994—2018 年《中国教育年鉴》。

社会力量发展学前教育的方针，积极稳妥地推进学前教育逐步走向社会化，具备分离条件的企业办幼儿园可以交由地方政府统筹计划，或由具有条件的社区、团体或个人来承办。这个文件的发布带来了接下来数年民办学前教育的大发展，学前教育由“福利”转向“社会化”。

从图 16–11 可以看出，在 20 世纪 90 年代中期以后，民办园在园幼儿的比例开始攀升，这一攀升趋势从 1997 年之后更加明显，并一直持续至 2018 年。1994 年，在民办园就读的幼儿比例为 3.9%；1997 年，这一比例提高到 5.3%；2000 年，达到 12.7%；2005 年，达到 30.7%；2012 年，民办园幼儿比例超过一半，达到 50.3%；2015 年，民办园幼儿比例为 54.0%；2018 年，这一比例为 56.7%。

尽管自 1994 年以来民办幼儿园在园幼儿比例一直在提高，但 2011 年是一个较为明显的拐点。在 2011 年之后的八年里，尽管民办园在园幼儿比例仍在攀升，但趋势明显放缓。这得益于 2010 年以来的各项政策以及“学前教育三年行动计划”的实施。《教育规划纲要》提出要明确政府职责，建立“政府主导、社会参与、公办民办并举的办园体制”，把“政府主导”放在首位。“学前教育三年行动计划”的实施大大提高了学前教育公共资金的注入，为公办园和普惠园的发展提供了物质基础。从图 16–12 可以看出，经过两轮的“学前教育三年行动计划”，2017 年全国财政性学前教育投入占财政性教育总投入的比例达到了 4.60%。

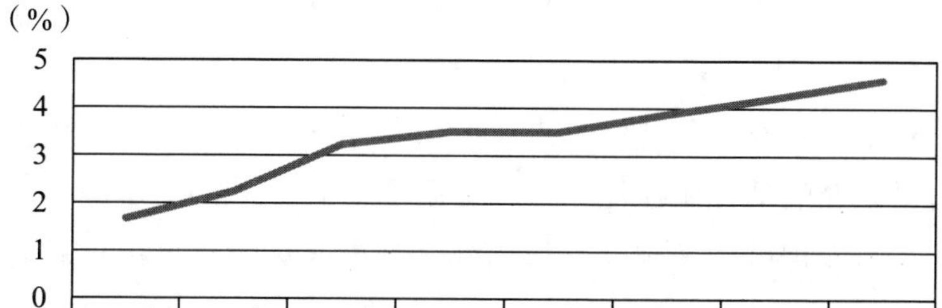

2010年	2011年	2012年	2013年	2014年	2015年	2016年	2017年
1.67	2.24	3.23	3.50	3.50	3.88	4.22	4.60

图 16–12　2010—2017 年财政性学前教育投入占财政性教育总投入的比例

数据来源：2010—2017 年《中国教育经费统计年鉴》。

三、价值导向：从效率优先到推进公平

价值导向回答“怎么办”的问题。从学前教育政策的价值导向来看，我国学前教育在改革开放以来经历了从小规模、资源集中型的效率优先导向，到大规模覆盖受益人群的促进公平发展。

从城乡维度来看，优先发展基础好的城市幼儿园，然后发展基础弱的农村学前班。1979 年 11 月，教育部在“文化大革命”后发布的第一项学前教育政策就是《城市幼儿园工作条例（试行草案）》，直到 1983 年才出台了针对农村幼儿教育的政策指导意见《教育部关于发展农村幼儿教育的几点意见》，后者根据农村资源的限制提出了“两条腿走路”的方针，目标和要求也低于城市，条件好的农村地区在短期内实现学前一年入园的需求。这与当时我国教育事业的整体发展思路是一致的。在 1980 年教育部印发的《关于中央书记处对教育工作指示精神的传达要点》中，多位中央领导提出或认同我国发展教育事业的基本指导思想之一是集中力量在经济富裕的地区把教育先搞上去，适当考虑普及的问题，花钱要讲究经济效益，把钱花在收效最快、最大的地方。[①] 本已基础好的地区又增加了资源投入、得到优先发展，原本基础差的地区缺乏资源的追加投入，只能后面再发展。在公共资源极其有限的情况下，是锦上添花还是雪中送炭？几十年前优先选择的是前者。公共学前教育资金投入的效率优先导向明显。

从公私维度来看，公共资金投入的幼儿园往往是质量好的幼儿园，而依赖民办力量举办的幼儿园往往底子薄、质量不够好。2003 年颁布的《关于幼儿教育改革与发展的指导意见》提出幼儿教育改革的总目标是形成“以公办幼儿园为骨干和示范，以社会力量兴办幼儿园为主体”的发展格局。公办幼儿园有公共资金投入，因此收费低；同时是“骨干和示范”，说明质量高；又因为是“骨干和示范”，势必数量少，而无法满足大多数家庭的教育需求。社

---

① 何东昌．中华人民共和国重要教育文献：1976—1990［M］．海口：海南出版社，1998：1812-1813.

会力量兴办的幼儿园由于缺乏公共投入，因此收费高；同时它是学前教育的主体，说明依靠它来解决大多数家庭的学前教育需求；而它不是“骨干和示范”，说明它的质量可能不如公办园。这就导致有限的学前教育公共资源集中投入优势地区并为数量并不多的家庭所享用，而弱势地区以及大多数家庭主要依靠社会力量办园和自掏腰包入园。这再次说明了公共资金投入的效率优先导向。

2010 年以后，学前教育公共投入的“效率优先”开始转变为“公平为上”。《教育规划纲要》明确了学前教育发展的三项重要任务：基本普及学前教育、明确政府职责、重点发展农村学前教育。“基本普及”说明学前教育要覆盖所有适龄儿童；“政府职责”说明给予学前教育的公共投入要显著增加；“重点发展农村学前教育”说明弱势地区成为公共资金投放的重点。因而，这三项任务实际上有共同的面向，即“公平”。2010 年 11 月的《关于当前发展学前教育的若干意见》进一步强调了学前教育的公益性和普惠性，明确要求各级政府将学前教育经费列入财政预算。《中国教育现代化 2035》再次明确提出，要以农村为重点提升学前教育普及水平，建立更为完善的学前教育管理体制、办园体制和投入体制，大力发展公办园，加快发展普惠性民办幼儿园。

如图 16–13 所示，2000—2018 年，学前三年毛入园率从 37.7% 增长到 81.7%，翻了一番还多。其中，前九年从 37.7% 提升到 50.9%，增长 13.2 个百分点，后九年从 50.9% 跃升到 81.7%，增长 30.8 个百分点。可以看出，自 2010 年《教育规划纲要》实施以来，在政策和财政的双重保障之下，我国学前三年毛入园率迅速提升，实现了基本普及学前三年教育的目标。比例的变化反映的不仅仅是普及速度，而且意味着对社会群体的全覆盖。一般而言，资源越是有限，就越是集中在少数优势群体；只有当资源得到较大扩充时，才可能逐步覆盖弱势群体。因而，2010 年以来学前三年毛入园率新增的这 30.8 个百分点代表的是更多的中间阶层和弱势群体被覆盖。学前教育的公平性得到较为充分的彰显。

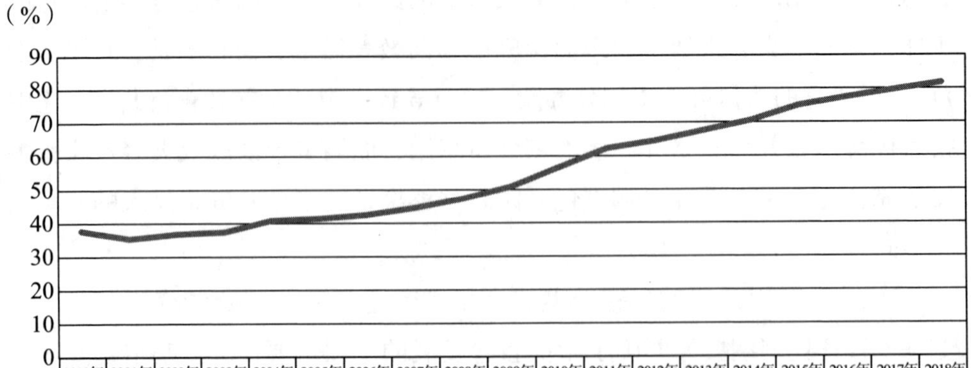

2000年	2001年	2002年	2003年	2004年	2005年	2006年	2007年	2008年	2009年	2010年	2011年	2012年	2013年	2014年	2015年	2016年	2017年	2018年
37.7	35.9	36.8	37.4	40.8	41.4	42.5	44.6	47.3	50.9	56.6	62.3	64.5	67.5	70.5	75.0	77.4	79.6	81.7

图 16-13　2000—2018 年学前三年毛入园率的变化

数据来源：2000—2018 年《全国教育事业发展统计公报》；庞丽娟 . 中国教育改革 30 年：学前教育卷［M］. 北京：北京师范大学出版社，2009.

第三节　未来挑战

改革开放 40 多年来，我国学前教育事业取得的成就是巨大的，也是前所未有的。但与世界发达国家和国内日益增长的学前教育需求相比，仍有一定的差距。在未来一段时间内，我们发展学前教育的任务仍然十分艰巨。

一、促进公平是学前教育公共资金投入的首要原则

改革开放 40 余年来，学前教育政策在相当长一段时间内都是以效率优先。然而，若没有公平作为保底，所谓的效率只能是小范围的效率、部分受益者的效率，一旦放到更大范围的利益人群中去考察，“效率优先”所得到的

实则是低效。

学前教育是投资回报率很高的领域，以公共资金投入学前教育事业，既符合公平原则，也能实现高效率的目的。2000 年诺贝尔经济学奖获得者赫克曼（James Hechman）通过比较分析几项早期教育项目，指出教育两极分化的根源起始于儿童时期，儿童早期教育服务对其整个人生起着重要的作用；将人力资本的投入直接指向幼儿是对社会公共资金更有效的利用，具有很高的投资回报率，能给社会带来持续的回报。因此，赫克曼建议：我们不能推迟对儿童的投资，等到他们变成成人再投资就太晚了。为了促进个人取得成功，实现机会均等，让经济更具活力，让社会更加健康，我们需要将社会政策的重心转至早期教育。①

对于处境不利儿童实施公助的早期教育，给他们一个不因出身决定命运的起点，既符合公平原则，也是高效率的。美国的高瞻－佩里学前教育实验是一项长达 40 多年的追踪研究，该项目对处境不利儿童进行早期学前教育科学干预，使其接受 2 年高质量的学前教育，当这些孩子到 40 岁时，把他们的各项指标与对照组的孩子比较后发现，实验组儿童在学业成就、就业率、经济收入、身体健康、家庭完整、犯罪率低等方面都有更好的表现。这说明学前教育的溢出效应非常显著，公共性十分凸显。20 世纪 90 年代到 21 世纪的第一个十年，我国学前教育的公共投入一直处于非常低的水平。比如，2002 年的国家财政性教育投入中，投给学前教育的资金仅占 1.19%，直到 2010 年也才提高到 1.67%。公共投入水平低导致儿童所接受学前教育的差异主要取决于家庭条件。与此同时，2003 年将学前教育的责任主体进一步下移到乡镇，富裕的乡镇有钱投入，贫穷的乡镇无钱可用。公共投入责任主体的下移，扩大了儿童所受教育的地域差异。当前的学前教育投入责任主体主要在区县一级，对于老少边穷地区，区县级政府承担学前教育责任仍显重心过低。多国的教育实践证明，对人生早期阶段进行公共资金的教育干预，并且由高层级政府在全国层面上干预，更能确保儿童有公平的学习机会，降低由家庭出身

① 赫尔曼．幼儿教育的经济学［M］．百花学习塾，译．上海：上海科学技术文献出版社，2017：2-42；海克曼．提升人力资本投资的政策［M］．曾湘泉，等译．上海：复旦大学出版社，2003：55.

以及地域差异带来的起点不平等。

加强学前教育项目和课程研究，发现那些更有效的学前项目并加以推广，让宝贵的公共资金使用效率最大化，是决策的终极追求。美国的高瞻－佩里实验和开端计划是两种截然不同的学前教育干预类型。高瞻－佩里实验是“小而精”的项目，它以师资队伍和课程设计的“高质量”、教育干预的“高强度”和“全方位”（通过频繁家访来干预家庭环境）、实验人群的“小规模”、人均花费的“高成本”、效益结果的“高回报”为特征。开端计划则是美国政府为追求教育公平、改善人群代际恶性循环而在 1965 年发起的一个早期儿童项目。该计划以联邦政府及州政府为主投入资金，对家庭条件不好的儿童提供免费的学前教育，实施至今使 100 多万名贫困儿童享受到了免费学前教育服务。相对于高瞻－佩里项目来说，开端计划是以覆盖人群的“大规模”、人均花费的“低成本”、教师素质的“低要求”以及教育干预的“有限性”为特征的项目，对于它的实施效果说法不一。有研究者认为该计划所带来的影响在孩子上学之后就趋于消失；但也有研究者认为开端计划是一个相当异质化的项目，包括学生群体、教师群体、课程实施等都相当异质化，没有着力干预或改善劣势儿童的家庭环境，也缺乏对学生施行长期的追踪调查，因而与高瞻－佩里项目相比被认为是低效的、不公平的。这些性质迥异的学前教育项目的实施及成效说明以下三点：付出和回报永远成正比；家庭的角色在学习技能的养成中非常关键，政府对功能障碍的家庭给儿童所造成的伤害进行早年的干预被证明是极其有效的；这些项目的最大收益是劣势儿童的社会化而不是智力，而前者能够在劳动力市场上有巨大的回报。① 在不同的文化、国情、人群背景下，学前教育的实施过程和效果肯定是有差距的。我们需要加强学前教育方面的研究，以探索更有效的学前教育项目。

① 赫尔曼．幼儿教育的经济学［M］．百花学习塾，译．上海：上海科学技术文献出版社，2017：2-42；海克曼．提升人力资本投资的政策［M］．曾湘泉，等译．上海：复旦大学出版社，2003：55.

二、0—3 岁托幼服务存在巨大缺口

我们对学前教育的定义通常指对 3—6 岁儿童所施行的集体教育，而没有包括 0—3 岁年龄段。因此，相对于学前三年教育来说，0—3 岁的托育服务被长期忽视，发展路线更是曲折。

根据 2017 年发布的中国首部《0—3 岁儿童托育服务行业白皮书》，新中国 0—3 岁儿童托育服务经历了起步、确立到消解的过程。新中国成立后，借鉴苏联的经验，部分厂矿企业中开始设立托儿所和幼儿园，在整个五六十年代，厂矿企业中的托儿所是当时计划经济体制下针对职工的一种福利性的服务，这是托育服务的起步阶段。1977 年到 1996 年是托育服务体系的确立时期，托儿所从福利性的服务开始向社会化的方向转变，但是依然以福利性为主。1980 年《人民日报》报道，全国托幼工作会议召开以来，全国的托幼事业有了较大发展，据 22 个省、自治区、直辖市的不完全统计，入托总数达到 3475 万名，入托率达 28.2%。1982 年《人民日报》报道，广东省番禺县各级党委重视托幼工作，当年全县有托儿所 1667 所，入托率达 81%。1985 年《人民日报》报道，北京市全市 3 岁以下幼儿入托率达到 34.4%。遍布城乡的托儿所，特别是城市大型企事业单位中的托儿所，为家长工作提供了极大的便利。

从 20 世纪 80 年代末起，部分企业开始对托儿所和幼儿园进行分离，或者实行承包制，部分经营不善的托幼机构开始关停。到了 1995 年，在教育部公布的教育事业发展统计公报中，全国幼儿园有 18.04 万所，各级各类托儿所有近 27 万所。托儿所比幼儿园的数量要多 40% 以上。但这一时期全国的托儿所数量与 80 年代初期相比已经大大减少。在随后的 10 年里，随着中国经济体制的转型，国有企业深化改革，剥离托育机构等社会化服务职能，以及中国出生人口下降等因素，集体开办的托儿所数量暴跌，大部分城市只剩下极少的托儿所。从教育部的统计数据来看，2004 年 3 岁以下幼儿入园人数仅占当年总入园人数的 6.6%，2009 年 3 岁以下幼儿入园人数仅占当年总入

园人数的 8.9%。

长期的投入不足，导致当前 0—3 岁婴幼儿托育服务方面的供求之间存在巨大缺口。根据国家卫计委在全面两孩政策工作进展专题新闻发布会发布的数据，截至 2016 年，0—3 岁婴幼儿在我国各类托幼机构的入托率仅为 4%。妇联的调查数据显示，上海市公办系统和民办系统 2017 年招收的 3 岁以下婴幼儿数仅为 1.4 万名，仅占需求量的 10%。作为中国东部经济、教育最发达的城市之一，上海 0—3 岁婴幼儿教育服务尚且如此，更遑论全国其他地区了。当前我国 0—3 岁早期教育服务仍然存在主管和监管部门不明、供需矛盾严重、缺乏规范和监管等问题。为更好实现“幼有所育”，需明确主管部门，加快发展 0—3 岁早期教育服务，以补足民生短板；尽快确立 0—3 岁早期教育服务规范，确保起点的教育质量与公平；加快多元化早期教育服务供给侧改革，满足家庭日益增长的婴幼儿照护与托育需求。[①]

2019 年 5 月 9 日，国务院办公厅印发《关于促进 3 岁以下婴幼儿照护服务发展的指导意见》，提出以需求和问题为导向，推进供给侧结构性改革，建立完善促进婴幼儿照护服务发展的政策法规体系、标准规范体系和服务供给体系，充分调动社会力量的积极性，多种形式开展婴幼儿照护服务，逐步满足人民群众对婴幼儿照护服务的需求。到 2020 年，婴幼儿照护服务的政策法规体系和标准规范体系初步建立，建成一批具有示范效应的婴幼儿照护服务机构；到 2025 年，多元化、多样化、覆盖城乡的婴幼儿照护服务体系基本形成，人民群众的婴幼儿照护服务需求得到进一步满足。

三、学前教育师资供给不足仍是较大挑战

师资是提高教育质量的生命线。改革开放以来，为了提高幼儿园质量，幼儿园师资也得到了很大的提升和补充。幼儿园专任教师数量从 1978 年的

---

① 洪秀敏，陶鑫萌 . 改革开放 40 年我国 0—3 岁早期教育服务的政策与实践［J］. 学前教育研究，2019（2）：3-11.

27.8 万人提高到 2018 年的 258.1 万人（见图 16−14）；幼儿与专任教师之比也从 1978 年的 28.39∶1 下降到 2018 年的 18.04∶1（见图 16−15）。

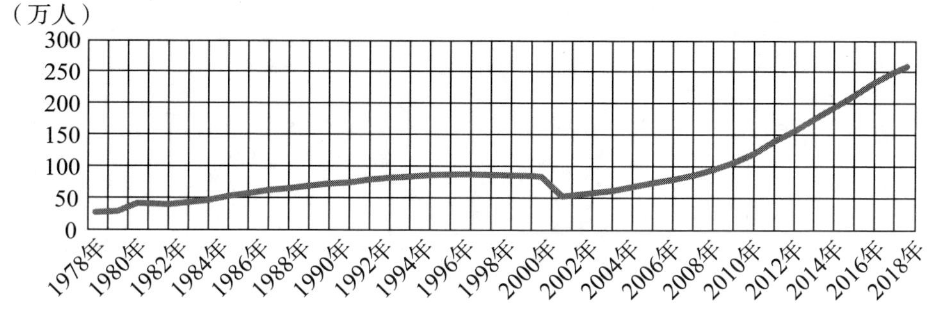

图 16–14　1978—2018 年全国幼儿园专任教师数

数据来源：1978—2018 年《中国教育年鉴》。

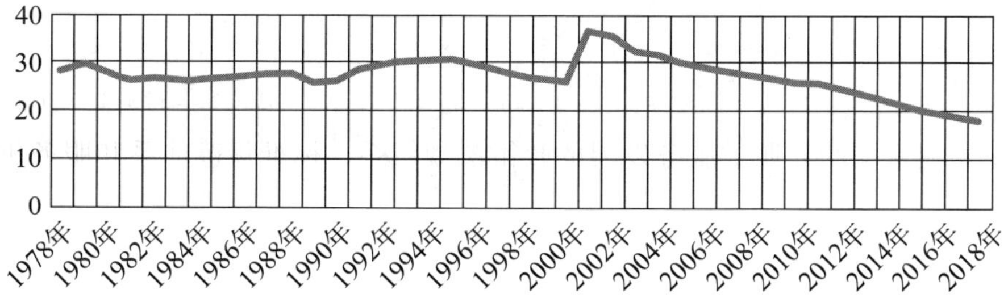

图 16–15　1978—2018 年幼儿园生师（专任教师）比的变化

数据来源：1978—2018 年《中国教育年鉴》。

然而长期以来，我国公办幼儿园教师的待遇一直是教师队伍里最低的，低于公办小学教师的工资。而普通民办幼儿园的师资，因为无编制再加上受到幼儿园经费的限制，也是工作累、工资低。这样的待遇常常令人望而生畏，即便是学前教育科班出身的毕业生，也往往在工作几年之后辞职而去，另谋高薪工作。要解决学前师资匮乏的问题，一方面要加强师范院校的学前教育师资培养，扩大供应源；另一方面要增加学前教育教师的编制，提高学前教育教师的薪酬待遇，才能确保现有的师资不流失，同时吸引更多的潜在力量加入。

第十七章 互联网时代的教育变革

在改革开放的40余年里，中国抓住了世界互联网发展的关键时机，为教育发展谱写了新的篇章。互联网在中国的发展，从一开始就与教育密不可分，从作为高校科研信息交流的重要通道，到如今在线学习已城乡普及。当前，新一轮科技革命和产业变革加速演进，人工智能、大数据、云计算等新技术应用方兴未艾，互联网迎来了更加强劲的发展动能和更加广阔的发展空间，也给教育带来了前所未有的便利和挑战。

第一节　中国互联网教育发展历程

中国互联网教育的发展大致经历了三个阶段：20 世纪 90 年代，互联网教育在中国起步，中小学的信息技术教育被提上日程并逐渐普及，高等教育课程资源数据库开始建设，学历课程开始上线；2010 年以来，教育信息化的战略地位得以确立，教育信息化发展进入快车道，中小学互联网接入率翻了几番，各级各类学校建立了网络学习平台，国家教育资源云服务平台建设迈出重要一步；2015 年以后，随着“互联网 +”的提出，教育信息化从 1.0 升级到 2.0。

一、现代远程教育工程的起步

1994 年，我国实现国际互联网全功能连接。同年 8 月，中国教育和科研计算机网（CERNET）示范工程项目立项。1996 年，我国最早的互联网教育机构“101 远程教育网”开始运营，主要用于中小学远程教育。据不完全统计，到 1998 年底，我国开展信息技术教育的中小学数量已达 6 万所，小学、初中、高中各占约三分之一。[①]1999 年 1 月，教育部制定了《面向 21 世纪教育振兴行动计划》。该计划卓有远见地指出，开展中小学信息技术教育是迎接 21 世纪国际竞争和实现教育现代化的需要，是我国基础教育面临的一个新的发展机遇，将有可能把信息技术真正与基础教育整合，实现传统的教与学方法的改变。到 2001 年 9 月，全国 83.9% 的高中、65.3% 的初中、10.3% 的小学开设了信息技术教育课程，共有 1.1 万所中小学建设了校园网，计算

---

① 教育部基础教育司 . 积极开展中小学信息技术教育［J］. 人民教育，1999（10）：10-11.

机总台数达 293.9 万台，学生拥有计算机数已经从 1999 年底的平均约每 121 人 1 台发展到约每 67 人 1 台，中小学信息技术教育水平有了新的提高。①

进入新千年，信息技术教育逐渐在全国各地的中小学铺开，以教育信息化带动教育现代化，以教育信息化促进教育均衡化，成为我国教育发展的目标。2000 年 11 月，教育部在《关于在中小学普及信息技术教育的通知》中提出了全国中小学普及信息技术教育的目标："从 2001 年开始用 5—10 年的时间，在中小学（包括中等职业技术学校）普及信息技术教育，以信息化带动教育的现代化，努力实现我国基础教育跨越式的发展。"2003 年 5 月发布的《关于实施现代远程教育工程试点示范项目的通知》提出运用信息化手段引入优质教育资源，提高西部贫困地区农村中小学教育教学质量，缩小东西部教育差距，促进基础教育的均衡发展。

以互联网为依托，全国高校网络课程资源建设和网络学历教育也开始发展。1997 年 8 月，清华大学远程教育网建成并开通试播，清华大学成为我国最早开展远程教育的高等学校。② 2001 年 11 月，教育部启动现代远程教育网上公共资源建设工程项目，以大学数字博物馆为起点着手建设网上共享资源。2003 年 4 月，教育部发布《关于启动高等学校教学质量与教学改革工程精品课程建设工作的通知》，鼓励各门类、各专业建设校、省、国家三级精品课程体系，并创建了中国高教精品课程网站，资助各高校和主讲教师把国家精品课程上网，向全国高等学校免费开放。2008 年，我国开启了高校网络学历教育，面向成人从业人员提供高起本五年、高起专和专升本两年半或三年等三种学历的网络非全日制教育，实行弹性学制和学分制。

二、教育信息化的发展加速

《教育规划纲要》指出，信息技术对教育发展具有革命性影响，必须予以高度重视，把教育信息化纳入国家信息化发展整体战略，超前部署教育信

① 《中国教育年鉴》编辑部 . 中国教育年鉴 2002［M］. 北京：人民教育出版社，2002：136.

② 《中国教育年鉴》编辑部 . 中国教育年鉴 1999［M］. 北京：人民教育出版社，1999：301.

息网络。2012 年 3 月，教育部出台《教育信息化十年发展规划（2011—2020 年）》，对我国未来十年教育信息化建设进行了总体规划，提出到 2020 年形成与国家教育现代化发展目标相适应的教育信息化体系，基本建成人人可享有优质教育资源的信息化学习环境，基本形成学习型社会的信息化支撑服务体系，基本实现所有地区和各级各类学校宽带网络的全面覆盖，教育管理信息化水平显著提高，信息技术与教育融合发展的水平显著提升。

2012 年 9 月，第一次全国教育信息化工作电视电话会议召开，提出“十二五”期间，要以建设好“三通两平台”为抓手，实现“宽带网络校校通、优质资源班班通、网络学习空间人人通”，建设教育资源公共服务平台和教育管理公共服务平台。2012 年 11 月，教育部在《关于全面启动实施“教学点数字教育资源全覆盖”项目的通知》中提到，为农村义务教育学校布局调整中确需保留和恢复的教学点配备数字教育资源接收和播放设备，配送优质数字教育资源，并以县域为单位，发挥中心校作用，组织教学点应用资源开展教学，利用信息技术帮助教学点开好国家规定课程，提高教育质量，促进义务教育均衡发展。

教育信息化得到前所未有的重视，2013 年发布的《中共中央关于全面深化改革若干重大问题的决定》指出，构建利用信息化手段扩大优质教育资源覆盖面的有效机制。2015 年 5 月，联合国教科文组织与中国政府共同举办的首届国际教育信息化大会在青岛召开，会议倡导缩小“数字鸿沟”，以“信息公平”促进世界的教育公平。2015 年 12 月，教育信息化被写入《教育法》，该法第六十六条对教育信息化的主体和行动做了具体规定。

刘延东副总理在第二次全国教育信息化工作电视电话会议上的讲话中提到，“三通两平台”工程进展迅速，全国中小学互联网接入率由 2011 年的不足 25% 上升到 2015 年 11 月的 85%，多媒体教室拥有率达 77%；全国超过 30% 的学校开通网络学习空间，数量从 2012 年的 60 万个增长到 4200 万个，应用范围从职业教育扩展到各级各类教育；国家教育资源公共服务平台 2012 年底上线运行，已与 26 个地方平台互联互通，国家教育资源云服务体系建设迈出重要步伐。这次会议在总结以上进展的同时，也明确指出了教育信息化发展中有待改进的方面，比如信息化与教育教学“两张皮”现象仍然存在，数字教育资源的知识产权保护和利益分配机制仍需完善，网络安全意识和防护能力尚需加强等。

三、“互联网＋教育”战略的实施

2015年，我国提出“互联网＋”行动战略。《国务院关于积极推进“互联网＋”行动的指导意见》提出，要探索新型教育服务供给方式；鼓励互联网企业与社会教育机构根据市场需求开发数字教育资源，提供网络化教育服务；鼓励学校利用数字教育资源及教育服务平台，逐步探索网络化教育新模式，扩大优质教育资源覆盖面，促进教育公平；鼓励学校通过与互联网企业合作等方式，对接线上线下教育资源，探索基础教育、职业教育等教育公共服务提供新方式；推动开展学历教育在线课程资源共享，推广大规模在线开放课程等网络学习模式，探索建立网络学习学分认定与学分转换等制度，加快推动高等教育服务模式变革。工业和信息化部在《关于印发贯彻落实〈国务院关于积极推进“互联网＋”行动的指导意见〉行动计划（2015—2018年）的通知》中也提出，调整完善部属高校学科专业建设体系和人才培养评价体系，引导部属高校建设在线开放课程、工信慕课平台。

2016年，教育部发布《教育信息化“十三五”规划》，提出在“十三五”期间要完成“三通工程”建设，全面提升教育信息化基础支撑能力，大幅提升信息化服务教育教学与管理的能力，优先提升教育信息化促进教育公平、提高教育质量的能力，有效提升数字教育资源服务水平与能力，从服务课堂学习拓展为支撑网络化的泛在学习，从服务教育教学拓展为服务育人全过程，从服务教育管理拓展为全面提升教育治理能力等。该规划对各级各类教育推进信息化工作做了具体规定，并提出了具有针对性的要求。各级各类教育要充分利用信息技术手段，促进改革发展重大目标的实现。基础教育要推进教学内容和模式的变革，促进学生全面发展，扩大优质教育资源覆盖面，普及更有质量、更加公平的教育；职业教育要着力用现代信息技术改造传统教学，重点解决实训教学中“进不去、看不见、动不了、难再现”的难题；高等教育要创新人才培养、科学研究、社会服务、文化传承和管理模式，提高人才培养质量和办学水平；继续教育要建立线上线下相结合的混合式教学模式，为全民学习、终身学习提供方便、灵活、个性化的学习条件。

党的十九大以来，我国开启了加快教育现代化、建设教育强国的新征程。新时代赋予了教育信息化新的使命，推动教育信息化转型升级，从 1.0 时代进入 2.0 时代。2018 年 4 月，为深入贯彻落实党的十九大精神，办好网络教育，教育部研究制定了《教育信息化 2.0 行动计划》。该行动计划是顺应智能环境下的教育发展，推进“互联网 + 教育”的具体实施计划，提出通过实施教育信息化 2.0 行动计划，到 2022 年基本实现“三全两高一大”的发展目标，即教学应用覆盖全体教师、学习应用覆盖全体适龄学生、数字校园建设覆盖全体学校，信息化应用水平和师生信息素养普遍提高，建成“互联网 + 教育”大平台；推动从教育专用资源向教育大资源转变、从提升师生信息技术应用能力向全面提升其信息素养转变、从融合应用向创新发展转变，努力构建“互联网 +”条件下的人才培养新模式、发展基于互联网的教育服务新模式、探索信息时代教育治理新模式。

根据《2018 年教育统计数据》，截至 2018 年底，我国中小学多媒体教室的配置比例已达到 92.3%；普通高中、初中、小学的互联网接入率已经分别达到了 98.78%、98.96%、97.82%；中国教育卫星宽带传输网直接服务农村中小学师生的数量达到 1 亿人，全国 6.4 万个教学点实现数字教育资源全覆盖。依据《第 44 次中国互联网络发展状况统计报告》，教育管理公共服务平台已有 2 亿多名中小学生信息，基本实现了全国中小学生电子学籍管理。2019 年 4 月，我国农村地区网民在线教育的使用率为 17.6%。

教育部 2019 年工作要点中明确提出发展“互联网 + 教育”，促进优质资源共享，列出多项具体目标，包括：推进学校联网攻坚行动；推进职业教育专业教学资源库建设，推进国家虚拟仿真实验教学项目建设，启动“智慧教育示范区”建设，推动“互联网 + 教育”大平台建设；启动中小学教师信息技术应用能力提升工程 2.0；出台《在线开放课程建设与应用管理办法》，推动更多高校课程在国际著名课程平台上线，召开中国慕课大会等。教育部 2019 年工作要点涉及从物质基础建设的联网计划到资源平台库建设，再到提升教师信息能力等多个方面的“互联网＋教育”发展目标，体现了政府对互联网教育的高度重视和重点发展的决心。

2020 年，突如其来的新冠疫情是对我国互联网教育的一次大考。新冠疫情对传统教育模式造成了严重破坏，迫使在线教育史无前例地在全国、全球范围内大规模、有组织地铺开。得益于 20 多年来我国政府对互联网基础设施建设、制度建设和人员素养建设的重视和持续推进，在新冠疫情期间，在线教学能够在全国各级各类学校大规模有序铺开。各地各校通过网络平台、数字电视、移动终端等方式，自主选择在线直播课堂、线上会议、网络点播教学、慕课、小规模视频公开课等形式开展线上教学，较好地满足了“停课不停教、停课不停学”的需求。据《高校 2021 年春季学期教育教学工作情况》的统计，2020 年全国高校课程在线开出率达到 91%，教师在线教学认可度达到 80%，学生在线教学满意率达到 85%，基本实现了在线教学与线下课堂教学质量实质等效。中国慕课数量和应用规模位居世界第一，上线慕课数量增至 3.2 万门，学习人数达 4.9 亿人次，在校生获得慕课学分人数 1.4 亿人次；新冠疫情期间，全国高校 108 万名教师开出课程合计 1719 万门次，在线学习学生共计 35 亿人次，形成了“时时、处处、人人皆可学”的教育新形态。①

图 17-1 的数据显示，自 2015 年以来，我国在线教育用户规模一直在迅猛增长，从 2015 年底的 1.10 亿人增长到 2020 年底的 3.42 亿人；在线教育使用率从 2015 年底的 16.0% 增长到 2020 年底的 34.6%。其中，由于新冠疫情，2020 年 3 月的在线教育用户曾高达 4.23 亿人，使用率高达 46.8%，2020 年 5 月之后，大中小学学生陆续返校上课，在线教育使用率有所回落。

2020 年 12 月，首届世界慕课大会在清华大学举行，会议期间成立了世界慕课联盟，同时发布了《慕课发展北京宣言》。此次大会的成功举办，彰显了我国互联网教育经过几十年的发展已经走在世界前列，并通过与国际组织、各国研究机构和大学的合作，承担起共同推动世界互联网教育发展的责任。

---

① 梁丹，焦以璇．“十三五”高等教育取得突破性进展［N］．中国教育报，2020-12-04（1）．

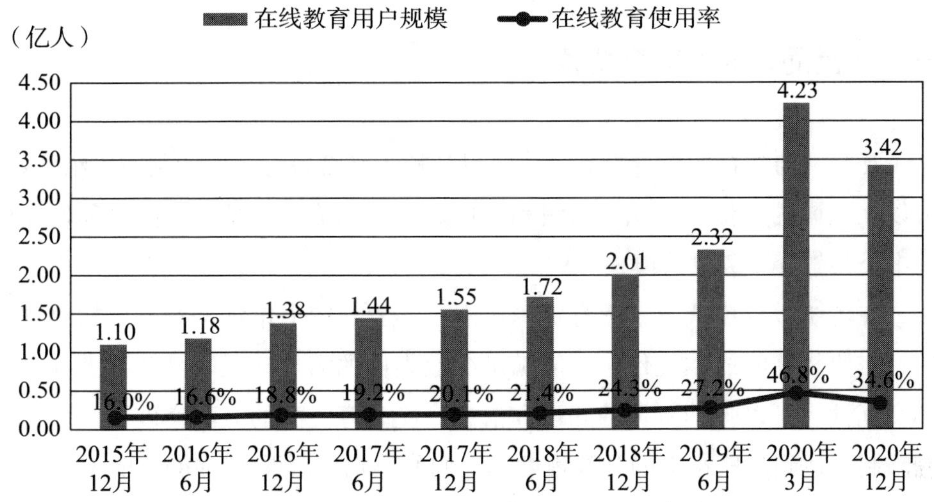

图 17–1　2015—2020年中国在线教育用户规模及使用率

数据来源：根据历次《中国互联网络发展状况统计报告》的数据（http://www.cac.gov.cn/sjfw/hysj/More.htm）绘制。

第二节　互联网时代的教育改革机遇

在互联网时代，海量的信息以数据的形式存储，无数的 0 和 1 交织变化，信息不断生成与更新；信息在全世界任何地点触手可得，共享于整个“地球村”；人们可以更容易地获得信息和知识，互联网消解了传统权威，鼓励独立思考和个性发展。互联网的数据性、互联性和民主性等特征，给学校教育的发展和改革带来了机遇，它能够克服传统学校教育的诸多弊端，实现更加丰富、优质、公平和个性化的教育服务。

一、丰富而开放的教育资源

互联网与教育的融合打破了传统以学校为教育资源主体的封闭供给体系，可以在不同的主体、组织、层级和领域之间，形成一种动态、高效和发展的基本公共教育服务供给模式。①

在传统教育模式下，教育资源局限于学校、图书馆等相对封闭的物理空间，需要较高的成本代价，只能满足少数人群的需求。互联网的强大存储性和交互性，可以吸纳海量的知识和信息，使教育资源的共享突破了时空边界的限制，达到前所未有的开放程度。人们所熟知的慕课（MOOC），其英文名称的含义是“大规模开放在线课程”，贴切地表达了互联网教育的特征。

互联网时代开放的教育资源促使教育实现了任何人在任何时间、任何地点、通过任何方式进行学习。通过互联网，任何人都可以获得丰富的学习资源和物美价廉的教育服务，互联网形成了一所没有边界的学校。比如，在2020年新冠疫情仍然严峻的背景下，中国推出了“爱课程”和“学堂在线”两个在线教学国际平台。这两个国际平台汇聚了中国最好的大学、最好的老师和最好的课程，在新冠疫情期间向全世界所有大学免费开放，与世界共享中国的经验和成果。

互联网可以促进资源的流动和共享，能够缩小甚至消除因地域或发展差异所导致的教育资源鸿沟和师资力量不均衡，让每一个孩子在任何地方、任何时间都能接触到同等的优质资源，从而实现教育资源均衡配置，妥善解决教育公平问题。教育信息化突破了时空限制，是缩小教育差距、促进教育公平的有效途径。信息技术的应用能以较低成本把优质教育资源输送到农村和边远地区，大大缩小了教育差距和数字鸿沟，可以使全球1.2亿失学辍学儿童的读书梦不再遥不可及。② 毫无疑问，互联网突破时空限制，是推动终身教育

① 李奕．基于“移动互联”的基本公共教育服务研究［J］．中小学管理，2015（1）：13-18.

② 刘延东．在国际教育信息化大会上的致辞［EB/OL］．［2015-06-09］．http://www.moe.gov.cn/jyb_xwfb/moe_176/201506/t20150609_189624.html.

体系和学习型社会建设的强有力手段。

二、基于技术的个性化教育

在传统的课堂教学中，教师在同一间教室、同一时间段需要面向几十位甚至上百位学生授课，他只能估量学生理解和接受能力的平均程度，尽可能保证多数人跟得上进度。这种同时面向大规模学生群体、全班齐步共进的教学模式无法满足学生个性化的学习需求。这一问题与教育机构和教育者的服务能力有关，因为学校和教师的数量终究是有限的，无法同时兼顾所有人；同时也与缺乏一种便捷、有效的工具或手段有关，如果拥有即时性的课堂反馈手段，教师就能及时了解学习者的个体差异，并在不耽误整体学生学习进度的情况下进行个别指导和反馈。

整体规模化效益与个别弹性化需求在传统教育形式中难以兼顾，互联网及其相关技术使实现规模化教育与个性化学习的平衡成为可能。“互联网＋教育”借助先进的技术手段，开展创新的组织形式和教学模式，在实现个性化学习上取得了重要进展。

在互联网时代背景下，大数据技术的发展为实现教育教学的整体把握、精准管理和科学决策提供了可能。在线教育平台可以记录和存储学习者的学习行为数据。在采集所有学生全学习过程数据的基础上，借助大数据技术和教育心理学、学习科学等对这些信息进行分析，可以获得学生学习的总体趋势，发现群体特征和规律，可以让教师面向大规模学生群体进行精准授课，及时调整教学整体安排。例如，慕课平台可以记录学生观看教学视频的时间长度和学生对视频的操作方式，包括对一个片段加速拖进、直接跳过去，重复观看的时间、跨度与频次，完成某道习题的时长与正确率等。[①] 通过技术，能即时记录学生学习过程的丰富信息，例如学生掌握某个概念和定理所需的时间，他们在不同学习内容上注意力集中的持续时间，以及对学生来说的重

① 胡乐乐．论国际视野中的“大数据与教育”［J］．比较教育研究，2015（7）：70−77.

难点等，有助于教师的课堂决策和反馈。

教育机构和教师还可以通过大数据分析了解学习者的学习偏好与需求，有针对性地为学习者提供指导或进行资源推送及支持服务。[①] 比如，教育机构可以利用网络大数据，针对不同类型学生的特点与需求，研发满足学生个体需要的高效且具有吸引力的个性化网络教学系统。此外，利用大数据还可以进行预测性分析，根据学生的认知结构、知识结构、情感结构、能力倾向、职业倾向和综合素质等做辅助判断，帮助学习者更加全面地了解自己。比如，新高考选考科目的改革迫使学生思考自己未来的职业选择，通过对在线数据的分析，学生可以发现和增强自己的学科优势，优化学科选择。

以人工智能技术为驱动力的个性化教学将成为未来在线教育的重要发展方向。各大在线教育平台已经推出了“人工智能 + 教育”产品。相关产品以人工智能和大数据技术为基础，一方面通过语音测评、与人工智能老师互动等方式，增加课堂趣味、提高学习效率；另一方面以高级算法为核心，通过大数据分析学生的课堂行为、学习效果，建立学生画像，为学生提供最佳的个性化学习方案。

互联网时代的教育打破了传统教育模式，让教育做到以学习者为中心，学习者的自主性得到了彰显。传统模式下学习者需要按照学校或教育机构的课程表准时到教室听课，在固定的时间和地点接受知识，每一次课，一旦错过便不易弥补。而互联网时代的学习可以随时随地发生，学习者只要连接互联网就可以自主选择时间来学习，完全不必依赖于课堂和书本，没理解的也可以回看。学习者还可以选择合适的学习路径，“随心所欲”学习，实现了时空自由和自主掌控。

---

① 陈丽，林世员，郑勤华 .“互联网 +”时代中国远程教育的机遇和挑战［J］. 现代远程教育研究，2016（1）：3-10.

三、变革的学校教育组织

互联网将打破学校原有组织结构，建设开放型学校将是大势所趋。这种打破可以从两个方向来理解。一个方向是由内向外的打破，即优质学校资源可以借助互联网向更多学生开放，有效促进教育资源的公平分配和共享。另一个方向是由外向内的打破，即越来越多的教育服务可由其他社会组织或研究机构提供，基于互联网的教育服务可能会取代学校教育而承担起部分知识传授的功能。致力于教育公平和教育创新的公益组织、专业化程度较高的科研院所以及互联网教育公司等社会组织或机构，依托其较为专业的知识和管理，将成为优质教育供给的重要来源。互联网尽管在短时期内不大可能完全取代学校，尤其是基础教育方面，但可以改变学校的基本业务流程，最终改变学校运行运转的“基因”，“互联网＋教育”就是教育的“转基因”工程。①

互联网时代的教育突破了传统教学方式的框架，使更有时空弹性的、交互式的学习得以实现。信息技术为课程的设计和实施提供了空前的便利，在线课程越来越成为一种常态——通过互联网创造出信息共享、即时交流、互动合作的交互式学习环境，从而实现交互的在线教学。比如在“翻转课堂”的教学模式下，学生通过课前观看微课视频等方式提前学习相关知识，教师可以在课堂上充分、高效地引领和指导学生进行基于问题或项目的学习，从而使学生对知识有更深层次的理解。同时学生能在网络上与任何对这一内容感兴趣的人进行讨论，能在任何时候去查阅需要的材料。教师也能通过互联网移动终端与学生进行实时互动和交流，并根据每个学生的具体学习情况调整教学，在教学的过程中及时给予学生指导和反馈，在交互的过程中达到预期教学效果。

互联网技术将促进教育评价的过程化和科学化。首先，评价依据会从“经验主义”走向“数据主义”。基于大数据的评价，可以摆脱经验主义的束

---

① 余胜泉，王阿习．“互联网＋教育”的变革路径［J］．中国电化教育，2016（10）：1-9.

缚，全面反映学生情况，洞察纷繁表象背后的问题所在，以便提供更为科学的指针和方向。[①] 其次，评价方式将从总结性评价转变为过程性评价。利用学生全学习过程的大数据记录，实现对学生学习过程的追踪和评价，即时性评价嵌入学生的整个学习过程之中。再次，评价的目标将更加重视诊断、激励和改进的功能，更加关注学生的个体差异，以促进学生个体的发展，从而实现全体的发展。

"互联网 +"时代是信息与知识爆炸的时代，知识越来越具有社会性、碎片化的特征，知识的增长速度和折旧率比以往任何时代都要迅速。学习者可以利用网络媒介随时随地获取更加广泛、全面的信息，学校课程可能不再是学习者的主要知识信息来源，教师也不再处于知识占有者的权威地位。要使学生能辨别和驾驭海量的信息与知识，学校课程作为学校教育活动的核心载体，必须从传授知识向培养学习与应用能力转变。

第三节　互联网给教育带来的挑战

在互联网交互的大数据时代下，知识在不断地更新、融合和延伸，知识量呈指数级增长，并呈现复杂化和碎片化的趋势。信息的获得越来越容易，学校还有必要吗？教师还有必要吗？什么样的知识和能力更有价值？互联网给教育带来什么样的伦理困境？这一系列问题需要我们去思考和应对。

一、对教师的挑战

首先，在互联网时代，教师不再是知识的唯一来源，学生对教师授课的

---

① 余胜泉，王阿习 ."互联网 + 教育"的变革路径 [J] . 中国电化教育，2016（10）：1-9.

依赖明显减弱，传统的以教师及书本知识为中心的授课模式面临着必须改变的境地。在课堂上，教师的角色要从教学的主导者变为学生学习的辅助者、服务者，教学也要从单向的知识“满堂灌”模式向更加注重交互合作转变。教师不再处于知识占有者的地位，他们更多的是提供资源，激发学生学习兴趣，通过互联网移动终端与学习者进行实时互动，根据学生的具体学习情况调整教学，在教学的过程中及时给予学生指导和反馈。

其次，互联网正在改变人与人的连接方式，也改变着师生关系。互联网提高了人与人互动的频率，但这种互动主要发生在线上而非面对面进行。比如，慕课虽然能为学习者提供世界著名学府的许多优质课程与教学，但无法实现传统教育里师生的面对面接触和交流。人本质上是一种社会性存在，若失去了同一时空下的面对面互动，则不利于亲密师生关系的建立。因此，如何借助互联网来增强师生之间的情感纽带，也是教师面临的挑战。

互联网时代要求教师重新认识和定位教师角色，转变教育理念并提升信息素养。信息化时代，教师要运用信息技术手段进行教学，借助互联网向学生提供最前沿的学术信息，发展学生主动学习、批判性思考的能力，并借助互联网增进与学生的情感联结。2018 年 1 月，《中共中央国务院关于全面深化新时代教师队伍建设改革的意见》要求“教师主动适应信息化、人工智能等新技术变革，积极有校开展教育教学”。然而，转变不易，现实中仍有很多教师怯于和懒于改变，抱着“旧书本”不放。有的教师很少利用信息技术进行教学，或仍停留在信息技术的浅层次应用阶段，如仅播放幻灯片，缺乏对有效教学方法的深入研究。信息技术的发展日新月异，对教师信息素养的要求不断提高，教师也需要成为不断成长的人。

二、对学生的挑战

互联网的大量信息最初给人带来的是兴奋，然而持续的信息过载给人带来信息疲劳综合征（IFS，Information Fatigue Syndrome），导致人的分析能力下降，无法集中注意力，并普遍感到焦虑。分析能力是人类思想的构成要素，是将与事物没有核心关联的信息从感知材料中剔除的能力。然而，信息洪流削弱了人们把事物简化到本质的能力，让人们越来越难以做出好的决定。互联网上的过多信息以及社交媒体的过度使用，还容易导致个体过分放大各种信息与自我的相关性，导致个体生活在焦虑或抑郁之中。[①] 这对青少年来说尤其具有挑战性，互联网一代的心理健康成长成为迫在眉睫的问题。

在线学习十分便利，但对青少年来说其效果并不容易得到保证。对于学习者而言，基于“互联网 +”的远程教育只是向他们提供了一个便捷的途径。从教学的角度出发，在同一教学资源向全国多所学校输出的同时，教学效果未必能得到保证。以成都七中网校直播班的数据为例。成都七中网校对远端学校收取了一定费用，主要包括学生学费、直播教学卫星通信设施设备费用、运维服务费。四川省自贡市旭川中学是成都七中网校的合作单位之一，设立三个网络直播班，学生学费为每生每年 1500 元；甘肃文县第一中学开设成都七中网校全日制远程直播教学，首届直播资源服务费三年共 28 万元，含卫星设备费。在收取较高费用的同时，网络平台公司对教学前端和后端的质量缺乏控制能力。地方学校和教师、学生付出了极大的物质成本，但实现的效能和效率还不理想。事实上，40.8% 的学生由于直播课互动性过低，常常出现走神的状况；38.1% 的学生表示无法跟上教学进度；仅有 10.8% 的学生能够完成全部作业。[②]

在线学习还可能导致深度思考能力的缺失。互联网环境下的学习往往追求趣味化、娱乐化的体验，追求即时反馈和激励，在直接的“刺激 – 行为”模式下，学习者难以有耐心坐下来长时间学习枯燥的基础知识，甚至难以坚持读完一篇需要花 5 分钟的文章。同时，互联网提供的海量信息更多是零散的、碎片化的，学习者对于唾手可得的碎片化信息通常只是浮光掠影、一览而过，缺乏深层次的思考。信息就像“水流过鸭子背”，并没有对主体的思维发展和能力提升产生实质性的促进作用。

---

① 韩炳哲 . 在群中：数字媒体时代的大众心理学［M］. 程巍，译 . 北京：中信出版社，2019：97–99.

② 蒋美花 . 远程直播教学模式存在的问题及改进策略：以成都七中网校直播班数学教学为例［J］. 西部素质教育，2017（8）：191.

对海量数据和信息进行辨识、筛选、加工、分析、处理、表达等方面的信息素养，将成为学习能力的核心要素。学习者需要有足够的智慧和自控力，才能在信息海洋里筛选出有用的知识，从而避免被垃圾信息所淹没，浪费了自己的时间和精力。同时，当前的互联网环境对未成年人并不友好，不良网页链接层出不穷，对于缺乏判断能力和自控力的少年儿童来说，如果没有成人的及时引导和监督，他们不仅难以获得有效的知识积累，无法得到智力的发展和能力的提升，而且易于误入歧途、痴迷难返。为此，教育部在2018年发布的《关于加强网络学习空间建设与应用的指导意见》中提出，到2022年，面向各级各类教育、全体教师和适龄学生，全面普及绿色安全、可管可控、功能完备、特色鲜明的实名制空间。

三、互联网带来的伦理困境

互联网在提供便利的同时，也容易让人陷入互联的泥沼中难以自拔，导致人被技术控制甚至成为技术的奴隶。如今，人与智能设备之间有一种近乎迷恋的、强制性的关系。智能设备给了我们更多的自由，这种自由同时也化身为一种灾难性的强迫，社交媒体大大强化了这种强迫。[①] 一旦离开了互联网和智能设备，许多师生感到无所适从。在“互联网+”的背景下，教师进行资料搜索、课堂授课、阅读和作业任务布置、试卷评阅等，都深度依赖着互联网和智能工具。很多大学生的课堂学习也完全电子化，他们可能不再专心听讲、记笔记，而是一边上课一边回应着闪烁的社交媒体，至于教师的授课PPT，只需要用随身携带的平板、手机拍照，或者下课后复制即可。在基础教育领域，社交软件成为延伸到家的24小时在线办公现场，教师随时发布作业和任务给学生及家长，学生与家长也随时咨询或回应信息，还可以随时提交作业。互联网和智能设备抹杀了教学与休息的时空边界，我们无时无刻不生活在互联的枷锁之下。

---

① 韩炳哲.在群中：数字媒体时代的大众心理学［M］.程巍，译.北京：中信出版社，2019：60.

互联网下师生的隐私受到更大的挑战。在互联网时代，师生活动的数据都可能被追踪和全程记录，并随时有可能在全网传播。面对无处不在的镜头和随时互联的智能设备，教师和学生还有隐私和尊严吗？2019 年末，浙江金华一小学的学生因佩戴“赋思头环”而引发了社会的广泛关注。虽然推出“赋思头环”的科技公司称，该头环是基于神经反馈训练的原理来训练学生、提升学生专注力的仪器，但由于该设备直接检测并全程记录学生的脑电波，而被外界质疑有用来监控每位未成年人的脑电活动之嫌。随后金华市教育局责令学校暂停使用该头环，并保证该“监控头环”收集的数据不会外流，不泄露学生的个人隐私。

联合国教科文组织曾在《学会生存：教育世界的今天和明天》中提出：“只有当教育技术真正统一到整个教育体系中去的时候，只有当教育技术促使我们重新考虑和革新这个教育体系的时候，教育技术才具有价值。”[①] 我们应该更谨慎、更有智慧地让互联网为人所用，而不是让它成为异化人的外在力量。

---

① 联合国教科文组织国际教育发展委员会 . 学会生存：教育世界的今天和明天 [M] . 华东师范大学比较教育研究所，译 . 北京：教育科学出版社，1996：255.

第十八章

从『引进来』到『走出去』的教育国际交流

1978 年 10 月，邓小平同志在会见联邦德国新闻代表团时指出："我们过去有一段时间，向先进国家学习先进的科学技术被叫作'崇洋媚外'。现在大家明白了，这是一种蠢话。……关起门来，固步自封，夜郎自大，是发达不起来的。"当年，在这位中国改革开放的总设计师关于立即启动出国留学、扩大派遣留学人员的指示下，我国教育对外开放开启新征程。

40 多年来，我国通过派出留学人员、发展来华留学、开启合作办学等方式，为社会进步和经济发展培养了一大批人才，同时也为中华文化的世界传播以及来华留学人员的培养做出了贡献。

第一节　出国留学

改革开放后，出国留学政策成为我国教育对外开放的重要内容。尽管在中国近现代史上有过几次出国留学潮，但改革开放后启动的这次留学潮无论是在规模、层次、目标国数量，还是在回国服务等方面，都是此前任何一次留学潮无可比拟的。

一、政策变迁及主要成就

1978 年 6 月，邓小平在听取清华大学工作汇报时的讲话中提出，“我赞成留学生的数量增大，主要搞自然科学”，“要成千成万地派，不是只派十个八个”，派遣留学生“要千方百计加快步伐，路子要越走越宽”。1978 年 12 月，教育部派出了首批 52 名赴美留学人员，中国的出国留学活动恢复正常，并逐步扩大规模。1979 年底召开的全国出国留学人员工作会议，进一步明确在保证质量的情况下，尽可能广开渠道、力争多派，同时派出人员以培养高校师资和科技人员为主，以学习自然科学为主，自然科学中以技术科学为主。① 在开启公派留学的同时，自费留学也开始起步。1981 年 1 月 14 日，国务院批转教育部等七部门《关于自费出国留学的请示》，初步开启了自费留学之路。该文件规定，除了国外华侨、港澳同胞、外籍华人及其近亲不受限制外，其他的在校本专科及研究生需毕业工作两年后方能提出申请。

据教育部统计，从 1978 年到 1989 年，各类出国留学人员总规模约为 9.6 万人，其中国家公派约 3 万人、单位公派约 4.3 万人、自费留学约 2.3 万人，

① 钱宁 . 留学美国：一个时代的故事［M］. 杭州：浙江文艺出版社，2003：99.

此阶段的年均出国留学人数约为 8000 余人。[①] 随着留学规模的扩大，公派生的比例越来越少，自费留学的比例迅猛增加。1979 年，54% 的中国赴美留学生和学者都是中国政府或单位资助的，而到了 1985 年，这个比例减少到 17%。[②]

20 世纪 90 年代初，留学政策略有收紧，但总体来说，1990—1992 年留学规模基本稳定，国家公派、单位公派、个人自费等各类出国留学人员总数约为 6.78 万人，年均出国留学人数约 2.26 万人。[③]

从 1993 年到 2000 年，我国出国留学事业发展相对稳定。1993 年 7 月，国家教委发布的《关于自费出国留学有关问题的通知》解除了高校毕业生服务期满才能申请自费留学的限制，改为补交培养费之后即可申请。1993 年 11 月，党的十四届三中全会通过了《中共中央关于建立社会主义市场经济体制若干问题的决定》，首次以中共中央文件的方式确定了支持留学、鼓励回国、来去自由的出国留学工作方针，提高了出国留学的自由度。1996 年，国家教委发布《关于做好 1996 年国家公费出国留学人员选派办法改革全面试行工作的通知》，在选派办法上把原来的单位推荐改为个人申请，体现了机会均等、公平竞争的精神；同时签约派出也从与原单位签约改为与国家留学基金委签约。1993 年到 2000 年，伴随着国家公派留学政策体制改革的启动以及针对自费出国留学活动尚未完全放开的政策限制，整体出国留学规模合计约 19.11 万人，年均规模保持在 2 万余人。[④]

2001 年，中国正式加入世界贸易组织，出国留学政策有了较大调整，不论是公派还是自费出国留学，在规模、层次、专业等方面都有了较大突破。2003 年，教育部办公厅印发《关于简化大专以上学历人员自费出国留学审批手续的通知》，取消了要求自费留学生缴纳高等教育培养费的规定，也不再进

---

① 苗丹国，陈可森，杨晓京 . 出国留学 培养有家国情怀国际视野的建设人才［N］. 中国教育报，2019-09-27（5）.

② 苗丹国 . 出国留学六十年：当代中国的出国留学政策与引导在外留学人员回国政策的形成、变革与发展［M］. 北京：中央文献出版社，2010：248.

③ 同①.

④ 同①.

行自费出国留学资格审核。针对自费出国留学生，不仅不再限制，而且出台了奖励优秀自费留学生的政策。2003 年 10 月，教育部制定了针对在外自费留学人员的国家优秀自费留学生奖学金，并率先在美国、日本、英国、法国和德国进行试点，第一批奖励了 95 名优秀在读自费留学生。2003—2007 年，前后共资助了 1104 名优秀学子。[①] 2004 年，教育部确定了“扩大规模、提高层次、保证重点、增强效益”的国家公派留学方针，进一步扩大公派出国规模，提高派出层次，以研究生、博士后以及科研人员为主，为国家培养经济、金融、管理等方面的人才。2007 年，教育部与财政部又设立了国家建设高水平大学公派研究生项目，成为中国研究生公派出国留学的主要方式。同一时期，由于中国居民的家庭收入不断提高，境外教育机构也在逐步扩大招生，出国留学呈现出高速发展的态势。自 2001 年到 2012 年，各类出国留学人员总数合计约为 227.67 万人，年均出国留学规模高达 18.97 万人。[②]

2012 年，以党的十八大召开为标志，出国留学事业突飞猛进，进入全面发展的新时代。2013 年，习近平总书记提出“支持留学、鼓励回国、来去自由、发挥作用”的新时期出国留学工作方针，我国出国留学和回国人数都在不断刷新。2013—2019 年，出国留学总数约 391.5 万人，约占 1978 年以来 40 余年间出国留学总人数的 66.85%，学成回国服务人员占到了 80% 以上。

图 18-1 展示了 2001—2019 年我国出国留学生数。

---

① 苗丹国．出国留学六十年：当代中国的出国留学政策与引导在外留学人员回国政策的形成、变革与发展［M］．北京：中央文献出版社，2010：248-249.

② 苗丹国，陈可淼，杨晓京．出国留学 培养有家国情怀国际视野的建设人才［N］．中国教育报，2019-09-27（5）.

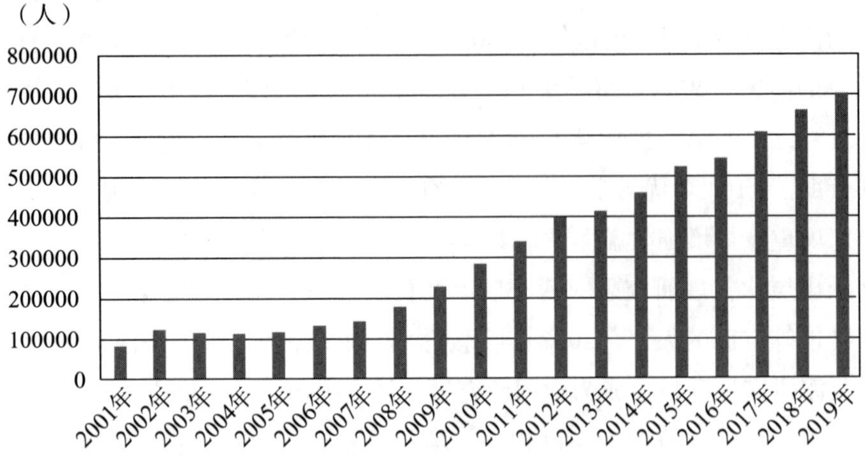

图 18-1　2001—2019 年出国留学生数

数据来源：根据《中国教育年鉴》及教育部网站公布的数据绘制。

二、总体特征

改革开放 40 多年来，我国出国留学工作从开始起步到如今发展到相当大的规模，总体而言体现出以下几方面特点。

首先，在留学对象国方面，欧美国家始终是主要目标国。改革开放之初，本着向发达国家学习的目的，出国留学人员主要流向了以美国为首的发达国家。1978 年第一批派出的公派留学人员 52 名，全部派往美国。1987 年底，我国尚在国外求学的公派留学人员共有 24650 人，其中在美留学生占 48.7%，在日留学生占 9.7%，在加拿大留学生占 8.9%，在联邦德国留学生占 8.9%，在英留学生占 8.1%，在法留学生占 6.1%，这六个国家就占了公派人员总数的 90.4%。[①] 近年来，出国留学人员仍然以去往发达国家为主，尤其是英语国家。2016 年，逾九成留学人员赴美国、英国、澳大利亚等十国，其中赴英语国家

① 李滔．中华留学教育史录：1949 年以后［M］．北京：高等教育出版社，2000：690.

的留学人员近八成。[①] 随着“一带一路”倡议的实施，沿线国家成为新的留学目的地。以 2017 年为例，我国出国留学人员目的地仍相对集中，多数前往欧美发达国家和地区，但赴“一带一路”沿线国家留学人数为 6.61 万人，比 2016 年增长 15.7%，超过整体出国留学人员增速。[②]

其次，在经费类别方面，初期以公派为主，自费留学比例在 20 世纪 90 年代之后逐渐加大，如今自费留学生已成为留学群体中的绝对主体。从 1979 年到 1987 年，美国共向中国留学人员发放签证 62007 人次，其中自费留学 22309 人次，占 36%。从 1990 年到 1995 年，我国公派留学人员共 37995 名，自费出国留学人员 82760 名，自费出国留学人员已经占 68.5%。[③] 到 2018 年，我国年度出国留学人数高达 66.21 万人，其中国家公派 3.02 万人（约占 4.6%），单位公派 3.56 万人（约占 5.4%），自费留学 59.63 万人，自费留学人员比例已达 90.0%。

再次，在学历层次方面，研究生层次最多，但近年来呈现出低龄化趋势。1978—1987 年我国共派出留学人员 4.6 万人，其中研究生 1.2 万人，占比达到了 26%。在随后的自费出国留学潮中，由于国内相关政策对本科阶段出国留学的限制以及国外研究生层次更容易申请到奖学金，出国留学人员中研究生层次的人员一直占较高比例。近年来，随着国内经济的快速发展、家庭收入水平的提高，本科及以下阶段留学生的比例开始增多。2016 年，我国出国留学人员接受本科以上教育的占近 70%，其中本科生为 30.56%，硕博士研究生为 35.51%。[④]2005—2006 学年，中国在美留学生中，本科阶段的占 14.87%，到 2015—2016 学年已增长至 41.28%；研究生的比例则从 2005—2006 学年的 76.09%，下降到 2015—2016 学年的 37.51%；在美的本科留学生比例在

---

① 逾八成出国留学人员学成后选择回国发展［EB/OL］.（2017-03-01）［2018-12-27］. http://www.gov.cn/xinwen/2017-03/01/content_5172326.htm.

② 2017 年出国留学、回国服务规模双增长［EB/OL］.（2018-03-30）［2018-12-27］. http://www.moe.gov.cn/jyb_xwfb/gzdt_gzdt/s5987/201803/t20180329_331771.html.

③ 苗丹国 . 出国留学六十年：当代中国的出国留学政策与引导在外留学人员回国政策的形成、变革与发展［M］. 北京：中央文献出版社，2010：332-333.

④ 中信银行股份有限公司 . 2018 出国留学蓝皮书：基于留学中介评价指数［M］. 北京：中信出版社，2017：5.

2015—2016 学年首次超过研究生比例。整体来看，高等教育阶段留学生一直是出国人群的主体，占总体留学人数的 80%—85%，本科生所占的比例几乎与研究生所占比例持平；基础教育阶段出国留学的以高中生为主，占总体留学生的比例接近 10%。①

复次，在留学专业方面，自然科学、工程技术是主要学科。据统计，1993—1994 学年，在美留学研究生中，有 31.5% 读物理和生命科学专业，23.9% 读工程专业，12% 读数学和计算机科学，8.7% 读商学，读社会科学的人员只占 6.3%。② 2018—2019 学年，中国赴美留学生约 37 万人，其中，48% 的赴美留学生学习 STEM（科学、技术、工程、数学）专业，19% 学习商业管理，9% 学习社会科学，7% 学习艺术，18% 学习其他专业。③ 尽管近年来的专业选择更加多元化，但自然科学与工程技术一直是改革开放以来中国留学生的首要专业选择。这与 20 世纪上半叶的留美浪潮中的留学生专业选择截然不同，从 1905 年到 1953 年，学习社会科学的中国赴美留学生最多，排在第二位的才是工程。④

最后，留学回国人员越来越多，比例越来越高。改革开放初期，出国留学人员规模小，回国率也较低。其中，公派留学人员回国率高，自费留学人员回国率极低。根据教育部数据计算得出，从 1978 年到 1989 年，出国留学人员学成后陆续回国者约 3.9 万人（占 40.6%），其中国家公派留学人员回国率最高，约为 56.6%；单位公派留学人员回国率次之，约占 48.8%；自费留学人员回国率最低，约为 4.2%。⑤ 1978—1991 年，65.2% 的赴美访问学者回国；然而，在国家资助的赴美学位留学生中，仅有 14.1% 在完成学业后回国；

---

① 2017 中国出国留学发展趋势报告［EB/OL］.［2018-12-27］. https://www.eol.cn/html/lx/report2017/er.shtml.

② Bevis T B. A history of higher education exchange: China and America［M］. New York: Routledge, 2014: 139.

③ IIE. Open Doors 2019［EB/OL］.［2020-07-16］. http://www.iie.org/opendoors.

④ 同②.

⑤ 苗丹国，陈可淼，杨晓京. 出国留学　培养有家国情怀国际视野的建设人才［N］. 中国教育报，2019-09-27（5）.

1978—1989 年共约 22000 名赴美自费留学生，回国的不足 1000 人。[①] 留学回国比例没有达到预期，这在决策者中引起了一些争议。不过，这并没有让改革开放的总设计师邓小平同志过度担心。根据曾担任邓小平同志翻译的张维为透露，邓小平同志曾在内部表示过，十分之一的人回来就是胜利。[②] 进入 90 年代，回国率有所提升。从 1978 年到 1996 年，全国出国留学人员 27 万余人，学成归国者 9 万人，回国率为 33%。其中国家公派留学人员回国率达 84%；单位公派留学人员回国率为 56%；自费留学人员回国率仅为 3%。1996 年以后，国家留学基金委的公派留学生不断增长，同时随着中国经济实力大大提升，发展机会显著增加，留学生回国率也在提高。自 1997 年到 2000 年底，国家公派留学人员回国率已经达到 95% 以上。[③] 进入 21 世纪以来，随着我国经济发展水平的提高，以及从政府到民间组织的吸引“海归”的政策和方案的完善，留学回国人员比例开始迅猛增长。2012 年，我国留学人员回国率提高到 72.38%，2013 年为 72.83%，2016 年提升至 82.23%，2019 年达到 85.41%。[④] 党的十八大以来约有 280 多万人次学成归国，约占 1978 年之后留学回国总人次的 75% 以上。

留学人员回国后为国家的现代化建设做出了突出贡献。有学者通过问卷调查及访谈的方式对 1978—2000 年的公派留学教育的成本与收益进行了研究，发现国家公派留学人员的个人收益是全方位的，其中开阔视野和更新观念方面收益最大，其次是外语水平、学术发展方向、知识更新能力、信息获取及鉴别能力等；公派留学的社会收益要远远高于个人收益，为我国教育科技领域培育了大量能够与国际学术界进行对话的新一代学术领导群体、具有国际管理经验的高等院校和科研机构的领导骨干，使我国几乎所有学科的理论、

① Bevis T B. A history of higher education exchange：China and America［M］. New York：Routledge，2014：149.

② 张维为 . 贴身翻译谈邓小平：从未见过这么精彩的人［EB/OL］.（2014-08-21）［2021-12-19］. https://news.china.com/focus/dengxiaoping/11165078/20140821/18726768_5.html.

③ 陈学飞，等 . 留学教育的成本与收益：我国改革开放以来公派留学效益研究［M］. 北京：教育科学出版社，2003：94.

④ 姚蜀平 . 回首百年路遥：伴随中国现代化的十次留学潮［M］. 上海：上海教育出版社，2017：270；马子倩 . 教育开放 留学生成“中国名片”［N］. 中国青年报，2020-10-27（1）.

研究方法等都得到了更新，大大提升了我国科研水平，科研成果转化为巨大的直接经济效益，建立了广泛的国际学术交流网络并在全世界传播了中华文化。即便留在海外的留学人员，他们中的绝大多数都抱有强烈的爱国之心和报国之志，并想方设法为国服务。①《人民日报海外版》在2007年进行的大型调查“海归为中国带来什么”结果显示，72%的人认为带来了先进的科技知识，并推动了国家经济的发展；13%的人认为促进了国民思维理念的前沿化和国际化；9%的人认为加快了我国融入世界经济全球化的进程。②改革开放以来，一大批留学回国人员成为杰出的科学家以及各行各业的先进人物。据不完全统计，改革开放40年间，81%的中国科学院院士、54%的中国工程院院士、72%的国家“863”计划首席科学家为留学回国人员。③

第二节　来华留学

改革开放之前，我国主要遵照“交流对等”的原则接收来华留学生，数量极其有限。从1973年到1977年，共接收2066名来华留学生。改革开放以来，来华留学生迅猛增长，总体规模从1978年的400多人增加到2018年来自196个国家和地区的49.22万人。

一、政策变迁及主要成就

改革开放之后，由于派出规模扩大，按照对等原则，接收来华留学人员

① 陈学飞，等.留学教育的成本与收益：我国改革开放以来公派留学效益研究［M］.北京：教育科学出版社，2003：15-16.

② 王辉耀.当代中国海归［M］.北京：中国发展出版社，2007：19.

③ 唐琪.如何加快和扩大新时代教育对外开放［N］.中国教育报，2020-06-23（4）.

的规模也应该扩大。1979 年 2 月，国务院批准了关于扩大接收外国留学生规模的报告，该报告提出到 1985 年，高等学校接收外国留学生总数要达到 12000 人。从 1978 年到 1984 年，共有 5387 名获得奖学金的留学生来华学习，规模很小。1985 年中共中央《关于教育体制改革的决定》规定，高等学校有权利用自筹资金开展国际教育和学术交流，但高等学校接收外国留学生仍需要教育部审批，来华留学生数量有了一定增长，但规模仍不大。1989 年，国家教委《关于招收自费外国来华留学生的有关规定》扩大了来华留学的接收高校范围和高校自主招生的权力，规定“自费生要求来华学习，由其本人直接向招生院校提出申请，招生学校根据有关规定决定录取事宜”，把招生范围从短期留学生扩大到学历留学生，把审批单位从教育部下放到各省的有关部门。该政策出台后，来华留学生的数量增长迅速，其中大部分来自高校自主招生，而国家教委接收的比例减小。比如，1990 年，国家教委接收 3655 名来华留学生，高校自主接收 4546 名①；到了 1992 年，国家教委接收 4000 名，高校自主接收 1 万名左右。②

1997 年，来华留学生的管理工作发生了较大改变。此前，来华留学生是由我国政府机关直接招收、直接管理的。1997 年以后，开始实行由政府确定招生计划和奖学金名额，由国家留学基金管理委员会负责招生及管理事务的新办法。1998 年，改革开放后的第三次来华留学工作会议召开，提出了“深化改革，完善管理，保证质量，积极稳妥发展”的工作方针。由于受到亚洲金融危机的影响，1998 年的来华留学生数出现了负增长，直到 2000 年以后才恢复较大增长。

为实现《2003—2007 年教育振兴行动计划》，教育部在 2003 年确立了“扩大规模、提高层次、保证质量、规范管理”的来华留学工作思路，克服“非典”疫情带来的不利影响，创造性地开展工作，保证了来华留学规模的基本稳定。为此，教育部采取多项措施优化来华留学生的学习环境：建立了专门为来华留学生服务的具有社会保险性质的医疗保险制度；在财政部的大力支持下，增加了来华留学生奖学金名额，同时开始奖学金货币化的改革工

① 《中国教育年鉴》编辑部 . 中国教育年鉴 1991［M］. 北京：人民教育出版社，1992：390.

② 《中国教育年鉴》编辑部 . 中国教育年鉴 1993［M］. 北京：人民教育出版社，1994：297.

作；完善教育部对来华留学项目的管理、评估、服务制度；为提高来华留学生层次探索新办法；举办教育部高等学校来华留学管理综合业务培训班，建立来华留学生管理、业务干部的培训机制，培养职业化的留学生管理干部队伍。该政策效果显著，2004 年来华留学生数量为 11.08 万人，比 2003 年增加 3 万多人，增幅达 42.6%。随后的几年，来华留学生数也一直保持较为强劲的增长势头，每年增速都是 10% 以上。到 2007 年，来华留学生年度数量已达 19.55 万人，比上年增长 20.2%。①

自 2008 年开始，为落实《国家教育事业发展“十一五”规划纲要》，满足新时期对外工作和教育事业的新需要、新发展，中国政府决定在“十一五”期间大幅扩大来华留学规模，自 2008 年到 2010 年，每年增加 3000 名左右，主要鼓励接受高层次来华留学生，致力于把我国建设成国际学生流动的重要目的地国。

2010 年 9 月，教育部召开了改革开放以来第四次来华留学工作会议，发布了面向未来十年的《留学中国计划》，提出到 2020 年，使我国成为亚洲最大的留学目的地国家；全年在内地高校及中小学校就读的外国留学人员达到 50 万人次，其中接受高等学历教育的留学生达到 15 万人。《留学中国计划》实施后，来华留学发展规模快速增长。2015 年，共有来自 202 个国家和地区的近 40 万名留学生在华学习，这一数字比 2010 年增加 50%。但由于国家实力、语言难度等，中国的留学吸引力相对欧美国家仍然较低，年增长率从 2012 年以前的超过 10% 降至 2014—2015 年的 5%。②

2016 年，教育部发布《推进共建“一带一路”教育行动》，明确了教育在“一带一路”中的定位。国家还设立了“丝绸之路”中国政府奖学金，为沿线各国专项培养行业领军人才和优秀技能人才。各省（自治区、直辖市）高校也设立专项奖学金，并扩大沿线国家招生规模。“一带一路”成为来华留学新的增长点。2016 年，来华留学人员达到 44.3 万人；到 2018 年，共有来自 196 个国家和地区的 49.22 万名来华留学生，我国已成为亚洲最大、全球第二的留

---

① 于富增. 改革开放30年的来华留学生教育：1978—2008［M］. 北京：北京语言大学出版社，2009：114-115.

② 来华留学规模快速增长，吸引力仍逊欧美［N］. 中国教育报，2016-12-08（3）.

学目的地国。其中，“一带一路”沿线 64 个国家来华留学生人数共计 26.06 万人，占总人数的 52.95%。①

图 18-2 呈现了 1998—2018 年年度来华留学生数。

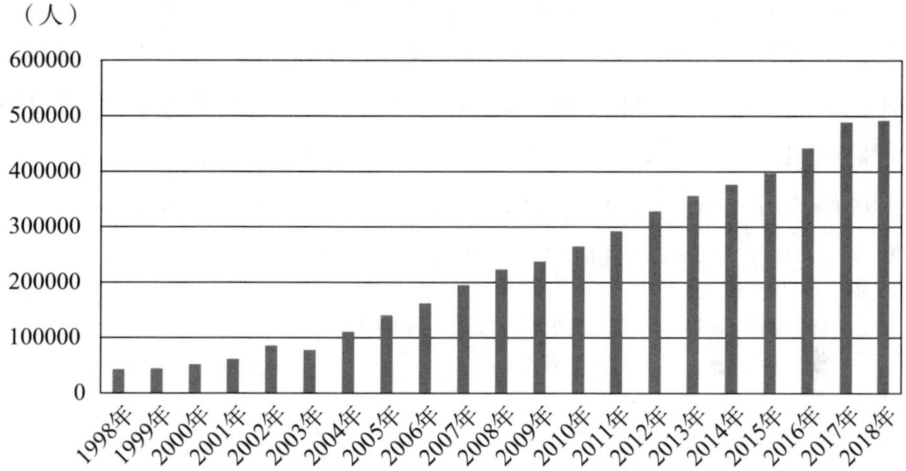

图 18-2　1998—2018 年来华留学生数

数据来源：根据《中国教育统计年鉴》《来华留学生简明统计》及教育部网站数据绘制。

二、总体特征

在过去 40 多年里，来华留学生规模迅速扩大，来源结构也更加优化，体现出以下四个方面的特征。

第一，在来源国方面，以发达国家和周边国家为主，直到近年来“一带一路”倡议实施以后，沿线国家来华留学生的比例才明显上升。1978—1984 年，来华留学生主要来自发达国家，其中日本留学生占 24.1%，欧美留学生占 40.1%。这一方面是根据“对等原则”与发达国家互派的结果，另一方面是由于发达国家来华留学多为 1 年，发展中国家来华留学多为 4—5 年，这

---

① 从“有学上”到“上好学”［N］. 人民日报海外版，2019-09-12（6）.

导致发达国家留学生的频次更高。[①] 到 1997 年，来华留学生仍然主要来自发达国家，80% 来自与我国毗邻的国家：其中日本留学生占 38.9%，韩国留学生占 34.1%；居于第三位的是美国留学生，占 8.0%。从 1999 年到 2007 年，90% 以上的留学生来自周边及发达国家，来自周边国家的占 80% 左右，来自欧美发达国家的占 16%。居于前三位的是韩国（占 33.0%）、日本（占 9.5%）、美国（占 7.5%）。[②] 韩国自 2000 年以来一直排在来华留学人数第一位，其次是日本和美国。从图 18-3 可以看出，在近年来有连续数据的 10 个主要国家中，来华留学的来源国主要是周边国家，其中“一带一路”沿线国家人数增加明显，尤其是泰国、巴基斯坦、俄罗斯、哈萨克斯坦。

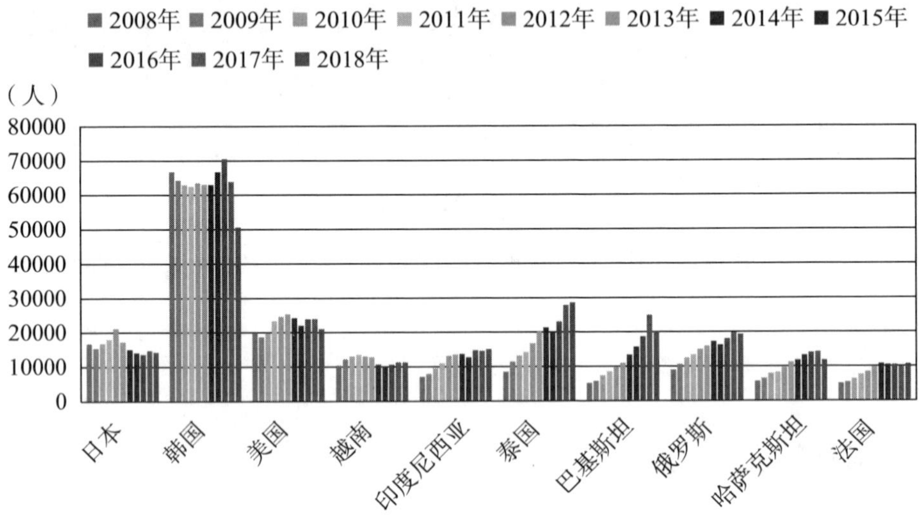

图 18-3　2008—2018 年来华留学生数（有连续数据的 10 个国家）

数据来源：根据《中国教育统计年鉴》《来华留学生简明统计》及教育部网站发布的数据绘制。

第二，在经费方面，自费来华留学生占比逐渐增加。最初主要是奖学金

① 于富增 . 改革开放 30 年的来华留学生教育：1978—2008［M］. 北京：北京语言大学出版社，2009：70，76-77.

② 程家福 . 来华留学生教育结构历史研究：1950—2010［M］. 上海：同济大学出版社，2012：55.

来华留学生，比如在 1988 年，来华学历生共 4497 名，其中自费生仅 665 名，占 14.8%。1989 年允许高校自主招收自费来华留学生政策出台之后，自费留学生的规模和比例快速上升。1990 年，来华自费留学生总数增至 3800 多人。到了 1997 年，来华自费留学生已经增加到 39035 人，占当年来华留学生总数（4.37 万人）的 89.2%。到 2007 年，自费来华留学生规模增加到 18.54 万人，占比增至 94.8%。[①] 近年来，随着中国政府奖学金等多种奖学金的实施，自费生比例稍有下降，但仍是绝对主体。2017 年的来华留学生中，自费生有 43.06 万人，占总数的 88.03%。[②]

第三，在学历层次方面，来华留学的学历生规模不断扩大。20 世纪 80 年代，来华留学生总体规模非常小，人数很少。1989 年，国家教委发布了《关于招收自费外国来华留学生的有关规定》，允许符合条件的高校自主招录自费留学生，使来华留学生数量迅速增长。1997 年的来华留学生中，学历生占 21.4%，高级进修生占 0.6%，普通进修生占 19.9%，短期留学生占 39.5%。[③] 从 1999 年到 2007 年，短期留学生比例从 35.9% 下降到 26.2%；普通进修生比例从 39.8% 下降至 38.3%；学历留学生比例从 25.7% 上升至 34.9%。[④] 2016 年，来华学历留学生人数达 21 万人，占来华留学生总数的 47.42%，2017 年来华学历留学生 24.15 万人，占总数的 49.37%；2018 年，来华学历留学生 25.8 万人，占比达到 52.44%，这一比例首次超过来华非学历留学生。到 2019 年，来华学历留学生比例进一步提升至 54.6%。[⑤] 来华学历留学生比例稳步提高，留学生层次持续提升，结构得到进一步优化（见图 18-4）。

---

① 于富增. 改革开放30年的来华留学生教育：1978—2008［M］. 北京：北京语言大学出版社，2009：90，115.

② 教育部. 规模不断扩大　生源结构不断优化　吸引力不断增强：来华留学工作向高层次高质量发展［EB/OL］.（2018-03-30）［2018-03-30］. http：// www.moe.gov.cn/jyb_xwfb/gzdt_gzdt/s5987/201803/t20180329_331772.html.

③ 程家福. 来华留学生教育结构历史研究：1950—2010［M］. 上海：同济大学出版社，2012：138.

④ 同① 111-113.

⑤ 教育部：来华留学生结构不断优化，出国学生“回流率”显著［EB/OL］.［2020-12-22］. http：//www.moe.gov.cn/fbh/live/2020/52834/mtbd/202012/t20201222_506974.html.

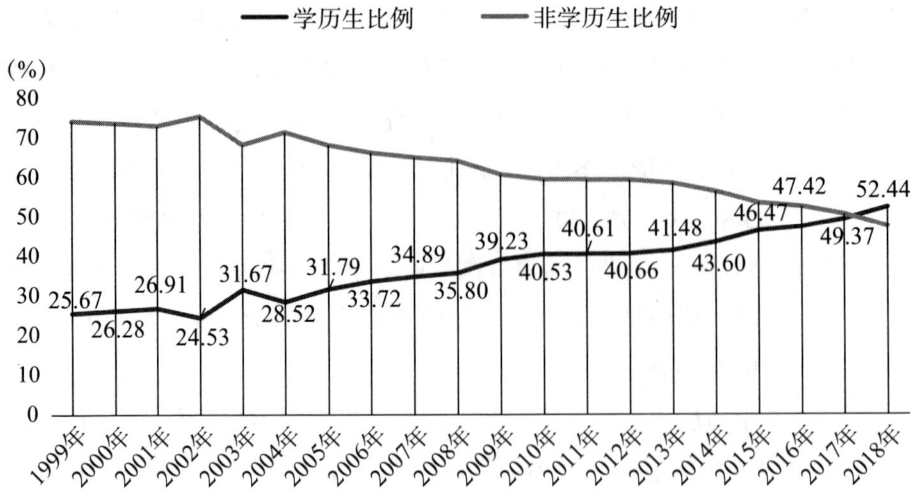

图 18–4　1999—2018 年来华留学学历生与非学历生比例

数据来源：根据《中国教育统计年鉴》《来华留学生简明统计》及教育部网站数据绘制。

第四，在专业方面，学习语言的来华留学生占比下降，工科、管理、经济等专业的来华留学生逐渐增加。早期来华留学偏重文科，其中相当一部分是来学习汉语的，然而这部分留学生比例近 20 年来一直呈下降趋势：1996 年占 86.0%，2006 年占 70.0%，2016 年占 47.7%，2018 年则进一步降到 45.4%。1997 年，来华留学生中的文科生占 85.0%（80% 以上都是学习汉语的短期生，学历生仅占 15.2%），医科生占 10.6%；1999—2007 年，与 1997 年相比仍有较大的相似之处，汉语言专业留学生占 60.9%，医学专业留学生占 13.1%，中国语言文学专业留学生占 7.1%。[①] 随着我国经济建设取得巨大成就，来华学习工科、管理、经济的留学生有了大幅度提高。比如，来华学习工科的留学生，在 1996 年仅有 313 人，占全部来华留学生的 0.85%，2006 年提高到 3.57%，2018 年则提升至 14.94%；来华学习管理学的留学生，在 2000 年时仅有 631 人，占当年来华留学生总数的 1.23%，2018 年这一比例提高至 9.49%；

① 程家福 . 来华留学生教育结构历史研究：1950—2010［M］. 上海：同济大学出版社，2012：95，99.

来华学习经济学的留学生，在2000年时有1622人，占3.17%，2018年这一比例已经上升到8.50%。[①]

第三节　中外合作办学

中外合作办学是中国教育对外交流与合作的重要形式。改革开放以来，中外合作办学大致经历了三个阶段，其规模、范围、形式都有了很大的丰富和发展。

第一阶段，20世纪80年代中后期，初步尝试合作办学。我国开始尝试引进国外优质教育资源和先进管理经验，拉开了中外合作办学的序幕。1986年9月成立的南京大学－约翰斯·霍普金斯大学中美文化研究中心是第一个中外合作办学机构。但由于当时尚未有专门的政策法规出台，80年代的合作办学机构和项目数量都很少，审批单位不统一，管理也比较松散。

第二阶段，20世纪90年代陆续出台政策法规，促进管理规范化。1993年，国家教委发布了我国第一个比较规范的中外合作办学文件《关于境外机构和个人来华合作办学问题的通知》，提出了积极慎重、以我为主、加强管理、依法办学的原则，对不同层次的合作教育机构审批做出了具体规定，并规定基础教育不属于合作办学的范围。到1994年底，国内设立的中外合作办学机构有70个，其中实施高等学历教育的机构有20个，高等非学历教育机构23个。[②] 1995年颁布的《中外合作办学暂行规定》明确规定了中外合作办学的原则、范围、主体、审批、领导体制、证书发放等方面的问题。

---

① 程家福．来华留学生教育结构历史研究：1950—2010［M］．上海：同济大学出版社，2012：99；教育部国际合作与交流司．2018来华留学生简明统计［Z］．北京：教育部国际合作与交流司，2019：34.

② 张民选，李亚东，等．中外合作办学认证体系的构建与运作［M］．北京：高等教育出版社，2010：2.

第三阶段，我国加入世界贸易组织之后，中外合作办学快速发展。2001年，我国加入世界贸易组织，就教育服务的国际交流做出了具体承诺，中外合作办学的范围和规模扩大，形式更加多元化。通过2002年底的数据，我们可以看出，加入世界贸易组织之后中外合作办学呈现出五个特点。一是发展迅速，数量倍增。据不完全统计，截至2002年底，全国共有中外合作办学机构和项目712个，与1995年初相比，增加了9倍多。二是从地域分布看，中外合作办学机构相对集中在经济、文化比较发达的东部沿海省份和大中城市，中西部地区的中外合作办学项目才开始起步。办学机构和项目数位居前十位的省份依次是：上海（111个）、北京（108个）、山东（78个）、江苏（61个）、辽宁（34个）、浙江（33个）、天津（31个）、陕西（29个）、广东（27个）、湖北（23个）。三是从合作对象的国别和地区分布来看，合作者主要来自经济发达、科技与教育先进的国家和地区。排在前十名的是：美国（154个）、澳大利亚（146个）、加拿大（74个）、日本（58个）、中国香港（56个）、新加坡（46个）、英国（40个）、中国台湾（31个）、法国（24个）、德国（14个）。四是从办学层次来看，中外合作办学机构拓展到基础教育领域，同时学历教育机构占大多数。在372个学历教育机构中，有初中2个、高中40个、职业学校69个、中等专业学校36个、大学专科层次82个、大学本科层次69个、研究生层次74个；非学历教育机构313个；幼儿园27个。五是从专业分布看，开设工商管理类专业的机构和项目最多，共255个，占36%；外国语言文学类次之，共132个，占19%；电气信息类94个，占13%；经济学类74个，占10%；艺术类37个，占5%；教育学类19个，占3%。①

在规模扩大的同时，规范管理、依法办学是重中之重，接下来几年出台的一系列政策法规保障了合作办学的有序推进和质量提升。2003年，国务院正式颁布《中华人民共和国中外合作办学条例》，对设立、组织与管理、教育教学、资产与财务等做了详细规定。接下来几年，教育部又陆续公布了《中外合作办学条例实施办法》《教育部关于当前中外合作办学若干问题的意见》

① 对外合作与交流［EB/OL］（2006-01-10）［2018-12-26］. http://www.edu.cn/edu/jiao_yu_zi_xun/nian_jian/nj2003/listg/200603/t20060323_158212.shtml.

《教育部关于进一步规范中外合作办学秩序的通知》等文件。2009年，教育部发布《中外合作办学评估方案（试行）》，组织开展中外合作办学评估工作。在一系列教学评估的基础上，2018年教育部叫停了5个本科及以上中外合作办学机构、229个本科及以上中外合作办学项目，保证了合作办学的质量和受教育者的利益。

2010年以来，“走出去”办学成为我国教育对外开放的重要内容。鉴于中外合作办学的主要目标是引进优质海外教育资源，以满足多元化和优质教育服务需求，因而，中外合作办学是以“请进来”的方式为主。随着中国与世界的联系日益紧密以及“一带一路”的持续深入推进，越来越多的中国高校走出国门举办海外分校，高水平中外合作办学项目不断涌现。截至2018年，我国高校在近50个国家举办了100多个不同类型和层次的境外办学机构和项目①；已有548所孔子学院和1193个中小学孔子课堂遍布全球154个国家和地区，为传播中华文化发挥了重要作用②。

在走出去、请进来的同时，推进学历学位互认也是教育国际交流合作的重要举措。1984年，我国正式成为《亚太地区高等教育学历、文凭和学位相互承认地区公约》缔约国。进入21世纪以来，随着我国国际影响力的提升，我国与越来越多的发达国家建立了学历学位互认关系。1988—2018年，我国先后与46个国家（地区）签订了学历学位互认协议。③

改革开放以来，我国的对外教育交流与合作事业稳步发展。截至2018年，我国已与188个国家和地区建立了教育合作与交流关系，与51个国家和地区签署学历学位互认协议；合作办学机构、项目达2385个，其中本科以上机构和项目共1100余个，国内本科以上中外合作办学在读学生已超过30万人，我国成为世界一流大学的重要合作方④；一批高水平中外合作大学相继成

① 加快和扩大新时代教育对外开放［N］. 人民日报，2020-06-23（16）.

② 姚宏杰 . 提升教育质量的执着追求［N］. 中国教育报，2019-09-25（1）.

③ 万后芬 . 新中国成立70年来大陆高等教育的发展［EB/OL］.（2019-09-04）［2024-12-15］. http://wellan.zuel.edu.cn/2019/0904/c1665a222376/pagem.htm.

④ 教育部：国内本科以上中外合作办学在读学生已超30万［EB/OL］.（2020-12-22）［2020-12-29］. http://www.moe.gov.cn/fbh/live/2020/52834/mtbd/202012/t20201222_506975.html.

立，我国具独立法人资格的中外合作办学的大学10所，非独立法人中外合作办学机构121家[①]；与46个重要国际组织经常性开展教育合作与交流；海外学习使用汉语人数达1亿人，中国语言、中华文化影响力不断扩大[②]。

第四节　教育国际交流的未来发展

40多年来，我国教育领域的对外开放政策经历了“引进来”与“走出去”相结合、参与全球教育治理的变迁，我国逐渐从世界教育的局外者转为积极参与的局内人。[③]事实证明，只有开放，勇于向世界张开胸怀，让一切文明的优秀之处为我所用，才能尽快实现中华民族的伟大复兴。同时，随着中国国家实力的蒸蒸日上，我们有勇气也有能力肩负起更大的国际责任，构建人类命运共同体，为更多国家培养建设人才。

一、成就与问题

改革开放40多年来，我国教育领域的国际交流取得了举世瞩目的辉煌成就。我国成为世界最大的留学生输出国，同时近年来留学生学成回国服务的比例提升至80%以上，为我国经济建设和社会发展提供了大量高素质人才。来华留学事业迅猛发展，当前我国已成为亚洲第一、全球第二的留学目的国，为中外文化交流和培养国际人才做出了重要贡献。中外合作办学、学

① 唐琪．如何加快和扩大新时代教育对外开放［N］．中国教育报，2020-06-23（4）．

② 钟曜平．铸就辉煌的教育道路：写在中华人民共和国成立七十周年之际．中国教育报，2019-09-29（1）．

③ 陈婧，范国睿．改革开放40年来我国教育对外开放政策变迁研究：基于国家角色观念视角［J］．中国高教研究，2018（9）：20-24，30.

历互认等工作进一步深化，促进了国际教育交流与合作的“路径多元化”“在地国际化”的发展。

在取得辉煌成就的同时，我们也能看到，我国的国际教育交流与合作工作仍有很大的提升空间。从留学生“出”和“进”的数量比较来看，我们的出国留学人数仍然要比来华留学人数多出许多（见图 18-5）；如果把学历留学生数作为衡量高等教育质量的一个重要指标的话，来华留学的学历生比例仍然远低于出国留学的学历生。与欧美发达国家比起来，它们的人均国内生产总值更高、高等教育及科研领域起步早且长期领先，对全球的优秀人才具有较强的吸引力，在留学生管理方面也积累了更多的经验。

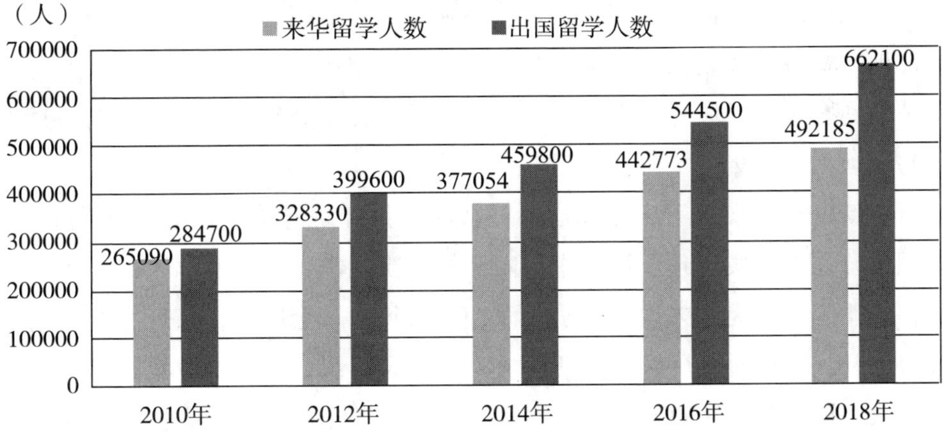

图 18-5 2010—2018 年出国留学和来华留学人数对比

数据来源：根据《中国教育统计年鉴》《来华留学生简明统计》及教育部网站数据绘制。

与西方相比，我们在促进教育对外开放和国际交流方面的任务更加艰巨。一方面，我们在科技发展、创新型人才培养方面仍有较长的路要走。我们需要继续扩大开放，通过多种途径和方式派出人才，促进与发达国家的科技交流和教育合作；调整国内高校和科研院所的管理方式和软环境，促进优秀人才回流并发挥出个人的最大潜能。另一方面，在来华留学方面需要加强招生选拔，进一步保障招生的质量；重视留学生在华学习和生活的过程管理，促进在华留学生与我国学生在课堂之外的生活融合，提高他们对中国社会的参与感和认同感；为优秀来华留学生在华就业创设更为宽松的条件，促进更加长远的国际交流和多元文化交融的环境。

二、挑战与应对

在全球化社会，没有任何一个国家能够脱离世界而单独运行。过去几十年来，整个国际形势相对稳定。党和国家领导人高瞻远瞩，勇于创造条件，善于抓住机遇，励精图治，使我国的政治稳定、经济腾飞、教育和生活水平得到极大提高。然而，近年来，随着国际竞争的加剧、新冠疫情的影响以及局部地区的战乱和动荡，国际形势出现了令人担忧的变化。部分地区出现了所谓的逆全球化、民粹主义的态势，人为设置交流障碍，阻碍了正常的商业贸易和国际人员交流。

在新的全球形势下，国家层面的战略决策和统筹仍然是必要且重要的，但同时要在教育决策顶层设计中保障和提升次国家主体、非国家行为体的地位；对非国家行为体来说，鼓励其发挥自身特殊社会职能，实现多中心化的优势互补。[①] 非国家行为体包括学校、非政府组织、教育企业集团等。鼓励次国家主体（各省级政府）发挥更加积极主动的作用，发挥高校在高等教育对外开放中的主导作用，重视非政府组织在国际环境中独特的中立定位和中介作用，培育和支持跨国性的教育集团以促进优质高等教育资源的引入与输出等。[②] 在国家面向方面，中美教育交流仍然是必要的且有空间，同时应拓宽与其他国家的教育交流；来华留学教育要注重从量转质；注重教育的“在地国际化”，提高我国大学的治理国际化和教学国际化水平。[③]

在国家发展的新的历史时期，我们要继续坚持教育对外开放，这既是

① 吴薇，张靖佶. 非国家行为体参与高等教育国际化模式的嬗变与挑战：以德国为例 [J]. 教育发展研究，2020（9）：29-38.

② 李北群，樊成，祝成林. 建国 70 年来我国高等教育对外开放政策文本分析：基于政策工具理论视角 [J]. 教育发展研究，2020（9）：39-46.

③ 王英杰. 后疫情时代教育国际化三题 [J]. 比较教育研究，2020（9）：8-13.

中国实现现代化的重要路径，也是体现我国的国际担当、国际责任的重要方面。2020 年出台的《关于加快和扩大新时代教育对外开放的意见》已经明确提出，我们要主动加强同世界各国的互鉴、互容、互通，形成更全方位、更宽领域、更多层次、更加主动的教育对外开放局面。在具体工作方面，要优化出国留学工作布局，继续通过出国留学渠道培养我国现代化建设需要的各类人才；做强“留学中国”品牌，推动来华留学事业的发展；着力破除体制机制方面的障碍，加大中外合作办学的改革力度；鼓励开展中外学分互认、学位互授联授。该意见还提出，要提升我国高等教育人才培养的国际竞争力，加快培养具有全球视野的高层次国际化人才；要提高基础教育对外开放水平，培养德智体美劳全面发展且具有国际视野的新时代青少年。方向已明，道路已定，新时代的教育对外开放必将实现新的突破和跨越，为我国的社会发展做出新的贡献。

第十九章

教育在民族复兴进程中的地位和作用

随着社会的不断发展，人才的重要性越来越凸显。未来的经济生产力将不再由空间、能源、可耕种土地的面积决定，而是由人类的能力来决定，而后天的能力靠教育来获得。[①]在过去的40多年里，教育有力地推动了中国经济的腾飞和社会的进步。在新的历史征程中，教育也必将继续发挥它无与伦比的劳动力再生产作用。

① 舒尔茨.对人进行投资：人口质量经济学［M］.吴珠华，译.北京：商务印书馆，2020：166-167.

第一节　教育发展与中华民族复兴

教育是立国之本。国家发展、民族振兴首要依靠人才，而培养人才依靠的是教育。改革开放以来，我国教育的大发展全面促进了中国经济、科技、社会的发展和繁荣，充分显示了教育在中华民族伟大复兴中的重要作用。

一、教育助力中国经济腾飞

在国家现代化的发展过程中，经济发展对物质生产资料的依赖程度在降低，对知识技能所代表的人力资本的依赖性在上升。安德森（C. Anderson）和鲍曼（M. Bowman）在对教育与经济增长的历史关系的研究中得出了如下结论：强有力的一国经济能够开始启动并得以持续发展，只有通过社会各阶层中既具有常规的普通知识，又具有技术操作技能的人的努力才能实现。[①]

改革开放40多年来，我国教育事业发展取得了辉煌成就。首先，各级各类教育的毛入学率突飞猛进，教育总体规模和水平迈入世界中上水平行列。从1978年到2018年，我国学前三年毛入园率从11.3%增长到81.7%，小学净入学率从90.0%增长到99.95%，初中毛入学率从66.4%增长到100.9%，高中阶段毛入学率从33.6%增长到88.8%，高等教育毛入学率从2.7%跃升至48.1%。[②] 其次，教育大发展使国民受教育水平大幅提升。1982年，我国6岁及以上人口平均受教育年限仅有5.20年，随着九年义务教育的普及和高层次教育入学率的提升，到了2018年，我国6岁及以上人口平均受教育年限达

① Anderson C, Bowman M. Human capital and economic modernization in historical perspective［C］// Lane F C. Fourth international conference of economic history. Boston: De Gruyter Mouton, 1973.

② 教育部. 2018年全国教育事业发展统计公报［EB/OL］.（2019-07-24）［2024-09-15］. http://www.moe.gov.cn/jyb_sjzl/sjzl_fztjgb/201907/t20190724_392041.html.

到 9.26 年；2016 年，15 岁及以上人口中文盲人口比例已降至 5.28%；我国劳动年龄人口（16—59 岁）的平均受教育年限从 1982 年的刚超过 8 年提升至 2020 年的 10.8 年，达到高中教育水平；新增劳动人口平均受教育年限在 2016 年已达 13.3 年，达到大学一年级水平。① 劳动力受教育水平的迅速提高，为我国建设知识型、技能型、创新型社会提供了强有力的人才支撑。

世界经济论坛对部分国家近几年的教育成就进行了评估，考察为经济发展提供主要劳动力的中等和高等教育的产出，其中，中国教育在为经济发展提供高素质劳动力方面表现卓越（见图 19-1）。在 2016—2020 年这五年时间里，中国的高中毕业生和大学毕业生总增幅超过了 12%，其中大学毕业生增幅约为 14%，高中毕业生增幅约为 10%；在被调查国家中，中国表现仅次于沙特阿拉伯，表现出强劲的人力资源优势。②

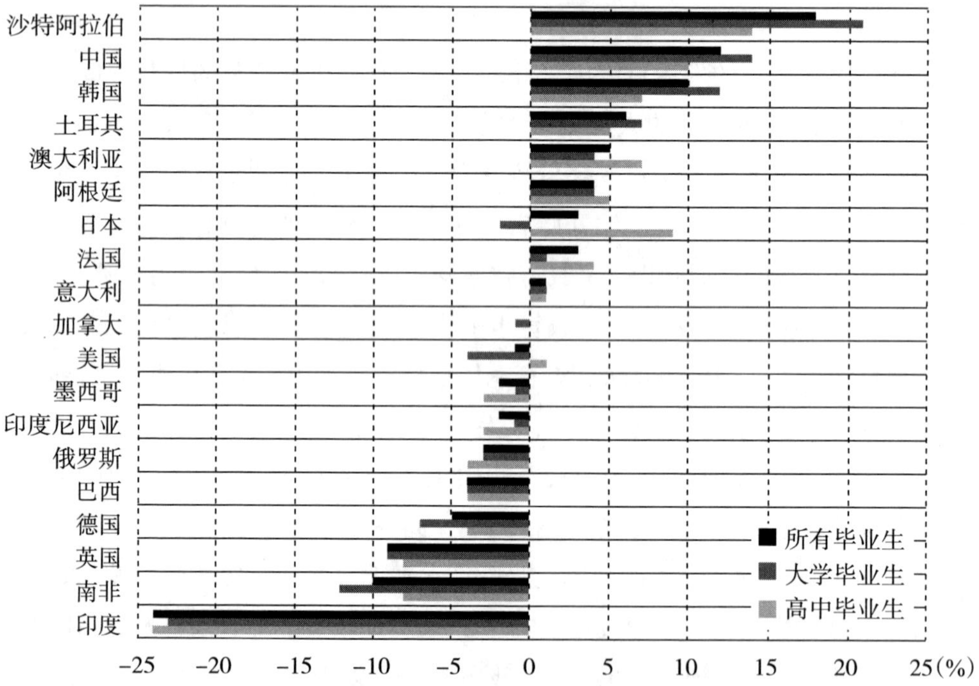

图 19-1　2016—2020年部分国家高等教育毕业生的增减比例

① 尹德挺，石万里 . 新中国成立 70 年来我国人口素质变迁［J］. 人口与健康，2019（10）：31-36.

② World Economic Forum. The global competitiveness report（special edition 2020）：how countries are performing on the road to recovery［EB/OL］.［2024-09-15］. http://www3.weforum.org/docs/WEF_TheGlobalCompetitivenessReport2020.pdf.

教育的普及以及国民受教育水平的提高对经济增长发挥了重要作用。有研究通过对比各国劳动力受教育水平与国家 GDP 水平的关系发现，一国人均 GDP 与该国 25 岁以上劳动力群体的平均受教育年限之间呈对数关系，平均而言，劳动力每多受一年教育，该国人均 GDP 就能提升 30% 左右。[①]40 多年来，中国从贫穷落后的发展中国家一跃成为仅次于美国的世界第二大经济体（见图 19−2），人均 GDP 从 1978 年的 0.04 万元上升到 2018 年的 6.65 万元人民币，国民收入达到中等收入国家水平。有学者基于 1996—2016 年的全社会就业人员数中研究生学历就业人口，测算出研究生教育对我国经济增长的贡献率为 3.1%。研究生学历毕业生经过人力资本货币化后，研究生教育对经济增长的贡献率为 3.6%。[②] 也有学者利用 2004—2018 年我国 31 个省份的面板数据，测算了高等教育对区域经济增长的贡献率，结果显示：高等教育和经济发展水平越高的地区，高等教育对经济增长的贡献率越大，且贡献率随时间呈增长趋势。[③] 因此，我国继续扩大高等教育规模，将高等教育增量适当向经济与高等教育薄弱地区倾斜，是促进经济发展的适宜策略。

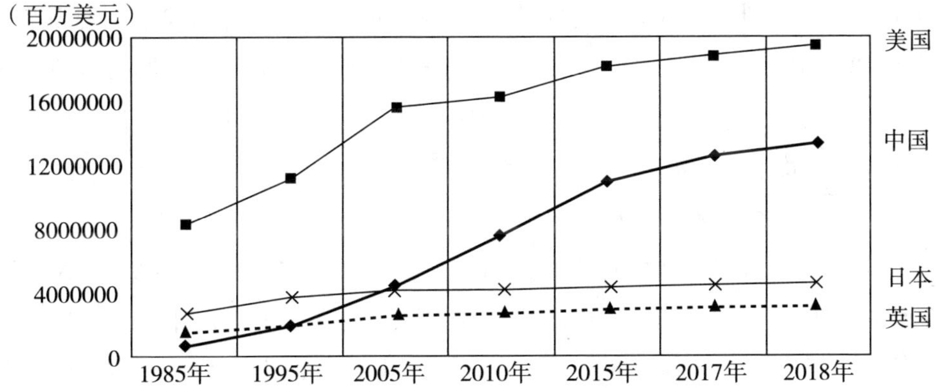

图 19−2　1985—2018年美、中、日、英四国 GDP 的变化

数据来源：根据世界教育论坛《2020 年全球竞争力报告》[The Global Competitiveness Report (special edition 2020)] 绘制，参见 https://www.weforum.org/reports/the-global-competitiveness-report-2020.

---

① France Stratégie. L'éducation peut-elle favoriser la croissance? [R/OL] . [2024−09−15] . https://www.strategie.gouv.fr/sites/strategie.gouv.fr/files/atoms/files/na-48-education-croissance-ok_0.pdf.

② 李立国，杜帆 . 中国研究生教育对经济增长的贡献率分析：基于 1996—2016 年省际面板数据的实证研究 [J] . 清华大学教育研究，2019（2）：56−65.

③ 赵文学 . 高等教育对我国区域经济增长贡献率的比较研究 [J] . 黑龙江高教研究，2022（11）：1−7.

二、教育促进中国科技创新

科学技术人才的培养，基础在教育。1977 年邓小平在科学和教育工作座谈会上指出："我国科学研究的希望，在于它的队伍有来源。科研是靠教育输送人才的，一定要把教育办好。"改革开放 40 多年来，我国科技教育取得了卓越成就，为我国经济、社会发展培养了一大批科技人才，他们正成为中国知识创新、科技进步的核心动力。

我国公民的科学素质在稳步提升。《中华人民共和国宪法》第二十条明确提出"普及科学和技术知识"。2002 年颁布的《中华人民共和国科学技术普及法》是一部以提高公民科学素质为目的的法律。2006 年，国务院颁布的《全民科学素质行动计划纲要（2006—2010—2020 年）》是中国政府为提升公民科学素质而制定的系统全面、专门的行动计划。经过多年的努力，我国公民的科学素质已得到较大提升，为实施科教兴国战略、人才强国战略、创新驱动发展战略，以及建设创新型国家做出了积极贡献。2018 年，中国公民科学素质抽样调查第十次全国入户调查的结果显示，我国公民具备科学素质的比例达 8.47%，其中，上海、北京、天津、江苏、浙江和广东六省市已达到 10% 以上，与主要发达国家的差距正在逐步缩小。①

我国中小学 STEM 教育成就突出。国际学生评估项目（PISA）数学和科学评估结果显示，自 2009 年上海参加国际学生评估项目以来直至 2018 年，包括北京、上海、江苏、浙江、广东在内的我国东部沿海地区 15 岁少年的数学和科学素养在全球名列前茅，超过了经合组织成员经济体的均值，也领先于世界主要发达国家。

高等教育培养的科技人才数量稳步增长。近年来，我国高等教育发展实现了由精英化到大众化、再到普及化的三连升，自然科学和工程领域的本、

① 全民科学素质纲要实施工作办公室．中国公民科学素质建设报告（2018 年）[R/OL]．[2024-09-15]．https://www.crsp.org.cn/cms_files/filemanager/zgkps/uploads/soft/180921/1-1P921091320.pdf.

硕、博毕业生年均在 300 万人以上。同时，我国高等教育敏锐地抓住了信息技术革命的机遇，在电子计算机设备的普及、互联网和人工智能专业的设置等方面，为积极投身互联信息时代提供了一大批高素质人才。互联网人才的高速产出使中国互联网产业获得快速发展，据波士顿咨询公司 2017 年统计，全球十大互联网上市公司中中国有 5 个，全球独角兽企业市值占比中中国仅次于美国位列世界第二。[①]

中国科技创新产出规模已居世界前列，科技人力资源规模、科技论文数量居世界首位，研发经费投入规模与美国、日本等发达国家差距不断缩小。截至 2017 年，中国科技人力资源已达 9644 万人，位居世界第一；2018 年，中国研发人员全时当量达 438.1 万人年；2009—2018 年，中国有 230.2 万篇科技论文被科学引文索引（SCI）收录，约占全球论文总量的 17.4%，仅次于欧盟和美国；中国国际论文被引总频次约 2600 万次，约占全球引用总量的 15%，同样仅次于欧盟和美国。[②]

专利在一定程度上代表了科技创新的活力。据 2020 年世界经济论坛统计，2005—2018 年部分国家的专利集中趋势显示，中国的专利申请呈现出稳步增长且增幅最快的趋势（见图 19-3）。2018 年，中国专利申请总量及在全球专利申请中所占份额已经追赶上韩国和德国，且呈现出强劲的增长势头。

---

① 波士顿咨询公司，阿里研究院，百度发展研究中心，等. 解读中国互联网特色［R/OL］.［2024-09-15］. https://web-assets.bcg.com/img-src/BCG_China%20Internet%20Report_Sep%202017_CHN_tcm9-170392.pdf.

② 中国科协创新战略研究院. 中国科学技术与工程技术指标（2020）［M］. 北京：清华大学出版社，2020：9.

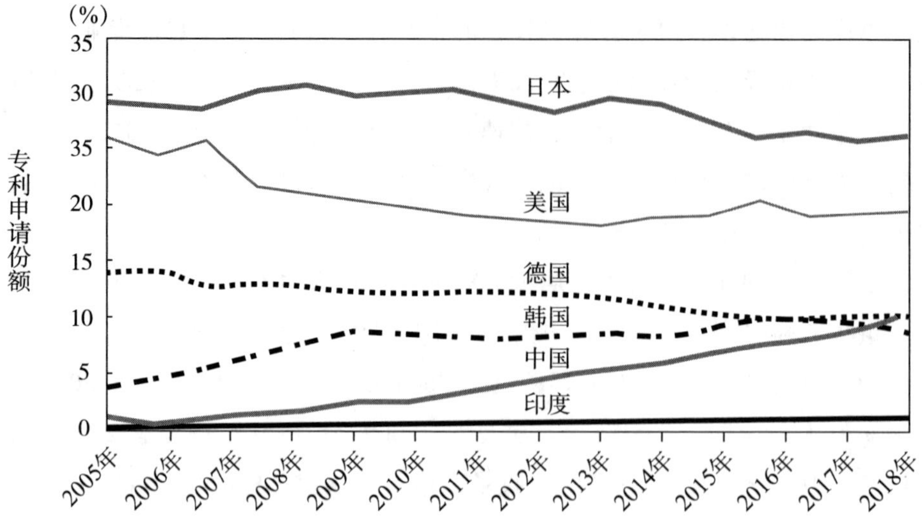

图 19-3　2005—2018 年主要国家专利集中趋势

数据来源：World Economic Forum. The global competitiveness report（special edition 2020）: how countries are performing on the road to recovery［EB/OL］.［2024-09-15］. http://www3.weforum.org/docs/WEF_TheGlobalCompetitivenessReport2020.pdf.

世界知识产权组织在 2021 年发布的全球创新指数（GII）对 132 个经济体的创新生态系统进行排名。该排名显示，中国正逐步从知识产权引进大国向知识产权创造大国转变。中国创新指数在全球 132 个国家中排名第 12 位，较 2020 年上升 2 位，是全球创新指数前 30 名中唯一的中等收入经济体，其他 29 个都是高收入经济体。在教育总体层面，中国排名第 12 位。从创新投入看，中国的贸易、竞争和市场规模以及知识型工人两项大类指标均处于全球领先地位，科技集群数量和发展情况、资本形成总额在 GDP 中的占比等细分指标排名比较靠前，体现出政府创新决策和激励措施对于促进创新的重要性。中国拥有 19 个全球领先科技集群城市带，深圳 - 香港 - 广州和北京分别位居第二和第三，上海、南京、杭州、武汉等地排名均有上升，反映出我国科技创新区域的持续扩散。从创新产出看，中国的优势集中在市场应用创新，比如专利申请量、商标申请量、创意产品出口在贸易总额中的占比等细分指标均实现全球领先。知识和技术产出指标整体增幅最大，高技术产品出口占比跃升至全球第一。[①]

近几十年来，中国科技创新实力的进步全面而显著，科技创新对于生产力跃升、社会进步、改善生活水平的推动作用已经大大显现出来。2015 年获得诺贝尔生理学或医学奖的屠呦呦发现的青蒿素已为全人类战胜疟疾做出了突出贡献；袁隆平对杂交水稻的研究、应用与推广造福了中国和全世界人民。中国科技实力的进步，不仅为中国，更为全人类生活水平的提高、医疗健康的改善发挥了重要作用。

三、教育推动中国社会进步

教育是推动社会进步、促进社会平等的重要途径之一。在过去 40 多年里，我国在全面普及九年义务教育，努力发展高等教育、职业教育和学前教育的同时，女性教育、特殊教育、贫困儿童教育也受到了重视，得到了较大幅度的数量提升和质量改善。提高弱势群体的受教育机会、受教育层次以及质量，不仅为他们自身潜能的充分发挥和社会阶层的跃升提供了机会，同时也提升了整个社会的文明程度，减少了社会不公。

改革开放以来，我国女性受教育层次和水平大幅提升。在本科层次的招生中，女生占比在 2008 年首次超过 50%，并在此后一直保持在 50% 以上，在 2015 年更是达到了历史最高点 58.9%；2017 年，中国女性高等教育毛入学率为 53.3%，高于全国高等教育毛入学率（48.1%）近 5 个百分点，这一趋势已与主要发达国家的女性高等教育毛入学率高于男性相一致。2017 年，中国硕士生招生中女生占比为 49.9%，博士生招生中女生占比为 39.3%，尽管女性低于男性，但相比此前，尤其是在硕士生招生层面，也有较大幅度的提升。[②]

---

① World Intellectual Property Organization. Global innovation index 2021: tracking innovation through the COVID-19 crisis [R] . Geneva: World Intellectual Property Organization，2021：67.

② 中国科协创新战略研究院 . 中国科学技术与工程技术指标（2020）[M] . 北京：清华大学出版社，2020：76-93.

特殊人群的受教育机会大大增加。改革开放以来，我国颁布了多项特殊教育政策法规，呈现出先发展数量、再提升质量，逐步实现教育公平的特点。在各项政策法规和财政投入的有力保障下，我国特殊人群的受教育机会和质量不断改善。国家统计局的数据显示，我国特殊教育学校数量、特殊教育教师数量和特殊教育毕业生人数自 1985 年起呈现稳步增长态势。1985—2019 年，特殊教育师资提升了 7.9 倍，2019 年特殊教育年度毕业生人数是 1985 年的 24.5 倍（见表 19–1）。特殊儿童及其家庭的受教育需求和机会得到了较大程度的满足。

表 19–1　1985—2019 年我国特殊教育的发展状况

年份	特殊教育学校数量（所）	特殊教育教师数量（万人）	特殊教育毕业生人数（万人）
1985 年	375	0.7	0.4
1990 年	746	1.4	0.5
1995 年	1379	2.5	1.9
2000 年	1539	3.2	4.3
2005 年	1593	3.2	4.3
2010 年	1706	4.0	5.9
2015 年	2053	5.0	5.3
2019 年	2192	6.2	9.8

数据来源：国家统计局（http://www.stats.gov.cn/tjsj/ndsj/）。

在全面推进教育各领域与着力提升重点领域的组合努力之下，我国教育指数、人类发展指数①在过去几十年里都有了较大幅度的提升，成为世界上进步最快的国家之一。联合国开发计划署的指标指数显示，自 1990 年至 2019 年，中国教育指数已从略高于 0.4 提升到 2019 年的约 0.65（见图 19–4）。其中，中国平均受教育年限从 4.1 年提升至 8.0 年，预期受教育年限从 8.6 年提

① 人类发展指数基于体面的生活水平、健康长寿的生活、知识的获取三个维度的指标。

升至 15 年，呈现大幅度增长趋势；中国女性平均受教育年限从 3.7 年延长到 7.3 年，预期受教育年限从 7.0 年跃升到 15.4 年（高于男性的 14.6 年），女性受教育机会和水平已大大提升。中国人类发展指数表现出类似的提升趋势，由 1990 年的 0.482（远低于当年的世界均值 0.601），到 2010 年追平世界平均水平，到 2019 年达到 0.775（超出该年的世界均值 0.739），在 30 年里中国的升幅达 60.79%，实现了人类发展状况由全球的低水平到高水平的巨大迈进。

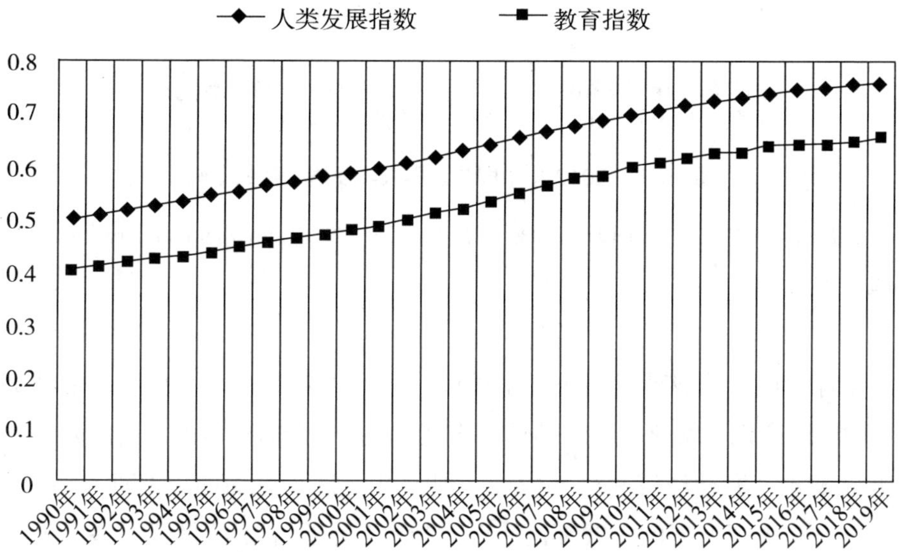

图 19-4　1990—2019 年中国人类发展指数和教育指数的变化趋势

数据来源：根据联合国开发计划署数据绘制，参见 http://hdr.undp.org/en/countries/profiles/CHN#。

中国的人类发展指数（HDI）、不平等调整后的人类发展指数（IHDI）、性别发展指数（GDI）均已超过世界均值，负向指标中的多维贫困指数（MPI）、性别不平等指数（GII）则低于世界均值（见图 19-5）。其中，性别不平等指数远低于世界均值，表明我国在性别平等方面表现优秀。

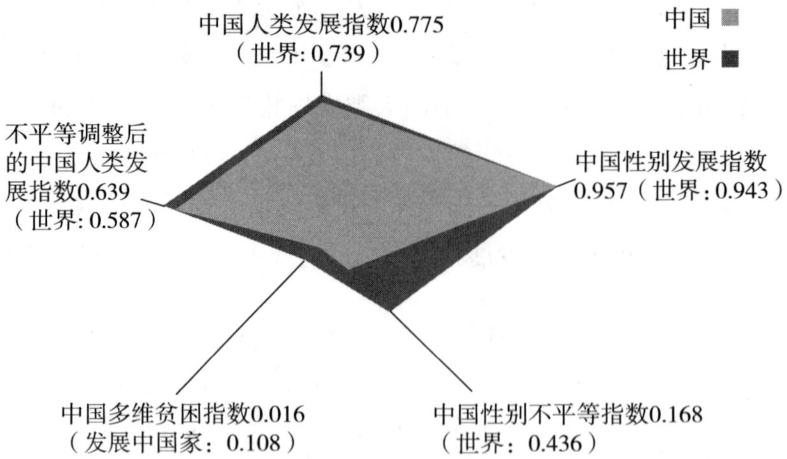

图 19–5　2019 年中国与世界人类发展指数的比较

数据来源：根据联合国开发计划署数据绘制，参见 http://hdr.undp.org/en/countries/profiles/CHN#。

教育的进步和成就是衡量一个民族兴盛的重要维度，教育体系也是每个民族的民族意识、文化与传统的最高表现[①]。随着全球竞争的日益加剧，教育在培育人才、推动经济和科技发展、促进社会进步方面的重要性与日俱增。多项研究和多国发展的实践都已表明，教育是面向未来的投资，是促进经济和社会发展的重要推动力，是提升个人幸福和人类福祉的基石。由于教育具有长期性，对人进行教育投资的回报就具有一定的时间风险和不确定性。然而，不论是对个人还是对国家来说，教育都是一种为获得未来经济收入和满意生活所进行的投资，绝不是纯粹消费品和福利负担。[②] 因此，不管是为了个人、家庭的幸福，还是为了社会、国家的发展，我们都应当保持对人力投资性质清醒的认识和长远发展的战略格局。

① 联合国教科文组织国际教育发展委员会 . 学会生存：教育世界的今天和明天［M］. 北京：教育科学出版社，1996：218.

② 舒尔茨 . 对人进行投资：人口质量经济学［M］. 吴珠华，译 . 北京：商务印书馆，2020：45.

第二节　时代挑战与中国教育改革

教育在实现人才强国战略中居于首要地位，完善的教育体系、丰富的教育资源、强有力的教育支持是人才成长不可或缺的条件。习近平总书记在2018年两院院士大会上强调："世上一切事物中人是最可宝贵的，一切创新成果都是人做出来的。硬实力、软实力，归根到底要靠人才实力。"教育只有切实转向以"人"为核心，尊重和珍惜每一位个体，助力每一位中国孩子享有人生出彩的机会，才能最终实现国家社会发展和中华民族的伟大复兴。

一、劳动力总体受教育水平有待提升

经过40多年的发展，我国东部沿海地区、大城市以及年轻人群体的受教育水平已经较高，但从世界范围来看，我国的总体劳动力受教育水平与发达国家相比仍有较大的差距。图19-6遴选了世界上15个人口规模较大的国家，以及欧盟和经合组织（OECD），比较主要劳动力年龄段（25—64岁）人口的受教育水平。从高学历水平来看，在25—64岁的主要劳动力年龄段，加拿大有61%的劳动力是受过高等教育的。俄罗斯（56.7%）、日本（55%）、韩国（51%）、英国（50%）、美国（50%）的主要劳动力人口也都有超过半数受过高等教育，而中国的主要劳动力人口中受过高等教育的只有19%。从低学历水平来看，中国有63%的主要劳动力人口是高中以下学历，在这15个国家中仅有印度（78%）不如中国；与我们的周边国家相比，日本只有1%的主要劳动力是高中以下学历，俄罗斯只有4.8%，韩国也只有10%。

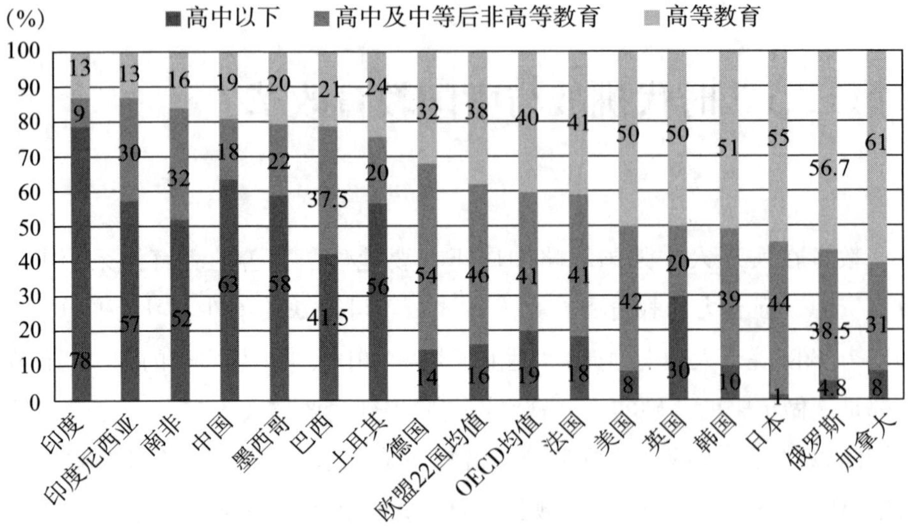

图 19-6　15 个国家 25—64 岁劳动力的受教育水平分布现状

数据来源：

（1）俄罗斯是 2018 年数据。数据来源：OECD. Education at a glance 2021：OECD indicators［R］. Paris：OECD Publishing, 2021：42.

（2）中国、印度、南非是 2020 年数据，其他国家是 2021 年数据。数据来源：OECD. Education at a glance 2022：OECD indicators［R］. Paris：OECD Publishing, 2022：45.

我国总体劳动力受教育水平仍然不高，既有历史的原因，也有现实的制约。

从历史上来看，欧美国家实施义务教育较早。在欧洲，宗教改革以后的新教地区陆续开始实施义务教育，尽管当时的义务教育无论在经费投入、学生规模、年限长短等方面都不可与当今的义务教育相提并论，但是经过两三百年的逐步推进，欧洲基本在 19 世纪末、20 世纪初就完成了初等教育甚至初级中等教育的普及。俄罗斯、日本起步稍晚，但也在 20 世纪上半叶实现了初等甚至初级中等义务教育。与这些国家相比，在 1949 年新中国成立时，我国仍有 80% 的人口是文盲。经过了几十年的发展，我国终于在 1999 年实现了基本普及九年义务教育，这对起步晚、人口多的中国来说，是非常了不起的历史成就，是中国教育发展的重要里程碑，但是与发达国家相比，我们至少迟了半个多世纪。

从现实层面来看，我国幅员辽阔、人口基数大、地区发展不平衡，要想全面提高民众的受教育水平，其难度不是小规模国家可以比拟的。东部地区、城市地区的基础较好，发展起来相对容易。西部地区、农村地区的基础薄弱，人们对于教育作用的认识没有那么高，再加上家庭经济条件、子女数量等的限制，如果没有政府充足的公共投入，要想全面提高受教育水平是不可能的。改革开放以来，我国根据现实情况，分阶段采取了不同的教育发展举措。改革开放初期，为了"快出人才""出好人才"，在资源、经费极其有限的条件下，我国探索集中力量办重点学校，注重人才培养的效率，以改变社会发展人才急缺的状况。进入 20 世纪 90 年代，国家进一步深化教育体制改革，颁布《中国教育改革和发展纲要》《教育法》等各项政策法规来规范教育的发展，同时探索引入市场经济的发展模式，激发学前教育和高等教育的发展活力，通过多渠道办学、多方式筹措教育经费，较快扩大了教育供给。2010 年以来，《教育规划纲要》以及一系列举措使中国教育发展走上了快车道，缩小了与世界发达国家的差距。

我国公共教育经费投入曾长期不足，在 20 世纪 90 年代一度持续徘徊在 GDP 的 2% 左右，GDP 的 4% 这一目标直到 2012 年才实现。从 2011 年到 2021 年，我国教育公共投入占 GDP 的比例平均值是 4.13%，是改革开放以来教育投入比例最高的一段时期。即便如此，我们的教育投入仍然没有达到世界平均水平（GDP 的 4.3%），与 OECD 国家的平均值 4.9% 相比差距更大。[①] 图 19-7 显示了 2018 年世界各国教育总投入占 GDP 的百分比。从图中我们可以看出，OECD 国家的教育投入均值是 GDP 的 4.88%，其中，挪威、智利、以色列、新西兰、英国、美国的教育投入都超过了 GDP 的 6%。如果考虑到这些国家本身 GDP 基数就高，我国 GDP 基数低，那么我们的 4% 从绝对值上来看就显得更低了。如果不看发达国家，而是与经济发展水平差不多的墨西哥和土耳其相比，我国的公共教育投入仍然较低。2018 年，中国人均 GDP 是

---

① 教育部：我国国家财政性教育支出占 GDP 比例达世界平均水平［EB/OL］.（2022-09-27）［2024-09-15］. https://www.eol.cn/news/meeting/202209/t20220927_2247920.shtml.

9608 美元（世界排名第 67 位），排在我们前一位的墨西哥人均 GDP 是 9807 美元，公共教育经费投入是其 GDP 的 4.65%；排在我们后一位的土耳其人均 GDP 是 9346 美元，公共教育经费投入是其 GDP 的 5.07%。[①] 显然，墨西哥和土耳其这两个经济发展水平与中国相近的国家的公共教育经费投入比例也比我国高出不少。

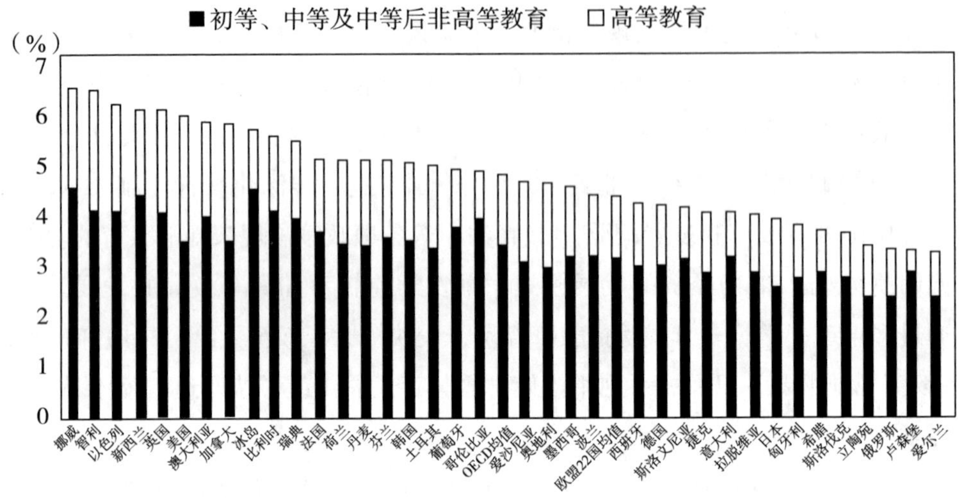

图 19-7 2018 年各国教育经费占 GDP 的百分数

注：教育经费包括公共、私人和国际三个来源的经费之和；加拿大的“初等、中等及中等后非高等教育”开支也涵盖了学前教育领域。

数据来源：OECD.Education at a glance 2021［EB/OL］.［2024-09-15］. https://www.oecd.org/education/education-at-a-glance/EAG2021_Annex3_ChapterC.pdf.

全球化时代已经来临，加强教育投资是藏富于民，是实现我国从人力资源大国向人力资源强国转变的必然路径。调整实物投资和人力投资的比例，加大对人力资本的投资，重视培养人的技能，我国将能获得更大的回报。[②]

---

① International Monetary Fund. World economic outlook database［EB/OL］.［2024-09-15］. https://www.imf.org/en/Publications/WEO/weo-database/2019/April/download-entire-database.

② 海克曼 . 提升人力资本投资的政策［M］. 曾湘泉，等译 . 上海：复旦大学出版社，2003：61-64.

二、创新能力培养是教育的重中之重

在全球化时代，创新能力的重要性再怎么强调都不过分。从个体方面来说，创新是人之为人的固有属性，是个体价值的根本来源。对于国家和社会来说，创新能极大地提高国民经济的生产效率，使生产能力翻倍，大幅改善人们的生活条件，提升人们的生活水平。

随着创新驱动发展战略的实施及创新型国家建设的持续推进，我国整体创新实力不断上升，尤其在研发产出能力方面有了显著进步，具备了向知识产权强国迈进的坚实基础，但整体创新水平与领先国家相比仍有一定的差距。

全球创新的地理格局分布并不均匀，欧美传统强国仍处于领先地位。世界知识产权组织的数据①显示，瑞士、瑞典和美国位列 GII 排名前三。排名前十的国家中，有七个来自欧洲。瑞士连续十一年蝉联冠军，在创新产出，尤其是本国人专利申请量以及知识产权收入方面表现突出。瑞典、英国也连续多年位列前五，瑞典在本国人专利方面处于领先地位，并在国际专利申请（PCT）方面与瑞士齐头并进，英国则是在高校质量和科学出版物的影响力方面世界领先。美国连续三年保持第三位，在本国人专利申请量、高校质量和科学出版物的影响力以及研发密集型全球公司等关键指标上均位居前列，并拥有世界上最多的顶级科技集群（24 个）。韩国排名从 2020 年的第十位升至 2021 年的第五位。2021 年世界排名前十五的亚洲经济体有韩国（第五）、新加坡（第八）、中国（不包括港澳台地区）（第十二）、日本（第十三）、中国香港（第十四）。

中国科技人力资源密度偏低，科学家的影响力也偏低。在科技人力资源的密度方面，2017 年，我国每万名就业人员中研发人员全时当量仅为 52 人年，还不及瑞典（174 人年）的三分之一，也远低于瑞士、韩国（170 人年）、德国、法国、英国、日本，仅约等于俄罗斯（105 人年）的二分之一；研发人

---

① World Intellectual Property Organization. Global innovation index 2021：tracking innovation through the COVID-19 crisis［R］. Geneva: World Intellectual Property Organization，2021：3 7，21−36.

员中研究人员占研发人员全时当量的比重（43.1%）也低于主要发达国家（韩国、瑞典和日本的该比重在70%以上，英国、法国、德国也均在60%以上，瑞士和俄罗斯在52%以上）。中国科技论文数量和专利申请授权量已经在世界上领先，但科学家的国际影响力有待提高。中国被SCI收录的科技论文篇均被引频次为11.3次，低于全球平均水平。在国际科技奖项方面，美国总获奖人次占全球的42.7%，遥遥领先于其他国家，而中国仅占2.5%。[①]

我国中小学生的数学和科学成绩世界排名遥遥领先，STEM学习兴趣较高，但从事科技类职业的期望与其他国家相比较低。PISA 2015的主测领域是科学，该次评估和调查结果显示，在参与该次评估的全球70个经济体中，我国北京、上海、江苏、广东四个省市15岁学生的数学均分是531（OECD均分为490），排名第6，科学平均成绩是518（OECD均分为493），排名第10，然而拥有STEM职业期望的比例仅为16.7%（OECD平均值为24.5%），排名第65，大幅度低于成绩低却愿望高的阿联酋（41.3%）、美国（37.9%），低于成绩高、愿望也高的加拿大（33.9%）、英国（29.1%）、新加坡（28.0%）等国。[②] 教育部基础教育质量监测中心2020年的监测结果也显示，我国四年级和八年级学生科学成绩良好，学习兴趣较高，但科学学习自信心和科学学习方法都有待提升，期望长大从事科学职业的比例偏低。在八年级学生中仅有18.8%的学生期望长大后从事科学职业，其中，5.7%的学生期望成为科学和工程专业人员，10.5%的学生期望成为卫生专业人员，2.3%的学生期望成为信息和通信技术专业人员，0.3%的学生期望成为科学技术人员和助理专业人员。[③] 这一结果与PISA调查结果类似。

我国研究经费的规模，尤其是基础研究经费的投入规模，与发达国家相比仍有较大差距。2018年，我国研发经费总量达到19677.9亿元，位列美国之后，居于全球第二位；按研发人员全时当量计算的人均经费为44.9万元，

---

① 中国科协创新战略研究院．中国科学技术与工程技术指标（2020）［M］．北京：清华大学出版社，2020：8-9，31-34.

② OECD. PISA 2015 result in focus［R］. 2016：5-7.

③ 教育部基础教育质量监测中心.2020年国家义务教育质量监测科学学习质量监测结果报告［R/OL］.［2024-09-15］. https: //www.moe.gov.cn/jyb_xwfb/gzdt_gzdt/s5987/202111/w0202/1129416653107115.pdf.

研发经费投入强度为2.19%，已超过中等偏上收入国家的强度（1.46%），但仍然低于OECD成员国的平均值（2.37%）。基础研究经费在2018年首次突破千亿元大关，但是基础研究经费和应用研究经费的规模与美国和日本等国的差距仍然较大。中国企业基础研究经费占比偏低的问题比较突出，研发经费投入效率仍待进一步提高。①图19-8显示，在2009年到2019年这11年间，韩国的研发投入增长迅猛，从GDP的3.1%一路攀升至4.6%；瑞典、日本的研发投入稳定在较高水平上；德国、美国的研发投入稳中有升；法国、英国的研发投入十年基本没变；芬兰是个唯一的例外，持续数年削减研发投入，直到2016年才止住；中国对研发的经费投入持续增长，从2009年占GDP的1.7%上升至2019年的2.25%，但总体投入的比值在这些国家中仍属于较低位。

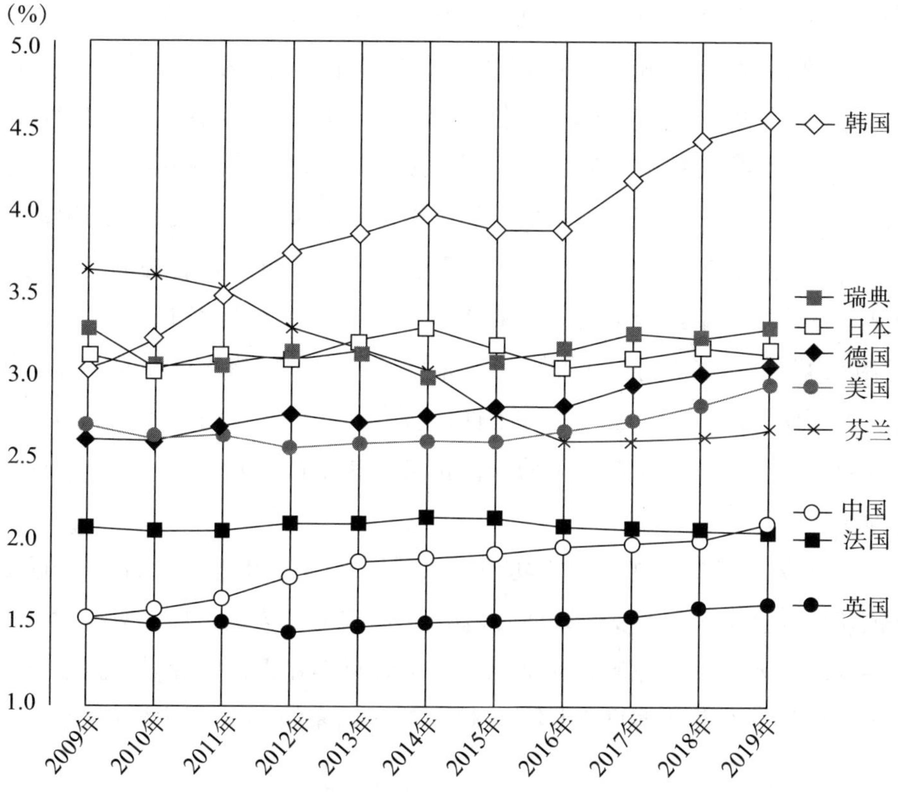

图19-8　2009—2019年九国研发支出占GDP的比例

数据来源：https://www.datenportal.bmbf.de/portal/de/B3.html.

① 中国科协创新战略研究院．中国科学技术与工程技术指标（2020）[M]．北京：清华大学出版社，2020：8-9.

政府的公共资金应是科研（尤其是基础研究）投入的主要来源。在经济学家舒尔茨看来，由于大多数的科学研究都需要很长时间才能展现出结果，科研投资和收益之间的时间跨度过长，在一定程度上损伤了科研投资的积极性；同时由于科研产品具有公共产品的性质，科研产品的受益者并不局限在投资人范围内，因而商业企业投资科学研究的动机不足。科学研究对经济增长、社会发展的贡献不可低估，即便是低收入国家，也应加强高等教育和科研的投入，因为科研投资是利用稀缺资源来获取未来的收益和满足。[①]

除了增加科研经费投入外，教育领域也需要加强年青一代的创新能力和批判思维能力的培养。今后，教育中的成功将不再是再现内容知识，而是从所了解的内容进行推断，并在新情境中创造性地运用。PISA 2012 推出了创造性问题解决能力的测试，其结果显示，当学生们需要完成的任务变得复杂，涉及更多非常规的分析技能时，记忆主导的学习策略（包括演练、日常练习、重复等）对学生的帮助越来越少，而连接新旧知识、发散和创造性地思考新的解决方案的精细加工学习策略（包括类比和举例、头脑风暴、使用概念图等）更有可能帮助学生完成挑战性的问题任务。[②] 由于长期存在的高风险、选拔性考试体系，东亚国家的学生常被认为更擅长记忆性的知识再现，而批判思维能力和创新能力有所不足。近年来中国的少子化趋势愈发明显，这既是我国人力储备的挑战，也是实施个性化教育的良机。我们应抓住机遇，提升基础教育的质量，关注青少年的个性化发展和创新能力培养，把量的优势转化为质的提升。

所有发展都需要创新，尤其是高水平发展。2020 年 9 月 11 日习近平总书记在科学家座谈会上发表讲话时指出，“好奇心是人的天性，对科学兴趣的引导和培养要从娃娃抓起，使他们更多了解科学知识，掌握科学方法，形成一大批具备科学家潜质的青少年群体”。为了国家的发展和民族的未来，我们

① 舒尔茨 . 对人进行投资：人口质量经济学［M］. 吴珠华，译 . 北京：商务印书馆，2020：62，125.

② 施莱歇尔 . 超越 PISA：如何建构 21 世纪学校体系［M］. 徐瑾劼，译 . 上海：上海教育出版社，201：225.

需要继续努力。改革教育体制，创建新型学校，探索新课程模式和教学方式，激发人的创造性，培养更多的创新型人才；鼓励高校和科研机构的基础科研，加大对基础科研的公共投资，为商业公司的创新和科研转化提供宽松的条件；为创新人才提供更适宜的制度环境，在科研管理上更加灵活，创建自由平等的科研环境，鼓励真正的科研创新。

三、全面发展的人是教育的最终目标

"全面发展的人"是马克思主义的重要论述，其核心理念在于通过社会制度的变革和经济的发展，实现人的全面而自由的发展。在马克思主义的理论体系中，人的全面发展不仅仅指个体的多方面技能的培养和提高，更重要的是指在物质和精神两个层面上，人的潜能得到充分的发挥，个性得到自由的展现，人类社会实现共同富裕。马克思主义关于"全面发展的人"的论述在教育中的应用，是一种以人的全面发展为目标，注重德、智、体、美、劳全面发展的教育，这种教育注重充分发展个体的身心潜力，使之成为社会有用之才。

全面发展的人靠全面的教育来培养，全面发展的人与马克思主义教育学的"五育"理论是有机统一在一起的。从马克思主义实践哲学的角度看来，教育活动内在包含着生命、知识、道德和审美四个基本维度，这四个基本维度与德育、智育、体育和美育是辩证统一的。劳动教育作为一种综合性和实践性的教育活动，不仅内在包含了教育活动的四个基本维度，也融合了德育、智育、体育和美育等教育活动，这是教育促进人的全面发展的根本途径。"五育融合"既是德、智、体、美、劳五育的有机统一，也意味着人的一切教育活动都内在包含着生命、知识、道德和审美四个基本方面。"五育"的辩证统一和有机融合促进了人的全面发展。①

在过去长期的教育实践中，我们常常偏重智育，往往把智育窄化为书本

① 项贤明."五育"何以"融合"[J].教育研究，2024(1)：41-51.

知识的学习，继而又把知识学习等同于学业成绩。对学生的评价往往是学业成绩，名义上的“三好”或“五好”，最终是落脚在“一好”（即学习好）上。这种认识的一步步窄化和实践行动的单方向偏重，导致了长期的学业负担过重，儿童的成长和发展被片面化，远离了全面发展的人的目标。PISA 2018 的调查结果显示，在参与测试和调查的全球 70 个经济体中，只有 7 个国家的青少年生活满意度超过 8 分（10 分制）；东亚学生的 PISA 学术成绩很高，但是生活满意度几乎是全球最低的，集中在最后 10 名里。爱沙尼亚、芬兰、荷兰和瑞士，学生学习结果好，同时对生活的满意度也很高。在参与 PISA 2018 评估的北京、上海、江苏、浙江四个省市的学生群体中，只有 59% 的学生对自己的生活满意（OECD 均值是 67%），11% 的学生总是感到悲伤（OECD 均值为 6%），78% 的学生失败时会担心别人的眼光（OECD 均值是 56%）。[①] 我国中学生对自己的生活满意度不高。

今天，我们深刻认识到，一个人的社会情感能力和心理健康的重要性绝不亚于学业成绩。包括行为倾向、内部心理状态、任务完成方式以及对自己行为和情感的管理与控制等在内的社会情感能力是个人能力和个体特征的一部分，对个体的成功及社会功能的发挥非常重要，是儿童青少年在学校及以后社会生活中取得成功所必需的技能。

OECD 分别于 2019 年和 2022 年进行了两次全球少年儿童社会情感能力调查。2019 年的调查揭示了人的社会情感能力能够影响其行为和生活方式，影响其认知能力的充分发挥。儿童青少年时期是社会情感能力发展的关键时期，“能力生能力”，早年生成的社会情感能力会带来以后更强的能力，而学校和教师能够通过学校生活的日常互动来发展孩子们这方面的能力。OECD 呼吁各国重视青少年的社会情感能力，支持各国努力调整其教育政策议程，以培养全面发展的公民。[②] 在 2022 年的调查中，济南代表中国取得了可喜的成绩，但是 10 岁组的优势到 15 岁组就逐渐消失，下降幅度相较于其他国家

---

① OECD. PISA 2018 results (volume III): what school life means for students' lives［R］. Paris：OECD Publishing，2019：153-196.

② OECD. Beyond academic learning: first results from the survey of social and emotional skills［R］. Paris：OECD Publishing，2021.

要快。我国中小学在社会情感能力的评估与培养上仍然有很长的路要走，无论对其的认识和实践都显得不足。反观国际社会，无论是美国这样的发达国家，还是哥伦比亚这样的发展中国家，都已经在国家或区域层面上逐渐加强社会情感能力评估的比重。相关经验做法值得我国借鉴。① 学校应将学生社会情感能力培养作为教育教学工作的重要内容，成长型思维、学校归属感和同学关系等尤为重要。同时，对于中国学生而言，情绪调节能力尤为重要，学校可以通过提高抗压力、乐观和情绪控制来实现情绪调节能力的综合提升，进一步提高学生在各项发展能力上的表现。②

从片面的身体养育和知识教育转向完整的心灵培育，已迫在眉睫。我们需要持续关注青少年在家和在校的人际关系，出台对家庭和职工友好的政策，联合家庭、社区、整个社会为青少年的全人成长提供健康环境。目前我国已有一些相关政策出台，《健康中国行动（2019—2030 年）》提出了中小学健康转型促进行动的措施和评估指标，《中国儿童发展纲要（2021—2030 年）》也明确提出要“增强儿童心理健康服务能力，提升儿童心理健康水平”。

培养全面发展的人既是当下的重要任务，也是教育的最终目标。就当下的教育现状而言，培养全面发展的人是纠正片面发展的改革路径。在过去的应试教育背景下，学校、家长和学生往往只注重学业成绩，而忽视了其他方面的发展。这导致很多学生虽然学业优秀，但在道德、心理、身体素质等方面存在不足。实施全面发展的教育，培育全面发展的人，是对片面发展、片面教育的必要纠偏。就长远的教育目标来看，培养全面发展的人是教育的终极目标。全面发展意味着个体在道德、智力、生命、审美多方面都能得到潜能的最充分发展。从个体意义上来说，个人各方面潜能的最充分发挥是个体生命存在的应有之意，是实现个人人生幸福的源泉；从社会意义上来说，全面发展的个体能为社会做出更大的贡献，有助于实现国家的繁荣和民族的复兴。

---

① 袁振国，黄忠敬，王纮，等 . 中国青少年社会与情感能力发展水平报告：基于第二轮 SSES 测评数据［J］. 华东师范大学学报（教育科学版），2024（5）：1-32.

② 黄忠敬，唐一鹏，王娟 . 学生社会与情感能力：国际比较与中国表现［J］. 华东师范大学学报（教育科学版），2024（5）：33-57.

百年大计，教育为本。我国在改革开放 40 多年来取得了举世瞩目的发展成就，教育作为培养人才的途径在其中发挥了关键作用。教育通过培养人才，不断参与到国家建设和文明复兴当中，我国的国际影响力不断扩大。邓小平同志在 1985 年全国教育工作会议闭幕式上讲话时说："我国的经济，到建国一百周年时，可能接近发达国家的水平。我们这样说，根据之一，就是在这段时间里，我们完全有能力把教育搞上去，提高我国的科学技术水平，培养出数以亿计的各级各类人才。我们国家，国力的强弱，经济发展后劲的大小，越来越取决于劳动者的素质，取决于知识分子的数量和质量。一个十亿人口的大国，教育搞上去了，人才资源的巨大优势是任何国家比不了的。"① 鉴于我们已经取得的发展成就、可以预见的发展潜力和客观存在的发展空间，我们需要坚定改革开放的决心，不断变革教育体制机制，为中华民族的伟大复兴持续培养创新型人才和全面发展的新一代。

① 中共中央文献研究室. 邓小平同志论教育［M］. 北京：人民教育出版社，1990：148.